CASTIGO

CARME CHAPARRO

CASTIGO

ESPASA

Obra editada en colaboración con Editorial Planeta – España

Bajo el sello editorial ESPASA M.R.
Avenida Presidente Masarik núm. 111,
Piso 2, Polanco V Sección, Miguel Hidalgo
C.P. 11560, Ciudad de México
www.planetadelibros.com.mx

Primera edición impresa en España: abril de 2024
ISBN: 978-84-670-7172-6

Primera edición impresa en México: septiembre de 2024
ISBN: 978-607-39-1829-9

Impreso en Operadora Quitresa S.A. de C.V.
Goma 167, Granjas Mexico, Iztacalco,
Ciudad de México, C.P. 08400
Impreso en México - *Printed in Mexico*

A Laia y a Emma, de nuevo y siempre, por ser luz,
por la felicidad a la que me anclan.
A Berna, por seguir cuidándome sin rendirse.

No hay lugar más solitario en el mundo que la cama de un niño herido que no tiene familia que le cuide.

GHASSAN ABU SITTAH,
médico en el hospital Al-Shiffa (Gaza)

Primera parte

1

Aunque Nines lleva un rato despierta, cierra los ojos y se acurruca bajo las sábanas, muy quieta. Es el juego de cada 17 de abril al amanecer. Ella se hace la dormida y su hijo salta sobre la cama tarareando cumpleaños feliz. Aunque la canción siempre se queda a medias por el ansia del pequeño. Mi regalo, mamá, mi regalo, levanta, mira mi regalo.

¡Mamááá!

Nines alarga el placer de la espera imaginando qué habrá hecho Jaime ese año. En realidad no le importa si es un collar de macarrones o un dibujo de los dos con los brazos y las piernas desproporcionados. Solo quiere sus besos y su alegría. Se le escapa una sonrisa. Si existiera la felicidad, sería en forma de pequeños instantes así. Lástima que sean tan frágiles como pompas de jabón.

Que estallan cuando menos lo esperamos.

Su burbuja la revienta el sonido del móvil sobre la mesilla de noche. Maldice el ruido. De un manotazo tantea el mueble y cuelga, aún metida bajo las sábanas. Por nada del mundo quiere que Jaime sepa que está despierta y arruinarle el momento. Él jugará a hacerle cosquillas. Despierta, mamá, despierta. Nines jugará a hacerse la dormida y a no poder abrir los ojos hasta que la risa pueda con ella.

Pero insisten.

Mierda.

—¿Quién es? —contesta.

Esconde la cabeza bajo la funda nórdica. Habla en susurros.

—¿Nines? —La voz suena extrañamente ruidosa y jovial para esas horas de la mañana. ¿Quién se levanta con tanta energía?

—No puedo aho... —Pero no le da tiempo a terminar la frase.

—Tenemos algo muy importante para ti —continúa el hombre, sin hacerle caso—. Escucha.

«Despierta, mamá, despierta. Feliz cumpleaños. Te quiero mucho. Mucho. Mucho», canturrea una voz infantil.

No entiende nada.

¿Jaime al otro lado del teléfono?

—¿Qué te parece, Nines? Menuda sorpresa, ¿eh? Soy el Pollito DJ. Estás en directo en *Vamos ya* para toda España. Tu hijo ha querido darte esta sorpresa tan especial. Felicidades desde aquí también. Pero hay más. —El locutor parece no respirar siquiera entre palabra y palabra, para que ella no le interrumpa—. Ve al pasillo y abre el cajón de la cómoda —le ordena—, el de arriba del todo.

—Sí. Sí. Voy —solo acierta a decir, descolocada por lo que está pasando, como si siguiera en un sueño.

—Vamos, Nines, que tienes voz de dormida, pero no tenemos toda la mañana. —Ahora es una mujer la que habla—. Soy Cristina Cabos y estoy de los nervios, porque Jaime tiene algo muy especial para ti. Abre el cajón. Venga. —Ella parece incluso más jovial que su compañero—. ¿Lo has abierto?

—Sí.

—Verás una caja sobre las camisetas. ¿La tienes?

La tiene. Una caja negra del tamaño de un paquete de cigarrillos con un gran lazo rojo. Su regalo de cumpleaños. El que Jaime tenía que traerle a la cama mientras la despertaba haciéndole cosquillas. Seguro que ahora está encerrado en una habitación con su hermana, riéndose de la torpeza de su madre al hablar por la radio. Qué vergüenza.

—¿La abro? —pregunta.

—¡Pues claro, mujer! ¿Qué vas a hacer si no?

—Os pongo en altavoz para poder tirar del lazo —contesta—, que con una mano no puedo.

Deja el teléfono sobre la repisa de la cómoda. Coge el regalo, nerviosa, le tiemblan las manos. Oye cómo los locutores siguen hablando sin parar, pero no los escucha. Tira de uno de los extremos de la cinta y el lazo se deshace con facilidad, dejando libre la tapa. La levanta y ve lo que hay en el interior.

—¡Nines! ¿Qué es? —grita el locutor. La historia se está alargando mucho. Y esa sosa ya no da para más.

—Nines, venga, dinos —insiste la locutora, aunque nadie responde. Hay que joderse. Le hace un gesto su compañero por debajo de la mesa. Unas tijeras con los dedos índice y corazón. Cortemos esta mierda ya. Pollito DJ se encoge de hombros. No pueden dejar a sus oyentes con la duda—. Vamos, dinos qué es ese regalo que te ha dejado sin palabras. —Finge una alegría que no siente. A esa hora, hay que mantener despiertos a los oyentes—. ¡Venga, cuéntanos!

Nines deja caer la caja al suelo.

Congelada en una pesadilla, levanta la cabeza y ve la cara de horror de su hija, de pie frente a ella. Al salirse de la caja, la oreja de Jaime ha rebotado hasta los pies descalzos de Paz. Una mancha rojiza le ensucia el empeine.

El rastro carmesí que deja en la alfombra no se irá nunca.

2

Santi mira a su alrededor mientras absorbe con rapidez los detalles del mundo que le rodea. De repente ya no es invierno y no se había dado cuenta. Un chorro de calor ha entrado con fuerza en el confortable aire del avión al abrirse la puerta delantera. El sol de un día de primavera especialmente sofocante ha recocido el interior de la pasarela que conecta la aeronave con la terminal del aeropuerto de Madrid-Barajas. El choque de temperatura y densidad aturde a los pasajeros que van desembarcando.

Nadie parece tener prisa en salir, como si el agotamiento de un vuelo transcontinental hubiera vuelto apáticos a los pasajeros.

Mientras espera a que una familia con dos niños baje sus maletas del compartimento superior, Santi mira sus pies y se da cuenta de que lleva un calcetín de cada color. Una metáfora estupenda, piensa, del derecho a rehacer la vida, aunque no parezcas encajar en ninguna. Como le ha pasado siempre a él.

Cuando levanta los brazos para sacar su mochila del compartimento superior mira sus manos, rebosantes de cicatrices que ha acumulado en estos seis meses lejos de casa. Las nota en el cuerpo también. Recuerda cómo se ha hecho, y cómo le han hecho, cada una de ellas. Algunas siguen frescas aún, rojas e inflamadas. Santi podría dibujar cada una de sus formas al detalle. De memoria.

Maltratarse para olvidar, para no pensar, para que su mente superlativa y superdotada se centrara solo en sobrevivir.

De ahí viene.

Y ahora comprobará si ha servido de algo.

De repente, ocurre una cosa extraña en Santi, o al menos en el Santi que abandonó Madrid seis meses atrás. Una emoción le golpea el cuerpo incluso más fuerte que la bofetada de aire caliente que le sacude al entrar en el *finger* que lo saca del avión. Echa de menos a Delito, el *alter ego* que durante tantos años le ha salvado la vida. La echa de menos y la necesita.

Tarda un rato en acceder a la zona de recogida de equipajes. Como su maleta no sea de las primeras en aparecer, va a llegar tarde a trabajar.

Tiene suerte.

Se abre paso entre varias adolescentes ansiosas, aglutinadas junto a la cinta transportadora, y logra cogerla a tiempo. La levanta sin problema, su cuerpo se ha endurecido aún más estos meses. Está tan pendiente de salir de ahí que no se da cuenta de la imagen que acaba de aparecer en los monitores de televisión de todo el aeropuerto.

Mejor.

Porque es Berta.

Una densa capa de maquillaje en la cara amuralla no solo los desperfectos de la piel de Berta, también los que últimamente se han producido en su corazón. No quiere sentirse una víctima nunca más. Hay penas que se lloran y otras que se mastican, y ella ha dejado ya de derramar lágrimas para masticar con fuerza sus tristezas hasta hacerlas digeribles. Al menos lo suficiente. Y así, pequeñas y blandas, esponjosas, transitan débiles por su cuerpo, atravesándolo sin hacerle tanto daño.

Ya no vive en el miedo. Ni en el castigo.

Confesar la verdad fue un alivio. Hacerlo en directo en televisión tras regresar a España después de pasar diez años escondida le dio fuerzas para quererse a sí misma. Tengo un hermano violador. Me marché porque no soportaba la vergüenza de que todos lo supierais. Regresé para buscarlo porque me daba pánico que al salir de la cárcel volviera a hacer lo mismo.

En ese momento, contándolo todo, deshaciéndose de la mentira y la culpa, sintió que su vida, por fin, estaba a punto de comenzar.

—¡Treinta segundos! —grita el regidor.

Le duelen las piernas. Tanto tiempo sentada le hincha los tobillos. Es normal. O eso le han dicho.

—Estabas en la luna —comenta uno de los contertulios—. ¿Te encuentras bien?

—Sí, sí —responde, tratando de que su sonrisa parezca sincera—. Pensaba en las cosas terribles que a veces tenemos que contar —miente.

—Oye —protesta otro—, no te quejes que es lo que pide nuestro público... Drama. La gente quiere drama. Vamos a darles drama.

—Claro —le interrumpe Berta—, drama —que no te pase a ti nunca algo así, imbécil.

—¡Diez! ¡Silencio! —vuelve a gritar el regidor, tratando de hacer callar a todos.

—Venga, vamos —ordena Berta, procurando poner la espalda recta y mirando fijamente a cámara. Drama. Hay que joderse.

De reojo, en el inmenso monitor junto a su cámara, se ve ya pinchada en los hogares de todos los que están sintonizando el programa. Calcula que serán, aproximadamente, un millón.

Sonríe y proyecta la voz.

—Pocas cosas imagino más duras y crueles que lo que le ha pasado esta mañana a una madre en Madrid. Ya habrán oído hablar de ella: ha recibido, como regalo de cumpleaños, la oreja de su hijo, un niño que está en paradero desconocido. Tenemos, en exclusiva, a uno de los protagonistas. Enseguida vamos con todo ello.

Un par de pisos por encima del plató, en la planta ejecutiva del canal de televisión, la histórica reportera de sucesos Iluminada Mellado observa por un monitor los sutiles gestos de su amiga ante la cámara. Si no la conociera tan bien, no se habría dado cuenta, pero Berta creció en el periodismo, y en la vida, pegada a sus faldas, abrazadas la una a la otra para no caer en los momentos más duros. O para caer y levantarse gracias al sostén de la mano de la compañera. Iluminada se fija en la pantalla y cree que es la única que sabe el porqué del intenso dolor que siente su amiga al contar esa historia en televisión. Puede notar, de hecho, cómo se retuercen su corazón y su estómago por dentro, y cómo lucha por mantener la serenidad para no derrumbarse ante la cámara.

Para no llorar.

Para no dejarlo todo y salir corriendo de allí.

Pero las dos saben que las historias hay que contarlas, aunque te revienten por dentro.

«Berta lo está pasando mal, ¿te has fijado?», le escribe Chiqui, desde el plató, atento a cada uno de los gestos de la presentadora. Es, junto con Ilu, la otra persona capaz de entender el interior de

Berta. Sorprende la conexión que han conseguido los dos conociéndose desde hace tan poco tiempo y siendo de generaciones tan distintas. Un joven hacker que ha aceptado un contrato de asistente personal solo para cuidar de Berta, como si fuera su hermano pequeño.

Y Santi. Santi también se habría dado cuenta solo con mirarla. Pero de él no saben nada desde hace seis meses.

No puede pasarse de tiempo. El programa tiene que terminar a las siete y veintitrés minutos de la tarde exactamente. Todo lo que viene después es grabado. Las publicidades deben encajar en su franja prevista de emisión y el informativo de las nueve de la noche tiene que comenzar a su hora. Por eso en los últimos minutos no le gusta dar paso a determinados contertulios, esos que vienen a exhibirse más que a formar parte de un trabajo conjunto pensado para el espectador.

No hay manera de hacerlos callar.

Y hoy siente que no tiene fuerzas para ponerlos sutilmente en su sitio.

«¡Treinta segundos, Berta! —le grita la directora por el pinganillo—. Despide ya, cojones».

Pero ella solo quiere llorar.

Aun así, se recompone y ordena el jaleo que tiene alrededor de la mesa. No tan elegantemente como suele hacer, pero sí de forma eficiente.

—Compañeros, sería fantástico seguir escuchando vuestras opiniones, pero nos hemos quedado sin tiempo. Y a ustedes —mira cariñosamente a cámara—, gracias por acompañarnos —Lo dice de corazón. Nunca pensó que la sociedad la perdonaría y que los espectadores la recibirían con tanto cariño—. Nos vemos mañana.

—¡Estamos fuera! —Es el último aviso del regidor ese día—. Estamos fuera. Terminó el programa. Todos a casa.

Berta continúa sentada mientras el resto de periodistas en la mesa se levantan, quitándose el micro a la vez que caminan hacia la salida del plató. Van con prisa. La mayoría tiene el tiempo justo para llegar a su próximo compromiso; otra tertulia en otro programa, una sección en la radio, el artículo para su periódico... La tele alimenta su exposición al gran público y la oportunidad de conseguir más colaboraciones con las que facturar una cantidad mayor a fin de mes.

Pero ella no se levanta aún. Pierde el tiempo repasando los mensajes que le han llegado al móvil desde la última pausa de publicidad, que son unos cuantos. Uno se lo manda una buena fuente en la Policía Nacional. Grupo 4 de Homicidios. «Llámame. Tengo una cosita para ti». La Berta de seis meses atrás lo hubiera hecho en ese mismo instante. La Berta de ahora lo hará quizá en un rato, cuando llegue a casa. No parece ser importante.

Está muy cansada. Puede notar las neuronas de su cabeza adormeciéndose, como si se estuvieran contagiando de un bostezo colectivo.

Y las piernas. Si se concentra lo suficiente, puede notar la manera en la que se le hinchan micra a micra, estirando la piel.

Antes de levantarse desplaza la silla hacia atrás, ya se ha dado más de un golpe con la mesa. Pero cuando se pone en pie trastabilla. Chiqui corre hacia ella, con cara de preocupación. Berta le mira y sonríe. Tranquilo, no es nada. Estoy bien.

Pero no está bien. Ojalá hubiera una cama allí para poder esconderse bajo una sábana y llorar.

Los espectadores aún no se han dado cuenta porque Berta se refugia tras la mesa y usa ropa especialmente ancha. Los contertulios tampoco, más pendientes de sus egos que de lo que les rodea. En ese plató solo sabe su secreto una persona, que es la que se ocupa de que siga así, oculto. Y de cuidar de ella. Y de coger de la mano su corazón.

—Dentro de poco no vas a poder esconderlo —susurra Chiqui, su ángel de la guarda.

—Ni siquiera con esta ropa tan ancha, ¿verdad?

3

Santi pone su mejor cara de póquer cuando entra al Instituto de Medicina Legal seis meses después de marcharse. Se baja de un taxi arrastrando la maleta que media hora antes recogía de la cinta transportadora del aeropuerto. Un shock sin anestesia ni tiempo de aclimatación para que su cabeza no se vea embestida por las emociones del regreso. Eso se lo dejará a Delito cuando se ponga su ropa atrevida y sexy y suba al escenario de La Luciérnaga a vomitar cantando todas las emociones que se ha negado a sí mismo mientras es Santi, un cerebro superdotado en busca de retos, un ser asocial y borde que siente que no encaja en ningún sitio. Así ha conseguido seguir vivo hasta ahora, usando a un personaje que también es parte de él para dejar escapar de manera controlada las emociones que no se permite el resto del tiempo. Como una olla a presión cuando libera poco a poco la fuerza en su interior.

Nota que algunos de los compañeros le miran, pero no se para a saludar. Fija la vista al frente, como si lo importante estuviera ante él. Miguel, el director del Instituto de Medicina Legal, sale a su encuentro en la segunda planta, antes de que Santi pueda llegar a su mesa. Lo habrá avisado cualquier cotilla.

—Benditos los ojos.

¿No se le ocurre nada más original? Santi ya está aburrido y ni siquiera ha cruzado un par de frases con su jefe. Qué hombre tan soporífero.

—Dios tenga a tus ojos en su gloria —contesta, calibrando durante un momento la posibilidad de pasar de largo y dejar a Miguel con la palabra en la boca. Pero se contiene. Frena el paso y se para frente a él.

—Vaya, veo que sigues algo falto de educación y sensibilidad. —Qué extraña esa respuesta de Miguel. Santi no se la esperaba—. Intentas pasar de largo en vez de darme las gracias por conseguir adelantar tu incorporación al trabajo en apenas dos días de gestiones. ¿Por qué vuelves antes? ¿No has encontrado la luz durante tu retiro?

—No especialmente. —Nadie sabe dónde ha estado todo este tiempo—. Y tú, ¿has encontrado novia? —le lanza. Dardo por dardo.

—¿Qué tiene que ver mi vida personal en todo esto? —Miguel se descoloca.

—No sé —responde Santi—. Tú me preguntas tonterías, yo te pregunto tonterías.

—Yo que pensaba que la experiencia te iba a cambiar. Ya veo que no.

—No son las experiencias las que te cambian —sonríe, pero con su típica sonrisa borde de superioridad—, sino las decisiones que tomas a raíz de ellas.

Está en plena forma. Se siente bien.

Miguel tarda en encontrar la respuesta. O como mínimo, una respuesta a la altura. Pero no atina. Santi tiene razón. Como siempre. Se resigna. Cambia de tema.

—Tenemos un caso complicado para tu primer día —le adula, ofreciéndole lo que le gusta. Pero algo le despista—. Se te han estropeado mucho las manos. —¿Quién es ese Santi que ha vuelto? ¿Y de dónde ha vuelto?—. ¿Qué has estado, arando campos? —le pregunta. Trata de ser gracioso, pero le sale el mismo gracejo molesto y chabacano que el de un moscardón en una discoteca intentando ligar.

—Eso puedo hacerlo en Madrid. Me he ido a lugares más exóticos —le desconcierta.

—¿A lugares más exó...? —insiste Miguel.

—Que da igual —le interrumpe—. Que llevo ya diez minutos de jornada laboral y todavía no me he puesto a trabajar. Luego nos quejamos de la productividad en España. Va, dame trabajo. Que por algo he venido directo del aeropuerto sin pasar por casa a dejar la maleta. —No está para charlas triviales. ¿Por qué hay gente que tiene que ser tan normal? ¿Y por qué tienen que tocarle a él todos?

—Ehhh... —duda Miguel, pensando si vale la pena seguir haciendo preguntas a su subordinado. Enseguida recuerda que no. Que no va a sacarle nada. Se rinde—: Sí, sí. El caso. Tengo para ti una oreja.

La sala es como la recordaba. Cada centímetro sigue igual. Y sus dedos, aunque heridos, no han olvidado la manera precisa de cortar y extraer las partes de un ser humano. Todo su cuerpo replica de manera mecánica la tediosa tarea de vestirse para una autopsia, un procedimiento aburrido en el que su cabeza puede desconectar y pensar en otras cosas. Le apetece ponerse los cascos y seguir escuchando el audiolibro que ha comenzado en el avión, pero Miguel no le deja en paz. Ha entrado en la sala y no para de hablar.

—Pues una orejita tienes, para que no digas que no te doy casos interesantes. Niño de seis años.

Santi mira la mesa de autopsias.

—¿Dónde está el niño? ¿No ha llegado aún? —Espera que Miguel capte la ironía. Pero no. Cree que habla de forma literal.

—Ni idea. —Se encoge de hombros—. Solo tenemos esta parte de su cuerpo. Que, por cierto, le ha llegado a la madre como regalo de cumpleaños.

—Original el regalo es, sí. —Santi se da cuenta de que estos meses fuera no le han hecho perder el humor negro forense—. Eso hay que concedérselo a quienes lo hayan mandado. ¿Se sabe algo más?

—La madre está declarando en comisaría, con su hija mayor, muy alteradas las dos, como te puedes imaginar.

—¿Y cómo les llegó la oreja? ¿Por SEUR?

—No seas bestia, joder, Santi. La dejaron en un mueble del pasillo envuelta en una caja con un lazo. Acostaron al niño ayer en su habitación, como siempre. Y no han oído nada durante la noche. La madre se tomó un Lexatin para dormir. Y la hermana mayor usa tapones desde hace unos meses. La puerta de la casa no está forzada. Están buscando rastros en el piso. Pero no sé nada más.

—Pues habrá que ponerse a ello.

—¿Me vas a decir dónde has estado? —insiste Miguel. Le puede la curiosidad.

—¿Me vas a dejar concentrarme en mi trabajo?

Miguel sabe que es una maniobra de distracción, que Santi no tiene problema alguno en diseccionar un cuerpo, dictar la autopsia y hablar a la vez de otras cosas, pero, cuando se pone así, sabe que no hay nada que hacer. Así que cambia de tema.

—¿Empiezas por la oreja? —le pregunta.

—¿Hay más cosas?

—Mmm. —Es verdad, acaba de quedar como un idiota—. No, no hay más cosas. La oreja solo.

Santi hace un gesto de condescendencia. Qué rápido se vuelve a la rutina, qué rápido se regresa a la absurda normalidad. Ya es como si no se hubiera ido, como si todo el tiempo de sufrimiento no hubiera servido para nada. No puede permitirlo.

—¿Habéis usado una nevera entera para guardarla?

—¿Y dónde quieres que esté? ¿En la nevera de la sala del personal junto a tus batidos de proteína y los yogures de Ambrosio?

Santi ni le mira. Ojea el escueto informe que acompaña al órgano. Y se relame. Vaya, vaya. Menuda historia. Ni hecha a propósito para él, como si alguien supiera que iba a volver hoy.

Con delicadeza, traslada la oreja hasta la zona de autopsias. El pabellón auditivo se hace minúsculo en la camilla pensada para un cadáver completo. Enciende los potentes focos y se ajusta las gafas de aumento. Enseguida lo ve. Ya sabe lo que pasa.

Sonríe.

Sigue en forma.

Se lo va a pasar muy bien.

4

Hace tiempo que Paz ha superado la edad en la que los niños creen en la magia y los superhéroes, esos años en los que ellos mismos se consideran invencibles, en los que la muerte solo es una palabra en el diccionario a la que aún les falta mucho para llegar. Pero Paz no. Paz ya sabe que hay gente a su alrededor que puede irse para siempre. Y que la muerte no es algo distante. Aunque nunca, hasta ahora, se ha dado de bruces con ella.

Es menuda, delgada y frágil. El pelo negro y un flequillo mal cortado la hacen parecer más joven de lo que es. La cara todavía conserva la redondez de la adolescencia, cuando todavía no hemos terminado de definir quiénes ni cómo somos.

Agarra fuerte el brazo de su madre. Entre las dos se sostienen para no caer. Unas gafas de sol ocultan los ojos de la joven, pero Nines va con la cara al descubierto. Una psicóloga se lo había recomendado. «Mejor si muestra los ojos, señora, que se le vea el dolor y lo vean los secuestradores de su hijo. Tiene que conmoverlos. El niño no es una cosa, es una persona. No deje que lo deshumanicen. Ni a usted». La policía le ha aconsejado lo mismo.

Y Nines se desnuda entera. De alma y mirada. De dolor y angustia. De terror; que es lo que ahora la envuelve y asfixia. El terror a que Jaime esté sufriendo. La posibilidad que no quiere ni imaginar de no volver a verlo nunca más.

Su pequeño.

—Por favor —logra articular, gracias, en parte, a la medicación que altera la química de su cerebro y calma su desesperación—, por favor. Es un ángel. Un niño buenísimo.

El sonido de los disparadores de las cámaras acompasa sus palabras. Clic. Clic. Clic.

Es un plano precioso, frente al portal del lujoso edificio en el que viven, con la Puerta de Alcalá de fondo, brillando recién restaurada bajo el sol rojizo de la tarde. Quedará perfecto en las ediciones digitales, piensan algunos de los fotógrafos. A veces la única solución es usar el objetivo como una barrera, para no sufrir.

—¿Qué les diría a los captores de su hijo? ¿Se han puesto en contacto con ustedes? ¿Qué hipótesis baraja la policía? ¿Cómo encontró la oreja? —disparan sin pausa los periodistas a la yugular emocional de Nines.

Ella atisba entre las palabras sin ver ni entender. La avalancha de preguntas no logra abrirse paso entre su miedo. No descifra lo que le dicen, solo capta fonemas extraños que en su cabeza no se transforman en contenido lógico. Contempla extrañada a toda esa gente que tiene delante, como si de repente no supiera qué hace allí. Se encoge. Pero en su hija Paz se obra el fenómeno contrario. El cuerpo de la joven se alza, encajándose sobre sí mismo hasta elevarse por encima de las voces de la prensa. Mira a los reporteros con rabia. Se quita las gafas de sol. Y de ella sale una voz extrañamente grave y madura para una chica de veintidós años.

—¡¡¿Cómo encontró la oreja?!! —grita. Su cuerpo se transforma, elevándose con una rabia que le hace parecer otra persona—. ¿Le estáis preguntando a mi madre cómo encontró la oreja? ¿Tenéis la indecencia de preguntarle eso a una mujer que está sufriendo de esta manera?

Los reporteros callan, poco acostumbrados a una reacción así, y mucho menos de una chica tan joven. Los fotógrafos apartan ligeramente sus cámaras para mirar cara a cara, sin el objetivo por medio, a esa joven que se ha transformado en segundos.

Lo que hace el miedo. Lo que hace la rabia.

—Nosotros no queríamos... —empieza a disculparse una redactora, una veterana de la prensa escrita, conmovida y culpable.

—No queríais ¿qué? —Paz escupe las palabras—. ¿Hacer daño? ¿Hurgar en el dolor de mi madre? ¿Exhibir una parte del cuerpo de mi hermano como un trofeo? ¿Dar detalles escabrosos? Todo por la audiencia, ¿verdad? Dais asco.

—Paz... —Es apenas un suspiro. Una plegaria—. Paz —repite la madre, mientras le acaricia el antebrazo con suavidad.

—Mamá —contesta la joven, mirándola—, no vamos a entrar en la carnicería. Estamos aquí —levanta la vista hacia los periodistas— para otra cosa.

—Queremos que nos devuelvan a Jaime —interviene la mujer, sacando fuerzas del dolor—. Por favor —se le escapa una lágrima—. Por favor. Devuélvannos a Jaime. Solo tiene seis años. Es un niño buenísimo. Tendrá mucho miedo...

Y Nines es incapaz de continuar. Se rompe en mil pedazos, sostenidos por su hija. Necesita irse de allí.

Un par de televisiones están retransmitiendo todo en directo. Al otro lado de una de las miles de pantallas conectadas en todo el país, hay una persona que se da cuenta de algo que pasa desapercibido para todos los demás.

Y tiene que salir corriendo al baño a vomitar.

5

Después de vomitar vuelve a ver las imágenes. No es la voz lo que reconoce. La voz ha cambiado bastante. Es extraña, como si no saliera de ese cuerpo que había olvidado. Pero hay algo que le llama la atención, un leve rastro de maldad, quizá.

Es la mirada.

Pero han pasado muchos años.

Y no está del todo seguro.

6

¿Cómo ha acabado siendo tan normal?

Santi solo se da cuenta de eso cuando abre la única maleta con la que se fue de viaje y la única con la que ha regresado. Toda su vida de los últimos meses cabe en ese espacio tan corriente entre dos piezas de policarbonato gris unidas por una cremallera.

Como un turista más al volver a casa.

Mira el contenido pensando qué hacer. Todo lo que quiere conservar lo dejó en ese piso seis meses atrás o lo lleva en la mochila: no lo ha facturado. El ordenador. La pequeña libreta en la que garabatea pensamientos. Un par de lápices ya a punto de resultar inútiles. El neceser de las medicinas. El amuleto de mamá. El de Delito.

Y un móvil.

El móvil con la tarjeta SIM española que nunca llegó a encender en todos estos meses. Varias veces lo sostuvo entre las manos, dándole vueltas. Mirándolo como a un objeto de deseo. Codiciándolo. Imaginando cómo sería apretar el botón que lo hacía funcionar. Hubo momentos en los que casi le pudo la tentación. Pero entonces volvía a cubierta con la misma necesidad con la que pedía horas extras en La Luciérnaga para dejar escapar la presión que estaba a punto de hacerlo estallar.

Va a la cocina, directo al tercer cajón junto al fregadero. Coge un pequeño rollo de plástico negro. Son bolsas de jardinería, resistentes, con capacidad para cien litros. Arranca una y regresa a la habitación. Agarra toda la ropa del interior de la maleta —trató de lavarla en el hotel en el que se alojó unos días antes de regresar a Madrid, pero le dio vergüenza el olor— y la tira, casi con rabia, al fondo de la bolsa. Tiene la sensación de que falta algo. Pero ¿qué?

Se desnuda.

Y se deshace también de lo que lleva puesto, aunque lo compró en una escala en su regreso a Madrid, pero para Santi también pertenece al tiempo intermedio. A su viaje de ida y vuelta a la esclavitud.

¿Ha valido la pena sentirse así, ser tratado así? Prefiere no pensarlo. Al menos, hasta que no tenga el escudo de Delito. Sin ella, las emociones están prohibidas en el cuerpo de Santi. Él es superdotado. Delito es superlativa. Él es razón. Ella, emoción. Él es cerebro. Ella, sentidos.

Y funciona.

Anuda bien fuerte la bolsa con la ropa y la deja junto a la puerta. No se puede empezar de nuevo sin hacer limpieza. Mañana bajará a la calle y la tirará al contenedor de la basura.

De un manotazo, lanza la maleta vacía, que aterriza en la alfombra.

Se deja caer, exhausto, sobre la cama.

Mientras Santi duerme, el doctor Óscar Benítez recibe en urgencias del Hospital del Lago a una adolescente con una herida sangrante en el cráneo. Los sanitarios que la han traído en ambulancia cuentan que la chica no sabe lo que le ha pasado, que solo ha acertado a contarles que ha recuperado el conocimiento, aturdida, en el salón de casa, envuelta en sangre. Estaba sola. Los padres llegan a la vez que la UCI móvil. Óscar se hace cargo de la situación. Le habla con cariño, acercándose a ella.

—Soy médico. Me llamo Óscar. Y a partir de ahora todo va a estar bien.

Le coge la mano. La chica esboza una leve sonrisa.

—¿Te acuerdas de cómo te llamas?

—Romi —pronuncia, como si le costara la vida. Está agotada.

—Romi, confía en mí, ¿de acuerdo? —Óscar le habla con dulzura—. Vamos a entrar a un box, te vamos a curar la herida y luego tratamos de averiguar qué te ha pasado. Pero ya estás en el hospital. Todo va a ir bien. —Mira a los padres, angustiados, agarrados a la camilla como si así pudieran salvar a su hija—. No se preocupen, aquí está en las mejores manos.

—No pueden pasar de aquí —les dice otra voz, la de un enfermero que acude también a la puerta de urgencias—. Les mantendremos informados. De verdad, todo está bien.

—Saldré yo mismo a contarles lo que pasa, pero déjennos primero que la curemos —les dice Óscar.

Es su tercera guardia de la semana. Sus terceras veinticuatro horas seguidas trabajando en siete días. Lleva meses así, para no pensar.

Para no pensar en Santi.

Delito se pasea por casa envuelto del cuello a los tobillos en lamé verde, un tono parecido a un césped perfecto, recién cortado. Casi puede olerlo. Sonríe. Ese olor que nos reconforta y nos lleva hasta tardes de verano al sol en realidad es el aroma del dolor, el de los compuestos que libera la planta tratando de curar sus heridas y llamando desesperadamente a insectos que acudan en su ayuda para depredar a los enemigos que quieren comérsela trozo a trozo.

Quizá tendría que haber pedido ayuda.

Desecha el pensamiento. Se mira al espejo. Una amplia raja en el vestido le sube por la pierna derecha hasta mitad del muslo. No es solo una concesión a la sexualidad, sino a la usabilidad. Sin la abertura no podría caminar, aunque ahora, por la tela asoman las cicatrices de los golpes y los cortes de los últimos meses. Las recorre con la mano y se siente orgulloso. Le han permitido no pensar en nada. Solo en sobrevivir una hora más. Un día más.

Se ha puesto el vestido más llamativo del armario de Delito, todo brillo, para sentir el máximo contraste posible. Si te vas a meter en agua fría, no lo hagas centímetro a centímetro, tírate de golpe.

Le queda ancho.

Ha perdido peso. Y aun así, le ha costado subir la cremallera invisible que asciende por todo el lateral de la tela desde la cadera hasta la axila. Falta de práctica, imagina. Se mira al espejo y no se gusta. No es la Delito de antes. Algo falla en ese cuerpo. Lo ve enseguida. Son los brazos. Estos meses han ensanchado todavía más, pero no son simétricos, es como si cada uno hubiera adquirido una personalidad distinta. Sus nuevos músculos le dan una identidad diferente, menos pensada, más tosca. Su cuerpo ya no está esculpido, es todo desorden, un caos sin belleza.

Y las manos.

Suspira. Las uñas están astilladas, la piel, llena de durezas y cortes. Casi puede contar los meses por la antigüedad de las heridas. Cada vez había menos sangre. Y más callo. Como en la vida. Duele igual, pero resistes mejor.

No intenta probarse los anillos.

Ni subirse a un tacón.

Pasea descalzo por el amplio piso en el que aún no se ha atrevido a levantar del todo las persianas.

Se mira y exhala extrañeza.

¿Quién es, en realidad?

A Santi le está costando reencontrarse con su *alter ego*, como si haberse centrado todo este tiempo en sobrevivir hubiese dejado algún tipo de herida en su cabeza.

Va a tener que probarse ya sobre el escenario de La Luciérnaga. Esta noche, si es posible. Se lo pedirá a la Pili como regalo de bienvenida.

Tendrá que ir volviendo al momento en el que se marchó, dejándolo todo atrás, al punto en el que sintió que no podía tomar una decisión.

Óscar o Berta.

7

¿Cuándo se volvió desagradable esa mujer? La cara de la presentadora se multiplica en la inmensa pared de monitores de televisión que lleva al pasillo de la jefa, como un túnel que te atrapa dentro de lo que emite el canal. Rita Barco, la famosa Rita Barco, se cuela desde su plató al cerebro de Berta. Pero hay algo que va mal. Algo que chirría. Berta se detiene en el centro del túnel y se deja llevar por lo que percibe. Y es entonces cuando se da cuenta de lo que pasa con esa mujer. A pesar de que sonríe, a pesar de que quiere resultar agradable y afectuosa, a pesar del esfuerzo y el empeño que invierte en gustar, se nota; es la agresividad, la rabia con la que Rita Barco se agarra a la negación de lo que casi todo el país sabe: cada vez es menos relevante, cada vez importa menos lo que diga, cada vez es más molesta. Hasta resultar desagradable.

Hay viejas glorias que no saben decir adiós a tiempo y se arrastran pidiendo atención, cada vez más desesperadas y rabiosas, sin darse cuenta de que a la cámara no se la puede engañar y que todo ese resentimiento acumulado traspasa la pantalla hasta convertirse en veneno.

—Puede pasar, la directora la está esperando —le dice una pulcra secretaria desde su silla de pulcra secretaria junto a su mesa de pulcra secretaria.

Berta entra sin llamar al despacho de Iluminada. Su amiga está de cuclillas en el suelo, con la cabeza gacha, agitando con fuerza un abanico sobre la nuca.

Hace un calor horroroso.

—Se ha roto el aire acondicionado —brama, sin hacer el más mínimo gesto para recuperar la compostura—. Menopáusica, con sofocos y sin aire acondicionado. ¿Te imaginas? Con el calor que hace aquí dentro vivo en un estado continuo de falta de elegancia. Como para tener reuniones con esos hombres cuyo ego se anuncia media hora antes de llegar a los sitios.

—Pues si no te lo arreglan a ti, que eres la jefa...

—Al parecer, el técnico que estaba de guardia se ha puesto enfermo. Ay, amiga, espera. —Se contorsiona para levantarse. Primero apoya una rodilla en el suelo, después la palma de la mano contraria, levanta el trasero, su cuerpo se tambalea peligrosamente, de hecho, está a punto de perder el equilibrio, pero logra ponerse en pie. Sin elegancia, pero en pie.

—Te habría echado una mano —ríe Berta—, pero ya lo que me faltaba es acabar con este embarazo y la tripa por el suelo.

—¿Tripa? Después de comer tengo yo más tripa que tú. Incluso cuando tengo pedos que tirarme estoy más hinchada que tú ahora —suspira—. Nadie se ha dado cuenta aún, ¿no? —Berta niega con la cabeza—. No entiendo cómo...

—¡No insistas! —le interrumpe—. Ya está bien. No quiero hacerlo público. No quiero contarlo —se enfada—. ¿Cómo te lo voy a repetir?

—No te iba a decir eso —miente Iluminada, ya han tenido esa conversación muchas veces y no está de humor para volver a ella, aunque es algo que queda pendiente entre las dos—. Iba a decirte que no entiendo cómo lo puedes disimular todavía. Pero en cuanto esto —señala el vientre de Berta— empiece a crecer, será todo rapidísimo, amiga. La tripa va a empezar a ser muy evidente dentro de poco. Estás ya de seis meses. A partir de ahora crecerá a velocidad supersónica.

—Solo hay que subir la mesa para taparla.

—Y echar al público —ironiza Iluminada.

—Vale.

—¿Tú estás loca? —La agarra del brazo, agitando el abanico con la mano contraria—. Ven, vamos a otro sitio. Tengo un par de machirulos en el comité de dirección. Están en un evento publicitario. En su planta funciona el aire.

Una de las ventajas de cumplir años es observar con cierto deleite cómo las personas van con prisa a todas partes, cuando la verdadera inteligencia vital es la tranquilidad. Iluminada se sienta con calma en el sofá negro de lino que ocupa un trozo de pared del despacho al que acaban de entrar, e invita a Berta a acomodarse a su lado.

—¿De quién es este sitio? —pregunta.

—De uno al que voy a echar en un par de meses.

—*Dead man walking*.

—Está muerto y no lo sabe, sí. Ahora mismo ocupa una celda en el corredor de la muerte. Me estoy volviendo una cínica, pero tengo que hacer limpieza. Necesito rodearme de gente de confianza. Y de gente que no se cuelgue las medallas de otros.

—Nunca subestimes uno de los grandes poderes de la naturaleza —le contesta Berta—, la mediocridad.

Iluminada se ríe.

—Y el *pormihuevismo*. Amiga, tengo un par de directivos con tanta testosterona que creen que podrían agujerear la pared con sus rabos. —Mira a su alrededor y sonríe—. Aunque por aquí no veo ningún boquete. Los franceses me lo dijeron muy claro, me han nombrado para que sacuda la caspa a esto. Hay gente muy válida. Pero otros que sobran.

—A mí no me mires.

—No, a ti te necesito haciendo pantalla. Vas a ser mi Alemania de los noventa, la locomotora de Europa. Me va a hacer falta que tires con fuerza.

Berta se mira la tripa.

—No sé yo. —Sigue llena de dudas, no está hecha para ser madre, y menos de un hijo concebido en esas circunstancias, pero, al final, casi más por cobardía o por negar la realidad de lo que estaba ocurriendo, el embarazo había seguido adelante. Y dentro de poco, su vida cambiaría para siempre.

—Estamos hablando de septiembre —le aclara Iluminada—. Tú das a luz a finales de junio, ¿verdad? —Berta asiente—. ¿Crees que podrías incorporarte para el inicio de la temporada?

Berta no se lo había planteado.

—Amiga —prosigue la nueva CEO del canal—, sé que te pido mucho, y créeme que nada va a cambiar entre nosotras si te niegas. De hecho, me siento fatal por pedírtelo. Pero me arrepentiría si no te pongo la posibilidad sobre la mesa. Mira todo lo que has conseguido en estos meses. La gente te adora, quiere que le cuentes cosas, confía en ti. Cuando termine con la remodelación, no va a conocer a esta tele ni la madre que la parió. Pero tú vas a seguir estando ahí, si quieres. No solo por tus extraordinarios datos de audiencia, sino porque te necesito a mi lado.

Iluminada coloca su mano sobre la de Berta, repitiendo el gesto que unos meses atrás lo cambió todo para ellas, de pie y aterrorizadas ante las escaleras de la Jefatura Superior de Policía, cuando sellaron su destino juntas.

—Yo... —duda—, la verdad, pensaba no cogerme la baja maternal. Pensaba volver enseguida al trabajo.

Ilu suelta una carcajada.

—Ay, ¡cuántas veces he escuchado esa frase! ¿Sabes? A todas las mujeres que hacéis pantalla os asalta ese mismo miedo. Desaparecer. Os culpáis, en mayor o menor medida, por haber decidido ser madres en ese momento tan exitoso de vuestra carrera. Y teméis que a la vuelta ya no sea igual. No. —Se pone seria—. No te voy a dejar. Vas a estar con el bebé en tu casa, tranquilita. No te digo disfrutando porque olvídate de ducharte o cagar tranquila durante los próximos años. Pero sí te aseguro que nada de lo que pienses o creas ahora se va a parecer a lo que pensarás o creerás luego.

Berta pone cara de hartura.

—Bueno, ya veremos —accede—. Cuenta conmigo en septiembre.

—Por cierto —cambia de tema—, me tiene loca el tema de la oreja. ¿Qué te cuenta la policía?

—Creen que el niño está muerto.

—¡No! —Ilu se lleva las manos a la cabeza, sorprendida.

—A ver, he dicho creen. Pero los restos de sangre y el tipo de cortes no permiten afirmar con seguridad al cien por cien si al chico le arrancaron la oreja estando vivo o muerto.

—¿Te han pasado el informe forense?

—No, no lo he pedido. Me dicen que no hay nada trascendente, solo es una oreja. Se confirma que es la del niño, eso sí, no solo por la marca característica que vio la madre, sino también por la prueba de ADN.

—Oye, ¿y no han mirado quién le pidió a los del programa de radio que le dieran la sorpresa de cumpleaños a la madre?

—No te lo vas a creer.

—Ya me espero todo.

—El propio niño.

—¿Cómo que el propio niño? —Iluminada da un respingo en el sofá.

—Tal cual. Les mandó un audio de WhatsApp. Al parecer, todas las mañanas mientras desayuna antes de ir al colegio escuchan ese programa, justo la hora en la que dan la sorpresa de cumpleaños. Y les envió un mensaje de voz pidiendo que se lo hicieran a su madre.

A Iluminada no terminan de encajarle las piezas.

—Tú sabes que ahora hay *softwares* con inteligencia artificial que replican la voz de todo el mundo. Vamos, que te llama tu madre y mantienes una conversación con ella sin darte cuenta de que hablas con un programa de ordenador.

—Tendré que preguntarle a Chiqui, le pediré que investigue por ahí.

—Al menos le das algo de trabajo de lo suyo, que lo tienes de niñero en vez de estar hackeando la web de la CIA.

—Lo que nos faltaba, que se metiera en problemas.

—Por cierto, ¿qué hipótesis barajan los investigadores?

—Están perdidos. Pero creen que es una venganza contra la madre. Ella asegura que no tiene a nadie que la odie hasta ese punto, pero algo ha de haber. Estará envuelta en algún negocio turbio. Solo las mafias actúan de esa manera. Ha enfadado a alguien, y mucho. Alguien a quien no le importa despedazar a seres humanos.

—Mierda de mundo. —Iluminada se levanta del sofá—. Tengo que dejarte, me espera una reunión online con los franceses. ¿Vienes a cenar a casa?

—Ven tú a la mía. Por la noche se me ponen los tobillos como un obús. Y trae algo de comer, por favor.

—¿Algún antojo de embarazada?

—Lo que quieras. Y helado. Mucho helado.

—¿Sabes algo del padre? —Iluminada lanza la pregunta al despiste, como si no tuviera importancia.

Berta se queda quieta. Rígida bajo la puerta.

—No. —La voz es seca y áspera.

Iluminada contiene las ganas de abrazarla. Terminarían llorando las dos. Y no quiere.

8

Seis meses antes del secuestro de Jaime

—Hola —Berta sonríe—. Qué alegría veros a todos. ¡Cuánto tiempo! —Traga saliva para coger fuerzas y aprieta con firmeza la mano de Iluminada.

Si no hubiera estado tan aterrorizada, se habría reído. Era un cuadro ver las caras de los que habían sido sus compañeros de profesión. Iluminada la sostenía con fuerza de la mano, disfrutando, ella sí, del momento. Nunca había visto a aquella pandilla fuera de juego. Nunca nada ni nadie les había golpeado tanto por sorpresa. Y eso que todos los que estaban allí, reporteros de sucesos, se habían enfrentado a lo peor del ser humano. Casi nada había ya que no hubieran visto y contado para sus audiencias. Pero ver regresar de entre los muertos a su antigua compañera, a la que creían muerta, y que además fuera protagonista de una historia tan alucinante, era algo que escapaba a cualquier otra locura con la que habían tenido que lidiar en sus trabajos. Y habían sido muchas.

La confesión de Berta cayó como un bombazo ante los periodistas que se agolpaban frente a la Jefatura Superior de Policía de Madrid. Canillas, para los habituales.

Empezó la caza.

Todo el mundo perseguía a Berta. Todos querían saber. Había muchas dudas aún en el aire.

Berta no se escondió. Lo contó todo. Sorprendentemente, la reacción general hacia ella fue de compasión y de ternura. También de admiración por el paso que se había atrevido a dar. Ya no era la hermana de un delincuente, era la mujer que se había enfrentado a sus demonios y que no tenía que pedir perdón por nada. La admiraban porque todo el mundo tiene diablos interiores a los que no se atreve a mirar a la cara, mientras van dejando pasar el tiempo, y prefieren cargar el dolor en solitario y a escondidas que luchar contra él de una vez por todas.

El primer día que Berta decidió salir a la calle después de la confesión pública le sorprendió la cantidad de gente que la reconocía y la paraba para darle palabras de ánimo, cogerla de las manos, e incluso abrazarla. El paseo hasta la pequeña tienda de comestibles de barrio se convirtió en una avalancha de cariño que la abrumó.

Sus propios compañeros hacían guardia en la puerta de su casa. Y en la de su madre. No había manera de parar la persecución. Si hablaba. Si no hablaba. Si se encerraba. Nada servía para disminuir la atención que recaía sobre ella.

No estaba preparada para aquello.

Entonces Iluminada la cobijó en la pequeña casa que a veces alquilaba a turistas, como en los viejos tiempos.

—¿Podemos vernos?

No se lo esperaba. La petición de Santi se le clavó en el corazón.

Lo último que había sabido de él fue un mensaje justo cuando ella se atrevía a contar toda la verdad cogida de la mano de Iluminada frente a un numerosísimo grupo de compañeros de los medios. Fueron cinco palabras las que le escribió. Estoy muy orgulloso de ti. Berta parpadeó varias veces al leerlo una y otra vez, como si en esa frase estuviera encerrado un conjuro mágico que tenía que descifrar para ser feliz.

Tardó en contestarle.

Tenía la sensación de que en ese mensaje se jugaba la vida. Lo que iba a ser su vida a partir de ese momento.

Estoy muy orgulloso de ti.

Ella hubiera querido responderle te quiero. Decirle te necesito. Decirle abrázame, ven conmigo, dame fuerzas, quiéreme tú también. Se hubiera arrastrado suplicando su amor, porque nada deseaba más que cobijarse en los brazos de Santi y dejar pasar la vida acurrucada en su pecho.

Estoy muy orgulloso de ti.

¿Qué podía contestar a eso? No sabía siquiera qué significaba.

Un par de días después lo tuvo claro, o todo lo claro que podía tenerlo alguien con la ansiedad del amor en la boca del estómago.

Solo una palabra.

—¿Hablamos? —se atrevió, al fin.

Una palabra con truco, una pregunta, para que él tuviera que contestar. Una petición, también, pero sin parecer desesperada, como algo trivial.

Ahora era Santi el que tenía que dar el paso.

Tardó tres días en hacerlo.

—¿Podemos vernos?

Y se vieron.

Berta quería un lugar neutral, un espacio que no les recordara a ninguno de sus desencuentros, un sitio en el que, esperaba, empezar de cero con él. Si se había atrevido a confesarlo todo, había sido por él, para que se diera cuenta de lo valiente que era y de cómo había cambiado. Todas las respuestas que había dado en público desde ese momento estaban dirigidas a Santi. Contestaba a un periodista, pero en realidad era un mensaje para Santi. Miraba a la cámara, pero en realidad lo miraba a él. Su amor por Santi —por Delito también, ahora lo sabía— y la esperanza de recuperarlo fueron los que le dieron fuerzas para hacerlo.

Había sido una idiota por permitir que su estrechez de miras los separara. Santi era el hombre de su vida, nunca en todo este tiempo había sentido algo ni remotamente parecido por nadie, nunca se sintió en un hogar como en sus brazos, y si él necesitaba a Delito para mantenerse equilibrado, ella por fin lo entendía. Y quería apoyarle. Y quererlos a los dos.

Quedaron en la casa que le había prestado Iluminada, el pequeño apartamento céntrico, decorado de manera neutra, que a veces alquilaba por semanas a turistas y en el que ahora vivían las dos para que nadie las encontrara y así tener un poco de tranquilidad hasta que Berta pudiera ordenar su vida. Era viernes noche. Iluminada se inventó un viaje para no estar allí.

—Me voy a pasar el fin de semana fuera —le dijo, como de paso—. Me sabe fatal dejarte sola —mintió, sabiendo que le hacía un favor—, ¿no te importa? Si te sientes mal, si me necesitas, vuelvo volando. Estaré a una hora de Madrid. ¿Prometes que me llamarás?

Berta sonrió.

—Espero no tener que hacerlo.

Se abrazaron con complicidad.

A pesar de todo lo que se había preparado, de las conversaciones que había ensayado, de las variables que había tenido en cuenta, a Berta le temblaron las piernas cuando abrió la puerta y vio a Santi al otro lado, sonriendo con dulzura.

—Hola.

—Hola.

El tiempo pareció pararse.

—¿No me vas a invitar a entrar? —dijo él, al fin.

—Sí..., sí. Claro. ¡Qué tonta! Pasa.

Se hizo a un lado para dejarlo entrar al pequeño recibidor que daba acceso a un amplio salón con cocina integrada, todo muy blanco, con la encimera negra en contraste. La larga pared del fondo estaba festoneada de altas puertas que daban a pequeños balcones en los que apenas cabían un par de personas de pie, pero que otorgaban, uno junto al otro, una luz preciosa a la estancia, como ojos parpadeantes por los que entraban ráfagas de claridad.

—¿Quieres algo?

—¿Agua?

—Sí, claro. ¿Fría o del grifo?

—Del grifo está bien.

—Así que... —Berta llenó un vaso con agua y alargó el brazo parar dárselo a Santi. Después, se sentó en una esquina del sofá, apretándose contra el fondo, buscando todos los puntos de apoyo posibles—... ¿te pareció bien lo que hice?

Santi pareció relajarse. Se sentó en el mismo sofá, pero mucho más lejos de lo que Berta quería. Es igual. Había tiempo. Solo era viernes por la tarde. Tenían todo el fin de semana.

—Claro que sí, Berta. Fuiste muy valiente. Pero no es a mí a quien le tiene que parecer bien. Es a ti. Es tu vida. Y tienes que vivirla tú.

—Ya... —suspiró, no era por ahí por donde quería llevar la conversación—, pero...

—¿Cómo te encuentras ahora?

—Bien —no mentía—. Es liberador. Cuando no tienes nada que esconder te sientes increíblemente ligero, aunque lo que hayas confesado sea terrible. Ya no tienes nada contra ti mismo, nada con lo que fustigarte. Lo tienen los demás, pero eso depende del poder que les otorgues sobre ti. Y ahora mismo la opinión del resto no me importa. No les dejo hacerme daño. Aunque me sorprende lo cariñosa que está siendo la gente, la verdad.

—Te preguntaba más... por tu salud. ¿Qué tal estás? ¿Sabes algo nuevo de los médicos?

—Me han dado medicación nueva. El hermano de Iluminada, el neurólogo, me vio en la tele.

—¿Quién no? Creo que no hay nadie en el país que no te haya visto y haya escuchado tu historia.

—Y de fuera.

—Y de fuera.

—Pues el hermano de Iluminada se asustó.

—¿Por?

—Llamó a Ilu para que me arrastrara a la consulta de manera urgente. Al parecer, había visto algo en mi actitud que reforzaba un posible diagnóstico.

—¿Cuál? —Santi parecía preocupado de verdad. Se acercó dando pequeños saltitos sobre el sofá hasta quedar muy cerca de Berta—. ¿Qué te ha dicho el neurólogo, Berta?

—El lóbulo frontal del cerebro.

—¿Qué le pasa? —Se acercó un poco a ella, preocupado.

—¿Sabes de qué se ocupa?

—Sí. —¿Cómo no iba a saberlo?—. Es el guardián que contiene nuestros impulsos y emociones, para que no hagamos y digamos lo que nos da la gana en cada momento. Es la parte del cerebro que nos transforma en un ser racional con criterio propio que es capaz de vivir en sociedad, de elaborar planes y perseguir un objetivo. En los niños pequeños aún no está desarrollado, por eso es imposible razonar con ellos cuando tienen una rabieta. Pero ¿qué le pasa al tuyo, Berta?

—Mi lóbulo frontal derecho está levemente atrofiado.

—¿Cómo? —Santi estaba ya tocándola. Alargó la mano para acunar su cabeza, acariciando la piel de la cara.

—No saben por qué es. Si lo tengo así de toda la vida —se rio— o se está atrofiando con mi enfermedad, esa que puede que me haga olvidar quién soy y toda mi vida dentro de unos años.

—Sabes que esa patología es eximente en un juicio, ¿verdad? —Santi intentó quitarle importancia, aunque estaba muy preocupado.

—¿Cómo?

—La atrofia de lóbulo frontal es atenuante, porque, en algunos casos, la persona no puede controlar sus impulsos y bajo determinadas circunstancias es capaz de hacer daño sin quererlo.

—Vaya, pues ya tengo excusa para matar a algunos. ¿Eso sirve —dudó si preguntarlo— para lo bueno y para lo malo?

—¿Para lo bueno?

—El no poderse controlar, digo —respondió Berta—. A veces no te puedes controlar, pero no me refiero al impulso de darle un bofetón a un imbécil, sino a otra cosa.

—¿Como qué? —Santi sabía a lo que se refería, pero no estaba convencido de querer ir por ese camino.

—El... —no quería pronunciar la palabra amor—, el no poder contener las ganas de querer besar a una persona, por ejemplo. —Lo miró fijamente a los ojos, sin parpadear—. Quieres besar a alguien y te estás conteniendo porque no sabes si está bien, o si es el momento, o si esa persona quiere besarte también. Pero, claro, una lesión en el lóbulo como la mía —sonrió— no te deja controlarte y no puedes reprimir el deseo. Y, claro, la besas.

—Berta...

El juego se estaba volviendo peligroso. Para los dos.

—¿Qué?

—Yo he venido a contarte algo.

No, por favor, no. No le gustaba nada cómo sonaba esa frase.

—Y yo estoy enferma. —Era juego sucio, lo sabía, pero ya le daba igual.

—No sigas por ahí. —Santi se puso rígido. Pero seguía cerca, muy cerca de ella. ¿Es eso un sí, una invitación a continuar?

—No me has dicho nada estos días.

—Tenía mucho que pensar, Berta.

—¿Y eso te lo has dejado a ti o a Delito? —Acababa de meter la pata. Santi retrocedió, como herido por una descarga eléctrica—.

Perdona, perdona... —Berta recortó el espacio entre los dos, aún sentados sobre el sofá—. Es la cabeza, y la medicación. —Cerró los ojos—. Perdóname. —Se le llenaron de lágrimas—. Todo esto es demasiado... tantas emociones.

—No te preocupes. —Pero su voz sonaba fría. Delito fue la herida que los separó hace mucho, mucho tiempo.

—Yo... he aprendido, ¿sabes? Ya no soy la misma. Y te entiendo. —«Y te quiero»—. Y Delito eres tú. Nunca te pediré que la dejes.

—Creo que te estás confundiendo —protestó.

—No, no. No me estoy confundiendo. Ahora te veo. Te veo como te tenía que haber visto antes. Y me muero de ganas de besarte.

—Berta...

Pero esta vez, Berta no siguió hablando. Alargó el brazo y rodeó con su mano la nuca de Santi, delicadamente, sin dejar de mirarlo a los ojos. Le diò tiempo para retirarse, pero él no lo hizo, aunque seguía rígido. Berta empezó a temblar de emoción y miedo hasta que se encontró con la sabrosa calidez de su boca, ese lugar conocido que era como volver a casa, al hogar del corazón en el que todos queremos refugiarnos.

El lugar en el que nada duele.

Santi tardó unos largos segundos en responder, que a ella se le hicieron eternos, pero cuando lo hizo su mano derecha agarró la nuca de Berta, apretando su lengua aún más contra la de él, mientras que con la izquierda arrastraba sus caderas hasta sentarla encima, a horcajadas.

—No tengamos prisa —dijo ella—. No quiero tener prisa contigo nunca más.

—Yo... —intentó oponerse, pero ya, a estas alturas, cualquier tipo de resistencia era imposible. No podía quitarse a esa mujer de su cabeza. Ni de su cuerpo.

Y tampoco sabía si quería hacerlo.

La noche fue muy larga.

—No quiero hablar de futuro, por favor, solo del ahora, de este momento. ¿Eres capaz de darme este regalo? —Berta lo dijo una sola vez, mirándolo a los ojos, cogiéndole la cabeza entre las manos, con su cuerpo adherido al de él, en una súplica cargada de una tristeza tan colosal que Santi accedió, devorado también en parte por su deseo. Se permitió a sí mismo perder el control.

De madrugada, Berta se quedó dormida acurrucada en el hombro de Santi. Estuvieron así, con sus respiraciones coordinadas, durante varias horas. Él se despertó antes, aturdido y desconcertado por lo que había pasado, sin querer moverse para no despertarla. Con su cuerpo preso, su cabeza se puso a dar vueltas. No podía seguir así. Se iba a volver loco.

Cuando amanecía, Berta se despertó y volvieron a hacer el amor, con la suavidad y el tempo de dos cuerpos desperezándose con la calma serena del inicio de un día en el que sobra tiempo para languidecer perezosamente.

Un día más.

Pero el domingo Santi sintió que se estaba convirtiendo en basura. En una mierda de ser humano. No podía dejar pasar más horas junto a Berta, no podía engañarla así, ella estaba loca de amor por él, pero él no tenía claro nada. Y cada segundo que pasara a su lado iría aumentando la montaña de esperanzas que Berta se estaba construyendo sobre su relación. Estaba allí, con ella, la sentía respirar y notaba el calor de su piel. Si cerraba los ojos, casi era feliz. Pero también echaba de menos a Óscar. Ninguno de los dos se merecía que Santi les hiciera eso.

Se levantó muy despacio, con cuidado, sin despertarla.

Y se marchó. Salió de esa casa con más dudas de las que tenía al llegar, sin atreverse a contarle la verdad, porque ya no sabía cuál era. Ella, sin embargo, creyó que era amor. Tuvo la esperanza de que fuera amor, para descubrir demasiado tarde que la realidad era otra.

«Tengo que irme —le escribió, de manera cobarde, en una hoja de papel—. Durante mucho tiempo».

No era amor. Berta acababa de descubrir que solo fue un polvo de despedida.

9

Cinco meses antes del secuestro de Jaime

—¿Me vas a decir por qué no te has presentado esta mañana en la consulta de mi hermano? —Iluminada gritaba por teléfono—. Ya puedes tener una buena excusa, Berta. Porque no solo he tenido que pedirle un favor al chulo ese con el que no soporto compartir genes, sino también aguantar ahora mismo su bronca por lo impresentable que has sido y por tener parada durante una hora una máquina de PET TAC carísima. ¡¡Carísima!! No dejaba de repetirme. Y su tiempo, claro. Mi tiempo es oro, me gritaba. ¿Cómo osas dejar plantado a uno de los mejores neurólogos del país? ¿Qué digo del país? De Europa. ¿Qué digo de Europa? De esta galaxia y de Próxima Centauri. —Iluminada se ahogaba, parecía que iba caminando deprisa por algún sitio—. ¿Tú te haces una idea de lo que he tenido que aguantar? Llevo media hora al teléfono con él. Y, además, sin poder soltarle una bordaría ni colgarle, porque la niña —pronunció niña en tono burlón— lo necesita para su enfermedad.

Berta guardaba silencio. Tenía una excusa, pero...

—¿Qué, ahora te acobardas? —continuó riñéndola Iluminada—. ¿Sabes la vergüenza que me has hecho pasar? Ahora no solo le debo un favor al *cómo-molo*, sino casi la vida. Me va a recordar esto hasta que me muera. Es capaz incluso de inscribirlo en mi lápida del cementerio.

—Bueno —a Berta se le escapó una sonrisa imaginando la escena—, si te incineras, tienes ese problema resuelto. No le cabrá en la urna funeraria.

—¡Pero tú...! ¡Pero tú...! ¿Qué mierdas te pasa? —Iluminada daba vueltas en círculo, llevándose a la cabeza la mano que le quedaba libre. Con la otra sostenía el teléfono, pero dudaba ya si estamparlo contra la pared. Estaba en el aeropuerto Charles de Gaulle, en París, esperando un vuelo de regreso a Madrid. La habían citado los directivos de la cadena.

—Es complicado, Ilu.

—¿Complicado? ¿Complicado, dices? —Algunos de los pasajeros que transitaban a su alrededor se giraron a mirar a esa mujer que gritaba a alguien al otro lado del teléfono y que parecía muy, muy enfadada—. Ya estás yendo de rodillas mañana al hospital a pedirle perdón y a prometerle los favores que te quiera pedir en diez años. Porque te juro que no estoy dispuesta a soportar que el señor neurólogo listísimo de cojones que sacó la primera plaza del MIR en todo el país se lo eche en cara el resto de la vida a la que hizo una cosa llamada periodismo que se llama carrera universitaria porque no podía llamarse cuchitril educativo con un bar.

—¿Nos vemos luego y te lo cuento?

Ni siquiera había pasado por casa a dejar la maleta. Habían quedado en el restaurante de siempre.

—¿Qué haces con una maleta? ¿De dónde vienes? —le preguntó Berta, que ya estaba sentada en una pequeña mesa del fondo del local.

—Eso no es lo importante ahora. —Iluminada seguía de mal humor—. Primero, lo tuyo.

—No —se negó—. Primero, lo tuyo. Estoy preocupada. ¿Por qué en esa maleta que llevas veo una pegatina con las letras CDG? ¿Qué hacías en París?

CDG, el código del aeropuerto París Charles de Gaulle.

En París está la sede internacional del grupo mediático propietario de Canal 11. Eso solo podía significar que el comité de dirección no había visto con buenos ojos el programa especial con el que Iluminada había descubierto la verdad sobre el presunto suicidio de diez personas, destrozando de paso la reputación de alguien con mucho poder.

Iban a despedir a su amiga. O, peor, a demandarla por lo que había hecho. De repente, a Berta ya no le importaban sus problemas, la angustia por su amiga le oprimió el estómago. Iluminada no sabría vivir sin ejercer el periodismo. Era su vida. Había renunciado a la maternidad por conseguir exclusiva tras exclusiva. Su carrera no podía terminar así.

—¿No me lo vas a contar? Por favor, no me digas que te han despedido. No me digas que te han despedido por mi culpa.

—¿Y si así fuera?

—Joder, Ilu, no me hagas sufrir. Voy para allá y les parto los dientes a todos.

—No vas a partirle los dientes a nadie. ¿Qué cojones te pasa? De verdad, parece que te hayas tomado un alucinógeno.

—Por favor, cuéntame lo que te ha pasado. —Alargó los brazos y cogió las manos de su amiga, arropándolas—. Por favor.

Pero Iluminada tenía una sonrisa extraña, no exactamente de felicidad, sino como si algo en su cabeza estuviera en suspenso, esperando a decidir si era bueno o no.

Se ablandó.

—No te lo vas a creer —le dijo, al fin.

—¿No? —suspiró, con cierto dolor de corazón—. En esta vida ya poco puede sorprenderme.

—Me llamaron ayer los franceses para una reunión hoy a primera hora de la mañana. Tuve que tomar anoche el último vuelo a París. Llegué a las mil. Casi no he dormido. —Iluminada era una persona distinta cuando contaba historias. En esos momentos se transformaba—. Bueno, pues llego al despacho del gran jefe, después de esperar unos buenos veinte minutos en una salita con dos sofás rojos. No hay jefe que no te haga esperar, así te ponen nervioso y agradeces de manera desesperada que te haya hecho un hueco en su importante agenda llena de reuniones importantes con personas más importantes que tú. Total, que mientras espero viene la secretaria a ofrecerme café y cuando me trae el café, me lo sirve sobre un platillo que tiene también dos galletas que ganarían un concurso de orfebrería —explicaba, casi sin pausas para respirar, olvidando lo enfadada que había estado con su amiga solo unos minutos antes—. Yo creía que iba a despedirme, amiga. Pero no —Daba sorbos nerviosos y constantes a un vaso lleno de vermú de grifo que Berta había tenido la previsión de pedir con tiempo. De hecho, ya se lo había bebido todo, y tras varios intentos infructuosos de sacar algo más del fondo, cogió el limón y empezó a mordisquearlo con ansia—. Y justo me llaman al despacho y entro haciendo equilibrios con los tacones, la falda estrecha, el plato, el café y las galletas de concurso. Seguro que eso es otra táctica para reventarle los nervios al personal.

Berta no quería interrumpirla, dejó que siguiera, a su ritmo, aunque necesitaba saber ya qué había pasado. La estaban comiendo los nervios. Soltó las manos de su amiga, moviéndolas para animarla a seguir con el relato.

—Total, que nada más sentarnos, me lo suelta, así, sin anestesia. Y yo aún con el café en la mano. Y las galletas. Casi monto un estropicio sobre una alfombra que debe costar más que un año de mi sueldo. En fin —cambió el tono de voz—, que el franchute me dice *Je veux que vous soyez le nouveau CEO du Canal Onze.* ¿Te lo puedes creer?

La que estuvo a punto de tirar el vaso de agua fue Berta.

—¿Cómo?

—Yo creía que iba a despedirme, amiga. —Iluminada daba sorbos nerviosos a un vaso que ya estaba vacío—. Me había preparado mentalmente un montón de respuestas, porque ya me conoces, Berta, no quería perder el control y que me saliera una retahíla de borderías de las mías. ¿Sabes? De esas de: «Estaría bien que te sacaras el dedo de la boca sin habértelo llevado al culo antes de hablar». Pues eso. Que va y me suelta que quiere que dirija el canal. Yo me quedo en shock. Si es que creí que no había entendido bien. Estudié francés con las monjas del cole, pero tampoco lo domino tanto. El tipo se da cuenta de que estoy patidifusa y se echa a reír. Claro, ya se debía de imaginar que ni por asomo yo había anticipado ese ofrecimiento. Seguro que esperaba ver la cara que ponía. Me muero muerta, amiga, me muero muerta. Tienes que ayudarme.

Si a Berta le hubiesen dicho que al día siguiente la subían en un cohete a la luna, no se habría sorprendido tanto como por lo que le acababa de contar su amiga.

—¿Jefa? ¡¿Jefa?! —Levantó los brazos, extendiendo mucho las palmas de las manos, como queriendo hacer acopio de toda la felicidad del momento—. Pero esto es la bomba. Es la bomba.

Pero Iluminada no parecía lo feliz que se suponía que tenía que estar. Berta creía que seguía enfadada con ella. Aunque no era eso.

—¿Qué te pasa? —le preguntó—. Deberías estar dando brincos de felicidad.

La miró encogiéndose de hombros y bajó la cabeza, compungida.

—Es que... —dudaba, todavía mirando a la mesa del bar, como si se avergonzara de algo— es que... no sé si decir que sí.

—Pero ¿estás idiota? —Berta gritó, levantándose de la silla—. ¿Cómo no vas a aceptar?

—Es que no sé si estoy preparada. No lo he hecho nunca,

—Ah, claro. Y todos los hombres que ascienden a CEO de una empresa lo habían hecho antes alguna vez, ¿verdad? ¿Tú crees que se preguntan si están preparados? Simplemente, toman el cargo como un premio a su trabajo. Pues tú igual. Ni se te ocurra tener dudas.

Iluminada sonrió. Pero ya no era la sonrisa extraña y contenida de un rato antes. Era una sonrisa de amor propio.

—Venga, pues —aceptó—, vamos a brindar por mi nuevo puesto. Pero se me ha acabado el alcohol. Perdone —llamó a uno de los camareros—, ¿me puede poner otro de estos... y otro para mi amiga?

—No, no, yo solo agua.

—¿Agua? Con agua no se brinda, que es gafe.

—Solo agua —insistió.

—A ver. —Por primera vez en todo ese rato, Iluminada vio a Berta. La vio de verdad. Fijándose—. ¿Qué te pasa?

Entonces fue Berta la que bajó la cabeza, compungida. E Iluminada la que ató cabos.

—¿Por qué no has ido a la consulta de mi hermano?

—Tengo un retraso —le soltó, a bocajarro.

A Iluminada Mellado se le paralizaron todos los músculos de la cara.

Berta lo había dicho de manera casual, como si no fuera importante. De alguna manera, también para convencerse ella misma de que se trataba de una tontería que su cabeza había magnificado.

Que no era real.

Pero sí que lo era. Desde hacía más de dos semanas.

Por razones obvias, fue Iluminada la que entró en la farmacia. Berta se había quedado en el bar, mirando el móvil como distraída, pero muerta de nervios por dentro. Con toda la atención mediática que había recibido desde que contó su historia un mes antes, lo último que le faltaba era que la vieran comprando un test de embarazo.

El farmacéutico de guardia miró a Iluminada con cara de curiosidad. La había reconocido. No todos los días entraba una famosa en la botica. Pero cuando le pidió lo que había ido a buscar, un test de embarazo, ya no pudo contenerse. Emocionado por lo que le estaba sucediendo, y pasándose por el forro todos los códigos deontológicos —y de la más mínima delicadeza—, le preguntó:

—¿Es para usted? —La mirada de Iluminada no solo debería haberle hecho desistir de cualquier intento de repetir la cuestión, sino que tendría que haberle hecho pedir perdón de rodillas, con lágrimas en los ojos y flagelándose. Pero de nada de eso se daba cuenta el farmacéutico. Esa mujer era la primera famosa que entraba a su local—. Lo digo porque imagino que será para su hija, por si quiere que le cuente cómo funciona para que usted se lo explique a ella, que estas cosas han cambiado mucho. Es muy fácil, verá...

Cuando el farmacéutico hizo el amago de señalarle las instrucciones impresas en el envase, Iluminada lo agarró suavemente, pero con firmeza, de la muñeca.

—Es para mi perra.

La caja cayó sobre el mostrador.

—Bueno, es que...

—¿Me cobra, por favor?

—¿Quién es el padre?

Encerrados en nuestra burbuja, solo percibimos una pequeña parte de la realidad. Ni siquiera cuando estamos prestando toda la atención de la que somos capaces podemos descifrar completamente el mundo que nos rodea. Hay una inmensidad que estará oculta siempre para nosotros. Nuestros sentidos limitan nuestro universo. Los alemanes tienen una palabra que define la burbuja en la que cada especie animal está encerrada, *Umwelt*. Y la de los seres humanos es tan pequeña como el diámetro de un cabello.

El de Berta se acababa de estrechar mucho más. El mundo exterior había desaparecido. Solo era capaz de sentir hacia adentro. Ese bebé que dos líneas sobre una tira le decían que estaba creciendo en su interior. ¿Cómo había podido ser tan idiota? Justo en ese momento.

—¿Sabes quién es el padre? —repitió con dulzura Iluminada.

Berta tardó un rato en ser capaz de hablar. El test de embarazo estaba en el suelo del baño, donde ellas llevaban más de un cuarto de hora sentadas sin saber qué hacer a partir de ese momento, congeladas en la bomba que acababa de estallar.

—No lo sé —contestó, al fin.

—¿Cómo que no sabes quién es el padre? —Iluminada no iba a parar hasta sacárselo. Era periodista, y de las buenas. No se iba a rendir.

—¿Estás insinuando algo?

—¿Yo? ¿Yo? —Iluminada se carcajeó, vertiendo una pequeña cantidad del martini que llenaba la copa que sostenía en la mano derecha—. Querida, si de algo te arrepientes cuando llegas a mi edad, es de no haber follado más. El cole de monjas, el pecado, la tontería de que todo tenía que tener amor... y aquí me tienes, con un cuerpo de sesenta que no está mal, pero que se imagina con veinte y todas las oportunidades que perdió.

—Eres tremenda.

—Ya lo sé. Por eso me quieres.

—Porque eres mi jefa, en realidad —sonrió Berta—. Solo es interés.

—No te doy una colleja porque estás preñada, que, si no, te arreaba tan fuerte que te dejaba las marcas de la loseta en la cara. Venga, levántate. —Iluminada se puso de pie y le tendió la mano a su amiga, alzándola—. Que tú no puedes beber alcohol, pero después de esto yo necesito un par de copas.

—Ja. Reconoce que ahora mismo te encantaría gritarme. —Volvieron a la mesa donde estaban sentadas con otra botella de vermú en las manos de Iluminada—. Pero te contienes porque estamos en medio de un bar de copas, ya nos habrá reconocido alguien, todos tienen móvil y las imágenes no tardarían en hacerse virales. Eso también, ¿no? —Berta le guiñó el ojo a su amiga—. Ahora que eres la superjefa tienes que comportarte como lo exige el puesto.

—¡Ah! Que cuando el puesto lo ocupa un hombre puede ir al palco de un campo de fútbol a gritar y tocarse los huevos, pero nosotras tenemos que estar perfectas todo el día.

—Algo así, más o menos. Estoy todo el día reunida con tipos cuyos huevos se ven desde la Estación Espacial Internacional.

—Pero, bueno, ¿cómo estáis aquí solas? —las interrumpió un hombre con una copa en la mano, que se acercó a su mesa demasiado, casi invadiendo el espacio personal de las dos.

—A ver, no es tan difícil. Fíjate. —Iluminada sonrió, y él, que creía que le estaba siguiendo el juego, se creció—. Solo, de soledad, estás tú. Nosotras somos dos y nos hacemos una compañía estupenda. ¿No te parece?

El tipo aguantó la hostia con la dignidad de quien está acostumbrado a insistir, y la paciencia de a quien le había salido el envite bien alguna vez.

—Perdonad que os moleste, ¿eh? Yo no soy así. Yo soy tímido —cambió de tono. Debía de tener varios para cada ocasión—. No... no suelo hacer eso, de verdad. —Parecía un discurso ficticio y ensayado, recitado demasiadas veces, por si acaso alguien lo creía—. Os estaba observando, sois las reporteras de la tele, ¿verdad? Soy tan fan. Yo también quise ser periodista, ¿sabéis? Pero la vida me llevó...

—Una cosa —le interrumpió, de nuevo, con dulzura Iluminada—, no sé si sabes cuál es la temperatura mínima que ha sido capaz de medir el ser humano. —El hombre sonrió, tratando de seguir siendo simpático, pero sin entender hacia dónde iba esa conversación. Aunque, por si acaso, negó con la cabeza, quién sabe, quizá hubiera suerte—. Pues mira, te lo digo. Son 273,15 grados Celsius bajo cero. Se llama el cero absoluto. La misma posibilidad que tienes de ligar con nosotras. Cero absoluto.

A Berta se le escapó una carcajada. Y un poco del agua que tenía en la boca también. Se limpió los labios con el dorso de la mano. El hombre no sabía por dónde le había venido el misil. E hizo lo que hacen los imbéciles.

—Par de mal folladas —escupió, alejándose—. Un buen rabo es lo que os hace falta —gritó, para que le oyera todo el local—. Vosotras os lo habéis perdido.

—Dios, eres maravillosa. —Berta no podía parar de reír—. La cara que se le ha puesto. Voy a volver a este momento cuando me encuentre de mal humor. Seguro que se me pasa.

—Oye, pero no te desvíes del tema —insistió Iluminada, que estaba convencida de saber quién era el padre, pero quería oírselo decir a su amiga, no iba a ser ella la que pronunciara el nombre maldito. Por si había la mínima posibilidad de que no fuera él—. Alguna sospecha tendrás sobre quién pueda ser el padre. A no ser que te hayas inseminado con todas las reservas de una clínica de fertilidad.

Berta se encogió, se hizo pequeñita.

—Tienes un humor muy jodido a veces —susurró—. Muy jodido.

—Perdona —Iluminada le acarició la espalda, acercándose a ella, hablando también en voz baja—. Lo siento, perdona. Ya sabes cómo soy, más bruta que un arado, no tengo filtro. De verdad, lo siento. Solo quiero ayudarte. Déjame estar a tu lado. No pases sola por esto. No te voy a dejar. Ya te puedes poner como quieras.

—Está siendo muy duro, Ilu, muy duro —confesó entre susurros, aún con la cabeza baja, mirando al suelo—. No sé si son las hormonas, o que no voy a poder esconderlo y no tengo ni puta idea de qué voy a contar. No sé si es el miedo a ser madre. O el pánico a que los genes de mi hermano estén en ese niño o esa niña o... o lo que sea, y que dé a luz a un monstruo, a una persona mala, a alguien que haga daño a los demás. No sé si es el pensar que tengo que abortar y ya está, fuera problema. Adiós a todo. Mi cabeza es un desastre. Mi cuerpo lo es más. Y llego a casa y estoy sola y pienso en el parto sola, en que nadie estará ahí para cogerme la mano y decirme esa idiotez de que respire como enseñan en los cursos de preparación al parto, aunque cuando esté de parto le diga que se calle y se vaya a la mierda. Que en cuanto el niño salga de mi cuerpo nadie me dirá que qué bonito es nuestro hijo, aunque esté cubierto de sangre y meconio, hecho un asco, todavía congestionado por el esfuerzo de pasar a través del canal del parto. Nadie me dirá tampoco lo buena madre que voy a ser, que todo irá bien, que poco a poco. Y pienso en esta mierda en bucle mientras sonrío, fingiendo una felicidad que no siento, como si fuera una taza de esas con absurdos mensajes optimistas. Solo me falta que me salga un asa en la espalda y alguien me meta en un microondas para calentar la leche.

A Iluminada se le cayó el mundo encima. No tenía ni idea de que su amiga se sentía así.

—Pero no estás sola, Berta, no estás sola. Me tienes a mí. A Chiqui. Y a... —estuvo a punto de nombrar a Santi, pero se calló a tiempo.

—Santi, ibas a decir, ¿no?... —Parecía estar a punto de llorar—. Santi se ha ido.

Iluminada sabía que no se veían desde hacía semanas y que Berta se negaba a hablar de él. Pero nunca que se hubiera marchado. Y menos, como parecía por el tono de Berta, de forma definitiva.

—¿Cómo que se ha ido?

—Se ha ido.

—¿A dónde se ha ido? —Ilu no comprendía nada.

—No sé. —Berta encogió los hombros—. Me dijo que estaba muy mal. Que necesitaba sentirse basura humana para dejar de sentirse una basura humana.

—No te entiendo, Berta.

—Mira... —Alargó el brazo, tendiéndole el teléfono.

—«Necesito sacrificarme para volver a ser persona. Y para expiar mi culpa. No te merezco. Volveré, te lo prometo. Pero no me esperes» —leyó Iluminada—. ¿Qué es esto?

—Lo último que sé de él. Un mensaje en el móvil.

—¿Por qué no me lo has contado antes? ¿Una mierda de WhatsApp? ¿Ni siquiera te lo dijo a la cara?

—Me lo dijo, o lo intentó, pero no me di cuenta. Cuando vino a casa. Bueno, a tu casa. Fue mágico. Pasamos un fin de semana como antes, cuando éramos jóvenes y despreocupados, ya te lo conté. Pero ahora me he dado cuenta de que fue su manera de despedirse de mí; hacerme feliz una última vez.

—Pues vaya manera. ¿Qué cojones es eso? Follar contigo para luego romperte el corazón. No me encaja nada con él. Se ha vuelto loco. No. Santi no es así.

—Me volví loca. Loca. Le llamé, pero su teléfono siempre estaba apagado. Una vez. Y otra. Y otra. Fui a su casa. Golpeé la puerta. Grité como una histérica. Me emborraché. ¿Te lo puedes creer? Me metí en un local y me emborraché yo sola, como una vieja loca hablando con el camarero en la barra de un bar. Cuando reuní el suficiente valor, o había bebido lo suficiente, o me había cansado lo suficiente de ese sitio, me fui a bailar a ese garito al que íbamos hace años. Bailé y bailé hasta que sudé alcohol por los poros. Follé en el baño. Creo. No me acuerdo bien. Al día siguiente, todavía con la resaca, volví a beber, volví a bailar, volví a follar en el baño de un garito. Otro, me parece. No estoy segura. Hasta que, al tercer día, con la resaca, las agujetas y el dolor de corazón, no pude levantarme de la cama, ni siquiera abrir los ojos. —Se encogió de hombros—. La derrota de mi propio organismo me salvó de la locura. Así que no, no sé quién es el padre. Y no, tampoco sé dónde está Santi. Y sí, claro que me importa, porque sigo enamorada de él, ¿sabes? Sigo loca por él. Hasta las trancas. Y tengo un síndrome de abstinencia brutal. Mi cuerpo está enfermo si no lo tengo cerca. Cerca y queriéndome. Porque de nada me valdría tenerlo aquí si no me quisiera. La química del amor es así de egoísta, te engancha al otro con una necesidad déspota. Soy una esclava de su amor.

—Berta... —Iluminada se moría de pena. Quería abrazarla, pero estaban en un lugar público, y cualquiera podía grabar un vídeo que recorrería las redes en minutos. Trató de no hacer gestos demasiado explícitos. Siguió hablando en voz baja—: Berta, cariño, ¿por qué no me has contado antes todo esto? ¿Por qué no me has pedido ayuda?

—Bastante tienes tú con la resaca del programa sobre mi hermano. Y ahora, fíjate, con tu nuevo puesto. Vas a vivir en el despacho. ¿Cómo voy a preocuparte con mis paranoias?

—¿Paranoias? Eres mi amiga. Y los problemas de una amiga nunca son una paranoia. Nunca, ¿me entiendes? Es que si no podemos confiar las unas en las otras y en tenernos en los momentos difíciles, entonces, ¿qué? Beber cerveza y reírse mola. Rajar de los demás mola. Salir a bailar mola. Pero somos un sostén. Las amigas estamos para eso, para sostenernos las unas a las otras en momentos jodidos, ¿me entiendes?

Berta asintió.

El padre. ¿Quién era el padre? Porque ahora estaba claro que estaba embarazada.

10

Cinco meses después de ese test que reveló la verdad, Berta ya solo se viste con las americanas anchas sin botones, de tipo masculino con hombreras, que se han puesto de moda, por fortuna para ella. Aún es capaz de camuflar el embarazo, solo parece haber cogido algo de peso, la cara se le ha redondeado, pero eso le pasa cada vez que coge unos kilos de más. Es como si hubiera seguido comiendo todos los polvorones y el turrón que le sobraron en Navidad en vez de dejarlos caducándose en el armario de un año para otro. Además, y por si acaso, siempre entra al plató con los folios del guion disimuladamente tapando la tripa, y al sentarse a la mesa, coloca la silla para que el vientre quede estratégicamente oculto.

Pero dentro de poco ya no le servirá.

Y tendrá que contarlo.

Está aterrada.

Le preguntarán, claro. Sabe que callar no servirá de nada y que la amabilidad de sus compañeros de profesión se irá a la mierda por más audiencia o más visitas a la web. Van a hurgar hasta que encuentren algo. Aún no sabe si será mejor inventarse una historia. O contar la verdad. Una verdad edulcorada.

Por eso lo ha estado ocultando, porque no tiene ganas de dar una explicación que no sabe cuál va a ser. Ella no se acuerda con quién tuvo relaciones sexuales esas dos noches locas de dolor, pero quizá esos dos hombres la reconozcan y, al enterarse del embarazo y echar cuentas, reaparezcan en su vida. O lo cuenten en alguna revista del corazón. O...

Se marea solo de pensarlo.

Camina velozmente hacia su silla y se sienta con rapidez. Tarda un momento en recuperar la serenidad.

—Buenos días a todos. Espero que estén bien, gracias por venir —se dirige, amable, al público, mientras apoya los codos sobre la mesa y coloca con precisión las hojas en dos montones, que luego serán tres conforme vayan emitiéndose los temas. Al lado izquierdo, un bolígrafo de cuatro colores, cada uno con su función. Y, junto al ordenador, pero oculto a la vista de los espectadores, su teléfono móvil. Cuando todo está en orden, se pone el pinganillo, para poder escuchar las órdenes desde el control de realización.

—¿Ya ha acabado la señora con sus manías? —Es lo primero que oye. Chiqui, su aliado.

—Eres tonto —se ríe—. Ya sabes que necesito todo en su sitio. Quizá necesito el orden en la mesa por lo desordenada que está mi cabeza.

—Eso no lo dudes. Tu cabeza está enferma. —Con la mano, tapa el micro que Berta lleva en el pecho, para que nadie les escuche, y habla en susurros—. Ten cuidado con esa camisa, te aprieta un poco en la tripa. Desabróchate el último botón de abajo, que no se ve en pantalla, para que quede más holgada.

—¡Cinco minutos! —grita el regidor. El último de los contertulios se sienta.

—¿Qué tal, jefa? —Un contertulio que acaba de entrar en el plató mira a Berta con una sonrisa que se acerca peligrosamente a la chulería, la manifestación más cutre del ego.

—Bien —contesta ella, mirándolo de reojo.

—Por fin vuelvo. —Se sienta sobre la parte baja de la chaqueta, para que así no se le suba de los hombros y le haga parecer cuellicorto—. Habéis estado semanas sin llamarme.

—¿Sí? —contesta, haciéndose la despistada, sin mirarlo. Y si fuera por mí, piensa, te quedarías en tu casita sin venir aquí a contaminar el ambiente.

—Me llaman de la competencia, ¿sabes? —insiste—. Y yo soy fiel, fiel a vosotros. Pero es que al final...

—De verdad —Berta ahora sí que le mira, con una sonrisa amable y complaciente—, sabes que queremos lo mejor para ti —que, por mí, piensa Berta, sería mandarte a tomar por saco, la verdad, aunque siempre hay un jefe dispuesto a proteger a un cretino y pagarle tres veces más que al resto.

Suspira, tratando de tranquilizarse. En el sueldo también entra aguantar a esos estúpidos. Se lo ha repetido Iluminada muchas veces, aunque ella preferiría que le pagaran menos y poder mandarlos a la mierda en directo. A veces fantasea con eso; mirar a cámara y decir lo que de verdad piensa de algunas de las personas que tiene sentadas a su lado. Se le escapa una sonrisa, que el contertulio interpreta como sometimiento a sus encantos.

Berta no se dará cuenta hasta que termine uno de los bloques, cuando mire el móvil. Acaba de llegarle un mensaje. Es de Santi.

11

—Ay, es que somos muy fans.

—Muy, muy fans.

—Perdonad, ¿eh? Pero os escuchamos todas las mañanas cuando llevamos a los niños al colegio, y nos encanta el programa.

—Las bromas, a veces casi lloramos de la risa.

A Luis Ortega, alias el Pollito DJ, y a Cristina Cabos les parece que los que están siendo víctimas de una broma son ellos. No sería extraño, sus compañeros intentan colársela muchas veces para luego presumir ante la audiencia. Esas dos mujeres vestidas de policía, con placas que parecen reales, pero podrían ser falsas, se han plantado en la emisora de radio para hablar con ellos, y los de seguridad las han dejado subir hasta la planta de la emisora. De hecho, hasta dentro del estudio, donde acaban de terminar su programa, *Vamos ya,* el más escuchado de la radio española por las mañanas. Y están hablando como si fueran dos chaladas que les hubieran parado por la Gran Vía para hacerse un selfi.

—Podremos hacernos una foto luego, ¿verdad? —sigue hablando una de ellas—. Es que, si no, mis hijos no se van a creer que os he conocido. Y, además, así pueden presumir en el colegio.

—Claro, es que los malos que pillamos o los muertos que vemos no son cosas como para presumir.

—Pues no —apostilla la otra, riéndose—. No nos vamos a hacer un selfi con un cadáver para que se lo muestren a los compañeros de clase.

—¡Qué cosas tienes, Silvia! —La agente de policía Nacha Gutiérrez parece francamente divertida, mientras los dos locutores estrella de la cadena musical más escuchada del país asisten, estupefactos, a ese diálogo absurdo.

—Pues ya nos dirán en qué podemos ayudarlas —se atreve, al fin, Cristina Cabos.

—¡Ah, sí! —responde la subinspectora Hurtado—. Que se nos olvidaba. Menudas cabezas tenemos ya, Nacha. —La agente policial

Ignacia Gutiérrez asiente, menudas cabezas tienen las dos, claro. O todo es comedia, también, una treta para conseguir lo que otros agentes no consiguen—. En fin, perdonad. Os podemos tutear, ¿verdad? —Los locutores mueven la cabeza de manera afirmativa—. Es que como estáis cada día con nosotros ya sois casi familia. ¿Podemos sentarnos?

—¿Aquí? —pregunta el Pollito DJ.

—Bueno, nos haría ilusión —sonríe la agente de policía—. Sentarnos en la mesa desde la que emitís el programa cada día. Hola, buenos días, son las ocho de la mañana. ¿Qué tal el madrugón? —Nacha Gutiérrez trata de imitar la voz y los gestos de Cristina Cabos, sentada frente a uno de los micrófonos del estudio—. ¿Lo hago bien? —pregunta a los locutores.

—Sí..., sí... —responden, alucinados por el hecho de que esas dos mujeres histriónicas sean de verdad agentes de policía, como le acaba de confirmar por WhatsApp el personal de seguridad de la cadena. ¿De verdad esas majaras han pasado los psicotécnicos para entrar en el cuerpo?

—Bueno, en fin, a lo que íbamos. —Están ya los cuatro sentados, uno frente a cada micrófono—. Os veníamos a preguntar, como os podéis imaginar, por el niño de la oreja.

Luis Ortega y Cristina Cabos asienten, precavidos.

—¿Cómo funciona todo el tema de las sorpresas de cumpleaños? ¿Cómo lo organizáis?

—Tenemos dos maneras —responde ella—, un correo electrónico y un número de teléfono. La gente que quiere dar sorpresas nos puede mandar emails o WhatsApps.

—Nos dice a quién quiere felicitar —continúa él— y por qué.

—¿Cómo escogéis a la gente a la que al final llamáis en directo?

—Bueno, suelen ser los más emotivos, la gente que nos cuenta historias más bonitas, de superación, de algo duro que les haya pasado o de un aniversario especial. —Luis Ortega empieza a relajarse, parecen preguntas nada peligrosas.

—Jaime nos mandó varios audios de WhatsApp, y nos pareció maravilloso. Menuda historia. Un niño de seis años que quiere felicitar a su madre por su cumpleaños. No tuvimos ninguna duda en que sería algo precioso.

—Sí, porque luego algunos te salen sosos en antena, y tú les vas animando, venga, va, felicidades, ve a por tu regalo, ¿qué es?

Cuéntanos... Y al otro lado del teléfono parece que tienes a un muerto. —Se da cuenta de lo que ha dicho. Se tapa la boca con las manos—. Ay, perdón. No quería.

—Tranquila. A nosotros nos encanta el humor negro.

—Si supieras lo que decimos cuando estamos ante un cadáver.

—No te lo creerías. Bueno, sigue contando.

—Pues eso, que a veces crees que tienes una historia muy bonita y la otra persona al lado del teléfono apenas responde con monosílabos, y se hace eterno el momento hasta que llega a donde está su regalo, lo abre y nos dice qué es.

—Nosotros ya sabemos qué es, claro —apostilla el DJ—. Es una de las cosas que pedimos, que antes nos digan qué es.

—¿Qué le había preparado Jaime a su madre?

—Nos contó que en la caja había un sobre que había hecho él mismo doblando una hoja de papel, y dentro un dibujo de su madre y él, cogidos de la mano, con un texto que decía... —trata de acordarse—. Espera, que os busco el audio.

El Pollito DJ manipula un ordenador en la mesa, frente a él, buscando los mensajes de audio que mandó al programa.

—Aquí está —dice, al fin—. Escuchad.

Pero no se oye nada.

—Ay, perdonad —se disculpa él—, que he mandado el audio a los cascos. —Vuelve a teclear frente a la pantalla—. Ahora sí.

La voz de Jaime suena a un volumen exageradamente alto por los altavoces del estudio.

—Sí, el regalo. —Los cuatro dan un respingo. Estremece escuchar la voz de un niño desaparecido y mutilado—. El regalo de mamá es un sobre que hago yo doblando un papel con celo, es muy chulo. Con celo, claro, para que no se salga lo que hay dentro —ríe—, y dentro pongo cosas, como sorpresas o chucherías. Y le he puesto un dibujo. Y el dibujo lo he hecho yo. Y el dibujo es de los dos, aunque mamá me ha salido algo mal, pero es que es difícil, que solo tengo seis años. Y estamos los dos cogidos de la mano, al lado de casa, con laaaa... —busca una palabra—, laaa Puerta de Alcalá, que vivimos ahí, al lado, y la Puerta de Alcalá se ve, en el dibujo. Y estamos nosotros al lado. Mamá y yo cogidos de la mano. Y le he puesto una frase. Eres la mejor mamá del mundo. La mejor familia del mundo. Bueno, son dos frases —vuelve a reírse—. Y eso es. ¡Ah! Y un Chupachups de Coca-Cola, que le encantan.

El mensaje termina y el estudio se queda en silencio. ¿Cómo alguien ha podido hacerle daño a alguien tan inocente, a alguien con tanta ilusión por la vida y con tanto futuro por delante? Las policías retoman el control.

—¿Desde qué móvil os mandó los mensajes?

El DJ le recita un número. Silvia consulta sus notas. Es el de la hermana, Paz. Cuadra con lo que les contó ella. Sin que ella lo supiera, Jaime usó su teléfono para contactar con la emisora de radio. Los mensajes estaban borrados.

—¿Y después? ¿Cómo lo organizasteis?

—Luego, un compañero de producción le pidió que buscara una caja en la que poner el sobre, para que todo fuera más emocionante en antena. Y que grabara un mensaje de felicitación, que es el que se escuchó ese día.

—¿Cuánta gente sabía esto? —pregunta la subinspectora.

—¿A qué se refiere?

—¿Cuánta gente sabía que esa mañana la sorpresa iba a ser la de Jaime a su madre?

—Buff —suspira la locutora—, pues normalmente a nadie le importa, pero creo que esa vez lo comentamos. ¿No, Luis?

—Sí, lo comentamos desayunando hace unos días, al terminar el programa, porque era algo especial.

—¿Lo hablaron con gente de su programa? —se interesan las policías.

—Bueno..., ya sabe cómo son las cosas. —La presentadora se encoge de hombros—. Aquí la voz se corre rápido.

—Sí —la apoya su compañero—. Los otros programas siempre están buscando historias. Y algo así es muy tierno.

—Sí, sí —continúa ella—. Creo que los del programa de la tarde de la radio convencional, los de *El balcón*, nos habían pedido el teléfono de la madre para entrevistarla luego en directo con su hijo.

12

Berta y Chiqui salen del plató aprovechando los anuncios, hacia una zona donde se almacenan decorados. La presentadora apaga la petaca del micro que lleva sujeta a la cinturilla trasera del pantalón.

—Me ha llegado un mensaje de Santi —suelta, a bocajarro.

Chiqui empalidece. Seis meses después.

—¿Lo has leído? —Es lo primero que le pregunta.

—No. —La voz de Berta suena nerviosa—. No quiero.

—Mejor —la apoya él—, tienes que acabar el programa. Todavía te quedan un par de bloques. Entra en directo la madre del niño de la oreja. Tienes que estar concentrada.

Berta asiente.

—Gracias por estar a mi lado.

—¿Cómo no iba a hacerlo, idiota? —La mira con ternura—. ¿Cómo no te iba a cuidar estos meses? Además, aún me dejas tiempo por la noche para pasarme al eje del mal. Por cierto, mañana tenemos cita con el neurólogo. Antes del programa. Te pasaré a recoger por tu casa, para que nadie cotillee en la tele. ¿Te parece?

Berta lo abraza. No sabe qué haría sin él.

Aspira una enorme bocanada de aire y se concentra. No quiere llorar.

La mujer la espera sentada ya en la enorme mesa del centro del plató.

—Querida Nines, esta es una de las entrevistas más difíciles que he hecho en mi vida. —Saber que estás gestando un hijo ha cambiado cómo Berta percibe el mundo y sus emociones—. No estamos buscando morbo. Estoy aquí con usted porque me ha pedido ayuda. Y nosotros le brindamos la plataforma de este programa y a toda la gente que nos está viendo para llegar a las personas que tienen secuestrado a su hijo.

La mujer va asintiendo con la cabeza, en un movimiento leve, mecido por los ansiolíticos que le han suministrado los psicólogos de la unidad de emergencias. El sosiego de la medicación ralentiza su terror, su ansiedad, pero también la forma en la que su cuerpo responde a los estímulos. Por eso agarra las manos de Berta, para recordarse que esa es la realidad a la que tiene que responder y no olvidar dónde está y a qué ha ido.

A conmover a los secuestradores de su hijo.

—Es mi cumpleaños —dice.

A Berta esa frase la coge desprevenida. Y solo se le ocurre acariciar la mano de la mujer. El silencio entre las dos está a punto de hacerse demasiado largo para los códigos de la televisión. En el control se están poniendo todos nerviosos. Di algo, le grita la directora por el pinganillo. ¡Di algo! Pero Berta calla. Mira a los ojos con la paciencia de quien va a esperar una respuesta el tiempo que haga falta.

—Es mi cumpleaños —repite, al fin, la mujer—. Era —corrige—. El día en que desapareció. Alguien escogió muy bien esa fecha para hacerle daño a mi hijo.

Han pasado ya muchos días. Y no hay noticias de Jaime. Berta sabe que eso solo puede significar malas noticias. Tiene que hacer un gran esfuerzo para mirar a esa madre y no abrazarla con todas sus fuerzas. Y es justo al pensarlo, cuando el bebé que lleva en su vientre le da una patada. La siente como un golpe a través de capas de órganos y músculos, directa a sus costillas. Contiene un gesto de dolor. Ha perdido el hilo de la conversación. Parece que se ha quedado en blanco. Tiene que preguntar algo rápido. Ya.

—¿Es algo personal, entonces? Nines, ¿cree que es una venganza contra usted?

Esta vez es la entrevistada la que se queda en silencio, aunque no porque esté pensando en una respuesta, ya le ha dado demasiadas vueltas a cualquier posible opción. Y ya se lo ha preguntado la policía decenas de veces. Se encoge levemente de hombros.

—Imagino.

—Los secuestradores tuvieron que entrar en su casa por la noche. ¿No oyeron nada ni su hija ni usted?

Berta se da cuenta de que está manteniendo un interrogatorio casi policial, para alejarse de las emociones que no quiere que la derrumben.

—No. Yo tomé pastillas para dormir. Y Paz hace meses que usa tapones por la noche. Dice que le molesta el ruido de la calle. Vivimos frente a la Puerta de Alcalá, ¿sabe? Y hay mucho jaleo de coches y de terrazas. Aunque la habitación de Paz no da a la plaza, se quejaba del ruido, porque ella y Jaime duermen con las puertas abiertas.

—Es raro que su hijo no se despertase y gritara, ¿no le parece?

—Jaime dormía como un tronco. Nada lo despertaba. Podían haberlo sacado perfectamente de casa sin que él se diera cuenta.

Berta se percató de que Nines está hablando de Jaime en pasado. Como si supiera que ha muerto. Pero no quiere ahondar en esa herida.

—Aunque quizá fue alguien conocido, ¿no? Alguien que le inspiraba confianza. —La madre vuelve a encogerse de hombros—. La policía dice que la puerta de casa tampoco estaba forzada. —Nada más decirlo, Berta se da cuenta de que está insinuando que la madre ha podido tener algo que ver. Y nada más lejos de su intención.

—No cerré la puerta con llave —responde la madre—. Esa noche había bajado la basura y al volver me olvidé de cerrarla. La policía dice que a los secuestradores les fue muy fácil entrar porque solo tuvieron que deslizar el resbalón, y eso se hace con cualquier plástico. Yo solo quiero que me devuelvan a mi hijo. Que lo dejen en cualquier sitio. Es fácil. Lo dejan en algún sitio desde el que él pueda ir andando a pedir ayuda. Nadie sabrá quién ha sido. Por favor, por favor.

Se le saltan las lágrimas. No solo a Nines. Berta también se siente al borde del abismo. Y, en su estado, no sabe si será capaz de controlarse. Si empieza a llorar...

—Nines, ¿quién mandó el mensaje a la radio? —Vuelve a las preguntas policiales—. ¿Quién pidió que le dieran la sorpresa de cumpleaños?

La mujer está a punto de derrumbarse, pero, de alguna manera, logra sacar el valor suficiente para contestar.

—El propio Jaime. Mi niño bonito. Quería darme una sorpresa. Cogió el móvil de su hermana —Nines desvía la mirada a algún punto más allá de la cámara, donde está Paz, su otra hija— y mandó un montón de audios al programa de radio para prepararme la sorpresa. —Se le escapan las lágrimas—. Se lo había contado a todos sus amigos del colegio. Un montón de mamás lo sabían, me lo han explicado ahora. Les pareció muy tierno. Todas guardaron el secreto para darme una sorpresa. Todas estaban escuchando la radio con sus niños, esa mañana.

El silencio es duro y oscuro. Hay veces en las que Berta se arrepiente de su trabajo, y esta es una de ellas. Está haciendo sufrir más a una madre que ya no puede con tanto dolor. Y la excusa de conmover a los secuestradores es eso, solo una excusa. ¿A quién quieren engañar?

«Dile que vamos a escuchar el mensaje de la radio —le grita la directora a Berta por el pinganillo—. Dile que lo tenemos y que vamos a recordarlo». Pero ella no le hace caso. ¿Qué necesidad hay de hacer sufrir más a esa madre?

—Pero entonces —la cabeza de Berta va a mil revoluciones, a pesar de los gritos de su directora para que siga sus órdenes—, los secuestradores también tenían que saberlo. Tenían que saber que Jaime le había dejado un regalo, dónde lo había escondido, y que esa mañana la iban a llamar de la radio para que lo abriera en directo. Tiene que ser alguien cercano.

—Sí... —Nines se acaba de dar cuenta—. Sí, claro. O igual... igual, cuando se llevaron a Jaime, él les contó todo y volvieron a casa para colocar su... su... —es incapaz de pronunciar la palabra— su..., bueno..., para, para eso. Como forma de hacerme más daño.

—¿Tienes idea de quién ha podido ser? —Berta deja de tratar de usted a su invitada. Ni siquiera se da cuenta.

—Soy una persona normal. Trabajo en la sucursal de un banco. Tengo otra hija. Estoy separada. Mi vida es ordinaria y aburrida.

—Bueno, todos tenemos una parte de la vida aburrida. Las cosas no son tan intensas como en las series de televisión. —¿Por qué está siendo tan imbécil? Esa mujer no merece la entrevista que le está haciendo, pero lucha a cada pregunta por no echarse a llorar y poder seguir.

—Yo... —duda Nines—... Yo, a veces, no quisiera estar viviendo mi vida.

Tras el decorado, Paz se clava las uñas en los antebrazos. ¿Cómo puede decir su madre eso? Nines levanta la vista y ve a su hija mayor, tan frágil y quebradiza, siempre como si fuera una copa de cristal cayendo al suelo que ella tiene que recoger a tiempo, antes de que se haga pedazos.

Se recompone ante las cámaras y niega con la cabeza de forma vehemente.

—No, no me refería a eso. —Su cuerpo parece haber cambiado, yergue la espalda con vigor y la voz que emite es la de alguien distinto. Berta, de espaldas a Paz, no entiende lo que acaba de pasar—. Hablo de que mi vida es muy aburrida y no soy capaz de encontrar nada que me haya hecho ganarme algún enemigo. —Y ahí Berta lo ve. Sabe que miente. Que está pensando en alguien—. Mi día a día es como el de todas las personas que nos están viendo. Una tediosa tarea tras otra.

—Pero todo parece muy personal —insiste—. La... —no quiere decir oreja—... el fragmento de Jaime llegó envuelto como si fuera un regalo. ¿Quién es capaz de hacer algo así?

Nines la mira fijamente. Con rabia. No se le escapa ni una lágrima. Porque está pensando en alguien a quien odia con todas sus fuerzas.

Cada hora se desprenden cuarenta mil células de la piel de nuestro cuerpo, en un tránsito sosegado pero tenaz que nos cambia lentamente sin que nos demos cuenta. La Berta que lee el mensaje de Santi no es la misma de seis meses atrás, la última vez que lo vio. Su piel ha mutado completamente ocho veces. Pero eso apenas tiene importancia. El cambio real ha ocurrido en su interior.

O eso pensaba ella.

Que se había hecho lo suficientemente fuerte para que le diera igual cuando Santi volviera a dar señales de vida.

En la pausa siguiente se arma de valor y abre el mensaje. Chiqui la observa desde detrás de la cámara con cara de terror. No lo hagas, no lo hagas. Pero Berta no se echa atrás. La mano le tiembla al apretar la pantalla para que la aplicación desvele el contenido.

Lee el mensaje y siente como si todo su cuerpo quisiera salírsele por la boca.

No llega al baño. Vomita en la papelera que hay en un rincón del estudio, tras el decorado.

Mientras tanto, Nines, en el taxi ya camino a casa, no para de darle vueltas a una de las preguntas que le ha hecho esa periodista. ¿Es algo personal? ¿Tiene alguien alguna razón para vengarse de usted?

—Paz —le pregunta a su hija, sentada a su lado en el asiento trasero—, ¿guardas el teléfono de las policías que están hablando con nosotras?

Tiene una sospechosa.

13

—¿Quiere un café?

El policía es amable. Extrañamente solícito. Sonríe como si fuera a pedirle un favor. Será el poli bueno, piensa ella, pero de todas maneras no se fía.

—No —responde, tajante.

—¿Con leche..., cortado...? —insiste, inasequible al desaliento, el oficial de policía. Quizá es una táctica de acoso y derribo por hartura—. ¿Manchado? ¿Un té?

—Le he dicho que no. Ya hago demasiado estando aquí.

—¿Agua?

—¿No me ha entendido? —Empieza a hartarse—. Es una sola sílaba. No. No es tan difícil. ¿Les enseñan eso en la academia de policía?

—Es que esto puede ir para largo —responde el policía sin perder la calma—. Y el cuerpo necesita hidratarse, ¿sabe? Dos litros de agua al día es lo que recomiendan los médicos, ¿verdad? —No deja de sonreír, como si la situación fuera agradable—. La gente que va a venir ahora no es tan amable como yo. No le recomiendo pasar por un interrogatorio con la lengua seca.

Se marcha, tan sonriente como ha entrado. Pero Andrea ya no está tan convencida de que ese sea el poli bueno del juego.

O de si hay algún poli bueno ahí.

—¿Ya le han ofrecido café?

¿Qué narices les pasa a esos policías con el café? ¿Van a comisión con la máquina del pasillo?

—¿Y ya le han dicho que no tomo? —contesta, seca, Andrea.

—Vale. —La agente de policía se encoge de hombros sin ni siquiera mirarla, como si no le importara, un trámite pesado más de ese día. Se sienta frente a ella, al otro lado de la mesa en esa habitación minúscula sin ventanas, y ojea los papeles que ha traído en una carpeta de cartulina amarilla. Andrea trata de mostrarse serena. Pediría un abogado, pero eso le haría parecer culpable. O, al menos, es lo que ha visto en las series de televisión. Los inocentes siempre están tranquilos. Siempre son amables. Y nunca piden un abogado.

Van pasando los minutos y no sucede nada. La mujer —va vestida de paisano, pero canta a la legua que es policía— sigue leyendo la documentación que tiene en la mano, aunque quizá sean fotocopias de recetas de cocina, y no parece que le importe mucho la persona que tiene delante.

Pero Andrea no se amedranta. A cojones a ella no le gana nadie. A ovarios, en realidad.

—¿Le has preguntado ya si quiere café? —Una segunda agente abre la puerta y entra a la sala. La primera policía se gira hacia ella y vuelve a encogerse de hombros—. Oye, pero tú, ¿cómo has imprimido eso? Se han acabado los folios. ¿De dónde has sacado estos? —Señala, casi con envidia, los papeles que desde hace un rato está leyendo tranquilamente su compañera, que la mira y sonríe.

—Hay que saber meterse en los despachos de otros grupos cuando no hay nadie.

—¡Qué cabrona! —dice Silvia, con admiración—. Robando a la policía. Flipa, niña.

Las dos mujeres hablan entre sí como si Andrea no estuviera allí delante, esperando a no se sabe qué. Así que ese es su juego. Ignorarla. ¡Qué pueril! Se creen que así le van a hacer perder los papeles.

—Pues pilla también una cafetera, que los ratas de nuestro grupo se siguen escaqueando en la colecta para una nueva. Y estoy harta de la mierda de la máquina.

—Por cierto, ¿esta no quiere un café? —Andrea sabe que se refieren a ella, aunque ni siquiera la miran, como si fuera basura.

La agente número uno vuelve a encogerse de hombros.

Entonces, como si hubieran estado esperando algún tipo de señal, se levantan y se marchan, sin decirle ni siquiera adiós.

—¿Pueden abrir esta puerta, por favor? —Mira hacia el lugar en el que es más probable que haya cámaras que estén espiando sus movimientos, aunque no logra ver ninguna. También a un espejo tras el que podría haber alguien—. Necesito salir de aquí.

Habla con educación, trata de no parecer desesperada, no quiere darles ese poder. Pero no hay respuesta. Los imagina, a quienes quiera que sean, riéndose de ella al otro lado del cristal azogado, gozando de su superioridad.

—De verdad, no sé si es legal lo que están haciendo —sube el tono de voz—, pero abran esta puerta.

Se está haciendo pis. Desde hace mucho rato. No quiere mearse encima.

A los pocos segundos se oye un zumbido. La manecilla parece vibrar. Cuando está a punto de tirar de ella con todas sus fuerzas, alguien al otro lado empuja la puerta, haciendo que Andrea trastabille y caiga al suelo. Ha podido parar el golpe con las manos, pero el coxis le dolerá varios días. Al levantar la vista ve la sonrisa socarrona de una de las agentes de policía que la había ignorado hace un rato, la que ha abierto la puerta. Pero también escucha una voz familiar.

—Andrea, ¡por Dios! ¿Qué te han hecho? —grita un hombre al que no acierta a ver, pero que reconoce por su inconfundible tono agudo.

—Tiene una clienta muy torpe, abogado. —La agente de policía Ignacia Gutiérrez imita un gesto entre preocupado, irónico y burlón—. Mire cómo ha tropezado y se ha caído. Ya lo ha visto, ella sola.

—¿Cómo se atreve? —protesta el letrado, entrando en tromba a la habitación para ayudar a Andrea a ponerse en pie. Ella rechaza la mano que le tiende y se levanta por sí misma. Faltaría más, que le quitaran la dignidad hasta para eso, para ponerse en pie por sus propios medios—. ¿Cuánto hace que la tienen aquí encerrada?

—¿Encerrada? —La voz de la policía es cándida y dulce. Inocente—. No sabe la de veces que le hemos dicho si quería salir a tomar un café. Pero ha preferido quedarse aquí. Puede preguntárselo usted mismo. Su clienta es libre de ir a donde quiera.

Y vuelve a encogerse de hombros. Sonriendo de nuevo.

Andrea solo puede pensar en su vejiga hinchada y en lo que le está costando mantener la orina dentro.

—Andrea, ¿te han informado de por qué estás aquí? —le pregunta el letrado, cuando su clienta regresa del baño, acompañada por una de las dos agentes de policía.

El abogado de la familia mueve el cuerpo para acomodarlo bien en la silla, incómoda a propósito. Lleva un traje de chaqueta que quiere parecer caro, pero no lo consigue, la tela tiene un brillo sospechoso, los hombros no terminan de asentarse bien y las costuras no se tensan con la suavidad justa. Por no hablar de la corbata, que no estaba de moda ni cuando se confeccionó, muchos años atrás. Es, pues, un abogado barato que quiere aparentar ser el propietario de un bufete de poderío. Su presencia allí es símbolo de la decadencia de la familia de Andrea, de la fortuna perdida en algún punto del camino entre la dos últimas generaciones al mando.

—Han venido a casa y me han pedido que las acompañara a comisaría porque querían hacerme algunas preguntas, pero nada más.

—Evidentemente, letrado. —La agente de policía no le deja contestar—. No irá usted a sugerir que hemos hecho algo no acorde al procedimiento.

—Todo esto es... —trata de protestar.

—La hemos tratado con toda la educación posible. Ya le digo, si ni siquiera le hemos preguntado nada porque usted no estaba aquí. Ni dirigirnos a ella, ni una palabra, para que no pueda alegar que la hemos coaccionado. Bueno, solo le hemos preguntado si quería algo de beber. Pero nada más. Nosotras, calladitas hasta que llegara el abogado. ¿Verdad, Silvia?

—Así es, Nacha.

—No le habrás preguntado nada mientras estabas a solas con ella.

—¿Yo? ¡Qué va! Yo he estado leyendo esto. —Señala la carpeta que ha dejado sobre la mesa.

Es evidente el teatrillo entre las dos agentes, que parecen estar pasándoselo de maravilla.

—Creo que esto ya pasa un poco de castaño oscuro —protesta el abogado.

A la policía que se encoge de hombros se le escapa una carcajada.

—Madre mía. Hacía siglos que no oía esa expresión. La decía mi abuela cuando se enfadaba con nosotras. Es una frase de viejos. Es usted mayor de lo que parece. Con todo el respeto, letrado, con todo el respeto. —Sonríe.

Lucas termina de convencerse de que quieren acabar con su paciencia. Da un golpe de puño sobre la mesa.

—¡Ya está bien! ¿Qué es este cachondeo? ¿Estamos en una comisaría o en un centro de educación infantil? ¿Me van a decir qué quieren?

Las dos policías se miran. Y asienten.

—Una oreja —dice una.

—Bueno, no una oreja, sino el cuerpo que solía estar pegado a esa oreja —corrige la otra.

—Preferentemente vivo.

—Hombre sí, esperemos que vivo.

Cliente y abogado se miran. Les han tocado las dos zumbadas de la comisaría.

Pero no lo son. Saben muy bien lo que hacen.

—Mejor para todos, sí, que lo encontremos vivo. —Las agentes tratan de que parezca algo trivial, pero las dos saben que el niño está muerto, aunque la información aún no ha trascendido al público. Quieren retenerla todo lo posible, eso les da ventaja ante los posibles secuestradores y, todo apunta, asesinos.

Pero hay algo más. La desaparición de Jaime coincide con la muerte de otro niño, también de su edad, también de su familia. Con su aniversario. Y todo parece ser una venganza bien planeada.

Miran a la mujer que tienen enfrente, desafiándola.

Están convencidas de que tiene muchas de las claves.

14

Espera algo crucial, no sabe exactamente qué, pero sí una suma de palabras que deberían ser un punto de inflexión en su vida. Al fin y al cabo, es un mensaje de Santi seis meses después de desaparecer. Algo importante tiene que decirle. Coge aire y lo guarda en los pulmones mientras aprieta la parte de la pantalla del teléfono que permite abrir el texto.

Siente una bofetada en la cara.

Porque no es nada.

«Te veo rara en la tele. ¿Estás bien?».

¿Eso es todo lo que tiene que decirle ese imbécil? Te veo rara en la tele.

Desaparece seis meses porque necesita pensar y ordenar su vida, reencontrar su yo, esa tontería de ser mierda para dejar de ser mierda que le dijo, ¿y lo primero que le escribe al volver es esa tontería que indica claramente que ella no le importa?

Berta se levanta corriendo de la silla de presentadora. Pero no llega al baño. Vomita en la papelera que hay en un rincón del estudio, tras el decorado.

Chiqui, que no sabe lo que está pasando, se acerca a ella con una toalla húmeda que coloca en su nuca, para refrescarla y aliviarle las náuseas. El cuerpo de Berta lo agradece.

—Nadie nos está viendo, tranquila.

Le tiende una botella de agua para que se quite el mal gusto ácido del vómito. Cree que es lo de siempre. El embarazo. Pero no. Berta le alarga el móvil mientras trata de tranquilizarse. Él lee. Desconcertado primero. Rabioso después. Tarda unos segundos en digerir las implicaciones del mensaje.

—¿Es él? —pregunta, como si necesitara confirmación para terminar de creérselo. Berta asiente, mientras se frota la nuca con la toalla húmeda—. Tenemos ocho minutos de publicidad hasta que entres en el próximo bloque, tranquila —le dice—, no hay prisa. Es lo primero que sabes de Santi en todo este tiempo, ¿verdad? —Chiqui quiere creer que ella le cuenta las cosas, pero quizá no todas. Aunque aún de rodillas, con la cabeza mirando al suelo, Berta vuelve a asentir—. ¿Crees que se ha dado cuenta?

Berta se estremece. No había pensado en esa posibilidad. Hasta ahora ha conseguido engañar a todo el mundo. ¿Y si a él no? ¿Y si Santi, apenas echándole un vistazo a través de una pantalla, ha visto en ella lo que está sucediendo en su interior? Es la persona que mejor la conoce del mundo. Y tiene una capacidad extraordinaria para atar puntos y llegar a conclusiones.

¿Y si es peor? ¿Y si lleva tiempo en Madrid y no ha querido ponerse en contacto con ella? ¿Y si todos estos meses la ha ignorado porque está con Óscar?

Maldito Óscar.

Con cada pregunta que se hace, Berta se angustia más.

—Lo sabe —susurra, mientras trata de ponerse en pie, aunque ya no tiene la agilidad de antes del embarazo—. Lo sabe.

—No seas dramática. —Chiqui la ayuda a levantarse, vigilando que nadie los vea. Siguen tras el decorado—. No te pongas en lo peor. —Querría decirle que ya era hora, que en algún momento iba a tener que enfrentar esa situación, pero justo cuando aún tenía que entrar una última vez en directo no iba a tener esa conversación con su amiga—. Hoy te ha maquillado esa chica nueva, ¿no? Pues eso habrá notado, un maquillaje diferente. Aunque estás fantástica —se apresura a matizar, porque no se le puede decir a una presentadora en pleno trabajo que su apariencia no es buena. Eso es algo que Chiqui ha aprendido a base de malas caras de colaboradoras del programa de Berta. Necesitan sentirse seguras—. ¿Eh? Estás guapísima. Pero estás cansada y lo habrá notado. Y por eso te pregunta, porque se preocupa por ti. No habrá podido evitarlo.

Sin terminar de creérselo, Berta decide tener confianza en que lo que le dice su amigo es cierto y que Santi no la ha estado ignorando todos estos meses. Es la única manera de seguir adelante, agarrarse a esa falsa verdad y así poder seguir entera y disimulando al menos los próximos minutos.

—¿Dónde cojones os habéis ido? —La directora del programa grita por el pinganillo a Berta y Chiqui—. Estamos a treinta segundos.

Berta enciende la petaca de su micro, para que pueda escucharla. Lo ha llevado apagado todo este tiempo para evitar orejas indiscretas.

—Ya va, ya va, señorita directora, que no nos dejas ni cotillear a gusto. —Trata de reír despreocupadamente—. ¿He llegado yo tarde alguna vez?

Chiqui vuelve a asombrarse de la extraordinaria capacidad de recuperación de su amiga, y de la forma en la que es capaz de disimular la tragedia y fingir que todo va bien.

La extraordinaria capacidad de concentración de Berta cuando se enciende el piloto rojo de la cámara y está en directo hace que se recupere y olvide todo lo demás. Es como si solo funcionaran las partes de su cerebro que necesita para sacar un programa adelante. Y disfrutar haciéndolo.

—Te voy a contar una cosa —le susurra la directora por el pinganillo. Berta escucha, aunque sin que nadie note que le están hablando. Te voy a contar una cosa significa que hay algo importante que ella debe saber, pero que nadie, sobre todo el espectador, puede notar que le están relatando. Como si esa voz no estuviera en su cabeza—. Hay un detenido por el caso de la oreja.

Dios. Se muere de ganas de gritar. De preguntarle quién. Cuándo ha sido. Dónde está. Qué pruebas ha conseguido la policía. Pero tiene que seguir charlando con los contertulios como si nada. ¿Por qué narices la directora se calla? ¿Por qué no le dice nada más? La ansiedad la devora. Tiene que esperar poco, la directora va dándole más datos, que Berta apunta en un rincón de su cabeza.

Pero...

—A ver, José María, no estarás diciendo que hay que pegar a los hijos —corta a un opinador.

—A ver —responde él—, es que solo tenemos que fijarnos en los niños y los jóvenes de hoy. Sin disciplina. Totalmente consentidos. Mira nuestra generación, lo que hemos trabajado, lo luchadores que somos. Y eso es porque nuestros padres nos inyectaron disciplina a base de un tortazo cuando hacía falta. Yo, a mi padre, ni le chistaba. No me atrevía ni a mirarlo a los ojos cuando me reñía. Como un palo de recto me llevaba. Y si me desviaba, una buena hostia. Eso es lo que hace falta.

—Y, aun así, mira cómo has salido —se burla un contertulio sentado al otro lado de la mesa.

—¡Mucho mejor persona y periodista que tú! —grita el ofendido.

—Sí, seguro —le responde.

—Ya veo que volvemos a la guardería —les interrumpe Berta de nuevo, volviendo a la realidad del plató—. Dado el nivel de argumentación que estamos teniendo últimamente en esta mesa. Yo creo —mira a cámara— que nuestros espectadores se merecen algo mejor. No sé si hará falta tomar alguna medida para elevar el nivel de este debate. Y con medida me refiero a cambiar a algunas de las personas que me acompañan.

Disfruta. Sabe que tiene el poder, y que ahora mismo seis desesperados tertulianos harían lo que fuera por seguir ahí. No solo es el sueldo extra. Es la popularidad. Salir por la tele. Son adictos a que los reconozcan en el bar.

—Berta, dales duro, así me gusta —la felicita la directora por el pinganillo—. Sobre el detenido. Te cuento. Es una mujer. Cébalo antes de publi, y luego volvemos con todo.

—En fin... —suspira—, ya saben ustedes que este es un programa pegado a la actualidad. Y acabamos de saber, en exclusiva, que hay una persona detenida por la desaparición del pequeño Jaime. En este programa hemos podido saber que la están interrogando y que, atención, es una mujer. Al parecer, había tenido una relación personal con la madre del pequeño, pero habría otros indicios que la convertirían en la principal sospechosa. Se lo contamos después de la publicidad.

La noticia, ir improvisando datos de última hora y saber que es la primera que está contándolo mantienen la adrenalina de Berta a un nivel lo suficientemente alto para no volver a pensar en el mensaje de Santi.

Para olvidarse, casi.

Pero cuando despide la emisión y su cabeza se despeja, a duras penas puede llegar al camerino. En cuanto entra, se echa a llorar encerrada en el baño. Es el lugar más lejos que se le ocurre de la puerta, para que nadie que camine por el pasillo la oiga desde fuera.

15

El móvil de la agente de policía Ignacia Gutiérrez, alias la Nacha, alias la Pin —como dúo ligado, indivisible e inalienable de la Pon, la subinspectora de policía Silvia Hurtado—, empieza a recibir mensajes. Lo tiene en silencio, pero vibran en el reloj inteligente de su muñeca. Sin disimular, a los interrogados les sienta fatal que tengas cosas más importantes que hacer, coge el teléfono y le echa un vistazo.

Sonríe.

Todo funciona según lo previsto.

Los periodistas ya están fuera. A veces los detenidos necesitan un poco de presión. Y los jueces instructores también.

Empieza el espectáculo.

Guarda el móvil en el bolsillo trasero del pantalón y vuelve a prestar atención a la mujer que tiene delante.

—¿Dónde está Jaime?

—Pero ¿de verdad creen ustedes que yo me he llevado a ese niño?

—Dínoslo tú.

—Miren, mi clienta ya les ha dicho lo que sabe. Así que podemos dejarlo aquí por hoy. —El abogado está harto. Pero no sabe cómo salir de esa situación. Él es un abogado de derecho comercial, no sabe nada de la Ley de Enjuiciamiento Criminal.

—Su clienta estará aquí respondiendo preguntas hasta que nosotros lo digamos —sonríe de nuevo—, no nos lo impide la ley, que —consulta el reloj de manera dramática—, de momento, nos deja todavía bastantes horas de margen.

Al otro lado del cristal, unos mensajes similares a los que le han llegado a Nacha aparecen en los móviles del inspector y el inspector jefe, que se han acercado a ver qué se cuece en esa sala. Hay que estar informado por si los de arriba preguntan.

—Joder.

—Ya los tenemos aquí.

—¿Quién cojones será la rata que se ha chivado?

—¿Crees que han sido Pin y Pon?

—¿Esas? —El inspector jefe las mira con desprecio.

—Son buenas, de verdad, parecen dos ancianas locas jugando al dominó, pero lo tienen todo más controlado que tú y que yo.

—Pues más razón para creerlo. ¿A quién le interesa meterle presión a la interrogada? La pena del telediario. Cuando salga de aquí se va a encontrar a la marabunta periodística poniéndole el micro hasta las amígdalas. Dime tú quién resiste eso.

—Usted quería mucho a ese niño, ¿no? —El interrogatorio continúa, aunque Andrea legalmente no está detenida y ha acudido allí por propia voluntad a dar testimonio. Podría irse cuando quisiera, pero ni ella lo sabe ni al abogado se le ha ocurrido preguntar, dando por hecho que las cosas han cambiado y está bajo arresto, o acusada de algo—. Usted quería mucho a ese niño, ¿no? —insiste. Y lo hace, de nuevo, sonriendo, con dulzura, componiendo una escena extrañamente disonante en esa sala hostil.

—Pues claro que lo quería. Lo adoraba —responde Andrea, llevándose las manos a la cabeza, casi gritando, en un tono demasiado agudo. Vuelve a perder la paciencia—. ¡Lo adoraba!

Boom. Ahí está.

—Me llama la atención una cosa. —La subinspectora Silvia se dirige a la agente Nacha, ignorando a los demás—. Lo has visto, ¿no? ¿Te has dado cuenta?

Nacha sonríe con más placer todavía, como relamiéndose.

—La tenemos —responde, sonriendo—. Toda tuya.

—Señora. —Silvia Hurtado se pone de pie y camina muy lentamente, con los brazos cruzados, mirando al infinito, como si tuviera que pensar, aunque en realidad lo que quiere es que su presa cavile acerca de lo que acaba de oír y el miedo la vaya royendo por dentro. ¿Qué tendrán sobre ella?—... Señora —repite, al fin—, ¿por qué habla del niño en pasado? ¿Cómo sabe que está muerto?

Andrea abre mucho los ojos.

—Bueno, es que...

—Y —la interrumpe la subinspectora Hurtado— nos llama la atención otra cosa. ¿Qué ocurrió el mismo día de la desaparición de Jaime justo hace trece años? ¿No es también demasiada casualidad?

—Sí, demasiada casualidad —apostilla su compañera—. Y nosotras no creemos en casualidades.

—No.

16

Hay ropa que a la luz del día parece una ofensa. Faldas cortas y vibrantes o camisetas masculinas ajustadas que decepcionan cuando sale el sol, de la misma manera en la que defrauda una discoteca cuando entra el personal de limpieza y enciende todas las luces. Lo que está hecho para la penumbra no debería verse a plena luz. Delito llega a casa justo a tiempo, antes del amanecer, para librarse de esa sensación y convertirse en Santi antes de que el sol dé latigazos a su cuerpo como lo haría con un vampiro. De alguna manera, su *alter ego* era caóticamente perfecta esa madrugada, la primera de su retorno —ha bebido los aplausos del público con el ansia de un sediento—, pero al volver a ser él mismo ha dejado el caos y la emocionalidad para agarrarse de nuevo a las certezas que sostienen su vida.

Iba a llegar tarde a trabajar.

Un día más.

Y solo habían pasado dos semanas desde su regreso.

Dos semanas aburridas y soporíferas. Quince días en los que se ha engañado a sí mismo pensando en que necesitaba un periodo de adaptación. Que no se puede pasar de la esclavitud a la libertad en un chasquido de dedos. Seguimos sintiéndonos prisioneros durante un tiempo.

Por eso ha dejado las cosas pasar.

Pero quizá ya va siendo hora de retomar el control de su vida.

Una ducha, un café y un par de tostadas después, se atreve a volver a mirar el móvil. De alguna manera, no sabe por qué, se había agarrado a la esperanza de que Berta le hubiera contestado. Ya han pasado cinco días desde que le mandó el mensaje. Pero no.

Óscar sí.

Aunque no es muy educado lo que responde.

Se lo merece. Claro que se lo merece.
Por desaparecer así de sus vidas.

El móvil del doctor Óscar Benítez está en modo silencioso y guardado en su taquilla del hospital cuando le llega el mensaje de Santi. Mejor. Con el día que lleva lo hubiera estampado en la primera pared disponible. Se le ha muerto un hombre con un ataque al corazón al que han llevado a urgencias demasiado tarde. Y una chica joven con un ictus tiene un pronóstico complicado. Quizá no recupere del todo el habla y la movilidad. Está tan triste que no mira el teléfono hasta que no llega a casa, al final de la guardia de veinticuatro horas, se pega una ducha y se tumba para intentar dormir un poco.

Hola.

Le dice.

Hola. ¿cómo va todo?

Así, insensible y despreocupado, como el que saluda a un vecino *random* en el ascensor a las siete de la mañana.

Furioso, da un golpe al teléfono, que cae al suelo haciendo un ruido extraño. La pantalla se ha partido. Pero eso no lo sabrá Óscar hasta que las dos pastillas para dormir que se toma en ese momento, rabioso y con ansia, dejen de hacer efecto, más de doce horas después.

Tardará en contestar un par de días.

¿Quién eres?

***

Seis meses antes del secuestro de Jaime

Santi tuvo que viajar durante un par de días, encadenando aviones y autobuses, hasta llegar a Tegal, en la isla indonesia de Java, a tres continentes, dos mares y un océano de distancia de Madrid. Una vez allí buscó entre las múltiples agencias, casi todas ilegales, que contratan a marineros para los barcos de pesca chinos. Ningún occidental cuerdo —ningún hombre cuerdo, de hecho, solo los desesperados— buscaría empleo en un lugar como ese, así que para tener alguna oportunidad se transformó en una persona sucia y atormentada, alguien con la desesperación y la falta de esperanza suficientes como para querer formar parte de la tripulación de esos purgatorios. Ni siquiera lo pensó. Había leído la historia en un reportaje en *El País* y se lanzó de cabeza.

Santi no había encontrado otra manera. Solo sufrir. Pensaba que llevando su cuerpo al límite acallaría todo el dolor de su corazón. Si únicamente pensaba en seguir vivo un día más, una hora más, podría expiar el dolor que había provocado en los demás. Sobre todo en Berta y Óscar.

Sentirse basura.

No le costó demasiado. La segunda agencia en la que entró lo puso en lista de espera. Firmó un contrato por un año a cambio de tres mil euros.

Quince días después le asignaron un barco. Sin duda el Zhen 5 había vivido tiempos mejores, pero aún era capaz de hacerse con buenas capturas de calamares si la tripulación se dejaba el alma. Santi se unió a la cola de hombres asiáticos —calculó un par de decenas— que subían al navío como tripulación de refresco para un trabajo que ya es el que tiene la cifra más alta de fallecidos en accidente laboral del mundo.

De las primeras cosas que aprendió a bordo del Zhen 5, además de a sobrevivir, fue a lavar la ropa. El rastro fétido que deja un calamar en la tela es imposible de eliminar del todo, pero sus compañeros habían ingeniado un método que suplía la falta de lavadoras: ataban las prendas sucias a una cuerda que tiraban al Pacífico para que el barco la arrastrara, convirtiendo al océano en una centrifugadora gigantesca. Cuando lo pierdes casi todo, la dignidad de un cuerpo aseado se convierte en algo básico para seguir sintiéndote un ser humano.

Porque a aquellos hombres los trataban como animales. Santi terminó en un camarote con cuatro tailandeses muy jóvenes que lloraron como niños cuando se dieron cuenta no solo de que aquel no era el trabajo que les habían prometido, sino que podían morir. Él no, él iba a sufrir, y trataba de aguantar estoicamente los golpes del contramaestre cuando las capturas no llegaban en la cantidad requerida, cuando algún marinero se ponía enfermo o cuando simplemente estaban de mal humor. Tampoco pretendió contactar con su familia, solo le quedaba su hermana Olga, o sus amigos. Pero esos hombres suplicaban poder hacer una llamada de teléfono, quizá un último adiós o un por si acaso, que nunca llegó a realizarse. No hubo trozo de su cuerpo que no fuera golpeado por alguna parte del barco. Las manos, a pesar de los guantes, se le llenaron de heridas al trabajar con las pesadas redes y cortar los calamares dejándolos limpios y listos para congelar. No había día ni noche. Todo era una jornada continua con mínimas horas de tranquilidad.

Pudo hacerse entender con algunos de los veteranos que hablaban un inglés rudimentario, sobre todo los chinos, que recibían un trato algo mejor y le contaron que a veces podían pasar un año sin ver tierra firme. Ya no hacía falta ir a puerto a descargar, ver tierra firme, pisarla, sentirse a salvo. Ahora la captura la recogían grandes barcos congeladores que recorrían los océanos de pesquero en pesquero, vaciando sus cargas para que pudieran llenarse de nuevo sin perder tiempo, en un bucle sin fin.

Santi había firmado un contrato de un año, pero porque era el mínimo exigido. Su intención era pasar cuatro o cinco meses a bordo. Quizá seis, como máximo. No podía pausar su vida tanto tiempo. Y en el Instituto de Medicina Legal solo le habían concedido medio año de permiso.

—¿Nadie puede pedir volver a casa antes de tiempo? —les preguntó.

Los hombres se miraron con miedo.

—No —contestaron—. Alguna vez lo ha pedido alguno y casi lo matan de la paliza.

—Bueno, a ese chico del año pasado, el que era maestro, lo mataron —confesó otro. Todos bajaron la cabeza, porque ellos también participaron en la turba que acabó con su vida. Quien no golpeaba a un disidente se convertía también en víctima.

Santi había ideado un plan para salir de allí a pesar de no tocar tierra firme.

La dieta.

Las tripulaciones pasaban meses, incluso años, sin probar fruta o verdura frescas, el tiempo entre puerto y puerto, cuando al barco no le quedaba más remedio que atracar para relevar a miembros de la tripulación o solucionar problemas mecánicos. El resto del tiempo solo se alimentaban de fideos instantáneos y arroz, comida barata que no se estropeaba, pero una dieta que a muchos los hacía enfermar de beriberi por falta de vitamina B1. E, incluso, morir.

A sus compañeros les habían quitado el pasaporte para que no pudieran huir. A Santi, también. Lo que no sabían el contramaestre ni el capitán era que lo que tenían guardado en la caja fuerte no era un pasaporte oficial del reino de España, sino una burda falsificación. Mala, además. El documento original había entrado en el barco envuelto en un condón junto con pastillas de vitamina B1 en el ano de Santi.

Un día se les acercó otro barco. El capitán se asustó, ordenó recogerlo todo y salir de allí. Sin embargo, una lancha rápida, mucho más fácil de maniobrar, empezó a seguirles y tiró a cubierta botellas de plástico rellenas de cigarrillos, vitaminas, caramelos, azúcar, papel y bolígrafos. Algunos marineros, a escondidas, vaciaron las botellas y las devolvieron al mar con papeles en los que estaban escritos sus nombres y los teléfonos de sus familias, pidiéndoles que los sacaran de allí.

Esa noche muchos fueron golpeados con saña, incluido Santi, que perdió el conocimiento al caer y golpearse la cabeza con el halador.

Tres meses después, cuando consideró que era tiempo de marcharse, Santi se provocó una intoxicación ingiriendo una dosis controlada de pescado en mal estado, la justa para que sus síntomas fueran creíbles, y luego exagerarlos. Fingió estar desorientado, no poder caminar e incluso crisis respiratorias. Para el contramaestre ese hombre iba a ser un muerto más a bordo por beriberi. Otro al que lanzarían por la borda. Pero entonces Santi le amenazó. Cuando estaban a solas, para no humillarlo, dijo: «Soy sobrino de un ministro de España, puede comprobarlo, si muero o desaparezco en este barco, van a tener muchos problemas».

Había calculado su enfermedad justo cuando el gran barco congelador se acercaba a por la nueva tanda de capturas. Asustado, el capitán ordenó trasladarlo. Si ese español moría en alta mar, que no fuera problema suyo.

En un par de semanas desembarcaba en Puerto Montt, al sur de Chile, en pleno invierno austral. Santi se tomó unos días de vacaciones para recuperarse antes de volar a España.

De aquellos más de cinco meses en alta mar le quedaron varias cicatrices en el cuerpo —las manos nunca dejarían ya de dolerle— y algunas más en ese corazón que solo utilizaba Delito. Santi quiso ser basura humana para recuperarse a sí mismo. No fue un suicidio, sino un sacrificio. Sacrificó todo lo que él tenía como persona para volver a convertirse en una. Y para expiar su culpa. Pero estuvo a punto de morir en el intento. Y se dio cuenta de que sufrir de manera extrema ni le alivió el dolor ni le volvió capaz de tomar la decisión que necesitaba para dejar de hacer daño.

Óscar. O Berta.

17

Solo llega cinco minutos tarde. No está mal para no haber dormido. Ni para ser lunes. Gracias, eso sí, a ir en moto. En coche hubiera quedado atrapado en los atascos que cada mañana congestionan las carreteras de la ciudad. Consulta el parte del día. Tiene un par de autopsias, y facilitas: dos ancianos fallecidos en casa. Vivían solos. Siempre puede haberlos asesinado alguno de los hijos por la herencia, porque cuidarlos era demasiado lío, o porque eran unos cabrones, que los mayores no son siempre angelitos. O haberlos matado la cuidadora, por mil razones distintas. O un vecino. O un ladrón. Pero nada apuntaba a eso, aunque él tenía que asegurarse. ¿Quién sabe? A veces, en las muertes más normales se esconde la historia más truculenta.

Esta vez no va a ser.

Muerte de viejo. En la cama. Durmiendo.

Una suerte para los dos.

Firma el documento provisional y baja a la cafetería.

Algo como tomar un café con leche en la barra de un bar, calentito, charlando sin prisa con alguien, le parece ahora a Santi un milagro. Recuerda a todos los compañeros que seguirán en el Zhen 5, esclavizados, doloridos, mal alimentados y en riesgo de muerte, y le entran ganas de asesinar a alguien.

—¿Qué te pasa? —le pregunta su jefe, el director del Instituto de Medicina Legal, apoyado en la barra frente a él—. Parece que has visto a un fantasma.

—No, nada —miente. No le ha contado a nadie lo que ha hecho todos estos meses—. He dormido mal.

Miguel no se lo cree. Pero le interesa más otra cosa.

—¿No me vas a contar lo que has hecho?

—Dormir, leer, descansar, hacer ejercicio, meditar y todas esas cosas que se hacen en un retiro para recuperar la energía interna.

—Como si a ti te hiciera falta.

—Claro que sí que me hacía falta, lo que pasa es que lo disimulaba bien.

—¡Hombre, la estrella del Instituto de Medicina Legal! —grita un compañero, otro forense, de los antiguos, acercándose a Santi y a Miguel—. Ha vuelto el hijo pródigo. Ya decía yo que había como más luz por aquí estos días. Y es la que tú desprendes. Una supernova en el firmamento. Espera, que me pongo las gafas de sol, que me deslumbras.

—Jorge... —se queja el director, tratando de hacerlo callar, mientras Santi escucha impasible, con el codo apoyado en la barra.

—¿Qué pasa? —responde el tal Jorge, en tono chulesco—. Es verdad. Esto no ha sido lo mismo sin él. ¿Eh, Santi? —alza la voz para que le escuchen el resto de compañeros—. Ni una autopsia en condiciones hemos podido hacer sin el Mesías. Ay, pero bueno —se asombra—, fíjate, las manos. —En las manos de Santi están dibujadas las cicatrices de estos meses en alta mar, tienen todavía costras y llagas sin sanar, lo que serán durezas aún están reblandecidas—. No me lo puedo creer. Pero si te hacías hasta la manicura y ahora vienes con esas manos que parece que hayan estado arrastrando redes en alta mar. Pobrecito. Igual tienes que pedirte la baja, por culpa de tanto sufrimiento.

—¿Te duele, Jorge? —le pregunta Santi, muy amablemente, con una sonrisa.

—¿Me duele qué? —responde el forense, desconcertado.

—Ese estado de gilipollez permanente en el que te encuentras. Debe doler mucho, ¿no? —Y, sin dejar de sonreír, Santi da dos pequeños golpes con los nudillos en el aire, muy cerca de la frente de Jorge, pero sin tocarla, como si estuviera llamando a una inteligencia que no existe—. Con la cabeza tan vacía todo rebotará ahí dentro. Igual tienes inflamación. ¿Te receto un antiinflamatorio? ¿O mejor un poco de conocimiento?

—¿Tú eres imbécil o qué? —grita Jorge, que se abalanza contra Santi, puño en alto, dispuesto a estampárselo en cualquier lugar de la cara. Pero Miguel se interpone, rápido, entre los dos.

Todas las personas en la cafetería del edificio oficial miran la escena. Llevaban tiempo sin ese tipo de diversión. Se mueren de ganas de saber qué ha pasado. Sin Santi, estos meses no han sido lo mismo.

—¡Ya está bien! —grita el director—. Jorge, has comenzado tú, faltando al respeto a tu compañero, así que deberías atenerte a las consecuencias. Fuera de aquí, venga, ya hablamos en mi despacho más tarde. Y tú, Santi, ahora mismo —ordena—, conmigo.

Miguel hace que lo siga. Una vez fuera, y cuando ya no los ve nadie, lo agarra del brazo, arrastrándolo pasillo arriba.

—Piensa un poco, joder, Santi, piensa un poco. Que acabas de aterrizar. Ya sé que Jorge es un imbécil, pero no te convienen escándalos públicos ni humillarlo de esa manera delante de todos los compañeros. ¿No decías que te habías ido a un retiro mental? Pues aplica lo que has aprendido. Date diez segundos antes de contestar a determinadas provocaciones.

—Sin problema. Me doy diez segundos antes de contestar a ese imbécil, si es lo que quieres, pero ¿sabes de qué me van a servir esos diez segundos, Miguel? —No lo sabe, por supuesto, porque es una pregunta retórica y Santi puede salir con cualquier locura—. Solo me van a servir parar mejorar el insulto. Para que la hostia que le dé sea más grande. Así que quizá te conviene que reaccione pronto.

—Eres imposible. —Miguel se rinde, una vez más. Como otras tantas. A Santi le parece siempre un hombre derrotado. Alguien que se deja llevar por la vida. A veces incluso le da pena—. Por cierto, preguntan los de arriba si pueden confirmarle a la madre al cien por cien que el niño está muerto.

—¿Por la oreja? Ya lo dije en la autopsia bien clarito. El niño casi seguro que está muerto. Por la manera en la que estaba coagulada la sangre, aunque no puedo asegurarlo al cien por cien, a ese niño se la cortaron ya fallecido. Apostaría a que cuando den con él será un cadáver lo que encuentren. Otra cosa es que sean tan cerdos de decírselo a la madre mientras ella aún guarda esperanzas.

18

—No creemos en las casualidades, ya se lo hemos dicho. —La subinspectora de policía Silvia Hurtado insiste, mirando fijamente a la cara a esa mujer impasible al otro lado de la mesa—. Dos niños, de la misma familia y de la misma edad. El mismo día, pero con trece años de diferencia. 17 de abril. Uno muere y el otro desaparece. ¿Qué ha pasado aquí?

Andrea Plaza mira con cara de pulpo a las dos agentes de policía al otro lado de la mesa de interrogatorio, como si toda ella flotara en un acuario ficticio, relajada y ajena a lo que sucede fuera de las paredes de cristal que delimitan el agua en la que se mece. De alguna manera extraña, justo cuando debería estar acorralada, ha recobrado el control emocional de la situación. Es una técnica que le enseñó su psicóloga hace muchos años.

No contesta.

Porque no está allí. En momentos de inmenso dolor, o de pánico, la única escapatoria que es capaz de gestionar es construir una burbuja a su alrededor, como si la realidad no existiera. Todo lo de fuera rebota. Nada consigue rozarla. Desde ahí, puede crecerse. Ignorando lo que pasa, Andrea fabrica su propia realidad y se la cree.

—¿No tiene respuesta a eso? —insiste la agente Ignacia Gutiérrez, alias Nacha, alias Pin.

Andrea Plaza, casi de manera chulesca, mueve la mano izquierda lenta y teatralmente hasta colocarla bajo la barbilla y apoyar suavemente la cabeza.

—Todo lo que tienen es un tiempo verbal —contesta, al fin.

—¿Un tiempo verbal?

—Presente, pasado, futuro... —Mueve los brazos como si estuviera invocando a algún espíritu—. El tiempo es inherente al universo. Todo ocurre en el espacio-tiempo. No hay nada más allá. Y ustedes solo tienen un tiempo verbal. Que yo he hablado de Jaime en pasado. Ah, bueno, y una oreja. —Flota en su mundo, en el que nada puede hacerle daño.

Pero las policías están desorientadas. ¿Qué ha provocado esa transformación en ella? Cuando ya pensaban que la tenían, se les ha escapado. Nacha y Silvia no quieren mirarse, eso las haría parecer débiles y perdidas. Pero necesitan una correa que devuelva a la sospechosa al redil. Algo para atarla en corto.

—Es que el niño está muerto —suelta la subinspectora Silvia, mirándola a los ojos.

Andrea deja de flotar, como si de golpe hubieran vaciado el agua de la pecera. Trata de que no se le note, aunque, de repente, su cuerpo pesa mucho más y se clava en el suelo de la habitación. Su mirada se hace más densa, sus pensamientos se vuelven más oscuros.

Pero... se ríe.

Suelta una carcajada.

—¿Qué va a estar muerto, hombre? Venga, va.

Un par de horas después, sin que hayan conseguido ni un detalle, ni una pista y ni mucho menos confesión, la dejan marchar. Pin y Pon no querían, creen que aún pueden estirar las setenta y dos horas legales para mantener a una persona bajo custodia antes de presentar pruebas ante el juez, pero esa mujer no está detenida y sus superiores no quieren que lo parezca. La noticia se ha filtrado, hace horas que los periodistas esperan en la calle, y si la tienen más tiempo en comisaría, parecerá una detención. Y no tienen certezas contra ella, solo conjeturas.

Andrea Plaza deja que su abogado abra la puerta, servicial y caballeroso, y camina hacia los periodistas tranquila y sonriente. Atraviesa el patio que la separa de ellos sabiendo que todas las cámaras apuntan hacia cada uno de sus gestos. Hace rato que ha pensado lo que les va a decir.

—Sabéis que no podéis usar mi imagen, incluso en zona pública, sin mi consentimiento expreso, ¿verdad?

Y sonriendo, dejando desconcertados a los periodistas, entra en el taxi que la espera desde hace diez minutos.

Cuando ha despistado a los periodistas, Andrea por fin le dice al conductor del taxi dónde quiere ir. El hombre, ajeno a la pasajera que lleva, pero muerto de curiosidad por lo que acaba de pasar, le presta especial atención. No es él de hablar con las personas a las que transporta, corres el riesgo de que te den la paliza todo el viaje, como la señora que le estuvo riñendo durante más de veinte minutos porque no se sabía la ubicación de cada una de las parroquias de Madrid y le machacó todo el trayecto repitiendo una lista interminable de iglesias junto con su ubicación. «Porque no puede ser que si le piden que vaya a Santa Catalina, usted no sepa en qué calle está», le reprendía una y otra vez.

Desde ese día, el taxista saluda, pide la dirección y cierra la boca. Pero esta pasajera es demasiado golosa.

—Un día duro, ¿no? —le dice, tratando de iniciar una conversación. Sin éxito. Por el retrovisor ve que la mujer está mirando algo en su teléfono móvil. Trata de concentrarse en el viaje, pero con tantos años en el taxi ya todo es tan mecánico que apenas necesita esfuerzo para dirigirse a cualquier destino—. ¿Está bien? —insiste, unos minutos después—. ¿Le han molestado esos periodistas que corrían detrás de nosotros?

—¿Le importaría dejarme en paz? —Las palabras silban, cortantes, en el espacio que separa a la pasajera de él, y se le clavan en la espalda como un puñal.

Ha entendido el mensaje. Tendrá que buscar más tarde quién es esa mujer a la que ha recogido en comisaría. No deja de observarla, tratando de que no se dé cuenta, para poder contar después todos los detalles y presumir ante los amigos. Adornando las cosas un poco, claro. En su cabeza ya imagina la charla que están teniendo los dos, y en la que la mujer le ha contado cosas que ni siquiera la policía sabe.

Andrea se apea del taxi diez minutos después. Estar allí le hace demasiado daño. Toca las rejas de la puerta con cariño, como si pudieran transmitirle el calor de la piel que añora.

No. No. No.

Se da golpes en la cabeza con esa misma mano. No. No seas débil. No puedes permitirte una flaqueza así. Imbécil. Vuelve a tu burbuja.

No le hace falta llamar al telefonillo. Todavía conserva una copia de la llave del portal. Bueno, en realidad, una copia de una copia.

La que tenía tuvo que entregársela a Nines cuando la echó de casa, seis años atrás.

El corazón se le acelera con cada planta que conquista el ascensor. Cuando llega a la séptima tiene la sensación de que se le va a salir por la garganta y lo va a vomitar ahí mismo, en el suelo del rellano. Se lo imagina colgando de su boca, balanceándose, con las venas y las arterias haciendo de cordón umbilical entre él y el interior de Andrea, uniéndolo aún con su tórax, pero por poco tiempo. Casi desearía que se descolgara del todo para dejar de sentir esa angustia que late en cada centímetro de su cuerpo, ocupando cada rincón.

Se apoya en una pared, cierra los ojos y respira. No puede presentarse así. Ella no es así. Tiene que dominar la situación.

Al otro lado de la puerta del séptimo B oye un llanto. Es Nines. Le encantaría consolarla. Pero, a la vez, hacerle mucho daño. Devolverle todo el sufrimiento por el que ha pasado ella.

Mira la otra llave que tiene en la mano.

Es una copia de la que abre esa cerradura.

19

A Andrea Plaza le parecen una imbecilidad frases como que el crecimiento personal solo se logra a través del dolor, y que el sufrimiento es el camino inevitable parar ser mejores. De hecho, crucificaría a cada idiota que llena las redes sociales con ese tipo de declaraciones absurdas que acaban haciéndole pensar a la gente que, si no es feliz, es porque no se ha esforzado lo suficiente. Como si la tristeza fuera culpa nuestra.

La tristeza es culpa de los hijos de puta que te joden la vida.

Como a ella se la jodió Nines.

Llama a la puerta con fuerza, una vez y otra, apretando el timbre como si toda la rabia pudiera concentrarse en ese dedo.

Cuando Nines abre es incapaz de reaccionar al verla ahí. Andrea la empuja hacia el interior de la casa y cierra la puerta tras ellas.

—¿Cómo se te ha ocurrido dar mi nombre? —le grita, sin parar de darle empujones, hasta que la tira al sofá—. He tenido que ir a comisaría. Creen que le he hecho algo a Jaime.

—¿Tu nombre? ¿De qué estás hablando? —grita Nines, tratando de zafarse, pero todas sus patadas son al aire—. ¿Qué estás diciendo?

—Seis horas me han tenido allí. Seis horas. Con dos locas que no me dejaban respirar. ¿Quién te crees que eres para dar mi nombre?

—Yo no he dado tu nombre.

—¿Quién lo ha hecho si no? —Está realmente enfadada. Verla allí haciéndose la indefensa la cabrea aún más—. Y todos los periodistas tirándose sobre mí en la puerta. ¿Es usted la secuestradora? ¿Dónde está Jaime? ¿Qué ha hecho con él? ¿Por qué quiere hacerle tanto daño a su madre?

—Déjame ya en paz —grita Nines—. Ya no tenemos nada que ver. Olvídate de mí y déjame tranquila.

—Que la deje tranquila, dice, que la deje tranquila —se burla, todavía en pie ante una Nines encogida en el sofá sobre el que la ha lanzado—. Tú has puesto a la policía sobre mi pista. Tú me has puesto en el ojo del huracán. ¿No tienes suficiente con todo lo que me hiciste?

—Pues quizá es lo que ha pensado la policía, ¿no crees? Que te quieres vengar de mí. Nunca has dejado de odiarme, ¿a que no?

—Pero tú qué te crees, ¿que sigues teniendo poder sobre mí?

—¿Qué haces aquí, en mi casa, si no?

—Todo es culpa tuya, todo lo que está pasando lo has puesto tú en marcha. Y te vas a arrepentir —escupe Andrea.

—¡Estás loca! ¡Estás loca! —grita Nines—. Voy a llamar a la policía.

—Sí, llama, llama a la policía, que tienes muchas cosas que contar, ¿no? Y desde hace muchos años. Que yo lo sé todo. —Los ojos de Nines se abren como platos. No esperaba esa amenaza tan directa—. Sí, guapa, sí —continúa Andrea—. Que yo he estado callada hasta ahora, pero te juro que lo cuento todo. Desde el principio. —Decirlo en voz alta le duele, como si cada palabra fuera un puñal que se clavara en su garganta antes de salir al aire—. Y no me faltan motivos.

Nines calla durante varios segundos. Y cae derrotada.

—¿Qué más me da? —Las lágrimas empiezan a asomar por sus ojos—. ¿Qué más me da ya lo que puedas contar? Ve, sal a la calle y grítalo todo. Grita lo que hicimos. Grita lo que pasó. Grita nuestros pecados. Sin Jaime ya no me importa nada. Él es sangre de mi sangre. Yo lo parí. Yo lo crie. ¿Qué sabrás tú?

Andrea le da una bofetada que resuena por todo el salón. Las dos están sorprendidas por lo que acaba de pasar. Nines, por recibirla. Andrea, por tener el valor de hacerlo.

—¿Que qué sé yo lo que es parir a un hijo? ¿Cómo tienes el valor de preguntarme eso?

Nines la mira con desprecio.

—Pues te lo pregunto, sí.

—¿Ya no te acuerdas? —Andrea parece a punto de echarse a llorar, pero convierte rápido la pena en rabia para no sentirse débil ante esa mujer que tanto daño le ha hecho—. Tantos años juntas y ya no te acuerdas. —La voz supura amargor—. Tú tienes a Paz... y yo... yo... mi Asier...

—No es lo mismo —contesta Nines—. Por mucho que te empeñes, no es lo mismo.

—¿No es lo mismo? —ataca encolerizada—. ¿Te crees que eres una madre diferente?

Nines la mira como quien trata de explicar algo evidente a un incrédulo.

—No, no es lo mismo —escupe con rabia, mirándola para hacerle todo el daño del que es capaz.

Andrea mira la marca del bofetón que su antigua amante todavía tiene en la mejilla izquierda. Sus cuatro dedos marcados en rojo como cuatro garras de loba. Y la respuesta le sale sin ni siquiera pensarla. Como un escupitajo.

—¿Sabes qué? Te lo mereces.

Es asombrosa la capacidad del ser humano para inventarse mundos de fantasía en los que vivir. Los imaginamos de camino al metro, mientras tecleamos en el ordenador, buscándole la talla correcta a una clienta o al dormir junto a nuestra pareja. Los mundos de fantasía nunca son iguales, eso es lo maravilloso que tienen, jamás nos aburrimos dentro de ellos, siempre cambian para ajustarse a lo que nos hace falta en ese momento. Vamos proyectando novios, ascensos, aventuras con famosos o vecinos, un amigo... Concebimos todo eso y lo recreamos en nuestra cabeza a ratos para escapar de lo que nos aburre o nos duele de la vida, y, quizá, quizá, por un instante, creérnoslo de verdad y así ponerle una tirita al corazón durante un momento para que deje de sangrar.

Nines quisiera desesperadamente inventarse un mundo de fantasía en el que su hijo sigue con ella. Aunque fuera durante un segundo, o dos. No pide demasiado.

Pero no puede.

Va al psicólogo y tampoco sirve.

Las pastillas del psiquiatra solo la adormecen, pero nada más, sigue doliendo igual.

El único consuelo es abrazarse a su otra hija, y rezar las dos para que Jaime siga vivo aunque ni siquiera la policía crea en esa posibilidad. Llorar juntas es la única forma de mantener la esperanza.

Pero esa tarde Nines está sola. Paz ha ido a clase. Tiene un examen importante cuya fecha llevaba meses marcada en rojo en el calendario de la cocina. Ella ha insistido mucho en que se presentara; de hecho, ha llegado a amenazar a su hija con dejar de comer si no lo hacía, y morir de hambre esperando noticias de Jaime. Además, una chica de su edad no puede quedarse en casa encerrada todo el día. Le irá bien volver a la rutina y ver a sus compañeros de facultad. Solo reza para que no se entere la prensa y la estén esperando.

La prensa se entera, claro. No a la llegada, Paz logra escabullirse a su clase sin demasiado jaleo, sino durante el examen. Es muy goloso subir a las redes la fotografía de alguien que es noticia. Y antes siquiera de que haya podido escribir la primera respuesta de la prueba, sus imágenes en el campus inundan las redes y las llenan de odio. Qué poco debe querer a su hermano para ir a un examen. Menuda zorra, ahí veis su verdadera cara. Ya lo decía yo, que algo esconde. No tenía buena pinta desde el principio. Y deja a su madre sola, sufriendo. ¿Cómo puede tener estómago para estudiar, con lo que está pasando? Mejor me callo lo que pienso de ella porque me cierran la cuenta por apología del asesinato.

Y así.

El odio es gratis.

Dos horas después, lo primero con lo que se encuentra Paz al salir del examen es con una avalancha de periodistas que han logrado llegar a la puerta de la Facultad de Biología antes de que terminara la prueba. Le preguntan por cosas que no quiere contestar. Si cree que Jaime está vivo. Si aún tienen la esperanza de que lo devuelvan a casa. Si saben el porqué de una oreja envuelta en una caja de regalo, si eso simboliza algo para ellas. Si sabe quién es la mujer que ha estado todo el día declarando en comisaría. Baja la cabeza y camina. Solo eso. Camina decidida sin mirar a nadie, sin contestar, sabiendo que tiene todo el derecho a pasar a través de esa barrera sin responder a las preguntas que le hacen.

Y, sobre todo, sin sentirse culpable por dejarlos tirados y sin respuesta.

Ve un taxi y sube, huyendo de esa locura.

Pero la radio es aún peor. En un programa de tarde debaten si ella debería haber ido al examen y qué significa eso emocionalmente, qué tipo de persona es. Solo uno de los que opinan la defiende, además del presentador, que recuerda que está sufriendo un trauma. Pero el resto carga contra ella. Paz llega a casa agotada, con ganas de meterse en la cama y llorar, pero cuando está frente al portal no se ve capaz de subir. Necesita respirar. Ventilar la angustia. Así que se pone a caminar sin rumbo por las calles del barrio.

No se da cuenta de que alguien la sigue.

20

Es algo instintivo. Cuando algo te da miedo, te encoges. Y ella se ha quedado hecha un ovillo sentada en el suelo, con la espalda pegada al sofá y las rodillas haciéndole daño contra el pecho. Las aprieta tan fuerte contra las costillas que tiene la sensación de que puede rompérselas en cualquier momento. Casi lo agradecería. Un dolor físico que enmascare un poco la angustia del cuerpo.

Se balancea como hacía de pequeña, adelante y atrás, adelante y atrás, tratando de tranquilizarse.

Pero nada puede con esa angustia.

¿De dónde sale?

—¿Qué ha pasado? —le pregunta la voz.

¿Qué ha pasado?

21

A Santi nunca le ha gustado la magia. No existe. Solo es un engaño para los que se dejan engañar. La magia divide a las personas entre quienes quieren saber el truco, como él —y suele conseguirlo con mucha facilidad—, y los que felizmente se dejan embaucar, esas personas que solo quieren que les cuenten una historia y creer en ella. Aunque sea mentira. Vivir en la ilusión.

Santi no quiere historias, ni mentiras. Quiere la verdad. Siempre. A toda costa. La verdad es el lugar en el que se queda a vivir.

Por eso tiene que ver a Berta.

Porque sabe que le está ocultando la verdad.

Y sospecha que es una verdad que puede desequilibrar su vida como el choque de un meteorito contra un planeta. Nada volverá a ser igual.

La cabeza de Santi bulle con todo lo que ha pasado desde su regreso. Cuando aterrizó en Barajas no sabía cómo había transcurrido la vida más allá de los límites de la monstruosidad de ese barco pesquero, pero la realidad lo golpeó enseguida. Todo se había movido un poco y ahora era él el que estaba desacoplado.

Todavía más que de costumbre.

Y después, encontró a Berta.

Tumbado en el sofá a media tarde, aún con pesadillas en las que olía a mar y a mugre y a sudor y a desesperación, se tiró encima un vaso de agua fresca que trataba de beber medio dormido. Maldijo su torpeza y se quitó la camiseta. De repente tenía frío. Cogió una manta de un cesto de mimbre al otro lado del reposabrazos y el mando a distancia salió volando hasta sus rodillas. Lo cogió casi a ciegas. Tanteándolo, encendió la tele.

Y escuchó su voz.

Santi creyó estar más preparado para ese momento, que sabía que iba a llegar. Se acercó al televisor hasta que la imagen de Berta se distorsionó ante sus ojos. Era mareante. Pegado a la pantalla solo veía manchas difusas que ocupaban un espacio plano hasta el límite del campo de visión de sus ojos. Entonces algo se escapó a su rígido control mental, una emoción se coló entre su raciocinio terco y cabezota. Alzó el brazo y con las puntas de los dedos acarició la piel de Berta. En realidad, estaba acariciando un cristal que cubría un sándwich de pantallas doscientas veces más delgadas que un cabello humano y que, juntas, lograban componer un baile de luces que imitaba a la realidad. Lo sabía. Su cabeza sabía todo eso, pero fantaseaba con dejarse engañar. Buscó el recuerdo de la piel de Berta en su memoria y lo recuperó. Convenció a su propio cerebro, como un ilusionista, de que sus dedos tocaban piel. Esa piel.

Y en ese momento, Santi creyó en la magia. Por un instante se dejó atrapar por la fantasía de una ilusión, la de la piel de Berta bajo las yemas de sus dedos.

Fue el mejor truco de magia del mundo.

Ningún espectador se había dado cuenta, seguro que los que trabajaban con ella tampoco, pero él conocía la geografía del cuerpo de Berta de memoria. La cara algo redondeada, los labios ligeramente más gruesos, unas cuantas pecas nuevas que se adivinaban bajo el maquillaje, la piel jugosa y brillante como tras un orgasmo, el tono de voz algo más grave, como si tuviera una congestión nasal.

Santi se alejó y se acercó al televisor una y otra vez. Dio vueltas en círculos sobre la alfombra del salón. Se puso de cuclillas. Se sujetó la cabeza con las manos, moviéndola de un lado a otro.

Todas las evidencias las tenía delante.

Embarazada.

O eso creía él.

Y no se podía quedar con la duda.

Le mandó un mensaje. Berta tardó un rato en verlo, aunque ya lo había leído. Las dos marcas azules aparecían brillantes junto al texto. Pero no había respuesta. Ni la iba a haber.

Santi tenía que hacer algo más.

Cualquier tacón más alto de tres centímetros modifica el preciso encaje con el que años de evolución han configurado la biomecánica de los pies, las rodillas, la cadera, la columna y el cuello. El sistema nervioso central se agota de tanto tratar de mantener el equilibrio y la coordinación, provocando incluso dolor de cabeza.

Decenas de veces se lo había repetido Santi a Berta.

No te pongas tacones. No te pongas tacones.

Ni caso.

Me estilizan, camino mejor, no parezco tan bajita, me siento más segura. Déjame en paz, sé lo que hago con mi cuerpo.

Por eso esta tarde le sorprende verla bajar del coche de producción, el que la trae de la tele a su casa, en zapatillas de deporte. Lleva la misma ropa con la que la ha visto en pantalla presentando su programa, no se ha cambiado.

Y eso solo puede significar una cosa. La que Santi lleva pensando un tiempo, desde que la vio por primera vez en televisión. El impulso que le ha hecho dejarse de adaptaciones absurdas y retomar su vida. No solo la cerebral y metódica. También la emocional.

El meteorito.

—¿Estás embarazada?

Quiere ser sutil, amable, cariñoso. Quiere acercarse a ella sin asustarla. Ha ensayado decenas de veces el tono de voz, la cadencia de la pregunta, incluso la sonrisa que va a poner. Se ha preparado con la ropa de Delito puesta para manejar mejor sus emociones, para no ser el imbécil asocial que siempre la caga.

Pero le puede la ansiedad. Así que en cuanto la ve, sin haber llegado aún a su lado, se lo suelta así, a bocajarro, por la espalda. Sin avisar.

Y Berta da un brinco que a punto está de caer al suelo.

Santi la coge a tiempo, abrazándola por la cintura, justo sobre la tripa abultada y dura bajo la que crece una nueva vida.

Justo sobre el meteorito.

Él deja de respirar. Ella habla muy bajito, casi sin mover los labios.

—No vayas a montar un numerito en plena calle. —Es lo único que puede decir Berta, casi sin aire en los pulmones del susto, cuando recupera un poco la voz y es capaz de pensar en qué hacer a continuación—. No sé si me siguen fotógrafos. Así que, tranquilo, por favor. Vamos a hacer como si me hubieras dado una sorpresa. Sonríe. Yo también lo estoy haciendo. Entra a mi lado en el portal, como dos buenos amigos. Haz que hablas conmigo de cualquier cosa trivial, aunque me estés dando el parte del tiempo. Ahora mismo, dame dos besos en las mejillas, así, como si no tuviéramos nada que ocultar. Y no dejes de sonreir. Dientes. Dientes.

La sensación dentro del ascensor es de asfixia emocional. No se atreven a mirarse el uno al otro. Ni a los ojos ni a cualquier otra parte del cuerpo. Con la cabeza baja, tratando de respirar, haciendo el menor ruido posible e intentando que sus cuerpos ocupen el mínimo espacio en esa estrecha cabina, solo desean que llegue ya a la planta de destino.

Berta sale la primera, sin ni siquiera hacer el gesto de sostener mínimamente la puerta para que detrás pase Santi, que cree incluso que le ha dado un ligero golpe hacia atrás para estrellársela en la cara. Abre la puerta de casa con rapidez sin mirar atrás, y camina hacia el salón con pisadas duras. Lanza el bolso sobre la mesa del comedor con tanta fuerza que resbala como un patinador sobre el hielo y cae al otro lado, volcando sobre la alfombra buena parte de su contenido. Lo mira con rabia, pero no lo recoge. Se sienta en el sofá, se quita las zapatillas y cruza las piernas sobre el cojín como una niña pequeña.

Allí se queda, esperando a que pase lo que tenga que pasar.

Santi, que entra en la casa tras ella a una distancia prudencial, cierra la puerta con cuidado y camina con suavidad sobre la madera del suelo del pasillo. ¿Qué hace con el casco? ¿Dónde lo deja? Imagina que Berta está en el salón, pero aún no quiere llegar hasta allí, quiere darle algo de tiempo de respiro para que se calme. Entra en la cocina y deja el casco sobre la encimera. Da un par de vueltas pensando en si ya debe ir a verla. Abre la nevera, por calmar también sus nervios, y ve una solitaria lata de cerveza al fondo del estante más alto. La coge. Siempre es bueno tener algo entre las manos cuando no sabes qué hacer. Pero se da cuenta de que es de mala educación, como si eso importara en ese momento, ir al encuentro de Berta sin ofrecerle nada. En uno de los armarios sobre el fregadero encuentra vasos. Llena uno de agua y entiende que ya no puede alargar más la espera.

Y así, con una lata de cerveza en una mano y un vaso con agua en la otra, entra Santi al salón donde Berta lleva un rato esperándolo.

—¿Quieres agua?

Ella ni siquiera le mira. Y él se siente ridículo en esa postura, alargando el brazo y ofreciéndole el vaso. Así que lo deja en una pequeña mesa de cristal negro al lado del sofá. Berta se muere de sed. Pero se niega a aceptar algo que él ha traído. Y tampoco quiere que la vea temblar. Si coge el vaso, derramará el agua. Está histérica.

Pasa un minuto. Dos.

Se está volviendo insoportable.

Así que Berta ataca primero.

—¿Qué cojones haces aquí?

—Hola, buenas noches, Santi, ¿dónde has estado? ¿Te encuentras bien? —contesta él, con ironía.

—Mírate. Encerrado en tu castillo, con tus barreras narcisistas levantadas. ¿Pretendes que sea amable contigo después de lo que me has hecho?

—¿Irme? ¿Eso te he hecho? —Levanta las cejas—. ¿Irme como tú te fuiste hace doce años? Vaya, señorita, cómo duele probar tu propia medicina. —No sabe por qué está siendo tan cruel. Es como si no pudiera controlarse. Y se cabrea profundamente consigo mismo por perder el control.

Berta cruza los brazos sobre el pecho. Contesta, disgustada.

—No tiene nada que ver. Entonces yo...

—Entonces tú huías —la interrumpe—, y yo he huido también. ¿Qué diferencia hay entre una cosa y otra?

—Que tú huiste después de follarme. Te pasaste un fin de semana follándome todo lo que quisiste. No, follándome no. Haciéndome el amor, haciendo ver que te importaba para después dejarme tirada como a un perro —escupe. No quiere decirlo, pero lo escupe, porque de verdad lo siente. Lo siente ahora delante de él y se ha sentido así todo este tiempo. Ni siquiera lo hubiera dejado entrar en casa si no fuera por la posibilidad de que algún *paparazzi* estuviese en la calle. No quiere saber nada de Santi porque no quiere volver a caer en el precipicio de su amor. Y ahora estaban sentados uno al lado del otro en el sofá de su salón—. Como si fuera tu puta.

La frase cae como un cortafuegos entre los dos, dejándolos irremediablemente lejos el uno del otro.

¿Qué puede contestar a eso? Santi sabe que tiene razón.

—¿Ni siquiera quieres saber dónde he estado? —Como una ofrenda, le muestra sus manos llenas de cicatrices, las heridas que aún están frescas, las ampollas que acaban de estallar.

Berta contiene el impulso de cogerlas entre las suyas y besarlas, lamer cada una de las heridas, acariciar el dolor que imagina que han sufrido. En vez de eso, le mira fijamente a los ojos y tuerce el gesto.

—Me da igual. —Cómo le cuesta decir esa frase. Pero lo logra.

—No te creo.

—¿Te crees que me importa?

—Por favor, Berta. —Santi pidiendo algo. Eso sí que es extraño.

Casi cede. Casi.

—Te crees que es llegar y tenerlo fácil. Ves mi corazón como una mina a cielo abierto y quieres seguir haciendo agujeros. —Madre mía, esos ojos color miel con motas color mostaza, piensa, se derrite en ellos, no puede ni mirarlos—. Pues te equivocas. La Berta que tienes ahora aquí no es la misma que dejaste hace seis meses.

—Porque la Berta que tengo ahora aquí está embarazada, ¿no?

El cuerpo de Berta se sacude con violencia, como si lo hubiera atravesado un rayo.

—No.

—No me mientas.

—No tienes pruebas. —Y así, si darse cuenta, Berta confiesa.

—¿Es lo único que se te ocurre? Todo tu cuerpo está gritando embarazo. Y, al cogerte antes, en la calle, he notado tu vientre redondo y duro. Estás embarazada, Berta. No me mientas.

—¿Y a ti qué te importa? —Ya no puede seguir negándolo, claro.

—¿De cuánto estás?

—Repito, ¿y a ti qué te importa?

—¿Es mío?

22

Esconde a simple vista lo que no quieras que sea encontrado.

Y allí estaba Jaime.

A simple vista. O casi. Muy cerca.

La vecina que da con él tiene ochenta y siete años y está a punto de morir de un ataque al corazón cuando lo ve. Ha llegado a una edad en la que ya no quiere aparecer en las fotografías, y ahora, de repente, todas las cámaras enfocan hacia ella.

El cuerpo del niño estaba encogido dentro de una enorme bolsa de plástico negra y resistente, atada con un nudo en la parte superior. Las primeras veces que subió al trastero y la vio pensó que la habían dejado sus hijos. Siempre igual, amontonando en su buhardilla mierdas que ellos no querían tirar. Tú tienes sitio, mamá, déjame un huequecito para que lo guarde, te lo llevo allí. Nunca se sabe cuándo se puede volver a necesitar algo.

Y así, Angustias acabó con dos pares de esquís, uno de patines, tres bicicletas infantiles, varias cajas llenas de ropa y una lavadora vieja que aún funcionaba. Por si acaso. Sobre todo, desde que una reforma había puesto ascensor en el edificio y era fácil subir cualquier cosa hasta los cuartitos que cada vecino tenía en el hueco bajo cubierta del antiguo palomar.

La bolsa negra era otra basura de sus hijos. Seguro. Ya dejaban porquerías sin avisarla. Iba a tener que hablar seriamente con ellos. O llamar a los de Reto y que vinieran a recogerlo todo. Ellos seguro que le darían un buen uso.

La bolsa, esa bolsa enorme, había acabado con su paciencia. Y, además, algo olía mal, como si en las tuberías se hubiera quedado atrapada una rata muerta.

Aun así, fue dejándolo pasar.

Hasta el día en que sube al trastero con unas tijeras.

Se ha hecho daño en la muñeca y ya no puede con el paquete entero de leche, así que va a abrirlo y llevarse a casa solo un par de litros, uno en cada mano, justo lo que necesita para las próximas dos semanas. Con la tijera en la mano le sube por las venas un ardor vengativo, se siente Juana de Arco y empieza a clavar las hojas en la bolsa. Quiere destrozar lo que sea que haya dentro.

Pero la segunda vez, la hoja sale manchada de sangre.

Temblando, desgarra el plástico con los dedos. Y en ese momento empieza a gritar.

Y después vendrán la policía, las cámaras, los interrogatorios y las pesadillas.

Santi le hace la autopsia. Cuando lo llaman para que se ocupe del cuerpo de Jaime acaba de salir de casa de Berta, y, aunque su cerebro impulsa mecánicamente a su cuerpo, no reconoce dónde está ni qué hace. Todo es instintivo y, de alguna manera, él está fuera de lo que ocurre, fuera de la cabeza y de las manos que manipulan el cadáver de ese niño de seis años.

Muerte por asfixia con elemento blando y ligeros signos de violencia, indica en el informe.

23

Se ha ido a un lugar mejor.

Es el único consuelo que se nos ofrece tras la muerte, sobre todo la muerte inesperada, absurda e irrazonable de un niño. Se ha ido a un lugar mejor. Como si hubiera algún sitio mejor para un pequeño que los brazos de su madre. Se ha ido a un lugar mejor, junto a alguien mejor. Como si hubiera alguien mejor que la familia que lo arropó desde que nació. Se ha ido a un lugar mejor y te tienes que conformar. Como si su familia no tuviera derecho a disfrutar de todo lo que le quedaba de vida a ese niño. Se ha ido a un lugar mejor. Es lo que hay.

No. Nunca se van a un lugar mejor.

Nunca.

Nines quiere gritarle eso al sacerdote que oficia el funeral. Su lugar mejor soy yo. Su lugar mejor soy yo, hijo de puta. Pero no tiene fuerzas. En un banco de primera fila de la capilla del tanatorio de Tres Cantos, escoltada por su hija Paz, lo que quiere es tumbarse en el suelo junto al ataúd de su hijo, hacerse un ovillo y llorar. Odia todo lo que está diciendo el cura, todos esos lugares comunes de consuelo abstracto que solo sirven para destrozarla todavía más.

No hay lugar mejor para un niño que los brazos de su madre.

Aun así, no quiere que se acabe. Daría su vida para que ese sacerdote siguiera hablando y hablando y hablando hasta perder la voz. Para vivir eternamente en esa misa funeral. Porque ahora está en el purgatorio, suspendida en medio de la nada, pero en cuanto el ataúd de su hijo descienda bajo tierra, empezará el infierno.

Dicen que no hay funeral más multitudinario que el que se celebra por un niño, quizá porque todavía no han tenido tiempo de ganarse enemigos en la vida. La capilla del tanatorio de Tres Cantos se ha quedado pequeña para albergar a todos los que han querido apoyar a Nines en la despedida de su hijo.

Incluida Andrea Plaza.

Intenta pasar desapercibida. Podría no haber ido, pero ni se le pasa por la cabeza perderse el último adiós a su ahijado, aunque apenas pudo ejercer de madrina unos meses. Cuando nació Jaime, Nines cambió, solo vivía para él, y la echó de su lado. Con una peluca, un pequeño sombrero negro y unas gafas de sol cree que puede asumir el riesgo de que la reconozcan. Se coloca en última fila, ni siquiera se sienta, se queda en pie entre la multitud que abarrota la capilla, con la cabeza gacha. Imagina que habrá policía camuflada entre los asistentes. Siempre dicen que el asesino vuelve al lugar del crimen, o a despedirse de su víctima. Y ellos deben ser expertos en miradas de culpabilidad.

El ataúd blanco de Jaime, pequeño y brillante, es el primero en abandonar la capilla. Detrás, encabezando un cortejo de dolor, caminan Nines y Paz, sostenidas la una a la otra. De vez en cuando alargan la mano para tocar el féretro, pero nunca lo alcanzan. Han pedido ir a pie tras él hasta el lugar en el que lo enterrarán, un nicho familiar cercano al tanatorio, como en los pueblos, en un último rito colectivo de consuelo que reparte la angustia entre el séquito que arropa a la familia.

Un grito rompe las lágrimas.

—¡Es ella, ha sido ella! —Nines señala a alguien entre la multitud—. Ella ha matado a mi Jaime. —Se deshace del abrazo de su hija y camina hacia Andrea, con el brazo alargado, señalándola, descargando sobre el dedo índice que la evidencia todo el odio y el dolor de los últimos días—. ¡Cogedla, cogedla! —Andrea, petrificada, no reacciona cuando Nines le arranca la gorra y la peluca y le tira del vestido, como si quisiera dejarla desnuda delante de la multitud—. Es una venganza por lo de Asier. Cogedla.

Nadie se mueve, en una mezcla de desconcierto y fascinación por lo que ocurre.

—Señora, por favor. —Un hombre y una mujer, todo delicadeza, se acercan a la madre de Jaime, tratando de separarla de Andrea, intentando calmarla. Son policías de paisano, dos de la docena que han acudido al funeral—. Señora, venga con nosotros, por favor. —Con suavidad, la sostienen y acompañan hasta el inicio del cortejo, tras el féretro de su hijo. Ya no se separarán de ella hasta dejarla de nuevo en casa, junto a una psicóloga de los servicios de emergencia.

De pie, petrificada, con la peluca y la gorra junto a ella en el suelo, el bolso también caído, Andrea no se moverá hasta que, tiempo después de que todos hayan salido, un vigilante se acerque y le diga que tiene que marcharse, por favor, que van a cerrar.

24

Berta llora en la tele, en directo. Será el embarazo, se fustiga. Las hormonas. Lucha por sacarse de la cabeza que también puede ser Santi. Que, de hecho, llora solo por Santi, en directo en televisión, pero que enmascara las lágrimas y las disfraza de pena por una madre que está enterrando a su hijo, y que ver salir el féretro de ese niño, con su madre y su hermana llorando tras él, es más de lo que puede soportar sin romperse.

Las cámaras se han perdido la crisis del interior de la capilla. Los responsables del tanatorio no les han permitido entrar, para celebrar la ceremonia en la intimidad, obligando a los reporteros a esperar a unos cincuenta metros de distancia, con lo que tienen que conformarse con las declaraciones de algunos de los testigos, aunque son contradictorias y no se ponen de acuerdo en lo que ha pasado, más allá de que la madre ha sufrido una crisis de ansiedad y ha perdido los nervios.

Berta corta las declaraciones, para desesperación de la directora. No quiere convertir el funeral de un niño en un circo televisado. Bastante han invadido ya la intimidad de su familia. La directora le grita por el pinganillo, no cortes, no cortes, no cortes. Retransmitir el funeral en directo ha sido idea de ella, que se relame con las lágrimas de su presentadora. Maravilloso. Les darán más audiencia. Y más visibilidad en redes sociales, que ahora también importa.

Aunque la directora no sabe por qué llora Berta.

Por quién, en realidad.

Y Berta se da el gusto de llorar de amor, en directo, mientras engaña a todo el mundo.

Espera que a Santi también.

25

—¿Tiene alguna idea de por qué la madre de Jaime la ha señalado de esa manera en el funeral?

La policía ha ido a su casa. Como la prensa no sabe dónde es, al menos podrán estar tranquilos. Andrea está cansada. Y tremendamente triste. No quiere reconocerlo, pero los gritos y las acusaciones de Nines la han dejado rota. Más de lo que podía estar. Y ahora, otra vez, aquellas dos locas. ¿Es que no la van a dejar en paz?

—Está loca —responde—. La muerte de su hijo la ha trastornado. Y es lógico. Imaginen ustedes cómo estarían. Pero no sé por qué se le han cruzado así los cables conmigo. Hace años que no nos vemos.

Son las mismas dos agentes que la interrogaron unos días antes en la central de Canillas, Nacha Gutiérrez y la subinspectora Silvia Hurtado.

—Mire la casa en la que vive usted, este chaletazo moderno con piscina y todo —le dice una de ellas, de pie las tres en el recibidor de la vivienda. Andrea no las ha invitado a pasar al interior—. Porque es moderno, ¿no, Silvia?

—Sí, sí, moderno, de los que llaman ahora —responde la subinspectora de policía, mirando alrededor—. Un estilo así imitando al arquitecto ese que se hizo famoso por las casas de los ricachones en La Finca. Aquí todo es grande y opulento. Esta señora es rica, heredera de una empresa familiar... —De nuevo, hablan como si ella no estuviera delante.

—Bueno, bueno —la interrumpe Nacha, haciendo como si Andrea no estuviera ante ellas—, que la empresa familiar va como el culo. Tampoco idealices todo.

—Eso es verdad. Pero hemos mirado los registros económicos, la casa está pagada y ella tiene un buen sueldo.

—Y buenos ahorros.

—Vamos, ya te digo. No ahorro yo eso ni en cien vidas trabajando en la policía.

¿Quieren ponerla nerviosa? Le dan ganas de gritar que ella está allí, delante, que no la ignoren. Pero sospecha que es justo lo que quieren. Así que se arma de paciencia. Hasta que ellas vuelvan a preguntarle.

—Yo la he visto muy convencida de que usted tiene algo que ver con la muerte de su hijo.

—Convencidísima, vamos —añade la otra agente.

—Y eso será por algo. Y estoy segura de que usted lo sabe perfectamente.

—Es que eran novias.

—¡Claro, es verdad, era novias! —Y ahora sí que mira fijamente a la cara de Andrea—. Habían sido pareja. Y usted nos lo había ocultado. Eso nos hace sospechar.

—Sí, sospechar.

—Nos hace sospechar que esa puede ser la razón por la que matara al niño. No le sentó nada bien que Nines rompiera con usted. De hecho, nos han contado que lleva años amargada, culpándola de haberle destrozado la vida.

—Que la ha acosado. Que tuvo que cambiar el número de teléfono porque no dejaba de llamarla.

—Y, claro, sospechamos aún más. Porque resulta que la ruptura ocurrió a los pocos meses de nacer Jaime. Y eso nos lleva a preguntarnos si el niño fue un obstáculo en su relación. Porque antes del nacimiento estaban fenomenal. Y después, ¡pum! —grita—. Adiós novia.

—Y nos preguntamos también por la casualidad en la fecha. Su hijo Asier falleció justo el mismo día de la desaparición de Jaime, pero trece años antes. Es curioso, ¿no? Qué cosas tiene la vida.

Andrea siente una puñalada en el corazón.

Asier.

Su Asier.

Trata de volver a construirse la burbuja.

Lo de fuera no importa. Lo de fuera no existe. Solo estás tú. Controla lo que sientes.

Pero hay alguien haciéndola estallar todo el tiempo.

—¿Guarda usted copia de las llaves de la casa de Nines? Porque le hubiera sido muy fácil entrar. Todos están durmiendo y se lleva al niño.

—¿Están ustedes locas? —grita, al fin, perdiendo los papeles—. ¿Cómo creen que yo le haría daño a ese niño? Si es mi ahijado.

—Y el trastero, no te olvides del trastero —apunta la agente Nacha Gutiérrez a su compañera.

—El trastero, es verdad, donde apareció el cuerpo de Jaime. Es algo curioso, porque los dos edificios están en calles distintas, pero se comunican por un pequeño patio interior. Y la comunidad del bloque de Nines tiene un trastero alquilado en ese palomar para almacenar productos de limpieza, herramientas, bombillas e incluso baldosas de repuesto.

—Y, como la policía no es tonta...

—No, no somos tontos...

—... pues nos hemos dado cuenta de que la llave es maestra, y abre tanto la entrada al pasillo como las puertas de todos los trasteros.

—Y, claro, la tenemos a usted aquí, que tiene un móvil para matar al niño —apunta la subinspectora Silvia Hurtado.

—No, dos —corrige la agente Nacha.

—Es verdad, dos. Los celos.

—Y la venganza.

—La venganza, es verdad. Porque Asier también tenía seis años cuando murió. ¿No?

—Así que tenemos no uno, sino dos móviles, y los medios, la oportunidad y las herramientas para hacerlo.

—Todo cuadra.

—Además, viéndola estos días, tan insensible mientras le preguntamos, seguro que tuvo la sangre fría de llevarse al niño, cortarle la oreja y volver a la casa a dejar el paquete en el cajón. Menudos ovarios.

A Andrea, harta ya de todo, solo se le ocurre contestar una cosa:

—Demuéstrenlo.

26

Las personas no fingen estar deprimidas, fingen encontrarse bien. Sonríen a cámara, llenan su cara y su cuerpo de filtros y buscan el mejor ángulo para colocarse frente a un fondo tramposo que cuente una historia de mentira. La de su felicidad artificial.

Últimamente Paz fingía todos los días de su vida. Quizá intentaba convencerse a sí misma de ese embuste que le contaba a los demás. Todo va bien. No pasa nada. Sonrisa. Filtro. Sonrisa.

Pero la policía ha encontrado en un cajón de su escritorio unas pequeñas notas de papel, ya amarillentas. Son las que quitan los filtros, los fondos molones y las sonrisas. Son las que desvelan la verdad: que su vida era fingir que se encontraba bien. Una agente se sienta a su lado, en la cama de su habitación, y se las muestra. Para Paz son un puñetazo en el estómago. Recuerda perfectamente cuando llegaron a sus manos. Los agresores olvidan lo que han hecho. Y a quién se lo han hecho. Las víctimas, nunca.

Tonta. Idiota.

Eran las de siempre.

Retrasada. Subnormal.

Las notas llegaban de mano en mano en medio de cualquier clase. Pasaban de mesa en mesa con ostentación, para que todos los compañeros vieran quién era la destinataria. Siempre ella, que, tras tantos años fingiendo, no sabía cómo defenderse.

Gilipollas. Listilla.

Esperamos respuesta, susurraban también, de mesa en mesa, voces cotillas.

Y a Paz, cuando le llegaban la nota doblada en cuatro, y la leía, ya no le quedaba autoestima para pensar que ella no era así. Sus agresoras le habían quitado cualquier pequeño resto que pudiera guardar. Era incapaz de contestar. De plantarse frente a los insultos.

Pero tenía a Kira. Kira, la amiga fiel que le escribía en otros trozos de papel lo que tenía que responder. Su compañera de mesa desde primaria hasta que sus padres se mudaron a México. Tener a Kira hizo que Paz sobreviviera al instituto.

Idiota lo serás tú.

¿Retrasada? Solo tienes que mirarte.

Te equivocas de persona.

Gracias, sí que soy lista, sí.

Paz copiaba las respuestas bajo los insultos, en ese trozo de papel que volvía a pasar de mano en mano por media clase, pero que luego se volvía a encontrar en su mesa, o en la mochila, o en el bolsillo del abrigo. No recuerda por qué, pero guardó algunos de ellos. Y ahora la policía le estaba preguntando qué había pasado.

—Esto no tiene nada que ver con Jaime —les contesta, sentada en la cama de su habitación.

—Nunca lo sabemos, Paz, nuestro trabajo es explorar todas las posibilidades —le explica, con paciencia y cariño, uno de los dos policías que han ido esta tarde a su casa—. ¿Lo contaste alguna vez en el colegio?

Se encoge de hombros.

—¿Nunca?

—Todo el mundo sabe esas cosas. Los alumnos. Los profesores. Todos. Y si lo cuentas, eres una molestia más. Así que lo mejor es fingir que estás bien y que no te importa.

Para que, si tienes suerte, busquen otra víctima. Aunque nunca suele pasar.

—¿Crees que alguna de esas chicas ha podido hacerle daño a tu hermano?

Paz abre los ojos, incrédula.

—¿Esas mierdecillas? —Se ríe, tratando de aparentar una calma que no siente. Sonrisa. Filtro. Mentira.

—Bueno —le contesta uno de los agentes—, eso tendremos que decidirlo nosotros.

—Esas son unas cobardes de mierda. —Y vuelve a colocarse ante un fondo tramposo para sonreír a la cámara. Para contar una mentira. Otra vez.

—Paz.

La voz al otro lado del teléfono es toda una sorpresa.

—No me cuelgues, Paz, por favor, no me cuelgues —suplica.

—¿Cómo te atreves a llamarme?

—Quizá es hora de que hablemos de muchas cosas.

—¿Contigo? —grita, apretando el teléfono con tanta fuerza que los huesos de los nudillos se transparentan a través de la piel.

—Por favor, dame esa oportunidad. —Andrea ha tardado días en conseguir el teléfono de Paz, y quizá podría haberle mandado un mensaje, pero se arriesgaba a que no lo contestara. Llamar es más difícil. Más duro. Se pone a prueba—. Tengo muchas cosas que contarte. Y que creo que debes saber. Cosas que afectan a tu vida.

—Siempre has sido una mentirosa.

—Por favor —suplica, de nuevo. Suplicará lo que haga falta.

—¿Qué hacías en el funeral? ¿Hacernos más daño?

—¿Más daño, con todo lo que he sufrido yo?

—Mira, Andrea, déjanos tranquilas, por favor.

—No puedo. ¿Sabes que me han interrogado dos veces, que han venido a mi casa?

—Quizá te lo mereces, ¿no? Quizá has sido tú.

—Pero ¿qué estás diciendo, Paz? ¿Cómo puedes pensar eso?

—Desapareciste de nuestras vidas —contesta la chica—. No vuelvas. Y ojalá te metan en la cárcel.

—Escúchame, Paz, hay muchas cosas que no sabes. Quiero hablar contigo, por favor, ha llegado el tiempo de contártelas. Tu madre...

Pero la chica ya ha colgado. Y no la escucha.

27

El cuerpo apareció como aparecen todos los muertos en los inicios de las grandes historias; tirado por ahí y con algunos trozos arrancados del cadáver. A este, en concreto, lo han encontrado en un callejón de un polígono industrial al sur de Madrid con los dientes metidos en un cucurucho. No de papel. Y no todos. El cucurucho es de galleta de mala calidad, de la que se reblandece antes incluso de poner el helado y queda chiclosa en la boca, jodiéndote el placer del postre. Los dientes son unos cuantos, los de más fácil acceso y los más sencillos de arrancar; los incisivos y los caninos. Justo en el hueco que dejan, el asesino ha puesto un cilindro amarillo, que le da a la cara un aspecto terrorífico, como una burla de la muerte a los que quedamos vivos. El cono con los dientes está colocado entre las manos, y las manos, enlazadas en el pecho, como si el cadáver estuviera ya listo para ser admirado dentro de un ataúd.

Aunque antes le toca pasar por unos cuantos trámites nada agradables.

El primero, la autopsia.

—¿Has visto alguna vez algo así?

—¿A alguien sin dientes? —responde Santi, irónico. ¿Por qué tienen que entrar idiotas en su sala? ¿Es que han puesto un cartel de pasen y vean al señor forense trabajando y háganle todas las preguntas estúpidas que se les ocurran?—. ¿Me estás preguntando si alguna vez en una sala de autopsias he visto a alguien sin dientes? —se burla.

—Alguien a quien le hayan quitado los dientes para insertarle un lo que sea esto de plástico —el inspector jefe de policía hace un gesto de asco— en el hueco de las encías.

—Es cloruro de polivinilo. —Santi no sabe por qué se molesta en contestar. Mira al policía, que, obviamente, no sabe de lo que está hablando. Pero hoy tiene un día bueno—. También conocido por su acrónimo en inglés, PVC. Una manguera, vamos. Un corte de cuatro centímetros, más exactamente, colocado en el hueco como si fuera una pajita gigante.

—Quizá le hicieron tragar algo.

—No he encontrado restos de nada extraño en la boca, ni en la garganta, ni en el estómago. Tampoco en el trozo de manguera, aunque tendrán que analizarlo tus chicos. En principio, está de adorno, o para mandar un mensaje.

—¿Los dientes se los arrancaron antes o después de muerto?

—*Antemortem*. Y mira las muñecas y los tobillos. Lo ataron, por las marcas apuesto a que con bridas de plástico, para que estuviera quietecito mientras se los descuajaban.

—¡Joder, qué daño!

—No querrás probarlo. —Sonríe, Santi—. Y los golpes. —Señala el torso—. Le dieron una buena paliza. Diría que varias personas.

—¿Cómo lo sabes?

—Porque hay golpes y patadas de un diestro y un zurdo, como mínimo.

—¿De qué murió?

—Fácil: por falta de oxígeno. ¿Ves esta marca aquí, en el cuello? —Señala una hendidura alrededor de la garganta que en algunos puntos incluso ha traspasado la piel, cortándola—. Le pusieron otra brida de plástico y apretaron hasta asfixiarlo.

—Sigo dándole vueltas a lo de la manguera. ¿No hubiera sido más fácil abrirle la boca y metérselo que quitarle los dientes para encajárselo?

—Tendremos que preguntarle al asesino, pero, visto así —Santi teatraliza un poco, si no, no hay emoción—, te repito, creo que está mandando algún mensaje.

—Algo que no se tragó en vida —sugiere el inspector jefe.

Santi pone los ojos en blanco.

—A veces no es tan obvio.

—Bueno..., una manguera en la boca...

—Puede significar muchas cosas. Quizá no tenían un consolador a mano. ¿Por qué no te vas con tu grupo de Homicidios —le sugiere, harto ya de interferencias— y le dais una vuelta? Déjame abrir en paz este cadáver.

28

—¿Y usted es...?

—La novia.

—Laaa... novia —repite el policía de la garita de entrada, que ha escuchado de todo en los miles de turnos en ese puesto.

—Del muerto.

—Del muerto.

—Sí —solloza ella, sorbiéndose los mocos que amenazan con descolgarse desde una de las fosas de su nariz—. La novia del muerto.

—Eso ya me lo había dicho, señora. Pero nos facilitaría mucho las cosas a usted y a mí si me dijera a qué muerto se refiere. Porque por aquí abundan, ¿sabe? Bueno, aquí, aquí, no, están en la morgue. Pero ya me entiende.

—Un chico joven.

Bien, vamos estrechando más el cerco.

—¿Alguna característica más? —Mira que llegan tarados a la entrada de esa comisaría. Pero con algunos es para perder la paciencia. Ahora solo falta que le diga que está muerto en espíritu, o que falleció antes de nacer. O que es un muñeco, que algunas locas se casan con muñecos.

—Los dientes —la chica, joven, vestida de manera antigua y recatada, con un pantalón crudo de pana y un jersey blanco de cuello vuelto, aprieta las dos manos con fuerza, estrujándolas una contra la otra con los dedos entrelazados—. Es el chico que dicen en la tele que ha aparecido con los dientes en un cucurucho.

La madre que la parió.

—No sabíamos que tuviera novia. —La agente Pin sonríe, como siempre.

—Bueno. —La chica no deja de mirar al suelo—. Lo llevábamos en secreto.

—En secreto —repite la agente Pon.

—¿Por algo en concreto? —pregunta su compañera.

—Bueno..., no. No. —La joven no parece estar convencida.

—Él era mayor que usted, ¿verdad?

—Y... ¿eso importa?

—No, no. —No quieren que se asuste más—. Para nada. Solo estamos comprobando los datos que le dio a nuestro compañero de la entrada. Susana Parrado Sui, veintitrés años, nacida en Paracuellos del Jarama. Maestra de profesión.

—Infantil.

—Genial. ¿Cómo se conocieron?

—En un chat de ortografía.

—¿Hay chats de ortografía?

—Uy, sí. No sabe lo mal que escribe la gente hoy en día. Con las redes sociales todo va a peor. Se ven barbaridades. Y nosotros tenemos un grupo en el que, bueno, abogamos por el respeto a la normativa. Porque, si no, esto se va a la porra. Leer y escribir bien es el símbolo de un país desarrollado y unos ciudadanos patriotas. España se rompe.

—Por la ortografía.

—Es solo el principio —se entusiasma Susana—. Se empieza por escribir mal y se continúa yendo cada uno a lo suyo, y así todo revienta.

—Vale, lo hemos comprendido. Ustedes se conocieron en ese chat de internet —están hartas ya del tema—, ¿hace mucho?

—Unos meses, antes de Navidad, lo sé porque me acuerdo de que acababa de volver a casa de comprar los regalos a mis padres y leí un mensaje que había escrito él sobre la desaparición de las comas. Ya nadie pone comas. ¿No se ha dado cuenta? Pues escribió algo precioso, muy poético, pero a la vez lleno de rabia. Hasta ese momento yo nunca me había fijado en su *nick*, no era alguien que participara mucho en los debates. Digamos que fue un flechazo.

—Y decidieron verse en persona.

—Uy, no, ¡qué va! —De repente parece cohibida, tímida—. Yo colgué un mensaje agradeciendo lo que había escrito y añadiendo un par de cosas más. Pero no me contestó. Pensé que se había molestado, así que un par de días después le escribí por privado, algo que solo veríamos él y yo, no todo el grupo, pidiéndole perdón.

A algunos hombres no les gusta que parezcas más lista que ellos. ¿Saben? Yo pensé que Emilio era uno de ellos. Porque, al principio, cuando me contestó, se puso borde. Pero poco a poco se fue ablandando. Es que no sabe lo bien que escribía. Y todo lo que sabía. Era maravilloso escucharle.

—¿Cómo se convirtieron en novios? —Que corte ya el rollo. A ese paso no salen de allí hasta la noche.

—Es que..., bueno, al final, consintió en que quedáramos —sigue relatando Susana, la presunta novia, en comisaría—. Yo estaba convencida de que íbamos a llevarnos bien. Él no. Él era muy reticente a eso de quedar con chicas. Pero insistí —sonríe—. Y al final yo tenía razón.

—¿Y eso cuándo fue?

—Hace dos viernes.

—Era virgen —sentencia Santi, dándole un sorbo al café.

—¿Virgen? —Miguel ha oído muchas cosas, pero nunca que del cadáver de un hombre se pudiera deducir si había mantenido relaciones sexuales o no.

—Lo que te estoy contando. —Santi parece incluso estar divirtiéndose con la situación.

—A ver, que eres el más listo de aquí y de mil manzanas a la redonda, ya lo sabemos, pero que leas la mente de los muertos hasta el punto de saber si han follado o no alguna vez en su vida, eso no me lo creo —se carcajea Miguel, atrayendo la atención del resto del personal de la cafetería del Instituto de Medicina Legal y Ciencias Forenses de Madrid. La palabra follar en una frase suele ser un imán de curiosos.

—Es imposible que el pene de este hombre, tal y como lo tiene —Santi baja la voz—, haya entrado en vagina alguna. O ano. O donde fuere.

—Y eso lo sabes por...

—Por un frenillo extremadamente corto, el más corto que he visto en mi vida, que le limitaba cualquier movimiento del prepucio. Si hubiera mantenido relaciones sexuales, el frenillo de ese hombre se habría desgarrado.

—¡Hostia, qué dolor!

—Imagínate. Pero no, estaba en perfecto estado.

—¿Tampoco se hacía...?

—De verdad, Miguel...

—Habría aprendido a hacérselas con suavidad, digo yo. Con extrema suavidad.

Y suelta una carcajada.

Miguel insiste en que Santi le muestre el frenillo extremadamente corto. Se pone pesado y hace valer su autoridad.

—Allá tú —le contesta Santi—. Eres el director de todo esto. Puedes sacar los cuerpos todas las veces que quieras —accede, al fin, encogiéndose de hombros. Aunque, lo que le fastidia es que le haga perder el tiempo.

—Lo de que era virgen todavía no ha salido en los medios, ¿no? —pregunta Miguel, de camino a las neveras—. No he visto nada sobre el tema.

—No, no creo. Pero, vamos, no tardará en filtrarse. Y menuda carnaza para los periodistas. La de vueltas que le van a dar a la historia.

—¿Tiene cara de tolay? Un hombre de veintiséis años que todavía no ha mantenido relaciones sexuales debe de ser feo de cojones. —Miguel se ríe. A Santi le da asco la risa de su jefe. De repente, todo su jefe le da asco—. O igual hizo voto de celibato. Hay gente para todo.

—Puede ser. —Santi se pone serio, tiene que hacer un gran esfuerzo para no mandarlo a la mierda y continuar con la conversación—. Yo no juzgo a mis muertos, Miguel. Hayan hecho lo que hayan hecho en vida, sean asesinos, estafadores o hermanitas de la caridad, merecen todo mi respeto, que les dé lo mejor de mí y que encuentre qué o quién los ha matado. Me da igual si este en concreto tuvo relaciones sexuales o no, pero si eso da una pista para encontrar a quien lo asesinó, mi trabajo es descubrirlo.

—Vale, vale, no te pongas así. Venga, ¿en cuál está? Vamos a abrirla.

A Santi no le hace falta consultar la documentación. Su cabeza almacena todos los datos que recibe. A veces es un horror. Tanta información forma un caos lleno de nudos que pesan demasiado.

—Es esa, la 7B.

Miguel gira la manecilla, abre la puerta y arrastra hacia fuera la plataforma metálica en la que está depositado el cuerpo. Aparecen primero los pies, pero sigue tirando hasta sacar el pene. Lo mira, lo sujeta, lo sopesa mientras va poniendo caras de extrañeza durante todo el proceso.

—Nunca había visto nada igual. Operándose lo hubiera solucionado, y es una intervención sencilla. No entiendo por qué no lo hizo.

—Quizá no tuvo necesidad —apostilla Santi con voz cansina—. Venga, vamos. ¿No crees que esta persona, aunque esté muerta, merece un respeto?

—Espera, que quiero verle la cara, a ver lo feo que es.

Con un nuevo tirón, la plataforma sobresale del todo y el cadáver queda completamente al descubierto.

—¿Te enseño también el hueco que dejaron los dientes arrancados? —se burla Santi, harto ya de la situación.

Pero Miguel no le escucha. Parece sorprendido.

—¿Te pasa algo? —le pregunta Santi.

—No, no —contesta—. Es que..., bueno, no es tan feo como pensaba. —Doblega su espalda hasta quedar a apenas unos centímetros de la cara del cadáver. La examina bien, fijándose en todos los detalles. Incluso le abre los párpados para ver el interior de los ojos—. Venga, sí, vamos —dice, al fin.

29

Le ha costado tomar la decisión. Ha estado a punto de darse la vuelta a cada paso que daba, y cuando ha llamado al timbre y todo parecía ya inevitable, se ha tenido que agarrar al pomo de la puerta de la casa para no salir corriendo de allí. Todavía puedes irte, aún no te ha visto, le repite su cabeza. Márchate a toda prisa. Tírate escalones abajo. Salta directamente por el hueco de la escalera hasta la planta baja.

Pero ya es demasiado tarde.

Andrea ha abierto la puerta.

Paz está a punto de soltar una carcajada. Solo por la cara de sorpresa que ha puesto ha valido la pena ir hasta allí. Se le pasa por la cabeza hacerle una pedorreta y salir corriendo. Burlarse en su cara y dejarla con las ganas. Pero, en realidad, es ella la que quiere saber.

Y, para eso, tiene que aguantar.

Conserva su media sonrisa, la piel casi de cristal y la mandíbula ovalada y suave. La carne de la cara todavía no ha empezado a descolgarse, a pesar de que ya ha atravesado la frontera de los cuarenta. Se le marcan unas ojeras liláceas bajo los ojos y parece no haber dormido mucho en los últimos días. Pero, aun así, Andrea transmite una serenidad difícil de describir. Teniéndola allí delante, Paz recupera la sensación olvidada de calma, de hogar, y siente la necesidad urgente de acurrucarse en su pecho y dejarse abrazar por ella.

En el salón de la casa donde han quedado, a pesar de las dimensiones, parece haber poco espacio para las personas que lo transitan. Los muebles encajan con su personalidad. Son pesados, oscuros y densos como un alma atormentada, piezas anticuadas y rancias en las que el tiempo se detuvo hace décadas, como quien se aferra a épocas que fueron mejores y que ocupan tanto volumen en el alma que no dejan lugar para nada nuevo.

Que sigan allí es una muestra de decadencia. Un piso heredado, en la mejor zona de la ciudad, en la calle Villanueva, con entrada de servicio y apartamento para el conserje, un montón de habitaciones y casi trescientos metros cuadrados de gruesos suelos de madera que crujen en más puntos de los que están en silencio. Las viejas ventanas metálicas hace tiempo que no cierran bien, y están descascarilladas en bastantes esquinas. Los baños conservan las losetas grandes y verdes que han estado de moda y anticuadas cíclicamente al ir pasando las décadas.

Paz camina por los pasillos sintiéndose el fantasma de las Navidades futuras.

Solo fue una vez a esa casa, cuando murieron los padres de Andrea. Apenas recuerda los llantos, la oscuridad, las voces susurrantes, un dramático olor a incienso que saturaba las fosas nasales. Ocurrió hace mucho. Lo sabe porque Jaime ni siquiera había nacido. Pero podía haber sido ayer. La sensación que tiene es la misma que entonces, aunque sin el alboroto rancio de las plañideras.

—¿Te acuerdas? —La voz de Andrea, detrás de ella, la asusta.

—El San José al que decapité. —Paz sonríe. Acaba de coger una figura de porcelana de la estantería de un aparador.

—El novio de Barbie.

—El novio de Barbie. Como mamá no me quería comprar a Ken, yo usaba su San José para ligar con mis Barbies.

—Decías que Jesús era más guapo, pero que con la cruz no era operativo.

—¿Esa palabra usaba yo? ¿Operativo?

—Sí, tal cual. Tita Andrea, con la cruz no es operativo para jugar, me contestabas. Y que por eso te habías llevado a San José a jugar con las Barbies. Yo no podía parar de reír.

—Hasta que se me cayó al suelo y su cabeza salió rodando. Estuve castigada semanas —recuerda de repente, con nostalgia—. Lo has arreglado muy bien, casi no se nota la decapitación. ¿Qué hace aquí?

—Una rabieta. Me lo traje cuando... cuando tu madre y yo nos separamos. Fue una tontería. Pero cogí varias cosas suyas, cosas que sabía que le podía doler no tener más. Y este San José fue una de ellas. Por cierto, ¿quieres tomar algo? —le ofrece, señalándole el sofá.

—No, gracias.

—Siéntate, por favor.

Paz, aunque no sabe por qué, mira con recelo el sofá de piel marrón que le ofrece esa mujer a la que en algunos momentos de su vida llegó a considerar casi una madre.

—No creo que esté aquí mucho tiempo —contesta.

—¿De verdad, Paz? Venga, por favor, ha pasado mucho tiempo, y tú te has convertido ya en una adulta. Creo que podemos hablar las dos, de mujer a mujer. ¿No te parece? Por favor —insiste, extendiendo la mano para volver a ofrecerle el sofá.

La chica asiente. Y ocupa el sitio que le ofrecen.

—¿Cómo estás? —Andrea se coloca a su lado, en un sillón idéntico ubicado en un ángulo de noventa grados. Si las dos inclinan el cuerpo hacia adelante, se tocan.

—Imagínate.

—Hay cosas que no pueden imaginarse del todo hasta que no las vives, Paz. Puedo comprenderte, escucharte, calmarte, tratar de apaciguar tu dolor. Pero nunca podré entender del todo lo que sufres, porque no he pasado por eso. Aunque te juro que voy a poner todo lo que esté en mi mano para que puedas apoyarte en mí.

La explicación de Andrea sorprende a Paz. Está acostumbrada a que los adultos le digan que la entienden, que se ponen en su lugar, que ya han pasado por ahí. Incluso que son cosas de la edad, que ya se le pasará, que cuando cumpla años lo verá de otra manera. Y ahora, de repente, un adulto le dice la verdad.

—No me habría imaginado nunca a mi madre así.

—¿Así cómo?

—Derrotada. Completamente vencida. Como si se hubiera vaciado y ya no existiera nadie dentro de ella.

—Igual que yo no me puedo poner en tu lugar, tú no te puedes poner en el suyo, porque, aunque parezca que sentís lo mismo, no estáis en la misma posición. Tienes que esforzarte en comprenderla, pero sin juzgarla.

—Parece que yo no existo, que se ha quedado sin hijos.

Andrea siente una puñalada cerca de las tripas.

—Ahora mismo su corazón solo tiene sitio para el dolor. No es que no te vea, no es que no te quiera, es que el dolor se lo lleva todo por delante. El dolor borra su mundo.

—Ni siquiera cuando tú te fuiste...

—Yo no me fui, Paz, yo no querría haberme ido nunca de esa casa.

—Pero al final todo eran gritos. Os hicisteis mucho daño.

La sonrisa de Andrea es triste, como el dolor que nunca puedes llegar a quitarte de encima y con el que te has resignado a convivir.

—Pasaron muchas cosas desgarradoras. Y me hizo mucho daño, Paz. Tu madre me hizo mucho daño.

—Y tú a ella, ¿no?

—¿Yo a ella? —Andrea levanta el tono de voz—. Yo besaba el suelo por el que pisaba tu madre. Habría hecho cualquier locura... —Pero se calla.

—¿Cualquier locura? —le pregunta Paz, pidiéndole que termine la frase.

—Por amor se hacen muchas cosas, ya lo irás entendiendo.

—Y cuando falta el amor también. —La respuesta de la chica es dura.

«¿Qué sabrás tú de amor? —piensa Andrea—. ¿Qué sabrás tú de amor?».

—No hay nadie que no haya hecho locuras por amor —le contesta—, y cuando te lo quitan, cuando te lo arrancan de golpe, sientes una amputación física, como si te faltara una parte del cuerpo. No hay dolor que pueda compararse al de un corazón roto.

—¿Por qué me dijiste el otro día que no conocía de verdad a mi madre?

Andrea baja la cabeza.

—No debí decírtelo. Estaba muy enfadada.

—¿Mi madre le dio tu nombre a la policía?

Se encoge de hombros.

—Me imagino que algo les dijo de mí. Cuando me llevaron a comisaría, todavía no había aparecido el cuerpo de Jaime. —Parece sinceramente afligida—. Vete tú a saber lo que contó. Una amante despechada. Una loca capaz de todo. Una mujer vengativa. ¿Tú me crees a mí capaz de eso? ¿Capaz de llevarme a tu hermano y de matarlo?

Paz la mira. La escruta. Quisiera incluso leer sus pensamientos.

—No importa lo que yo crea. ¿Tú has sido capaz de eso?

A Andrea la pregunta le golpea el pecho con la fuerza de un puñetazo capaz de atravesar costillas.

—¿Cómo me preguntas esa barbaridad?

La chica se encoge de hombros.

—Hay que reconocer que mandar la oreja en un paquete de regalo y llamar a la radio para transmitirlo en directo tiene mucho de tu humor negro.

—Te acuerdas —reflexiona, melancólica.

—Sí. ¿Cómo olvidarme? Tu humor negro, tu sarcasmo, tu ironía. Creo que algo de todo eso se me ha pegado.

—Son buenas armas para combatir el dolor. Recuérdalo.

—Pero, Andrea —Paz insiste—, la policía sospecha de ti, te han detenido.

—No, a mí no me han detenido, a mí me han interrogado.

—Y te están investigando.

—Como imagino que te investigarán también a ti —escupe. Y se arrepiente enseguida—. Lo siento, Paz, lo siento. No quería decirlo. Es que te veo aquí, en el sofá en el que tantas veces se sentó tu madre.

—¿Y por qué me dijiste que no la conocía? —insiste, de nuevo—. ¿Qué es lo que no conozco de ella? ¿Qué es lo que tengo que saber?

—Tienes que tener una cosa bien clara, Paz. Cuando Nines por fin te tuvo entre sus brazos no podía quererte más, no pudo ser mejor madre.

—Pero...

—Siempre hay un *pero*, ¿verdad?

—¿Cuál es el *pero* en esta historia?

—¿Tú te acuerdas de tu hermano?

—¿De Jaime? —Paz no entiende nada.

—No. De tu otro hermano. De Asier.

30

A veces se nos va la vida deseando otra. Queriendo ser otra persona. Hacer otra cosa. Sentir otras cosas. A ella no. A ella la vida se le había olvidado.

Al descolgar el teléfono, suena una canción.

> Al pasar la barca me dijo el barquero:
> las niñas bonitas no pagan dinero.
> Yo no soy bonita, ni lo quiero ser,
> porque a las bonitas les cortan el pie.

De repente, el dolor entra en tromba en su cuerpo y le aspira el aire de los pulmones. Es el momento exacto en el que empieza la verdad y termina su futuro.

31

Santi aprovecha el trayecto en moto hacia el trabajo para hacer una llamada que lleva días postergando.

—¿Para qué me llamas?

La voz suena seca al otro lado del teléfono. Ha estado a punto de no descolgar.

—Hola, Chiqui.

—¿Cuánto llevamos sin hablar? ¿Seis, siete meses?

—Algo así.

—¿Algo así, dices? Deberías ser capaz de contar los días, minutos, horas y segundos. Seguro que tienes la cifra en la cabeza.

—Por favor, Chiqui.

—Vamos a ver, Santi, tonterías, conmigo, no.

—Lo siento.

—Bueno, Santi, eso es un pequeño paso.

—Tengo muchas cosas que contarte.

—No te estoy pidiendo explicaciones.

Chiqui está harto de esa conversación. Debería haber desviado la llamada al buzón de voz. Está dolido. Se sintió abandonado cuando Santi desapareció. Pero, sobre todo, sintió como suyo el dolor de Berta. Por fin había vuelto a España, por fin se sentía segura, por fin había contado la verdad, y de repente Santi la deja tirada como los desgraciados que abandonan a un perro en medio de una carretera. Ahí fue cuando Chiqui decidió que iba a cuidarla y que no la dejaría sola. Se habían conocido poco tiempo atrás, cuando él estuvo a punto de arrojar las cenizas de su padre a un par de trabajadores de una compañía telefónica que no querían dar de baja su línea. «¿Por fin vais a creer que está muerto?», les había gritado. Berta acababa de volver a España, estaba asustada y se escondía, pero sintió una atracción casi maternal por ese chico de poco más de veinte años que resultó tener una habilidad asombrosa para acceder a cualquier información en casi cualquier ordenador del mundo, y que fue fundamental para resolver el caso de su hermano desaparecido.

Tras la confesión pública de Berta, Chiqui pasó unas semanas viviendo con ella e Iluminada, pero se dio cuenta de que su presencia acentuaba aún más la ausencia de Santi y su falta de noticias, así que se marchó. Estoy embarazada, es lo último que le dijo Berta antes de cerrar la puerta. Estoy embarazada, como un bofetón a su sentido de la culpabilidad. ¿Y ahora qué? Pues ahora tocó cuidarla de otra manera. Se autodesignó su asistente personal, su secretario, su ayudante para todo. El único, junto a Iluminada, que sabía su secreto. Un ángel de la guarda con lealtad inquebrantable.

A Berta tenerlo cerca le dio tranquilidad, y también algunas buenas exclusivas para su programa de televisión. La capacidad de Chiqui para colarse en ordenadores ajenos y conseguir información reservada era una herramienta fabulosa para arrollar a la competencia en temas que atraían la atención de cada vez más espectadores.

Quien le hacía daño a ella se convertía en su enemigo.

Por eso, cuando Santi desapareció, Chiqui lo estuvo buscando, pero solo pudo llegar a una pequeña isla indonesia, donde le perdió la pista. A partir de ahí, nada más. Ni movimientos en la tarjeta de crédito, ni en el teléfono móvil, ni de su pasaporte. Cada día se fustigaba porque no había logrado encontrarlo, y así no iba a ser capaz de pedirle una explicación, un porqué, para que Berta pudiera empezar el duelo para cerrar ese capítulo de su vida.

Y ahora, seis meses después, se presentaba de nuevo en Madrid, como si no hubiera ocurrido nada.

—Han pasado muchas cosas —le riñe—. Muchas. Y no tienes derecho a volver a nuestras vidas así.

—Estoy preocupado por Berta.

—¿Ahora? Vaya, ahora el señor se preocupa —responde, agrio y burlón—. ¿Sabes qué te digo? No haberte marchado.

—¡Joder, Chiqui! ¡Ya está bien! —El grito de Santi le sorprende—. Ya lo sé, échame en cara lo que quieras, piensa lo que te dé la gana de mí, pero vamos a mirar al futuro, al menos, un poco, por favor. Hay muchas cosas que solucionar. Te repito, estoy preocupado por Berta. Por favor, Chiqui, tú la adoras, quieres lo mejor para ella. Ayúdame a ayudarla.

Chiqui cuelga.

Que le den por culo.

32

—¿Cómo era Emilio?

Los focos de plató deslumbran a Susana. Berta le ha dicho que la mire a ella, que haga como si todo lo demás no existiera, pero es imposible. Hay mucha gente tras las cámaras, moviéndose. Y mucha luz apuntándola. Parpadea rápido como si no fuera capaz de soportarla. Apoya los codos con fuerza en la mesa, para que no se note que está temblando.

—Susana, escúchame —le dice Berta, cogiéndola de las manos—, estate tranquila. Estamos las dos, tú y yo, sentadas aquí, juntas. Olvídate de todo lo demás. Mírame a mí. Este es un lugar seguro. Solo vas a contar lo que quieras contar. Y, ¿quién sabe? Quizá alguien que nos esté viendo se da cuenta de algo que lleve hasta los asesinos.

La chica asiente. Berta espera a que se haya tranquilizado.

—Estoy aquí para lo que necesites —le insiste—. ¿De acuerdo? Vamos a hablar tú y yo. Como si estuviéramos tomando un café. ¿Cómo era Emilio?

—Emilio era... —Da la sensación de que tiene que pensárselo—... Era muy especial.

—Me imagino, Susana. Me imagino que era muy especial. Debíais de tener una relación preciosa.

—Sí. —Ella mira al infinito, entre triste y bucólica—. Era muy especial.

—¿Llevabais mucho tiempo juntos?

—Dos semanas.

Berta tiene que contenerse para que no se le note en la cara el bofetón que se acaba de llevar. ¿Dos semanas solo? ¿Y la están presentando como la novia de la víctima?

—Y ya os considerabais pareja.

—Bueno, a ver —sigue la chica—, pareja, pareja oficial quizá no, pero es como si nos conociéramos de toda la vida. Además, llevábamos mucho tiempo hablando online, más de tres años. Hemos tenido un noviazgo en dos fases. La parte digital y la parte física.

—Amor en los tiempos de internet —añade Berta.

—Eso es.

—¿Y por qué tardasteis tanto en quedar, en veros cara a cara? ¿Tú tenías algún recelo?

—¡Qué va! Era él. Era un borde. —Berta pone cara de asombro—. Sí, un borde. Cuando yo le hablaba por el chat no me contestaba nunca, o soltaba una bordería. Me costó que confiara en mí.

—¿Y por qué te empeñaste?

—¡Escribía tan bien! Me encantaba cómo redactaba las frases. No era nada petulante, pero sí muy intenso. Es que nos conocimos en un chat lingüístico, ¿sabes?

Berta tenía que encauzar la entrevista. Eso no llevaba a ninguna parte.

—¿Alguna vez te contó si tenía problemas con alguien, o le tenía miedo a alguien?

—No, no. Nunca me contó nada. Pero las veces que nos vimos siempre fue en su casa.

—¿Tenía miedo a salir a la calle?

—No se lo pregunté, la verdad. Tampoco nos vimos tantas veces. Era cómodo ir a su casa. Así estábamos más tranquilos.

Queda poco tiempo de entrevista. En tres minutos tienen que irse a publicidad. La directora del programa grita a Berta por el pinganillo. «Pregúntaselo. Pregúntaselo. Pregúntaselo. Ya. Nos quedamos sin tiempo. Que deje de divagar. Pregúntaselo».

—¿Nunca lo viste nervioso?

—Bueno, él cambiaba de humor. A veces era tímido y estaba nervioso. Otras veces se enfadaba.

—¿Contigo? ¿Te trababa mal?

—No. Por teléfono. Le oír discutir muy fuerte una vez, no entendía lo que decía, porque estaba en otra habitación.

«¡Berta! —vuelve a gritarle la directora—. Que le preguntes. Joder. De una vez. Es nuestra exclusiva».

—¿Luego le preguntaste?

—Sí, claro, luego le pregunté. Y me dijo que había discutido con un amigo. Que los amigos a veces no entienden cuando les dejas plantados porque tienes una novia.

«¡Me cago en tus muertos, Berta! ¡¡¡Que le preguntes si habían follado!!!».

—Pues, Susana, muchas gracias. Sabemos que estás pasando unos momentos muy duros. Te reitero mi pésame y el de todo el equipo de este programa. Aquí nos tienes para lo que necesites. Tenemos que irnos a publicidad. A la vuelta, más exclusivas. No se vayan.

«¡¡¡¡Bertaaaaaaaaa!!!!».

Nada más despedir el programa, Berta se marcha a toda prisa, esquivando a la directora que, cuando baja de control con ganas de matarla, ya no la encuentra en plató. Tiene otra cita más importante.

Chiqui ha concertado el encuentro mientras Berta hablaba de las propiedades laxantes del kiwi.

—Habéis quedado dentro de media hora en su casa de Tres Cantos. Te llevo hasta allí. Le he dicho al conductor de producción que no lo necesitas.

—¡Ay, qué listo eres! —Le da un pellizco en la mejilla, como una abuela orgullosa.

—Me saqué el DNI a la primera, algo listo sí que soy —se burla él.

—¿Ves? Por eso también te quiero. Porque sabes cómo llegar hasta mi corazón, ver si necesito una caricia o un chiste, y soltar la frase adecuada.

—Y porque te lo consiento todo.

—Eso también. ¿Vamos?

Es un piso pequeño. Dos habitaciones pegadas a un salón en el que hay que hacer malabares para que quepa una mesa de comedor con cuatro sillas. Susana se sienta en una de ellas. Ha puesto un mantel blanco bordado con flores y varios platillos a juego, junto a una cafetera, una caja de galletas de mantequilla y varias servilletas.

—Gracias por recibirme en tu casa.

—Gracias por tratarme tan bien en la televisión. Era mi primera vez. Y estaba muy nerviosa.

—Lo has hecho genial.

—¿Crees que a la gente le habrá gustado?

—La gente habrá visto a una mujer joven y lista, triste también, pero que saca fuerzas porque es valiente, una campeona.

—Espero que sí. Me están llegando muchos mensajes de amigos, incluso de compañeros de colegio, por las redes sociales, ¿sabes? Gente de la que no sabía nada hace años y que ahora contactan conmigo. Es una locura.

—Me puedo imaginar. La televisión sigue teniendo mucho alcance, aunque algunos nos crean muertos. Y salir en un programa da mucha visibilidad. Se acuerda de ti hasta el que le vendía los chupetes a tu madre.

—Es verdad. Ese aún no ha llamado. Pero dale tiempo. Oye, ¿no quieres café?

—No, no. Pero unas galletitas de esas de mantequilla sí que te voy a aceptar. —El bebé lleva rato pidiéndole azúcar. No puede resistirse.

—Las compra mi madre, y siempre me trae una caja.

Están relajadas, confía en ella, y Berta ve que ha llegado el momento.

—Susana, te tengo que hacer una pregunta algo complicada. —La chica abre muchísimo los ojos—. Por favor, si consideras que es invasiva, estás en todo tu derecho a no contestarla. Tiene que ver con un dato de la autopsia, algo que, bueno, podría llamar la atención. No significa que sea un dato bueno, o un dato malo. Nada de eso. No estamos juzgando. Pero no quiero dejarlo pasar. ¿De acuerdo?

—Sí, vale. —Está nerviosa otra vez.

—Según la autopsia, Emilio era virgen.

Susana se queda petrificada.

No lo sabía.

Y Berta puede sentir cómo en su cabeza empiezan a encajar las piezas del puzle.

—¿Virgen?

—Mira, sé que suena muy raro y que es absurdo preguntártelo —se justifica Berta—, que igual no lo entiendes, pero es que quizá es importante para la investigación. En mi programa hemos tenido acceso al informe preliminar de la autopsia de tu novio, pero yo no he querido hacerte la pregunta en directo, me parecía muy invasiva. —La bronca de la directora va a ser de las que hacen historia. Berta ha apagado el teléfono al salir de la tele. Y estará más enfadada aún por eso—. Hay algo que no había visto nunca y que llama mucho la atención. Como tú eras su pareja, pues, con toda la educación del mundo, me atrevo a preguntarte por ello. Por su virginidad. ¿Me dejas preguntarte por eso?

—Sí —asiente.

—¿Mantuvisteis relaciones sexuales?

—Sí.

—¿Sí? —¿Está equivocada la autopsia? Ella ha visto el informe, lleva la firma de Santi. Y Santi no se equivoca. Nunca. Al menos en lo que pasa por el intelecto. Lo que tiene que ver con el corazón lo hace de puta pena.

—Sí, mantuvimos relaciones sexuales —insiste.

¿Santi se ha equivocado? Es la primera vez que Berta ve eso en su vida.

Pero no quiere quedarse con la duda.

33

Le duelen tanto las piernas que sopesa seriamente sentarse en medio de la acera. Como tenga que esperar más tiempo de pie los tobillos ocuparán más volumen que su cabeza. Apoya la mano derecha en el capó de un coche, dejando caer el peso de su cuerpo. Pero ese movimiento apenas la alivia un par de minutos.

Además, está nerviosa.

Ha sido un gesto impulsivo.

Estar allí, esperando, es una tontería.

Justo cuando se da por vencida, y empieza a caminar hacia la calle transversal en busca de un taxi, el sonido de una moto de gran cilindrada irrumpe por el otro extremo de la vía.

Sabe de quién es esa moto.

Y está a punto de girarse.

Pero cierra los ojos y sigue caminando como si ya se hubiera cerrado esa ventana de oportunidad, el margen milagroso en el que ella y Santi se iban a ver esta tarde.

Y quizá, contarse la verdad.

***

—¿Ese bebé es mío? —le había preguntado él, de pie, ante ella, en el salón de casa, unos días atrás.

—¿Y a ti qué te importa? —Berta le lanzó la frase con todo el despecho que pudo reunir.

—Claro que me importa. Claro que me importas. ¿De cuánto estás?

—Cuántas veces te lo voy a tener que decir: ¿y a ti qué te importa?

—¿Es mío? —insistió, angustiado, como si esa posibilidad lo cambiara todo.

—Es mío. Es mío. Es mío —se burló—. ¿Te crees que eres el único hombre con el que follo? —le había escupido Berta. La frase le dolió a Santi como no creía que pudiera dolerle una simple lista de palabras encadenadas una tras otra. Sujeto, verbo y predicado dispuestos en línea como una bomba que destroza el corazón.

—No hace falta ser tan cruel —contestó. Nunca había sentido eso, la crueldad.

—¿Cruel? Vaya. Te recuerdo que, antes de abandonarnos, follabas conmigo y con Óscar a la vez.

—¡¡Eso no es verdad!!

—¡Porque tú lo digas! Que os vi con mis propios ojos. Que lo sé. Deja de mentirme. Te tirabas a Óscar a la vez que estabas conmigo.

—Berta, no. Nunca hice eso. Y si me marché, fue precisamente para castigarme. Hice que casi me mataran para no pensar en nada —le mostró las manos llenas de cicatrices.

—Para no pensar en nada. Vaya, vaya el señor. Para no pensar en nada. Ojalá todos pudiéramos hacer lo mismo. No pensar en nada. Pero siento informarte de que la vida es esa mierda en la que no puedes permitirte ese lujo.

—No me entiendes.

—Te entiendo perfectamente. Tú y tu cerebro privilegiado incapaz de conceder el mínimo espacio a la emoción si no es a través de Delito. Así que cuando te encuentras con algo en la vida en lo que tienes que portarte como un ser maduro y adulto, lo único que se te ocurre es huir. Ni siquiera cambiarte el nombre, vestirte de lentejuelas y subir a cantar al escenario de un garito inmundo te sirvió cuando tuviste que tomar una decisión de verdad, de las que cambian la vida.

Santi sintió el golpe en la boca del estómago. Pero Berta tenía razón. Ni siquiera Delito, su *alter ego*, había podido sacarlo de la espiral en la que estaba metido.

—Por favor, solo dime si ese niño es mío.

—Es lo único que te importa, ¿verdad? Si el bebé es tuyo. Y si lo es, ¿qué? ¿Cambiará en algo tu decisión? ¿Vendrás a llevártelo los domingos? ¿Me pasarás una pensión alimenticia?

—Berta, por favor —suplicó.

—¿Quieres saberlo? ¿Quieres saberlo? No. Este niño no es tuyo —contestó, al fin, tajante.

—Pero... —Santi no era capaz de aceptarlo. Sabía que Berta le mentía. Tenía esa corazonada, por mucho que él nunca le hiciera caso a su corazón.

—Si no me crees, es tu problema. —Berta cruzó los brazos sobre el pecho, seria, tratando de aparentar una serenidad que estaba lejos de sentir.

—Me voy a hacer la prueba de paternidad. En cuanto nazca voy a pedírselo al juzgado —la amenazó, aunque se arrepintió nada más decirlo. Del dolor a la ira hay un paso muy pequeño.

Berta lo miró como si estuviera loco.

—¡Vete a la mierda! ¡Vete a la puta santísima mierda! —Se levantó del sofá y lo empujó con todas sus fuerzas—. Sal de mi casa. Sal ahora mismo. ¡Te odio! ¡Te odio!

***

Es la primera vez que Santi la ve desde ese día.

Berta está lejos y de espaldas. Pero conoce su cuerpo y la manera en la que camina, aunque el embarazo los haya cambiado incluso por detrás. Justo cuando ella enfila el tramo final de la calle en la que vive Santi, él acelera la moto para llegar a su altura sin perderla de vista. Aunque grite no lo va a oír, porque lleva el casco, así que la única posibilidad de estar con ella es alcanzarla a tiempo.

Sortea los coches con precisión y rapidez, se concentra en los obstáculos que tiene delante para no perder el tiempo. Al final, cuando llega a la esquina y levanta la vista, Berta está entrando en un taxi.

—¡Berta, Berta! —grita, mientras sube la moto en la acera y se pelea para quitarse el casco.

Pero ella ya ha cerrado la puerta sin darse cuenta. O sin querer darse cuenta de que él está allí.

—¡Berta, Berta! —sigue gritando.

El taxi arranca y Santi, con el casco colgando del brazo, acelera hasta ponerse a su altura. Da varios golpes a la ventanilla de Berta para advertirle de que está allí, para que le haga caso, para que baje y puedan hablar. Porque tiene clara una cosa: Berta no está allí de casualidad. Y tanto tiempo después desde el fin de su programa, ha tenido que esperar mucho a que él llegara.

—¡Berta, Berta! —continúa golpeando la ventanilla con la palma de la mano izquierda, cuando el taxista, asustado, detiene el vehículo.

Ella gira la cabeza y lo mira, impávida desde su asiento en la parte trasera del taxi. Niega con la cabeza. Sin sonreír. Casi diría que con tristeza.

—Por favor —le dice al taxista, mirando al frente, seria—, ¿quiere arrancar ya?

El taxi se marcha y Santi se queda de pie, en medio de una calle de cuatro carriles.

Derrotado.

Sin saber si se lo merece. O no.

34

La tumba de un niño siempre se distingue desde la distancia. Es como si ni siquiera la lápida de mármol que la cubre pudiera olvidar que ahí detrás la vida se truncó demasiado pronto. La tumba de un niño está rodeada de promesas que nunca se pudieron llegar a cumplir y de lágrimas desesperadas de los adultos. La tumba de un niño nos está esperando toda la vida hasta que nos vayamos con él.

—Hay muchas cosas que preferimos no ver hasta que nos toca sufrirlas a la fuerza.

Andrea suspira, mientras limpia con meticulosidad la losa blanca de una de las tumbas. Recorre con delicadeza y precisión las letras esculpidas en bajorrelieve dorado.

ASIER PLAZA CAVERO
Tu pequeño corazón latirá siempre junto al mío.
Mamá
2002-2009

—¿Era hijo tuyo? —Paz entiende ahora por qué la ha citado allí, en ese nicho en concreto del cementerio civil de Madrid, un lugar que nació a finales del siglo XIX como camposanto para todos aquellos a los que el cementerio católico no quería acoger en sus límites.

Andrea cierra los ojos y asiente, con tristeza.

—¿Y por qué no me lo dijiste nunca? ¿Por qué no sabía que habías sido madre?

—Sí que lo sabías —replica Andrea, con tristeza, mientras retira la suciedad de un marco dorado que encuadra la foto de un niño sonriente, con pecas en la nariz, comiéndose un helado de chocolate.

—¿Lo sabía?

—Vivisteis juntos. Pero no lo recuerdas.

Paz coge la imagen del pequeño, fijándose en cada detalle. El pelo moreno y alborotado. Las mejillas sonrosadas de felicidad. La sonrisa ligeramente torcida. Se esfuerza, pero no se acuerda.

—No sé quién es.

Andrea la mira con los ojos rojos, a punto de llorar. Las personas mueren de verdad cuando nadie las recuerda. Y ahora le parece que Asier solo sobrevive en su memoria.

—Es la manera que tienes de protegerte, Paz. Asier era tu hermano. No de sangre, pero sí de vida. Teníais la misma edad. Su muerte fue un golpe tan duro que tu cabeza ha enterrado el recuerdo.

—Pero no lo entiendo. Mamá nunca me ha hablado de él. Tú nunca me has hablado de él. No hay nada en casa que recuerde a él. Es como si no hubiera existido, como si tras su muerte lo hubierais borrado.

—Sí que hablábamos de él, sí que lo lloramos, sí que queríamos morirnos con él, o al menos yo quería morirme con él. Paz, su ausencia era insoportable en casa. Pero tú te encerraste en ti misma, dejaste de hablar, dejaste de comer. Llegamos a pensar que morirías tú también. No querías oír su nombre ni ver sus fotografías, no soportabas vernos llorar, y los psicólogos nos aconsejaron que no mencionáramos a Asier delante de ti porque te hacía demasiado daño y tu cerebro no lo soportaba. Así que creamos una burbuja para ti. Construimos un mundo artificial en el que tú eras nuestra única hija y Asier no había existido. Tiramos todas sus cosas. Regalamos su habitación, su ropa, sus peluches. Escondimos sus fotografías. Dejamos de mencionarlo en las conversaciones. Era la forma que teníamos de protegerte para no perderte a ti también.

La culpa golpea a Paz en cada uno de los rincones de su cuerpo. Tanto dolor, y todo provocado por ella. Una vez. Y otra. Mira a Andrea y la abraza con fuerza.

—Lo siento —dice, conmovida por el inmenso acto de generosidad. De esa mujer. Olvidar a un hijo para proteger a una niña que ni siquiera es suya.

No sabe qué decir. Querría estar disculpándose todos los segundos de su vida.

—Lo siento, de verdad, lo siento.

—Tranquila, pequeña, tranquila —la consuela.

—No me acuerdo de nada.

—Pasó hace mucho tiempo. Tú eras muy pequeña. Viviste poco tiempo con Asier, algo más de un año. Y nosotras te engañamos porque pensábamos que así te protegíamos. Igual lo hicimos mal. Pero, en aquel momento, con tanto dolor, no éramos capaces de pensar.

—Todo por protegerme.

—Una madre haría lo que fuera por proteger a su hijo. Y a mí solo me quedabas tú.

A mí solo me quedabas tú. La frase parte a Paz en dos. No cree que pueda seguir en pie. Se sienta en una tumba cercana, cubriéndose la cara por la vergüenza que siente. Está destruida por la culpa. No puede seguir hablando de eso. Tiene que cambiar de tema.

—Y tú, ¿cómo estás? —Se limpia las lágrimas de la cara con la palma de la mano y mira a Andrea encogida de pena.

—Hay una cosa que he aprendido todos estos años, Paz. —Parece extrañamente serena—. No puedes quedarte a vivir en la herida, ni en el dolor. Los llevas siempre contigo, de eso has de ser consciente porque las cicatrices van a estar siempre allí, pero pasado un tiempo te toca buscar otros lugares en los que vivir. O eso o te matas.

—¿Tú has querido matarte alguna vez?

Andrea se sienta a su lado y la mira con cariño, sin tener claro si confesar o no la verdad.

—Claro que sí —admite, al fin—. Claro que sí. Querer morir. Querer matarme. Querer que me mate alguien. Es un bucle del que sé que no podré salir nunca. No me importaría si ahora mismo me atropellara un coche saliendo de aquí. O si me mataran en un atraco. No sé, es una sensación rara. Querer estar viva, pero muerta a la vez. Vivo por inercia, y si me caigo por un precipicio, pues me caigo.

—¿Mi madre estará así toda la vida?

La pregunta sorprende a Andrea. De repente, el cuerpo se tensa.

—Tu madre... tu madre... no quiero hablar de ella. No me preguntes por ella.

—¿Cómo murió Asier? —Lleva rato queriendo preguntárselo. A su edad, Paz todavía cree que la forma en la que uno muere puede marcar el tipo de dolor de los que le sobreviven.

Andrea la mira, y luego baja la vista. Duda si contárselo, pero a estas alturas, ya qué más da.

—Se cayó por la ventana —contesta.

—¡No! —La respuesta remueve algo en el cuerpo de Paz.

—Un accidente. Fue un accidente —se apresura a añadir, como si tuviera miedo de que hubiera sido otra cosa.

—Andrea, Andrea... —Paz vuelve a abrazarla, y es en el momento en el que sus dos cuerpos están juntos, sosteniéndose, cuando ella empieza a recordar. Es poco. Un triciclo. Música que sale de alguna de las ventanas que daban a la calle, con esa fascinante vista de la Puerta de Alcalá. Un cojín. Son pequeños fragmentos todavía, pero se van ensamblando en su memoria. Diez minutos atrás Asier no existía para ella, ahora solo tiene que seguir tirando del hilo para tenerlo a su lado—. ¿Qué puedo hacer para ayudarte, para reparar todo el daño?

—Que estés aquí ya es suficiente. Es como recuperar un trocito de felicidad.

—Te daré toda la que necesites, confía en mí.

Andrea piensa. Tiene que decirle algo más. Algo también importante, un secreto que lleva tiempo guardándose. No quiere elegir palabras banales en ese momento. Así que escoge solo tres. Directas y concisas.

—Tienes otro hermano.

Otro hermano.

A Paz no le da tiempo a preguntar. Ni siquiera a asombrarse. Un montón de personas vestidas de oscuro se lanzan sobre ellas, separándolas. Son policías. A Andrea la estampan contra la pared donde está la losa de su hijo, con los brazos a la espalda para colocarle con facilidad las esposas en las muñecas.

—Queda detenida como sospechosa del asesinato de Jaime Rojo. Tiene derecho a guardar silencio. Y a un abogado.

Segunda parte

35

Conoce a uno de ellos. Al que está sentado en la esquina izquierda del televisor. Lleva una camiseta blanca y unos vaqueros azules con zapatillas deportivas. Nada que llame la atención. Ha tenido que fijarse bien para reconocerlo, acercar la cara a la tele hasta quedarse bizco. Pero ahora lo tiene claro. Es él.

No puede ser casualidad que esté allí.

¿Qué está haciendo? ¿Qué se saca del bolsillo de la americana?

¿Qué cojon...?

36

Se arrepentirá toda la vida de esa sonrisa. Una mueca estúpida para la posteridad, reproducida infinitas veces en pantallas de todo el planeta como un meme sin fin para carcajada de la población mundial, autoparodiándose a sí mismo con versiones que parecen no tener fin.

No la iban a olvidar nunca.

Pero ella solo quería parecer amable y simpática. Alguien que cayera bien al espectador. Por eso seguirá hablando. Y sonriendo. Concentrada mirando a cámara. El director había sido muy insistente en eso un rato antes: «Que no te distraiga lo que hay a tu alrededor. Oirás ruidos y por el rabillo del ojo verás a gente moviéndose. Tendrás la tentación de mirar, aunque sea una fracción de segundo, para ver qué pasa. No lo hagas. Sigue como si no pasara nada, con la mirada fija en la cámara y tu sonrisa, hablándole al espectador. Recuerda, el espectador es lo más importante. Mírale como miras al tipo con el que quieres echar un polvo. Sin que se note mucho, eso sí. No eres una zorra. No vas a quitarle el marido a las señoras, si acaso, que se ponga un pelín cachondo para luego darle placer a la mujer que tiene al lado».

Es su primera oportunidad frente a las cámaras, la sustitución a toda prisa de una presentadora que había ingresado en el hospital la noche anterior. Ella era la única lo suficientemente joven, delgada y guapa disponible en la redacción que podía estar lista apenas unas horas después, a las nueve de la mañana del puente de mayo.

—Buenos días, les extrañará verme —lee en el cue, un gran espejo ante la cámara que refleja un ordenador colocado en la base—, y a mí también me extraña estar aquí. —Había repasado el texto decenas de veces—. Ha sido una sorpresa de última hora.

Sigue mirando a cámara, repite en su interior. Mírala y sonríe mientras la cámara te mire a ti.

Por eso mantiene el gesto cuando oye a su espalda sonidos extraños, que no deberían estar ahí. O quizá sí. Como es su primer día, no lo tiene del todo claro. Igual el público hace siempre esos ruiditos. O es su imaginación.

—No se preocupen, que a nuestra querida presentadora no le ha pasado nada. —No deja la sonrisa—. En unos días volverá a estar aquí con todos ustedes. Ahora, de momento, tendrán que aguantarme a mí. —Le parece simpático incluir ese guiño en la presentación del programa—. Aunque espero que acaben queriéndome un poco.

Sigue mirando a cámara. Pase lo que pase.

Y lo hace. A pesar de que lo que parece un público algo molesto se convierte en un barullo impertinente. Tendrá que decirle al director que hable muy seriamente con la empresa que selecciona a los asistentes al programa. Solo tienen que estar callados, mostrarse interesados en lo que ocurre y aplaudir cuando se lo indiquen. No es tan difícil. Joder.

Ella sonríe a cámara. Leyendo el cue. Como estaba previsto. Nada la va a distraer.

—Hoy tenemos un programa lleno de sorpresas. Van a disfrutar de lo lindo.

El texto sigue pasando ante sus ojos, frente al objetivo de la pantalla. Y ella no deja de leer. Y de sonreír. Lo hace incluso cuando del runrún del público sale un grito aislado y corto. Tajante como un cuchillo.

Tiene que hacer acopio de toda su fuerza de voluntad para seguir mirando a cámara y leyendo las palabras que aparecen delante del objetivo, como le había ordenado el director antes de comenzar.

—Seguramente se preguntarán dónde comer las mejores patatas bravas de España. Se lo contaremos también. —¿Quién ha escrito esta chorrada?

Sigue hablando mientras cuatrocientas veinticinco mil doscientas tres personas al otro lado del televisor ven en directo cómo, a su espalda, varios miembros del público, en un movimiento coordinado, sacan algo del interior de sus chaquetas.

Sigue hablando y sonriendo mientras esos mismos espectadores —que las redes sociales convertirían más tarde en cientos de millones— se dan cuenta de que son seis jóvenes. Y de que lo que llevan en las manos son martillos.

Sigue hablando cuando oye el primer golpe. Y el primer grito.

Sigue hablando cuando el sonido se repite.

—Ya saben que este es un programa para pasarlo bien, para disfrutar en familia.

Sigue hablando incluso cuando detrás de ella todo es desorden.

Sigue hablando hasta que el regidor la coge por la chaqueta y en un gesto firme y rápido la saca de plano, haciéndola girar sobre sí misma, a punto de caer por culpa de esos tacones imposibles que le habían puesto en estilismo.

El giro la deja de cara al público al que le había estado dando la espalda.

Entonces los ve.

Varios miembros del público se están destrozando la cara a golpes de martillo. En directo. Con ella sonriendo como una imbécil ante la cámara.

37

Pensaban que lograr colar los martillos en la cadena de televisión iba a ser lo más difícil. Sabían que cualquiera que quisiera acceder a las instalaciones, sobre todo el público, tenía que pasar a través de un detector de metales para el cuerpo y un escáner para los bolsos. Alguien sugirió enviarlos por paquetería, lo cual era absurdo porque no tenían a quién y porque, además, los paquetes también pasaban por un escáner para verificar que el contenido no fuera peligroso. Al final, dan con una solución tan fácil y absurda que hasta hace sonrojar. La noche antes lanzan sobre la verja del *parking* exterior una bolsa de plástico verde con los martillos, para que caiga justo en una zona de plantas bastante frondosa que a nadie se le ocurriría revisar a no ser que tengan la mala suerte de que pase el jardinero a primera hora de la mañana.

Les han citado a las dos de la tarde, a pesar de que el programa empieza a las cinco. Un autobús los recoge en una plaza al norte de la capital, donde un par de azafatas comprueban su identidad y su cuenta bancaria. Les pagarán cincuenta euros y un bocadillo por toda una tarde sentados en incómodas sillas de plástico sin poder ir al baño y sonriendo y aplaudiendo a las órdenes de un animador de público que, la verdad sea dicha, hace muy bien su trabajo.

Para que no les sienten juntos y maximizar el impacto, los seis se mezclan entre la gente que va entrando a plató. Han estudiado bien los tiros de cámara y saben dónde tienen que colocarse para que en casa se les vea con precisión. Justo detrás de la presentadora, entre las cabecitas que se ven a su espalda cuando da las buenas tardes.

Hay que hacerlo rápido.

Están un poco nerviosos, la verdad. Por fin ha llegado el momento y ahora les toca demostrar que van a por todas. ¿Dolerá? ¿Cuánto? ¿Serán capaces de llegar hasta el final? Todos están muy concienciados, aunque quizá a última hora se les escurra el valor.

Se miran de reojo. Pero es peor. Alimentan el histerismo de los demás.

Estad orgullosos, vamos a hacer historia.

Cuando ven que no está la presentadora titular, se enfadan. Seguro que no ve el programa tanta gente. Y su misión es conseguir la mayor visibilidad posible. Uno de ellos pregunta si abortan la misión. La respuesta llega enseguida. No. Tiene que ser hoy.

Y se hablará de vosotros, no os preocupéis.

—No se preocupen, que a nuestra querida presentadora no le ha pasado nada —empieza a contar a cámara una chica quizá demasiado simpática, hasta casi el fingimiento—. En unos días volverá a estar aquí con todos ustedes. Ahora, de momento, tendrán que aguantarme a mí.

Esperan la señal.

Tres de ellos, sin decírselo a los demás, se han pinchado agujas con anestesia en la cara, para sentir menos dolor.

—Hoy tenemos un programa lleno de sorpresas. Van a disfrutar de lo lindo.

La señal.

Sus móviles vibran tres veces, al mismo tiempo.

Cuando meten la mano en el bolsillo, los martillos parecen pesar una tonelada. No dudéis. Si dudáis, no lo haréis. Y ya sabéis lo que le pasó a Emilio. Aquí no se admiten traidores. Ni cobardes.

—Seguramente se preguntarán dónde comer las mejores patatas bravas de España. Se lo contaremos también.

No ven quién se da el primer martillazo, porque cada uno de ellos está concentrado en reunir el valor para golpearse a sí mismo. Pero sí el primer grito. Y el segundo. Luego, los aullidos. Aunque a esas alturas el dolor es ya tan grande que apenas oyen nada. Dos de ellos pierden el conocimiento. ¿Hasta dónde llegamos? ¿Cuántas veces tenemos que golpearnos?, habían preguntado.

Hasta que os quiten el martillo. Hasta que no quede lugar en la mandíbula que golpear. O hasta que os desmayéis.

> Al pasar la barca me dijo el barquero:
> las niñas bonitas no pagan dinero.
> Yo no soy bonita, ni lo quiero ser,
> porque a las bonitas les cortan el pie.

Otra vez la misma canción.
Es él. Y era ella. Y pueden ser muchos más.
Y ahora, ¿qué hace?

38

—Debes evitar el estrés, Berta.

Que el ginecólogo te riña mientras estás en una camilla, con las piernas abiertas y en alto, a la vez que hurga en tu vagina, es una cosa que toda mujer ha experimentado alguna vez en la vida.

—¿No puedes esperar, al menos, a que estemos en igualdad de condiciones? —se queja Berta—. Así espatarrada es difícil contestarte con propiedad, ¿sabes?

—Tienes razón, es la costumbre.

—Bueno, lo que te iba diciendo. —Una vez terminado el examen físico, hecha la ecografía y con Berta ya vestida, médico y paciente hablan cara a cara, a ambos lados de la mesa de la consulta—. El estrés no te va bien.

—¿Quién te dice que estoy estresada?

—No hay más que verte —replica el médico— y medir tu presión arterial, si quieres un dato más científico. La tienes un poco alta.

—¿En serio? Pero si siempre la he tenido baja.

—En serio. Y, precisamente por eso, porque siempre la has tenido baja, el cambio es mayor y el riesgo es más grande.

—Quizá es algo innato al embarazo. Estoy con un alien aquí dentro —se señala la tripa—, que no me está dando demasiada buena vida, por cierto.

—Berta, déjate de excusas. —El médico es tajante—. Veo todo lo que haces. Veo cómo vienes a consulta. ¿Te crees que estoy ciego?

—No, no estás ciego, pero no tienes ni idea. Me encanta mi trabajo, me flipa, me lo paso genial en directo, es como entrar en una cápsula en la que nada de lo que hay fuera me afecta, es como pausar mi vida. Mi trabajo le va bien a este bebé.

—Piensa lo que quieras, no sé si será tu trabajo o tu vida personal, pero como no consigas controlar la presión, puedes tener un bebé prematuro.

—Vale, vale —admite ella—, tienes razón. Tengo muchas cosas en la cabeza. Voy a tratar de tomármelas con más calma.

—Eso espero, Berta, por favor, te lo estoy diciendo en serio. Quiero que te tomes la tensión cada día, ¿vale? Vas al servicio médico de la tele y que te controlen. Una vez a la semana, me mandas los datos. Y si hay algún día en el que la tengas especialmente alta, me llamas. ¿De acuerdo?

—De acuerdo.

—¿Cómo vas de lo otro? ¿Qué te dice el neurólogo?

—Bueno, ahora no me pueden hacer pruebas, no me puedo meter en una máquina a hacerme un TAC, así que hay que esperar hasta que la criatura nazca. Por esa parte, en pausa.

—Por cierto —cambia de postura, nervioso, y baja la voz—, igual te interesa.

Ahora mismo, lo único que le interesa es ir a hacer pis. Le acaba de entrar una súbita necesidad de vaciar la vejiga.

—Están ingresados los chicos que se dieron martillazos ayer en tu tele.

—¿Aquí?

—Sí. No se ha hecho público para que no haya altercados y preservar el funcionamiento normal del hospital. Pero los tenemos aquí.

—¿Dónde?

—Te lo digo si me prometes que te vas a cuidar.

—Que sí, que sí, que me cuidaré. ¿Dónde los tenéis?

—En el sótano menos uno, pasada la zona de laboratorios, hay un grupo de habitaciones para usos, digamos, discretos. Los han metido allí. Pero hay policía.

—Gracias. Gracias —le dice a su médico, levantándose a toda prisa.

Segundos después, se cuela en el despacho de otra ginecóloga, en el mismo pasillo.

—Ay, perdone, buscaba al doctor Gil —se disculpa.

—Dos puertas más allá —le dice la doctora, que está, como preveía Berta, al fondo de la habitación, con otra embarazada. Al salir, sin que se den cuenta, coge de una percha junto al ecógrafo una bata en la que está bordado el nombre de la ginecóloga. A partir de ahora, Berta es la doctora Mónica Gracia.

Y la doctora Mónica Gracia va a averiguar qué pretendían esos seis chicos, si era un suicidio en directo o implicaba algo más. En el fondo de su corazón le da mucha rabia que no le haya ocurrido a ella, en su programa, sino a una novata suplente de la presentadora del matinal. Pero no lo admitirá nunca. Ni siquiera a ella misma.

Se recoge el pelo, bien tirante, en un moño alto y contundente. Como tiene raíces canosas, que se disimulan con el pelo suelto, pero se aprecian perfectamente con la coleta, da la sensación de ser alguien de más edad. Se quita el maquillaje de los ojos hasta dejarlos limpios y se pinta de rojo intenso los labios. Baja al coche a por unas zapatillas de colores estridentes que una marca le ha mandado a la tele y que pensaba regalar.

Se mira en el espejo retrovisor y sigue siendo ella. Berta Gigliani. Mierda.

Rebusca en el maletero del coche, que parece un almacén de trastos viejos, alguna cosa más. No puede arriesgarse a que la reconozcan. No para lo que tiene previsto hacer. Entre dos bolsas de supermercado vacías encuentra un turbante. Pero no le sirve. Llamaría más la atención. Desesperada, vacía el neceser de emergencia que siempre lleva para estar cubierta en cualquier ocasión, incluso en las más extrañas. Todo el contenido se desparrama por la cubierta plástica que protege la base del maletero. Utensilios de maquillaje de todo tipo, un par de desodorantes, tiritas, pastillas para cortar la diarrea, para aliviar el dolor de cabeza, para el de regla. Alcohol. Gasas. Gel desinfectante. Incluso unas pastillas purificadoras de agua. ¿Qué podía hacer con todo eso? Estuvo tentada de pintarse un moratón con sombra de ojos púrpura, pero también sería demasiado llamativo.

Y entonces lo ve, un pequeño bote de plástico transparente con una etiqueta azul y blanca en la que está escrito Old Skin. Se lo había dado una maquilladora de la tele meses atrás, después de un programa especial de Halloween en el que tuvieron que envejecerla. «Toma, queda un poco —le dijo—, por si algún día quieres hacer el gamberro». No tiene ni idea de cómo ha acabado en ese neceser, pero da las gracias a su sentido de acumulación patológico.

Lo mira al trasluz y suspira aliviada. Efectivamente, queda un poco de producto. Se acomoda en el asiento delantero del coche, busca un vídeo en internet y copia la manera de hacer de la *influencer*: empapa un pincel de maquillaje con gotas del líquido transparente, estira un trozo de piel sobre los labios con los dedos pulgar e índice y aplica el producto en vertical, como un trazo de pintura. Unos segundos después el producto se seca. Y cuando ella suelta los dedos que hacían tensión y la piel regresa a su forma habitual, la capa de producto se encoge y se convierte en un montón de arruguitas pequeñas.

Repite el proceso en todas las zonas donde se acumulan líneas de expresión. Alrededor de los labios, dibujando el código de barras. En los surcos nasogenianos, para dar la sensación de que las mejillas se han descolgado. Alrededor de los ojos, con su sensible piel arrugada por el paso del tiempo.

Se ha echado veinte años encima.

Ahora sí que no parece ella. O no lo suficiente para que alguien se fije. Y espera que los policías no lo hagan, porque esas arrugas ficticias no resistirán el examen de unos ojos demasiado cerca.

Camina con la cabeza ligeramente baja, como si estuviera pensando en sus cosas, pero con pasos decididos. Se ha descargado un plano del hospital de internet, el que está a disposición del público para que se oriente por el centro, pero no aparecen las habitaciones a las que ha hecho referencia su ginecólogo, así que le pide a Chiqui que le consiga los planos reales. Necesita tener muy claro dónde va para no dudar en ningún momento.

—¿Qué estás haciendo? —le pregunta, preocupado.

—Nada, nada, estoy esperando a la revisión ginecológica —le miente—, y quería entretenerme comprobando una cosa.

—Y una mierda.

—¡Oye!

—No me mientas, Berta. No te voy a dar nada que te haga cometer una locura.

—¿Qué locura puedo cometer en un hospital? Por favor, venga, por favor. De verdad, ahora no te lo puedo contar, hay mucha gente alrededor. Es una tontería, de verdad.

Chiqui accede y tarda menos de diez minutos en enviarle un documento con los planos reales del edificio, los que están almacenados en el servidor del despacho de arquitectos que lo proyectó veinte años atrás. Estudia bien los accesos, las entradas y salidas. Sale del coche y se abrocha la bata, que le queda algo apretada. Con el jersey y el embarazo, parece una doctora entrada en años. Y en kilos.

Genial.

Sorprendentemente, nadie se fija en ella ni le pone problemas hasta que llega a la zona de laboratorios. Sabe que ahí, girando a la derecha en la próxima esquina, está el grupo de habitaciones VIP, aquellas en las que se esconden clientes que no quieren ser vistos. Con su acceso directo desde el garaje, y en la misma planta que los quirófanos, es ideal para operaciones de cirugía estética, tratamientos exprés de desintoxicación o curas por peleas de cachorros de la élite.

Berta imagina que los seis hombres que se destrozaron la cara a martillazos en directo en un programa de televisión están allí escondidos para protegerlos de los periodistas. Quizá alguno de ellos sea de una familia lo suficientemente poderosa como para avergonzarse y querer ocultarlo. Es todo muy extraño. Alguien tiene que haber dado la orden de llevarlos a la zona VIP de ese hospital y alguien tiene que estarlo pagando. Y alguien, lo que es más sorprendente aún, ha colocado a un agente de policía para vigilar el acceso a las habitaciones.

Lo ve en cuanto gira la esquina del pasillo. Está a unos veinte metros y, afortunadamente para Berta, está mirando el móvil. Así que ella vuelve sobre sus pasos sin ser vista. Imposible colarse, por muy disfrazada que esté.

Escondidos y con vigilancia policial.

Es lo más extraño de todo.

A un suicida que no ha tenido éxito no lo vigila la policía.

Y a un loco lo llevan a un psiquiátrico.

Ahora sí que tiene que llegar hasta ellos cueste lo que cueste.

Se estruja los sesos pensando cómo.

39

¡La comida, claro!

A esos pacientes tienen que servirles comida en algún momento del día. Mira el reloj. Son las doce y media. Mala hora. Pero enseguida recuerda que los hospitales llevan un ritmo diferente al del exterior. Desayuno a las siete de la mañana, comida sobre la una y cena entre siete y ocho.

Si tiene suerte, en un rato les servirán las bandejas con el almuerzo.

Mira los planos del hospital en busca de la cocina. No está lejos de allí, solo un piso más arriba. Utiliza las escaleras para no cruzarse con nadie. Tiene poco tiempo para pensar en la estrategia a seguir. Solo necesita a uno de ellos. Un cómplice. Pero tendrá que entrar a buscarlo.

El olor de la cocina del hospital se esparce muchos metros más allá de las puertas que delimitan la estancia. Es un aroma peculiar, siempre el mismo, como si todos los días cocinaran una mezcla sosa de coliflor y pollo hervidos con un toque de coles de Bruselas y arroz hecho de más. Berta solo tiene que dejarse llevar hasta su origen.

Se siente ridícula cuando llama a la puerta, una de grandes hojas batientes blancas. Nadie la oye. Hay mucho jaleo al otro lado. Cuando entra tampoco nadie le hace caso. Es hora punta. Mucho trabajo y cada vez menos personas para hacerlo. Bastante tienen con sacar adelante todo.

¿Qué les dice?

Mientras lo piensa, alguien se fija en ella.

—¿Qué haces ahí parada? Venga, va, no ves que no damos abasto —le grita desde lejos un tipo de unos cuarenta años que está poniendo bandejas en un carro alto—. Ayuda a Fernanda a llenar los carros de allí. ¿Dónde está la redecilla para tu pelo? Ahí tienes varias, coge una de esa caja. Venga, va, que no tenemos todo el día. Espabila.

Berta recibe las órdenes atorada. Pero de todas ellas la que más le preocupa es ¿quién es Fernanda? Afortunadamente para ella, Fernanda la descubre antes. Es una mujer de unos cincuenta y muchos casi sesenta años, con los hombros algo encorvados hacia adelante, que llena carros a velocidad de crucero, una bandeja tras otra. Oye su nombre y mira de reojo a Berta, lo justo, sin perder el tiempo.

—Hola, compañera, empieza por esos de ahí. Hoy ha llegado el pan tarde y vamos con mucho retraso. Rápido, por favor, no quiero problemas.

Y a pesar de que Berta pone todo su empeño, Fernanda enseguida se da cuenta de que a la nueva compañera se le da algo mal coger bandejas de comida y colocarlas en los altísimos carros con los que las reparten por todo el hospital. Hoy hay consomé y hace falta bastante sentido del equilibrio para no derramarlo del cuenco en el que lo sirven.

—Mira, compañera —le dice—, tenemos hoy al jefe de mal humor. El truco está en sujetarlas con una mano por debajo mientras empujas sobre los raíles. —Y le enseña cómo. Pero cuando levanta la vista y la mira, se da cuenta de que algo no encaja—. Esa bata no es del personal de cocina. Además..., ¿doctora? ¿Doctora Mónica Gracia?

—Ya, por favor, no me delates.

—Y no te he visto nunca por aquí —empieza a enfadarse, pero Berta sigue llenando el carro con las bandejas, como si no pasara nada—. ¿Quién eres? ¿Qué haces en la cocina? ¿Nos espías? ¿Es una evaluación de la gerencia?

Berta se da cuenta de que está a punto de gritar para alertar a todos sus compañeros. Tiene que hacer algo.

—Perdona, perdona. —Su cara es de pavor, la mujer enseguida se da cuenta, no puede ser alguien de jefatura—. Enseguida te lo explico. Es muy importante. Tienes que ayudarme.

—La voz... Tu voz... —divaga Fernanda—, pero no me cuadra con tu cara.

—Por favor —sigue suplicando Berta.

—Coño, ya lo sé. Tú eres la presentadora esa famosa de la tele, la que tiene un hermano violador. Hostia, no me jodas. ¿Qué te ha pasado en la cara? ¿O eres su madre? Eres idéntica.

—Por favor, por favor, no me delates. Soy ella, la periodista. Necesito que me ayudes. Tengo que hablar con los chicos que están en las habitaciones VIP del segundo sótano, los que se rompieron la mandíbula a martillazos. —A veces lo mejor es ir de cara—. Hay algo muy raro ahí, no sé qué quieren hacerles a esos chicos, pero los vigila la policía. Y creo que están aislados. Tengo que hablar con ellos para que me cuenten su historia y poder protegerles. —Bueno, ir de cara, pero a medias.

Fernanda la mira como si no se le creyera. Al fin y al cabo, ya no es una compañera.

—¿Y por qué tengo que fiarme de ti?

—No sé qué decirte —confiesa Berta—. Sigue a tu instinto. Me has ayudado desde que entré aquí, sin saber quién era. Solo alguien generoso y bueno hace eso, y más en un trabajo tan estresante y mal pagado como este.

Fernanda la mira, sopesando las posibilidades que tiene.

—Espérate un momento. Y sigue llenando el carro, no llames la atención.

Berta teme que la delate y que todo se vaya a la mierda, pero obedece y continúa trabajando. Fernanda se acerca al que parece el jefe, el que ha gritado antes que se ponga a llenar carros con bandejas de comida. Le dice algo. Mierda. Ya está. Jodida. Adiós entrevista exclusiva. Pero, sobre todo, adiós a saber qué narices está pasando allí.

Fernanda vuelve. Se pone a llenar un carro a su lado.

—A ver —le dice, sin mirarla—. A esos tipos hoy la comida se la tiene que llevar Juani. Y tenemos un problema. Juani es de esas personas, ¿cómo te diría?

—¿Difícil? —apunta Berta.

—No exactamente. A ver. Juani es de ese tipo de personas que te joden el karma, intoxican la sangre y te desalinean los chacras. Y estoy siendo fina.

Si no estuviera tan nerviosa, Berta habría soltado una carcajada de las que habrían producido eco.

—¿Y qué hacemos?

—Nos vamos a ir tú y yo sin que la Juani se dé cuenta. A mí los policías ya me conocen, ayer les serví la comida y la cena. Y tú vienes a ayudarme. Venga, coge este carro. Nos vamos.

Las batas del personal de cocina son algo parecidas a la que ella lleva, aunque más cortas y con pantalón blanco de la misma tela. Berta le da la vuelta a la suya para que no se vea el nombre de la doctora a la que se la ha robado. Espera que nadie se fije mucho en ella. Ayuda a la cocinera a llevar el carro lleno de bandejas de comida. Baja la cabeza cuando pasan por delante del agente, pero ni siquiera pregunta.

Berta se sorprende de lo fácil que ha sido. Fernanda lo ha saludado con total tranquilidad y las dos han entrado en la primera habitación sin problemas.

El joven está dormido. Tiene toda la cabeza vendada, apenas le asoma la parte frontal del rostro. Berta lee el contenido del líquido intravenoso que entra por sus venas. Calmantes, antiinflamatorios, antibióticos y suero.

—Este no come por la boca —le dice a Fernanda.

—Yo lo sé, pero el policía no. —Le guiña un ojo—. Valía la pena probar por si estaba despierto. Vámonos.

En la segunda habitación tienen más suerte. O eso creían al entrar. El paciente está despierto y viendo la televisión.

—Buenas tardes —le saluda Fernanda.

Él las mira con cara de asco.

—Vaya. Por si no tenía suficiente con una vieja, ahora me traen dos —escupe, con dificultad para hablar a causa de las heridas.

—Y tú sabes ser educado, pero nunca ejerces, ¿no? —le contesta Fernanda, dejándole la bandeja con la comida en una mesa junto a la pared.

—¿Hablamos de educación con una vieja que está sirviendo comida en un hospital porque no ha sido capaz de nada más en la vida? —le responde, sin mirarla.

—Mira, yo puedo debatir prácticamente con cualquier persona. Pero de lo que no soy capaz es de convertir en inteligente a alguien que ha decidido ser imbécil.

Fernanda coge la mesa con ruedas en la que ha depositado la bandeja y la arrastra hasta dejarla lo más lejos posible del chico. Sale de allí sin despedirse. Total, de esa habitación tampoco iban a sacar mucho más.

De la tercera, menos aún. De nuevo, un paciente alimentado por vía intravenosa porque no puede mover la mandíbula y, por lo tanto, no puede hablar. Berta trata de decirle quién es, pero él empieza a dar manotazos en el aire, poniéndose violento.

—Vámonos. Es capaz de tirar algo y avisar al policía —dice Fernanda.

En la cuarta, el paciente parece más simpático, pero está medio adormilado por la medicación. Las mira con cierto cariño. Y sonríe todo lo que le dejan las heridas. Berta tiene que intentarlo. Es ahora o nunca. Se acerca a su cama.

—Hola, me llamo Berta. ¿Cómo te encuentras? —Él mueve la cabeza de lado a lado, y casi se pone a llorar—. ¿Te puedo ayudar?

Él la coge de la mano.

—Yo... no... quería... Era la prueba. —Está confundido, le cuesta articular las palabras.

—La prueba, ¿qué prueba? ¿Para qué?

—La... la... cara. Eso... ¿Cómo se dice? La... la... mandíbula. Era la prueba.

—¿Qué pasaba con la mandíbula?

—Duele. Mucho.

—Me imagino, cariño. Dime cómo te puedo ayudar. Soy periodista. Si te obligaron, puedo denunciarlo. Confía en mí.

—Eh, periodista —les interrumpe Fernanda—, no podemos estar tanto tiempo aquí. Hemos venido solo a dejar la bandeja. Como el poli se dé cuenta, va a empezar a sospechar. Tenemos que pasar a las otras habitaciones.

—Llámame. —Berta le pone una tarjeta con sus datos bajo la almohada—. Llámame y te ayudo. Por favor.

El chico niega con la cabeza.

—No tengas miedo —insiste Berta—. Yo te protegeré.

Enseguida se arrepiente. No puede prometer cosas que no puede cumplir.

Cuando están saliendo de la habitación, entra el médico.

—Buenas tardes, doctor —le saluda, educada, Fernanda.

—Buenas tardes, ¿todo bien?

—Sí, acabamos de dejarle la comida, pero está muy dolorido.

—Voy a ver si puedo ayudarle.

Si el médico no hubiera estado tan concentrado hablando con Fernanda y mirándola a los ojos, se habría dado cuenta de que hay algo muy extraño en la otra mujer. Si se hubiera fijado, solo un poco, se habría dado cuenta de quién es. Porque la conoce bien.

Ella sí lo ha visto, y se agarra con fuerza al carro de las bandejas, temblando para no caer, tratando de ocultarse.

Es Óscar.

—Vámonos. —Tira del carro con fuerza—. Vámonos de aquí —le dice en voz baja a su compañera ocasional, que está a punto de protestar porque todavía les queda darle la comida a uno de los pacientes. Pero ve la cara de angustia de la periodista y prefiere no preguntar. Le hace un gesto con la mano. Tranquila.

Y mientras la mujer coge una de las bandejas y entra en la última habitación, Berta sale con la cabeza gacha, caminando a toda prisa, sin poder parar de pensar si Óscar la ha visto o no.

40

Un rato después, ya en la tele, y cuando todavía faltan tres horas para que comience el programa, Berta y Chiqui están en el plató. Solos. Es un ritual que repiten algunos días, casi en la oscuridad, sentados en las incómodas sillas de plástico en las que el público pasa horas, imaginando lo que siente la gente que la está viendo tan de cerca. Qué les gusta y qué no. O cómo sería su vida si ella estuviera a ese lado de la línea, tras las cámaras. En el anonimato.

Chiqui está a su lado, sentado en uno de los escalones por los que de vez en cuando bajan los invitados. Mirando también al frente, hacia la enorme mesa en la quc transcurrc la parte más política del programa.

Parece un confesionario.

Y Chiqui sabe que tiene que aprovechar el momento.

Contárselo.

—Berta... —empieza.

Ella ya conoce el tono.

—¿Qué pasa?

Conoce el tono, pero no se espera lo que le va a decir.

—Me llamó Santi.

La confesión resuena entre las paredes falsas del decorado.

—¿Cómo que te llamó Santi? —Quizá ha oído mal. No es capaz de concebirlo.

—Me llamó. Santi. El otro día.

—¿Y ahora me lo dices? —Berta maldice la confidencia que ha puesto fin al único momento de paz que ha tenido en todo el día—. ¿Cuándo? ¿Qué te dijo?

—Le oía mal. Iba en la moto. Ya sabes la manía que tiene él de llamar mientras conduce. Que una moto no es un coche.

—Chiqui, céntrate. —Se está poniendo nerviosa—. Te he preguntado de qué quería hablar contigo.

—De cuidarte.

La respuesta sorprende a Berta.

—¿De cuidarme?

—Estaba preocupado por ti.

—Pues que deje de preocuparse y se meta en sus asuntos. No necesito a nadie que me cuide.

—¿Has pensado ya qué harás si el hijo que esperas es suyo?

Berta niega, moviendo la cabeza de lado a lado.

—¿Quieres decir que estás convencida de que no es suyo o que todavía no has pensado en qué pasará si lo es?

—Quiero decir que bastantes problemas y cosas de las que ocuparme tengo ya en la vida como para anticipar momentos como ese.

—A veces eres insoportable, Berta. Mírame. —Chiqui gira el cuerpo, todavía sentado en las escaleras, hasta quedar totalmente frente a su amiga y jefa—. Que me mires, te he dicho. No estamos hablando de quitarte la ansiedad por algo que estás rumiando en la cabeza y que no sabes si va a pasar o no. No estamos hablando de paranoias o fabulaciones. Estamos hablando de algo que vas a tener pronto en tus brazos. A este bebé lo vas a parir, no se va a quedar eternamente ahí dentro. Y en algún momento tendrás que enfrentarte al hecho de que quizá sea hijo, o hija, de Santi. Empieza a encarar las cosas, Berta. Igual que guardar el secreto. Esto —señala la tripa— va a empezar a salir como un obús. Hasta ahora has tenido suerte porque tienes un abdomen muy tonificado y con ropa ancha no se nota el embarazo. Pero a partir de ya mismo el crecimiento va a ser exponencial, de un día para otro. Igual la semana que viene no te entra la ropa que llevas ahora. ¿Has pensado ya cómo contarlo?

—No, todavía no.

—Pues ya puedes ir dándote prisa.

—Por favor, no me agobies más. —Berta parece estar a punto de llorar. Chiqui la abraza con ternura.

—No quiero agobiarte. Quiero que estés lista para lo que va a pasar.

—No estoy preparada. —Apoya la cabeza entre los brazos, que clavan los codos en sus rodillas.

—La vida no nos prepara para nada, somos nosotros los que vamos aprendiendo día a día. Me tienes a mí. Y tienes a Iluminada. Estamos aquí para todo lo que haga falta hacer.

—Lo sé, pero me gustaría... —deja la frase en suspenso, enfadada por lo que piensa.

—¿Qué te gustaría?

—Iba a decir una burrada.

—Dila.

—No. No quiero ni pensarla.

—A veces, decir las cosas nos ayuda a ahuyentar a nuestros fantasmas. Si les pones un nombre, es más fácil luchar contra ellos.

—Es que... a veces pienso que no voy a poder. Que me gustaría que hubiera alguien a mi lado que me quisiera y que estuviera conmigo por las noches cuando el bebé llore, o que me tranquilizara cuando tuviera fiebre y yo quisiera ir corriendo a urgencias, o que me ayudara a escoger el chupete más adecuado. Me aterroriza pasar por esto sola.

—Ay, amiga...

—¿Sabes? Yo no quería este embarazo. No lo planifiqué. Y cuando me encontré con él fui dejando pasar los días y la decisión que tenía que tomar: ¿seguir o no? Y al final, aquí estoy. Ya no hay marcha atrás. Pero siento que tengo algo extraño creciendo en mi interior. Como si yo solo fuera una incubadora. No... no soy capaz de quererlo.

—Lo querrás, ya verás.

—¿Lo dices por experiencia propia? —se burla Berta.

—Lo digo porque la humanidad no hubiera sobrevivido si todas las madres que alguna vez se sentían como tú no hubieran terminado queriendo a sus hijos y dando la vida por ellos si fuera necesario.

El sonido de una de las puertas de plató abriéndose los sobresalta.

—¡Hombre! ¿Qué hacéis aquí a oscuras? Dejad que os encienda las luces.

Es el jefe de estudio, el encargado de que toda la parte técnica funcione correctamente.

—Estábamos confesándonos —bromea Chiqui—. Como no somos creyentes le contamos nuestros pecados al gran dios de la televisión.

—Estáis majaras.

—Un poco sí. —Berta se recompone y se pone en pie—. Nos vamos ya, te dejamos trabajar.

—Tranquilos, si no molestáis.

—No, no, de verdad, que tengo que trabajar con Chiqui en una exclusiva.

Chiqui se contiene para no poner cara de asombro.

—¿En una exclusiva? —le pregunta, cuando salen al pasillo.

—¿Te acuerdas de los planos que te he pedido esta mañana?

—Ay...

—No, no te preocupes. Es que he conseguido colarme en las habitaciones del hospital donde están los jóvenes que se golpearon la cara con el martillo. Por eso te pedí los planos.

—Muy bien, Berta. Sabia elección en tu estado. Tenía que habérmelo imaginado. Si es que soy idiota. Es para darte de hostias. Y para darme a mí también.

Se golpea su propia cara con la palma de las manos.

Ella se ríe. Por fin.

—A ver, Chiqui, si alguien me dice dónde están esos tipos, ¿qué voy a hacer, si no? Pues ver si puedo entrevistarlos. Los periodistas siempre somos periodistas. Las veinticuatro horas del día. No podía desaprovechar la oportunidad.

—Mira, no te pego un grito aquí ahora mismo porque estamos en medio de un pasillo abarrotado de gente y podrían detenerme por acoso laboral. —Chiqui está enfadado—. Y, como ya lo has hecho, no tiene remedio, pero tenía que haberlo visto venir. Soy idiota por confiar en ti y no sospechar cuando me pediste los planos técnicos del edificio.

—¿Qué peligro voy a correr en un hospital? No seas idiota. Solo quería cotillear. Además, había policía en la puerta.

—¿Policía en la puerta?

—Sí, de las habitaciones. Estaban en una zona, digamos, secreta, al lado de los quirófanos y cerca del aparcamiento, donde se alojan los enfermos importantes que quieren pasar desapercibidos.

—Es todo muy raro.

—¿Ves? No podía dejar de investigar.

—¿Te contaron algo?

—¡Ahhh! ¿Ves como te interesa mucho?

—Bertaaa... —la regaña.

—Pues mira, voy a desinflar tus expectativas. No saqué nada en claro. Entre los que estaban de somníferos hasta arriba, los que no podían hablar porque las heridas no se lo permitían y un imbécil que nos mandó a la mierda, fue inútil. Pero sí que me di cuenta de una cosa. Faltaba uno.

—¿Cómo que faltaba uno?

—De los que se destrozaron la cara. Eran seis. Allí estaban ingresados solo cinco. ¿Puedes investigar un poco, digamos, de manera extraoficial? Porque no hemos conseguido ni los nombres.

41

Le ha dicho el ginecólogo que tiene que caminar, como mínimo, media hora al día. No quiere hacerlo por la ciudad, bajo las miradas indiscretas de algunos peatones, así que cada mañana, antes de ir a la tele, Chiqui y ella pasean por el monte del Pilar, lleno de senderos fáciles.

—¿Te imaginas que te pones de parto aquí?

—¿En medio del campo?

—En medio del campo. Te empiezan a dar contracciones y la cosa esa que tienes dentro quiere salir. ¿Qué hacemos?

—Te crees tú que todo es tan rápido —se burla—. Me cargas en brazos y me llevas hasta el coche.

—Sí, claro, en brazos. Con este cuerpo serrano que tengo no puedo ni levantarte medio centímetro. No pongas tu parto en mis manos, Berta. No te rías. Te lo estoy diciendo en serio. No me gusta que me traigas aquí con ese alien dentro.

—Quedan dos meses para el parto. No voy a dar a luz aquí, tranquilízate.

—Pues no, no estoy tranquilo. Mañana vamos por la ciudad. Te pones una de esas pelucas que usabas cuando volviste a España para que no te reconocieran, y caminamos en medio de la civilización. Por favor. Prométemelo.

—Vale, vale, vale. No seas pesado. Mañana vamos dando vueltas en círculo por la acera del hospital, si eso te da más tranquilidad. Sin salirnos de la acera —se burla.

—A veces es para darte collejas.

—También es verdad. Me las merezco. Pero solo a veces, ¿vale? —Y le da un beso en la mejilla, riéndose.

—Bueno, pero no te pongas de parto.

—Venga, lo prometo. Por cierto, ¿qué hay del chico del martillo desaparecido?

—Sé cómo se llama. Fran Borregón. Pero no he encontrado nada reciente suyo. No ha ingresado en ningún hospital, al menos bajo su identidad auténtica, y no ha hecho llamadas con el móvil que tiene a su nombre, que está apagado. Tampoco ha utilizado la tarjeta de débito que tiene.

—¿Por qué habrá huido?

—¿Y por qué la policía tiene bajo vigilancia al resto? Deberían estar solo bajo vigilancia psiquiátrica, imagino. Hay algo que se nos está pasando por alto. Han tenido que cometer algún delito, o ser peligrosos de alguna manera.

—Que yo sepa, provocarse heridas a uno mismo no es delito.

—A no ser que tengan un fin.

—¿A qué te refieres?

—Que sea una señal para algo. —Berta empieza a sentirse cansada. Van a buen ritmo y le falta el aire—. Ve un poco más despacio, que me ahogo.

—¿No estarás de parto? —grita Chiqui, alarmado.

—Que no, no seas plasta. A ver, te decía que ese acto puede ser una señal para otras personas.

—¿Tan a la vista? Si vas a indicar a alguien que haga algo delictivo, no te pones un semáforo en la cara. Mandas un mensaje por una aplicación encriptada.

—Ya, eso es lo que no me cuadra.

—Ojalá tuviéramos aquí a Santi para ayudarnos. —Chiqui lo dice en voz alta, sin querer. Y sin darse cuenta—. Seguro que daba con la solución.

Berta deja de caminar. Se para de golpe, con los brazos en jarras y la cara seria.

—¿En serio?

—Joder, Berta —se queja Chiqui—, vamos a intentar reconducir las cosas. ¿No te parece?

—No, no me parece. —Está enfadada, cruza los brazos sobre el pecho, mira a Chiqui como si no pudiera creer lo que está diciendo—. Traidor.

—Vale, vale, vale —se muestra conciliador—, no te pongas de parto. Por favor.

Berta rebufa, con gesto grave.

—No lo vuelvas a mencionar.

—No, no, te lo prometo. Y, mira, para compensarte, tengo algo de lo que podemos tirar.

—¿Ahora me haces la pelota?

—Berta, venga...

—¿Qué tienes? —cede, al fin—. No puedes dejar a un periodista con la miel en los labios.

—También tengo la identidad de otro de los chicos. Marco Pozas.

—¿Solo eso? —refunfuña ella—. Por cierto, ¿damos la vuelta ya y volvemos al coche? Estoy agotada.

—Sí, sí. Siéntate si quieres un rato, ahí, en esa piedra.

—Que no, que estoy bien.

—Pues no solo es eso, Berta. El tipo tiene una denuncia por agresión.

—¿Una pelea de bar? ¿Es un tipo violento?

—Mejor, mejor aún. —Va a hacerla sufrir un poco.

—¿Quieres que te suplique de rodillas?

—¡No, no! Por Dios. De rodillas, no. De rodillas, no. Vale, te lo digo. Agredió a su propia hermana. De manera brutal. La mandó al hospital, con un brazo y dos costillas rotos y el cuerpo molido a palos. Le arrancó hasta una parte del cabello, de raíz. Te he conseguido el parte médico para el programa. Ya tienes tu gran exclusiva.

Chiqui esperaba un grito de alegría de Berta, que estuviera eufórica. Sin embargo, se queda callada, pensando.

—Y eso —dice, al rato—, ¿cómo conecta con lo que hizo golpeándose la cara? Vale, tiene antecedentes, pero ¿nos dice eso algo del caso? ¿Nos da un poco de luz sobre por qué lo hicieron y por qué está desaparecido?

—Quizá. Hay que seguir buscando.

Pero se lo piensa mejor.

—¿Puedes encontrarme a la hermana?

42

Ve a la chica y se recuerda a ella misma justo después de que le estallara en la cara todo lo malo, ese momento en el que alguien demasiado joven pierde la inocencia de golpe y a la fuerza, con un impacto tan brutal que desencaja el cuerpo y el corazón para siempre. Que te descoloca de la vida.

Camina encogida sobre sí misma, con los hombros y la espalda doblados hacia adelante, la cabeza baja, el bolso cruzado sobre el pecho, el pelo tapándole parte de la cara. Lleva zapatillas, unos pantalones vaqueros largos y una sudadera ancha varias tallas más grande.

La ve tan frágil que duda incluso si abordarla. No todo está justificado en la vida. Y en el periodismo, menos. Quizá no saque nada importante y lo único que consiga sea hundir un poco más a esa chica en el pozo en el que está atrapada.

Aunque puede ser al revés. Quizá consiga ayudarla.

Ve una oportunidad cuando ella se sienta a esperar el autobús. Berta se acomoda a su lado. Y espera un tiempo prudencial antes de preguntar.

—¿María José?

La chica se sorprende. Su cuerpo da un salto sobre el plástico azul desgastado del asiento de la parada.

—Perdona, no quiero molestarte. No sé si sabes quién soy.

Ni siquiera contesta. Se levanta y empieza a caminar con rapidez en sentido contrario al que venía. Berta no quiere dejar pasar la oportunidad.

—María José, por favor, no estoy aquí como periodista.

—Déjeme en paz.

—Me da igual tu hermano. Me importas tú.

La chica la mira con cara de asco. No debe de ser la primera vez que se lo dicen.

—Váyase a la mierda. —Sigue caminando con rapidez. A Berta le cuesta seguir sus pasos.

—Estoy embarazada —le suplica—, por favor, no camines tan rápido. Me ahogo y me he vuelto torpe. Por favor.

Algo hace clic en la chica.

—¿Embarazada?

Berta abre la blazer de talla extragrande que lleva puesta, y tira hacia atrás de la camiseta de debajo. La tripa, que ha crecido mucho estos días, se le marca tersa y abultada.

—Sí —sonríe—. Ya ves.

—¿De cuánto?

—Siete meses.

—¿Qué es?

—No lo sé, no lo he querido saber. Ya lo veré en el momento del parto.

—La mía era niña. —La declaración deja en shock a Berta. Se queda sin palabras—. Muy pequeñita, cabía aquí. —María José forma un cuenco con la palma de su mano derecha. Han parado de caminar. Están las dos de pie, mirándose a los ojos, absortas la una en la otra, como si hubiera desaparecido todo lo demás a su alrededor.

—¿Ocurrió hace mucho? —Es lo único que Berta acierta a preguntar, desconcertada.

—Unos meses —responde, sin precisar.

—¿Fue tu hermano? ¿Marco te dio la paliza porque estabas embarazada?

—No —contesta.

De repente, cae sobre la chica un cansancio colosal. No se sostiene en pie. Necesita sentarse. Mira a su alrededor y descubre el borde de una jardinera. Va hacia allí. Berta la sigue.

—Si Marco hubiera sabido que estaba embarazada, me habría matado.

Berta se acomoda junto a ella y le coge las manos, tratando de darle un consuelo que sabe que nunca llegará a ser suficiente.

—¿Quieres contarme qué pasó?

—¿Serviría de algo?

—Quizá para que no te lo haga más. O no se lo haga a nadie más.

María José se encoge de hombros.

—El juez lo dejó libre. Por lo menos hasta el juicio. Dijo que no había riesgo de que repitiera lo que había hecho. Le impuso una orden de alejamiento y ya está. Una orden de alejamiento. Como si sirviera de algo, como si hubiera una reja o un campo magnético que le impidiera acercarse a mí.

—¿Tienes miedo?

—Cuando me mandaron al móvil el vídeo en el que estaba dándose martillazos en la tele me alegré. Pensé, bueno, ojalá se mate. Nunca me imaginé que se haría eso a sí mismo, es un cobarde. Un maldito gallina acojonado. Y ahí lo tenías, destrozándose la mandíbula. Me entró un ataque de risa. No podía parar de reír. Como una loca. Soy muy mala persona, ¿verdad?

—No, no lo eres, María José. Has pasado por una experiencia traumática, y cada persona reacciona de manera diferente para superarla y poder seguir viviendo. ¿Te puedo preguntar por qué te pegó esa paliza?

—Por mis vídeos de TikTok.

—¿Por tus vídeos de TikTok?

—Esa tarde me quedé dormida en el sofá de casa. Me había pasado la noche anterior estudiando y estaba agotada. Nunca pensé que él haría eso, pero lo hizo. Se había vuelto controlador conmigo desde hacía unos meses. Al principio, no le di importancia. Serán celos de hermano. Lo normal. Tú eres la niña pequeña de la casa, su niñita, su bebé, pero creces y de repente tienes un cuerpo que se vuelve apetecible a otros hombres. A sus propios amigos, incluso. Y eso es difícil de gestionar para algunos chicos con hermanas pequeñas.

—No les excuses. —Berta está enfadada—. ¿Qué difícil de gestionar ni qué leches? Tú eres una persona autónoma, como él, con un cuerpo con el que puedes hacer lo que te dé la gana, como él. Y la manera en la que te miren los demás o el deseo que despiertes en los demás no es culpa tuya.

María José vuelve a encogerse de hombros. Y, de nuevo, a quitarle importancia a la actitud de su hermano.

—Pero es así. Es difícil no ser protector cuando tienes una hermana pequeña. Él solo quería lo mejor para mí. Entiéndelo.

—¿Entiéndelo? —Berta no sabe cómo hacerle abrir los ojos a esa chica—. Si todos los hermanos mayores fueran así, los hospitales estarían llenos de chicas apaleadas. ¿Qué te pasó? ¿Cuál fue el desencadenante para que te diera esa paliza?

—No sé si lo había hecho más veces o no, pero aprovechando que estaba dormida, cogió mi teléfono y lo desbloqueó acercándolo a mi cara, con el reconocimiento facial. Y se puso a cotillear, imagino. Para vigilarme. Yo había cambiado la contraseña y ya no le dejaba acceder. Eso lo había enfadado mucho. Tengo una cuenta en TikTok con un nombre falso, una cuenta que él no conocía. Cuelgo vídeos como todas las chicas de mi edad. Tengo veintidós años. Y es lo normal. Hacemos todas lo mismo. Pero, para él, mis bailes con el ombligo al aire, o los vídeos en bikini, o cómo hablamos de los chicos que nos gustan le parecieron... le parecieron... No sé... No lo pudo soportar, imagino. Me despertó a bofetones. Me llamó puta. Cerda. Guarra. Me dijo que se avergonzaba de mí, que era una calientapollas. Que todas las mujeres éramos unas calientapollas. Me arrastró del pelo por el piso. Me dio patadas en el pecho. Me retorció el brazo derecho hasta que me lo rompió. Me das asco, gritaba. Fulana, puta, no paraba de decir, con una voz que yo nunca le había escuchado. Todas sois iguales. Unas zorras. Y para que te vea todo el mundo. Puta. Supongo que perdí el conocimiento. Cuando lo recuperé, él ya no estaba y yo apenas podía arrastrarme por el suelo. Fui capaz de llamar a emergencias desde el teléfono fijo, porque el móvil lo había roto a pisotones. Fue en el hospital donde me dijeron que estaba embarazada de poco más de dos meses aunque lo había perdido. Yo lo sospechaba, pero no había querido saberlo. Nunca me hice la prueba, estaba aterrorizada.

—¿Crees que lo que te hizo tiene algo que ver con los golpes de martillo que se dio en televisión?

María José reflexiona durante unos segundos, aunque ya lo ha pensado muchas veces antes.

—Yo creo que sí. Había dejado de ver a todos sus amigos, a los del barrio, y ya no sabíamos con quién se juntaba. Se pasaba horas en su habitación, delante del ordenador. Y si estaba en el salón o la cocina, no se despegaba del móvil. Empezó a criticar mi ropa, o que saliera. Empezó a llamar guarras a mis amigas por ir con el ombligo al aire. La primera vez que dijo que eran unas calientapollas mi padre le dio un bofetón que lo tiró al suelo. Pero eso, ahora me doy cuenta, le radicalizó más. Creo que sus nuevos amigos son los que salieron en la tele con él. Y los que le metieron esa basura en la cabeza.

43

Fran Borregón lleva dos días sin apenas dormir, inundado de dolor. Delira, pero no lo sabe, porque cree que todo lo que le está sucediendo es real y no tiene a nadie a su lado que le advierta de la fantasía en la que su cerebro se ha instalado.

A su alrededor, los restos de un botiquín que ha ido vaciando desde que llegó se esparcen entre la cama y el suelo. Ya no queda nada que pueda utilizar. Se ha tomado incluso el jarabe infantil que encontró en un armario de la casa. Y todo el alcohol que los propietarios guardaban en un pequeño mueble bajo el televisor. No sabe cuánto tiempo ha pasado y ya no recuerda cómo escapó de ese plató de televisión y fue capaz de llegar hasta ese pequeño apartamento del extrarradio de Madrid, propiedad de unos amigos que están trabajando en la campaña de las ciruelas en Francia. Solo espera recuperarse antes de que los dueños regresen.

Cierra los ojos. Cuando los abre está en un barco, muy mareado. Apenas ve lo que hay alrededor, pero sabe que está en el suelo de la cubierta de un barco que se mueve mucho. Cierra los ojos y siente el calor del sol. Oye a los niños chapotear en la piscina, y a los adultos dar sorbos a jarras heladas de cerveza mientras charlan en voz muy alta sobre la suerte que tienen.

Pero él no se siente así.

Tiene un instante de lucidez cuando se toca la cara con la mano derecha. Entonces recuerda quién es y por qué se ha escondido. Le entra un miedo hondo. Alguien hablará. Alguien de los otros cinco. Y le meterán en la cárcel.

Enseguida vuelve a estar en la cubierta de un barco. Ahora ya sobre una tumbona. Aunque sigue con los ojos cerrados.

A la mañana siguiente, una vecina escucha resuellos agónicos al otro lado de la puerta de su casa. Cuando la abre ve a un hombre arrastrándose por el descansillo hacia las escaleras.

Diez minutos después, los servicios de emergencias certifican su muerte.

Cuando alguien se golpea la cara con esa fuerza no está bromeando. Cuando alguien se hace ese daño a sí mismo, una y otra vez, dolor sobre dolor, quiere mandar un mensaje. Pero ¿cuál?

Santi rodea el cuerpo tendido en su camilla, preguntándose qué ocupaba la cabeza de ese joven para cometer una agresión tan feroz contra él mismo. «¿En qué estabas pensando? —le pregunta en susurros, mientras sigue mirándolo desde todos los ángulos—. ¿Me lo vas a contar?».

Lo primero que hace es prepararse para abrir el cráneo de Fran Borregón. Con un bisturí efectúa un corte de oreja a oreja, como una diadema, y tira de la piel hacia los dos lados, la cara y la nuca, dejando los huesos al descubierto.

Tiene que protegerse de las astillas de hueso que saldrán volando por todos lados. Se coloca gafas y una máscara protectora para la cara. Antes de comenzar ya se ha puesto una bata y un delantal impermeables. A él le gusta también usar botas especiales. Otros forenses, sin embargo, no se quitan sus zapatos y los cubren con calzas de un material parecido al de la bata, pero la parte superior siempre queda al aire y sin protección.

El sonido de la sierra triturando la línea de hueso, que Santi marca con la presión de sus brazos, va partiendo la cabeza en dos con precisión y poco a poco. Son apenas siete milímetros. No pasa mucho tiempo hasta que nota el cambio de resistencia. Ha llegado a la duramadre, el último obstáculo. Después ya solo falta cortar con minuciosidad para lograr que el encéfalo se separe del resto del cuerpo.

Ahí lo ve. Pus. El mismo pus que supura de algunas heridas en la piel llena parte del cerebro de ese chico. Solo una intervención quirúrgica urgente podría haberlo salvado.

Debió de sufrir mucho. La infección de las heridas que se infligió con el martillo subió de la mandíbula al cerebro. Fue mortal en pocas horas.

Santi extrae la masa encefálica, que se balancea viscosa entre las palmas de sus manos, protegidas con guantes. Mira el cerebro con atención, fijándose en posibles anomalías. Lo coloca bajo una lupa de aumento, lo pesa y lo deja flotando dentro de formol en un recipiente que cierra de manera hermética.

Hay algo en esa cabeza que no le cuadra.
Lo ha visto antes.
Y hace muy poco tiempo.

44

Ha muerto.

Suspira, aliviado.

Gracias, Dios de mi corazón, gracias por permitir que no siga vivo.

Se aprieta el pecho con las dos manos, muy fuerte.

Todo se puede arreglar.

Ya no tiene miedo.

Las niñas bonitas no pagan dinero.

45

El sueño que no duermes no lo recuperas. Da igual que te pases diez horas en la cama los fines de semana o hagas la siesta todos los días de tus vacaciones. El tiempo que no has dormido no solo te deja derrotado al día siguiente, sino que regresa con el paso de los años en forma de peor calidad de vida. De tu vida. De tu salud. Santi despierta pronto ese sábado porque tiene guardia. Apenas ha dormido y una masa gelatinosa ocupa todos los huecos de su cráneo, deslizándose peligrosamente hasta algún agujero de salida.

Ya no tiene edad para salir hasta tan tarde.

Ni para beber tanto.

El cuerpo no se recupera con la facilidad de antes.

Espera tener una guardia tranquila. Algún muerto fácil, un poco de papeleo y a hacer la siesta a casa.

Pero cuando llega al Instituto de Medicina Legal, a través del pasillo, superando la protección de las paredes de un par de despachos, una música machacona astilla su cerebro. Los días festivos aquello es un sindiós y los pocos trabajadores de guardia montan sus chiringuitos como si estuvieran de campamento de fin de semana.

Por favor. Por favor. Por favor.

Hoy no.

—Buenos días. ¿Tenemos que oír esta barahúnda todo el rato? —Santi trata de decirlo de forma amable, asomándose a la puerta del despacho de un compañero enfrascado en teclear informes en el ordenador.

—No es barahúnda. Es bachata. Y a mí me gusta —responde el forense, mirándolo con cierta altanería.

—Lo que tú digas —¿para qué discutir con alguien que tiene lo justo en la cabeza para no cagarse encima?—, pero, por favor, ¿puedes bajar un poquito el volumen? O ponerte cascos. Me duele mucho la cabeza. Y se oye desde el otro extremo.

—Sí, tienes mala cara —se burla—. Le diste bien ayer, ¿eh?

—Estoy tratando de ser educado. Bájalo un poco, por favor.

—Pensaba que no lo tenía tan alto —se justifica, tecleando la pantalla del móvil para corregir el volumen—. Como somos tan pocos aquí hoy.

—Quizá porque somos tan pocos, se oye más.

—Por cierto, ¿has bajado al laboratorio ya?

—¿Al laboratorio?

—Vino hace un rato Felipe, el de biológicos, preguntando por ti. Creo que quería desayunar contigo.

Está el estómago de Santi como para desayunar algo. Y, además, no le apetece compañía. No de alguien vivo, al menos. Así que baja a la sala de autopsias y se pone manos a la obra con el cuerpo que tiene asignado, una mujer a la que su marido ha encontrado esta mañana flotando boca abajo en la piscina de la casa de su chalé en Pozuelo. El esposo asegura que debió de caerse de manera accidental por la noche al volver de una fiesta en la que, según le cuentan algunos amigos que asistieron, había bebido mucho.

Es fácil desmontar esta tesis y deducir que no se ahogó: no tiene líquido en los pulmones, así que no intentó respirar bajo el agua, ya estaba muerta cuando la tiraron a la piscina. Los mismos pulmones le dan a Santi la causa de la muerte: encuentra edema pulmonar; la intoxicaron. El análisis de una muestra dirá con qué.

Un caso fácil más. Empieza a estar cansado. Y su cabeza no puede dejar de dar vueltas a la extraña coincidencia que vincula al cadáver de los dientes en el cucurucho con el del fallecido por darse golpes como un loco con un martillo en la mandíbula.

Porque la clave está ahí.

—Vaya, Santi, estás aquí. Por fin te encuentro. —Felipe, el técnico de laboratorio, se cuela en la sala de autopsias, interrumpiendo su divagación.

—No me apetece desayunar, de verdad —se excusa Santi—, es que me encuentro mal.

—No, si en realidad no quiero desayunar contigo. Vengo por otra cosa.

—¡Quieto ahí! —le grita Santi, sin escucharlo, concentrado mientras trabaja en los pulmones del cadáver—. ¡Quieto ahí! No te muevas de esa esquina, que vas sin protección y aún tengo muestras que recoger de este cuerpo. No me las vayas a contaminar.

—Vale, vale, me quedo aquí. Pero tengo que hablar contigo.

—Pues venga, habla. Soy capaz de escucharte mientras trajino por aquí.

—¿Te acuerdas de las muestras que me mandaste del tipo de los dientes?

Santi deja lo que está haciendo. De repente, toda su atención está puesta en lo que le tiene que decir Felipe.

—¿Ya las tienes? Vaya, qué rapidez. Espero que lo que me digas sea que llevaba dos kilos de sedantes encima antes de que le arrancaran los dientes —intenta sonar trivial, para que no se note su angustia.

—No, no es eso. No tiene que ver con tóxicos.

El corazón se le acelera. Pero Felipe no puede notarlo. ¿Por qué hay gente que da tantos rodeos antes de contar algo? ¿Para que les supliquen el final de la historia? Santi se queda callado y retoma a su ritmo la autopsia, es la manera que encuentra de parecer desinteresado. O interesado, pero solo lo justo. Apenas le queda introducir los órganos en la cavidad torácica y coserla.

Felipe ya lo contará cuando le pueda el ansia de que no le hagan caso. Y no tarda mucho.

—Es el ADN —dice el técnico, al fin.

—¿Le has encontrado algún defecto? ¿Por eso era virgen? —se burla Santi, concentrándose en los puntos de sutura para no salir corriendo a arrancarle la confesión a gritos.

—Le he encontrado una hermana. Y quería pedirte consejo antes de hacer el informe.

—¿Una hermana? Vaya, como si fuera la única persona en el mundo que tuviera hermanas. ¿Para esto tanta intriga? —Lo voy a matar, como no me lo diga ya, juro que no me controlo—. ¿Y quién es la hermana? ¿La reina de España? —Trata de parecer burlón.

—No. —Ahora es Felipe el que sonríe—. La reina no. Pero creo que te vas a quedar más sorprendido que si fuera la mismísima Letizia Ortiz.

—No sé, creo que pocas cosas pueden sorprenderme ya. Pero, venga, ¿me vas a decir quién es la hermana del tipo al que le han puesto los dientes en un cucurucho de calidad lamentable? —Da la última puntada al tórax de su víctima y levanta la cabeza para mirar a Felipe.

—La hermana del chico del cucurucho es Paz Rojo. Quizá te suene —ahora el que suena burlón es el técnico de laboratorio—, porque tiene otro presunto hermano conocido. Y también muerto. Y también con una parte del cuerpo arrancada. Una oreja, para ser exactos.

46

¿Hermanos?

Santi despide a Felipe conteniendo las ganas de abrazarlo y gritar de felicidad. Por fin un desafío que no le haga pensar en nada más, algo que le va a permitir abstraerse de todo. Un hilo extraño del que tirar que empieza en un sitio distinto, lleva a preguntas nuevas y, por lo tanto, a respuestas que pueden ser sorprendentes.

Eso es lo que le gusta a él.

Dos casos que parecían distintos ahora están conectados. Y no por una huella, un rastro de sangre o la declaración de algún testigo. No. Están conectados por cuatro hebras de ADN que afirman sin duda alguna que a una chica de veintidós años le han asesinado a sus dos hermanos, a uno con el que vivía y a otro que quizá no conozca. Todo eso junto hace que haya muchas posibilidades de que la chica esté en peligro.

—Miguel —llama a su jefe—, esto es muy grave.

—¿Estás seguro?

—Joder, Miguel, que he visto las comparativas de ADN. Que Felipe ha repetido las pruebas tres veces. De hecho, hoy ha venido al instituto porque quería estar seguro del todo. Son hermanos. Hermanísimos. —Al otro lado del teléfono, Santi juraría que percibe temblar a Miguel—. ¿Miguel? ¿Me escuchas?

—Sí, sí. Es que...

—Esto es gordísimo. —Santi está acelerado—. Tienes que llamar al comisario. Tú directamente, sin esperar al informe del laboratorio. O al ministro. Joder, Miguel. —Santi se emociona, su cabeza empieza a pensar con rapidez, le fascinan estos retos. Los necesita para no aburrirse de la vida—. Vamos a tener que empezar a verlo todo desde otro ángulo. Porque, claro, entonces...

—¡Santi! —le grita su jefe—. Tú no vas a hacer nada.

—Miguel, no te pongas así, no es culpa nuestra. Al contrario, nosotros lo hemos descubierto, cuando tenía que haber sido la policía...

—Santi, te lo repito, deja de meter las narices donde no te importa.

—¿Cómo que no me importa?

—No hagas nada. No llames a nadie. Deja que me encargue yo de todo, por favor. Por una vez, respeta los cauces legales. Dile a Felipe que no se lo cuente a nadie. Ya me pondré yo en marcha. Tú no hagas nada, que nos metes en otro lío. Voy para allá.

Pero, para Santi, «no hagas nada» es una invitación clara a hacer algo. Así que no hace caso a su jefe y se pone en marcha.

Aunque acaba de acordarse de algo que no encaja en la respuesta de Felipe. ¿Qué ha querido decir con presunto hermano? Le llama al móvil, pero salta el buzón. Le deja un mensaje.

En persona es más pequeña y frágil de lo que parece en televisión. Camina como si el mundo le viniera grande, mirando al suelo, encogida, con los hombros cerrándose sobre el pecho, tratando de protegerlo, como si las costillas no fueran suficiente hueso para escudar al corazón. Va mirando por donde pisa, pero Santi está convencido de que ni siquiera se fija y que, aunque los ojos estén puestos en un lugar delante de sus pies, no miran, sino que deambulan, siguiendo el pensamiento errante de su cabeza.

Busca coincidencias físicas, pero así, a primera vista y de lejos, no le encuentra parecido al chico de los dientes, el que la ciencia ha dicho que es su hermano mayor, aunque los cadáveres se empiezan a deformar con rapidez, y aquel había llegado a su mesa cuando llevaba ya casi veinticuatro horas muerto. No era el mejor momento para apreciar sus facciones.

Santi no puede abordarla en medio de la calle, no quiere asustarla, porque la pregunta que tiene que hacerle es muy delicada. Y será peor si se da cuenta de que la sigue.

Algunos de los transeúntes que se cruzan con ella la reconocen. La mayoría solo la miran, asombrado. Otros se quedan parados y se giran siguiendo sus pasos. Pero hay una minoría que la interpela para darle el pésame, o ánimos. O hacerle preguntas personales.

Uno de ellos va más allá. Un chico de una edad parecida le dice algo que la sorprende. Santi la ve negar con la cabeza, pero él no hace caso. Se coloca a su lado, la coge de los hombros con fuerza mientras Paz se resiste, saca el móvil y hace una fotografía de los dos.

—¿Qué cojones haces? —Santi se acerca y se encara al chaval.

—¿Tú quién cojones eres?

—El hombre que te va a hacer la vida imposible —le da un manotazo y le quita el teléfono de la mano— como no borres la fotografía que acabas de sacar.

—Y una mierda.

—A ver, preferiría no tener que reventarte el móvil para borrarla, pero si no me dejas otra opción, lo haré. Y en tu cabeza, para que te acuerdes toda la vida. —El chico se pone blanco—. Dime, ¿cuál es el código de acceso?

Parece dudar. No quiere doblegarse. Y menos ante una chica. Aunque ella le importe una mierda.

—A la de una —cuenta Santi, levantando el brazo en alto como si fuera a arrojar el móvil al suelo—, a la de dos y a...

—Vale, vale. ¡Joder! Estás loco, tío.

—Mucho. Por eso te conviene llevarte bien conmigo. Venga, el código de desbloqueo.

—Tres, cuatro, cinco, seis.

—Anda, facilito y todo, por si te olvidas —se burla Santi, mientras teclea—. Eres de ese tipo de personas que tiene luces, pero solo de posición, ¿verdad?

Paz se ríe. Ha pillado el chiste. Él no. O quizá está tan nervioso que no puede ni pensar. Ahora mismo solo quiere recuperar el teléfono. Es lo más importante de su vida. Sin él no está conectado con el resto del mundo.

—Bueno, ya está, hecho. —Santi sigue sujetando el terminal—. Ya he borrado la foto de aquí y de la nube. Y espero —alarga el brazo, pero aún no se lo da— que te sirva de lección para no molestar a nadie más con fotografías impertinentes. ¿De acuerdo?

El chaval asiente.

Santi le entrega el teléfono y se marcha a toda prisa, aunque antes, cuando ya se siente seguro, escupe un imbécil, del que Santi se ríe.

—¿Estás bien? —le pregunta a Paz, que ha seguido todo el encuentro alucinada.

—Sí, gracias —contesta—. Pero no tenías que hacer nada.

—Lo siento. —Se encoge de hombros, en un gesto de falsa modestia—. Me jode que este tipo de personas siga libre por el mundo.

—Tengo prisa —se excusa Paz—. Perdona, me tengo que ir. Gracias por poner a ese imbécil en su sitio.

—Ha sido un placer. Por cierto —tiene que decirle algo, siente que está en peligro—, siento mucho la muerte de tu hermano. —Ella lo mira sorprendida—. Sí, te he reconocido. Pero no te he defendido por eso. Lo hubiera hecho con cualquier otra persona, créeme. Por favor, ten cuidado. No te pongas en peligro.

Paz lo mira sin comprender. ¿En peligro? ¿Ella? Trata de zafarse de ese loco que le ha caído encima.

—Vale, vale —contesta, y se marcha calle arriba, caminando de manera más decidida, con el cuerpo más recto, como si se hubiera dado cuenta de que se puede enfrentar a la vida de otra manera.

Como primer acercamiento no ha estado mal.

47

—Berta. —La llama temprano, sabiendo que la va a despertar, pero quiere precisamente eso, despertarla para decírselo antes de que tenga la oportunidad de mirar el teléfono, encontrarlo colapsado de mensajes y tener una crisis de ansiedad. Puede ser peligroso para el bebé.

—Joder, Chiqui —se queja, todavía medio dormida—. ¿Ha pasado algo? ¿Qué hora es?

—Casi las nueve.

—Nunca despiertes a una embarazada que ha conseguido dormirse a las cinco de la mañana tras una noche difícil. Luego hablamos.

—¡No me cuelgues! —grita—. No cuelgues.

El bramido la despierta de golpe.

—¿Qué pasa?

—A ver, no te asustes, pero te lo quiero contar yo.

Esa frase solo puede augurar malas noticias.

—¿Qué me quieres contar?

—Acaban de abrir los kioscos. Es posible que te empiece a llamar la gente.

—Chiqui, por Dios, dilo ya. —Berta calibra la gravedad del tono de voz de su amigo. Hace tiempo que no lo oía tan serio.

—Sales en la portada del *Caras*. —La revista del corazón más vendida en España.

—¿Cómo que salgo en la portada del *Caras*? No me han hecho ninguna entrevista, ¿no? Al menos, que recuerde. Aunque sabes que con el embarazo se me olvidan las cosas —trata de bromear, pero solo encuentra silencio al otro lado del teléfono. Si no hubiera estado adormilada, se habría dado cuenta enseguida. Hasta que...—. ¿Saben lo de...?

—Lo siento, Berta.

—Joder. Joder. Joder. —Se incorpora, sentándose sobre la cama, con la almohada en los riñones. Empieza a dar puñetazos al colchón—. ¡Joder! ¡Qué cerdos! Y lo publican sin avisarme, sin darme la oportunidad de contárselo a los míos.

—Quizá lo que querían era precisamente eso, evitar que te adelantaras, lo contaras y les fastidiases la exclusiva.

—No me lo puedo creer. —Se hace un ovillo sobre la cama.

—Berta, sabíamos que este día iba a llegar. —Chiqui trata de quitar hierro al asunto—. Un embarazo no es algo que pueda ocultarse.

—Pero me hubiera gustado contarlo a mí —se queja, cerrando los ojos y apretando los puños.

—Igual tenías que haberte dado más prisa.

—¿Qué tontería estás diciendo?

—Que, si querías haberlo contado tú, igual tenías que haberlo hecho antes. Ya me extraña que no se haya filtrado hasta ahora.

—¿Y tú eres mi amigo?

—Es verdad, Berta, sabes que tengo razón. Has ido dejando pasar el embarazo como si no existiera. Y ahora te estalla en la cara. Vas a tener que dar explicaciones. Lo siento, pero es así.

Ding dong.

A Berta le asusta el timbre.

—Mierda, ya están aquí.

—¿Quiénes? —Chiqui no entiende a qué se refiere.

—Los periodistas, ya están aquí. Están llamando a la puerta. ¿No has oído el timbre?

—A ver, céntrate, Berta. Ni siquiera son las siete de la mañana. Ningún periodista va a entrar a tu portal, subir a tu planta y llamar a tu puerta. Como mucho, te esperarán en la calle. Y eso, a partir de un rato, cuando la revista se ponga a la venta. Todavía no lo sabe nadie más.

—No sé... —duda.

—No me seas paranoica, Berta. Que eres la reina de las tardes, no la de España. A ver si te crees que te van a perseguir como a Lady Di.

—Quita, quita —se ríe.

El timbre vuelve a sonar de manera insistente.

—Va, ve a abrir.

—Venga, te cuelgo. Luego hablamos. Mándame la portada por WhatsApp, anda, que seguro que te la has pirateado antes de que salga a la venta.

Berta se levanta, cada vez le cuesta más, y siente el placer de caminar descalza por el suelo de madera de la casa, frío a esas horas. Cierra los ojos un momento para concentrarse en su propio cuerpo y en los cambios que experimenta. El bebé empieza a moverse, se ha despertado también, como ella. De pie, en mitad del pasillo, con los pies desnudos y en pijama, Berta siente por primera vez algo parecido al cariño por ese ser vivo que está creciendo en su interior. Y es una gozada. Casi un milagro.

El timbre de la puerta, que ahora suena con más terquedad, interrumpe el momento.

—Ya va, ya va —grita. Vuelve a entrar en la habitación para ponerse una bata. Con la camiseta es muy evidente el embarazo. Además, le queda corta, y no quiere ir por ahí enseñando la ropa interior.

Cuando abre la puerta se encuentra de frente con un objeto gigante envuelto en una gran cantidad de papel de celofán.

—¿Berta Gigliani? —pregunta alguien al otro lado de lo que sea eso.

—¿Quién es usted?

—Traigo un regalo. Espere... —El mensajero intenta asomar la cabeza por algún sitio, pero Berta apenas le ve el pelo—. ¿Dónde quiere que se lo deje?

Es que no sé ni siquiera si quiero que me lo dejes, piensa Berta.

—Pero... ¿qué es eso?

—Señora, por favor, que llevo un buen rato aquí y pesa un montón. ¿Se lo dejo aquí o se lo entro en casa? Es que imagino que, si le mandan esto, estará usted a punto de parir y no podrá cargar peso. Pero a mí me va a destrozar la espalda.

Lo que faltaba.

—Pasa, pasa, por favor. Todo recto, al fondo. Déjalo en la mesa del salón.

—Muchas gracias, señora.

—¿Y qué hay dentro?

—Pues imagino que —resopla al dejar la carga—, por lo que abulta, le han regalado el pack deluxe de nuestra tienda, Espera con Sorpresa. Mire —saca una tarjeta del bolsillo trasero del pantalón—, le dejo nuestros datos, por si necesita hacer un regalo a alguna embarazada. Lo llevamos a la dirección que nos diga. Tenemos regalos para todos los gustos. Aquí tiene, recuerde, Espera con Sorpresa.

¿Espera con Sorpresa? El nombre es para sorprender, sí, justo para sorprender, pero a las malas, piensa Berta, que está a punto de soltar una carcajada por lo estrambótico de la situación.

—¿Y qué hay dentro?

—Ay, señora. —El chico joven la reconoce, abre mucho los ojos y empieza a moverse con nerviosismo—. Que no me había dado cuenta de quién es. Perdone. No sabía que estaba embarazada. —Mira el vientre de Berta, que se marca a pesar de la bata con la que se lo ha cubierto—. Casi no se le nota.

—Ni tú ni España entera. Al parecer, hoy una revista lo lleva en portada. Se acabó el secreto.

—Señora, muy buena suerte. Que vaya todo bien. —De repente, se muestra cohibido.

—Gracias. —El empleado de Espera con Sorpresa sigue ahí, plantificado frente a ella, como si hubiera olvidado qué hacer a continuación—. ¿Tienes algo más para mí? —Berta trata de decirle que se marche siendo educada.

—No, no, perdone. Es que me ha sorprendido mucho verla así. Me voy a seguir con los pedidos. Y, recuerde, Espera con Sorpresa, el mejor lugar para hacer regalos de embarazo y parto.

Y ahora, ¿cómo abre ese mamotreto?

Dos capas de celofán después, Berta tiene en su salón un oso de peluche del tamaño de un humano de cinco años, un par de cajas con chupetes, una cosa absurda que deduce que es un grupo de pañales enrollados formando algo parecido a una tarta, un muñequito de tela del que sale un ruido que trata de imitar el sonido de un corazón, champú, crema hidratante y colonia para el bebé, bodis de algodón de color blanco, baberos y un biberón.

Hay, por supuesto, un sobre que contiene una tarjeta en la que está escrita una nota.

«Enhorabuena por el embarazo. Desde el equipo de la revista *Caras* te deseamos lo mejor en esta nueva etapa de tu vida».

Fantástico.

Te joden la vida desvelándole al mundo algo que querías guardar en secreto y se disculpan con pañales.

Vuelve a sonar el timbre de casa. «Como sean más chupetes los tiro por el balcón», grita Berta, que está empezando a hartarse e imagina unos meses de pesadilla en los que cada día le llegan tartas de pañales y osos de peluche envueltos en capas y capas de celofán. El timbre vuelve a sonar. Está a punto de no abrir la puerta. Pero se apiada del pobre mensajero que habrá subido hasta allí con más chupetes o lo que sea que alguien le mande a su futuro hijo.

Pero es comida.

—¿Desayunamos?

Chiqui aparece en su puerta con una bolsa de churros y un envase lleno de chocolate caliente.

—¡Por Dios, gracias! Te abrazaría si no llevaras esa cosa grasienta entre tu cuerpo y el mío —ríe Berta, aliviada—. Pasa, pasa. Ven, vamos a darnos un buen chute de grasa y azúcar. Lo necesito como respirar.

—¡Hostia! ¿Qué es esto? —Chiqui ha visto los metros de celofán y su contenido.

—Las disculpas de la revista *Caras* por haberme jodido la vida.

—Ese oso de peluche da mal rollo. Parece salido de una peli de terror adolescente.

—Un poco sí. —Berta lo mira con una ligera mueca de desagrado—. Igual por la noche vuelve a la vida y empieza a matar al vecindario —se ríe—. ¿De verdad esto es un regalo para un recién nacido? Si se le cae encima, lo asfixia.

—A ver, será de decoración. Y para que le reviente los ojos a tijeretazos cuando crezca y sea una bestia.

—O para que la madre se desahogue dándole puñetazos en vez de al bebé.

—También.

—Venga, va, a por los churros, que me muero de hambre. Tengo que comer por dos.

—Oye, ¿qué vas a hacer en el programa? —Se sientan en la mesa de la cocina, la del salón está ocupada por el contenido de la cesta de regalo—. Tendrás que decir algo, ¿no?

A Berta no le ha dado tiempo de pensar en eso.

—¿Por qué?

—Joder, Berta, porque cuando empiece tu programa ya toda tu audiencia sabrá que estás embarazada, y se preguntará por qué lo has ocultado todos estos meses. Algo tienes que decir, aunque sea para confirmarlo. Algo tienes que contar.

Algo tenía que contar, sí.

Aunque a las seis de la tarde Berta se sienta en plató sin haber pensado todavía en qué decirles a los espectadores. Sin embargo, a esa misma hora, un par de cámaras esperan a las puertas del Instituto de Medicina Legal. No son periodistas de sucesos a la búsqueda de declaraciones sobre algún asesinato o alguna muerte sospechosa. Es prensa del corazón a la búsqueda del que creen que es el padre del hijo de Berta.

48

—Hola, buenas tardes. El de hoy no es un programa fácil, como se pueden ustedes imaginar. Los periodistas no deberíamos ser noticia, solo somos los que las contamos. Pero esta mañana una conocida revista me ha puesto en su portada. A mí me hubiera gustado que me dieran la oportunidad de contarles esto yo misma. Pero ellos se han adelantado. Muchos de ustedes ya saben de lo que estoy hablando. Sí. Estoy embarazada. —Berta hace un gesto tierno hacia su tripa, bajando la cabeza y mirándola con cariño. Está de pie, frente a la cámara, por primera vez sin ropa ancha, con un vestido de punto que le marca el vientre—. Es un hecho de mi vida privada, algo que sucede fuera de las puertas de este plató, pero que un día u otro se iba a notar. —Sonríe a cámara, con complicidad—. Todo va perfectamente. Bueno, las náuseas y los vómitos, que en teoría son solo del primer trimestre, pero que a mí no me dejan en paz. Esto —señala la tripa— no es especial. Solo soy una mujer más, otra más, que va a dar a luz. Como muchas de ustedes. Como lleva haciendo la humanidad miles de años. Por eso no lo he convertido en noticia. Y por eso no me gustaría que lo volviera a ser. Gracias, de verdad, por comprenderme, y por todas las felicitaciones y las palabras de cariño que me han hecho llegar estas últimas horas. Las llevo en mi corazón. Les llevo a todos ustedes en mi corazón. Sé que me desean lo mejor. Gracias. Y ahora, hay otras cosas que, de verdad, necesitan de nuestra atención, cosas que vamos a contarles a partir de este momento. Comenzamos.

Berta calla y el realizador pincha la cabecera del programa, una musiquita metálica con voces a coro que repiten el nombre, *Tarde contigo*. A salvo de miradas indiscretas durante unos segundos, sin que los espectadores la vean, y de espaldas al público y a los contertulios, cierra los ojos y suspira. Ya está hecho. Ahora, a trabajar.

El público aplaude como loco. Siempre podrán explicar que ellos estuvieron allí cuando Berta Gigliani contó al mundo que estaba embarazada.

Detrás de la cámara, Chiqui le hace un gesto de ternura.

—Cinco segundos —grita el regidor.

Camina hacia la silla sintiéndose poderosa. Ya no tiene nada que ocultar ni que temer que descubran. Vuelve a controlar el relato, vuelve a controlar su futuro.

O eso cree.

49

—Miguel, ¿tienes un momento?

Es extraño que Santi sea tan educado. Llama a la puerta, espera a que le den permiso para entrar y después pregunta si puede quedarse. El director del Instituto de Medicina Legal de Madrid sonríe. Quizá esté cambiando. Nunca es tarde.

—Claro, claro, pasa. ¿Todo bien?

—Sí, sí, quería contarte algo.

Eso también es raro. Tanta docilidad. Miguel se pone alerta. Cuando Santi se comporta mansamente es porque quiere pedirle algo que sortea los límites legales. O ha hecho algo terriblemente malo y necesita que le ayude a cubrir el rastro, que también es posible.

—Miedo me das —le contesta.

—¿Por?

—¿Tú te estás viendo? Ni con tres relajantes musculares vendrías tan blandito a mi despacho. Estás para que te recojan con una pala.

«¿Cómo voy a estar? —piensa Santi—. ¿Cómo mierdas voy a estar si me he encontrado en la portada de una revista a Berta embarazada? Ya lo sabe todo el país. Tengo un montón de llamadas perdidas. Otro montón de mensajes en el buzón. Por no hablar del WhatsApp. No sé qué hacer. Berta no me coge el teléfono ni responde a mis mensajes. Soy incapaz de quitarme este caos de la cabeza. Tengo tanto ruido dentro que apenas escucho lo que pasa fuera. Porque estoy convencido de que ese bebé es mío. Por mucho que ella me jurara que no».

—¡¡Ehh, ehhh!! —Miguel, que aún no se ha enterado del embarazo de Berta, chasquea los dedos ante los ojos de Santi—. Despierta. ¿Qué te pasa?

—Nada, nada —se excusa—. Estoy un poco cansado.

—Bueno, ¿y qué quieres?

—He descubierto una cosa.

—¿Me voy a arrepentir de que la hayas descubierto? —A Miguel se le encienden las alarmas—. ¿Es mejor que no me la digas para así alegar desconocimiento? Aún estamos a tiempo. Todavía puedes callarte y volver por donde has venido.

—Pues... —contesta—, depende. No sé si lo que te voy a contar me llevará a algún sitio.

—Pues igual es mejor que, te lleve o no, vayas solito, sin mí. ¿No crees?

—Yo solo quiero ser cordial contigo, eres mi jefe. —Definitivamente, este no es el Santi de siempre. Algo le pasa. Y, de repente, Miguel quiere descubrir qué. Ya es tarde para parar.

—Santi, perdona —le dice, ahora con delicadeza—. Cuéntame. Sabes que estoy aquí para lo que haga falta. Dime qué has descubierto y cómo te puedo ayudar.

—Creo que he encontrado un patrón entre varios casos que, en teoría, no están relacionados.

—¿Y ese patrón me va a costar el puesto?

Siempre tan acojonado. Santi empieza a arrepentirse de esa conversación. Pero ahora ya es tarde para parar.

—Depende. —Es la verdad.

—¿Quieres hacer algo ilegal?

—Bueno, si hace falta...

—¡Joder, Santi! —grita Miguel—. Al final conseguirás que nos despidan a los dos.

—Te he dicho que, si quieres, no te lo cuento. —Hace el gesto de levantarse e irse, pero es más postureo que otra cosa. Solo para que Miguel le suplique. Como, efectivamente, hace.

—No, no, por favor, quédate. —Siempre puede abrirle un expediente—. ¿Te preparo un café? —pregunta, para rebajar la tensión.

—Sí, por favor. Cargado y sin azúcar.

Miguel se acerca hasta la cafetera que tiene en un rincón del despacho.

—¿Cápsula negra?

—El más fuerte que tengas, sí. Necesito despejarme.

El ruido de la cafetera ocupa momentáneamente el espacio entre los dos, relajando el ambiente y dándoles una excusa para estar callados sin que resulte violento. Cuando Miguel regresa a la mesa, con una taza en cada mano, todo ha cambiado. Es como si la conversación volviera a comenzar desde cero.

—A ver —le invita, tendiéndole la taza con el café humeante—, cuéntame. ¿Qué pasa?

—¿Te acuerdas del cadáver de los dientes?

—¿El del cucurucho? Que fue hace unos días, tampoco estoy tan gagá.

—Cuando le abrí la cabeza vi algo que me pareció al límite de los parámetros de la normalidad, pero tampoco como para que resultara sospechoso. Un solo caso es algo estadísticamente probable.

—¿El qué?

—Un cerebro algo pequeño.

—¿Cómo de pequeño? —Se extraña.

—Un ocho por ciento menos de lo habitual —prosigue.

—A ver..., tampoco es tanto. —Miguel parece decepcionado.

—No, si fuera un caso aislado. Ya te lo he dicho.

—¿No lo es? —Miguel nota un ligero nudo de ansiedad en el estómago.

—No. Tenemos otro cuerpo con la misma reducción del volumen de masa cerebral. Un poco más, de hecho. Un 8,9 por ciento.

—¿Y es...?

—El cadáver de Fran Borregón, el joven que se golpeó la mandíbula con el martillo.

—Bueno... —Miguel trata de pensar con rapidez—, puede ser también una coincidencia. Un ocho por ciento es una desviación mínima. Y por cómo murieron ya podíamos intuir que los dos eran idiotas. Ha sido una casualidad que llegaran ambos tan seguidos en el tiempo. Pero no creo que haya nada más. De verdad, no veas fantasmas, Santi.

—He estado investigando, ¿sabes?

—Claro, porque no podías dejarlo pasar.

—Ya me conoces. —Santi es incapaz de no tirar de cualquier hilo que se le ponga por delante—. Y he encontrado algo que quizá lo explique.

—¿Que explique qué?

—La coincidencia entre los dos. Las muertes de Emilio Sanabria y Fran Borregón están relacionadas.

A Miguel le da un vuelco el corazón.

—¿Otro lío aquí? No me digas eso, Santi, no puedo aguantar otro lío. No me busques más problemas.

—Pero ¿por qué tiene que ser un lío? Te pondrías una medalla. Mira, si quieres, te dejo todo el mérito a ti.

—Estoy muy cansado, Santi. —Apoya la cara en las palmas de las manos—. No quiero tener que dar explicaciones a los de arriba. Déjame vivir tranquilo, por favor, no la líes nada más volver. Vamos a esperar a ver qué pasa, ¿vale? Son tiempos complicados. Por favor, hazme caso.

Qué tipo más insípido, piensa Santi, qué hombre con una vida tan monótona e insustancial. Qué triste ser él.

Se encoge de hombros y sale del despacho.

Es habitual que haya periodistas a las puertas del Instituto de Medicina Legal. Van a buscar información sobre muertes que son noticia, declaraciones de los familiares, de los médicos que han hecho la autopsia, de los policías que han ido a presenciarla.

Las familias son las más vulnerables. Se han acercado hasta allí para identificar el cuerpo de su ser querido, pero también para buscar el consuelo de una muerte sin sufrimiento. Ha fallecido, pero, al menos, no sufrió. Muchas veces eso es a lo único que pueden agarrarse, el único consuelo que les queda cuando han perdido a alguien querido.

Los forenses que reciben a las familias, porque no todos lo hacen, han aprendido a mentir. Fue una muerte rápida. Apenas se enteró. Ni se dio cuenta. Hay casos en los que es imposible negar la evidencia, pero aun así los familiares fabrican una cápsula de protección llena de historias ficticias, que se irá llenando poco a poco con la verdad, a medida que puedan ir tolerándola.

Por eso, a Santi no le extraña ver un par de cámaras de televisión y varios fotógrafos apostados a la puerta del trabajo, aunque no recuerda que haya algún cuerpo especialmente noticiable ese día.

No sabe que la noticia es él.

50

En la mesa del plató, sin que las cámaras y, por lo tanto, el público en casa lo vean, está encastrado un monitor de televisión. Es una pantalla espía. Berta controla allí las señales en directo del resto de los canales. Dividida en cuatro, cada porción le muestra lo que está emitiendo la competencia. Es una manera instantánea de comparar cómo y qué cosas cuentan los programas de las tardes.

Pero lo que acaba de ver en el cuadrante superior derecho le ha hecho subir un regusto de bilis hasta la garganta. Le hace una señal a uno de los contertulios para que siga hablando, porque necesita comprobar que lo que acaba de atisbar por el rabillo del ojo es cierto.

Se le atraganta la respiración.

En el Canal 9 están emitiendo unas imágenes en las que se ve un micro que se abalanza sobre Santi a las puertas del Instituto de Medicina Legal. En principio no es nada alarmante, los periodistas pueden querer preguntarle por alguno de los cuerpos a los que ha tenido que hacer una autopsia. Berta ve a Santi abrir la puerta que da al exterior, asombrarse ligeramente por el hecho de que las cámaras se acerquen a él, pero aun así mostrarse educado. Hasta que le preguntan. Berta no escucha la secuencia. Obviamente, el monitor de su mesa del plató no tiene sonido, pero puede intuir lo que está pasando. Santi niega con la cabeza, ella diría que asustado. Y huye, dejando a los periodistas atrás, mientras las cámaras siguen tras él. En la parte inferior aparece un rótulo: «Preguntamos al forense Santiago Munárriz si es el padre del hijo que está esperando la famosa presentadora Berta Gigliani, y se niega a contestar».

Chiqui, que está viendo lo mismo en otro monitor, tras las cámaras, la mira devastado.

Junta las palmas de las manos ante su boca, en un gesto parecido al de una oración, negando con la cabeza.

—No te rindas, ahora no, tienes que seguir el programa, por favor —susurra.

El bebé patalea con fuerza la tripa de Berta, que se dobla de dolor justo cuando la cámara la está enfocando. Se toma un par de segundos para reponerse.

—Perdonen. Las mujeres que han estado embarazadas lo entenderán. A veces estos pequeños tienen una fuerza descomunal. Acaba de patearme el estómago. Igual sale futbolista y me retira.

Asombrosamente, todos se ríen de ese chiste absurdo e idiota.

A veces los lugares comunes son los que mejor funcionan.

Cuando termina el programa, Berta no se acuerda de cómo ha llegado hasta el final.

—Deberías llamarlo —le dice Chiqui, mientras la acompaña al camerino a cambiarse—. Llamar a Santi. Estará hecho polvo.

—¿Y qué le digo?

—No sé, Berta, pero imagínate el tsunami que se acaba de abalanzar sobre su vida. Tú estás más acostumbrada a eso. Y, en parte —trata de decirlo con suavidad—, es por tu culpa. Tú eres la famosa. Él es un anónimo arrollado por un tsunami.

—¡¿Por mi culpa?! —grita, subiendo las escaleras hacia el camerino. Dos periodistas de otro programa que hablaban en el rellano del piso uno se asoman por la barandilla para cotillear qué pasa.

—No grites —susurra Chiqui—. Sí, por tu culpa, en parte. Igual culpa no es la palabra, igual es daño colateral o como quieras llamarlo, pero estás embarazada, y hay medios que quieren saber quién es el padre. Él está en el radar porque fuisteis pareja hace tiempo y porque se sospecha que a tu regreso volvisteis a estar juntos. Así que, blanco y en botella.

—Mierda, mierda, mierda. —Abre la puerta del camerino y se desploma en el sofá—. ¿Qué hace todo esto aquí?

El pequeño camerino está lleno de ramos de flores, cajas y cestas con ajuar para recién nacido y sobres con tarjetas de felicitación.

—La gente. Jefes, amigos, espectadores. Es normal. Todos quieren felicitarte por el embarazo.

—Como si fuera una cosa para alegrarse.

—¿Eres idiota? —le grita Chiqui.

—Sí, ya, perdona, es que llevo todos estos meses sintiéndome una incubadora. Pero hoy me ha pasado algo extraño. He notado al bebé, por primera vez, como un ser humano y no como un alien dentro de mí. ¿Sabes? Como alguien a quien querer. Ha sido emocionante.

—¿Ves? —Chiqui se acuclilla delante de ella—. Solo te hacía falta tiempo. Tenías que acostumbrarte. Todo va a ir bien, te lo prometo.

—No prometas lo que no puedes asegurar.

—Prometo lo que puedo hacer por ti. Te mereces que te pasen cosas buenas, Berta. Y tus amigos estamos aquí para acompañarte en el camino. Y en ese camino juntos está decirte también cosas que no te gustan. Como que tienes que llamar a Santi —insiste.

—Le llamo, ¿y qué le digo? ¿Le doy el pésame?

—No seas bruta. —Chiqui se ha puesto en pie, frente a ella, entre el sofá y la mesa con un gran espejo rodeado de luces que sirve de tocador—. Igual solo hace falta que hables con él. Sabes que le mataría por cómo nos abandonó. Por cómo te abandonó —matiza, porque sabe que el dolor de Berta ha sido mucho más grande que el suyo y el de Iluminada—. Pero no es justo que ahora esté pasando por esto.

—¿Y es justo que lo esté pasando yo? A ver si ahora pobrecito Santi, pobrecito Santi, y yo os importo una mierda.

—Pero ¿cómo dices que nos importas...?

Les interrumpe alguien golpeando con los nudillos la puerta del camerino.

—Deshazte de quien sea. —Berta es tajante, con cara de asco—. No quiero ver a nadie.

Chiqui abre la puerta con cuidado, preparado para dar cualquier excusa, pero, sin embargo, al ver quién está al otro lado, lo deja pasar.

—Te he dicho que... —protesta Berta.

—Soy yo. —Iluminada entra en el camerino y se sienta en el sofá junto a su amiga—. Imagino que has visto lo de Canal 9. ¿Cómo estás?

Berta la mira de arriba abajo.

—Aún se me hace raro verte de traje, tan pulida y pulcra. Tan señora ejecutiva —responde, no obstante, para no contestar a la pregunta de su amiga.

—No desvíes la atención. —Iluminada no es tonta, y la conoce bien—. ¿Cómo estás?

—Bueno, pues si antes me perseguía la prensa, imagínate ahora.

—Tienes que mentalizarte. Y estar tranquila. Es lo más importante para el bebé. Saludas a tus compañeros con educación y ya está. Sabes lo que hay porque tú has estado al otro lado, aguantando el micrófono. Dales algo, una pequeña cosa, y te dejarán tranquila.

—¡Qué pereza todo!

—Ya lo sé. Pero es lo que hay. Mírame a los ojos —ordena, cogiéndola suavemente de la barbilla—. Aquí estamos Chiqui y yo para lo que necesites. ¿Me entiendes? Para lo que necesites. No hagas una bola de nieve enorme de lo que es algo que ya sabíamos que iba a pasar. ¿Vale?

Berta asiente.

—Estoy muy cansada —contesta.

—Lo sé, amiga, lo sé. Puedo imaginarlo. Tienes muchas cosas en la cabeza. Y un bebé formándose ahí dentro que te chupa toda la energía. No te olvides de eso. No estás en un momento normal de tu vida. El embarazo es algo natural, pero altera todo tu cuerpo. Incluido el cerebro. Tienes que cuidarte. Eres la prioridad. Escucha, si necesitas dejar de presentar el progra...

—¡Ni se te ocurra! —la interrumpe—. No. Ni se te ocurra. Estar en plató me da paz. Es como si pasara un rato en otro universo.

—Vale, vale. Pero en cualquier momento que lo necesites, me avisas. No estás obligada a ponerte cada día en directo.

—No estoy enferma, estoy embarazada.

—¡Joder! Lo sé. —Iluminada eleva el tono de voz—. Pero te estoy ofreciendo ayuda. La que necesites.

—Vale, vale, perdona.

—Por cierto, vuelvo al tema por el que venía a verte. ¿Has hablado con Santi?

—Pero qué manía tenéis todos con que hable con él.

—Le estoy insistiendo en eso desde hace un rato —interviene Chiqui.

—Hombre, es lo normal —puntualiza Iluminada.

—¿Normal? ¿Me queréis decir qué hay de normal en esta situación? Venga, listillos, ¿qué hay de normal en esta situación?

—Berta —Iluminada la coge de las manos, sosteniéndolas con suavidad—, no puedes quemar todos los puentes. No con Santi.

—¿Lo dices por si es el padre de mi hijo?

—No solo por eso.

51

Ahora mismo daría la vida por no sentirse así. Y quizá por eso la está poniendo en peligro, zigzagueando a lo loco entre los coches por la M-30, pasando entre huecos imposibles que dejan retrovisores y el muro de hormigón lateral. Se concentra en conducir para olvidar el dolor, un dolor desconocido que no sabe dónde siente, de qué parte de su cuerpo emana. Si fuera el corazón, se lo sacaría en ese instante con sus propias manos.

Así de desesperado está.

De manera imprudente, un coche cruza dos carriles de izquierda a derecha a toda velocidad para tratar de acceder a una salida que casi se pasa de largo. La moto de Santi derrapa intentando evitar chocar con él. Tiene suerte de que por el carril central no circule nadie y puede recuperar el equilibrio.

Pero ha estado cerca, muy cerca.

Una llamada le salva la vida esa noche.

—¿Cómo estás?

La voz es dulce, como si quien le pregunta quisiera acunarlo con sus palabras. O quizá es que Santi la escucha así porque necesita sentir que alguien lo arrulla hasta que se quede dormido.

—Hola —contesta, asombrado. No esperaba que lo llamara. No ella.

—¿Dónde andas? Se oye mucho ruido. No te escucho bien.

—Me acabo de parar en el arcén de una salida de la M-30. Estoy rodeado de tráfico.

—Ya decía yo. Pero no sé si me has entendido bien. No te preguntaba dónde estás, sino cómo estás. Cómo te encuentras. He visto cómo te ha perseguido la prensa. Todas esas cámaras a las puertas de tu trabajo. ¿Cómo estás, amigo?

—Estoy.

Esa respuesta lánguida en Santi es una señal de alerta, roja, con luces que se mueven y sirenas que aúllan. Peligro.

—Ven a mi casa —le dice Iluminada, sin pensárselo.

—¿A tu casa? —¿Qué pretende?

—En la tuya igual hay periodistas. Has salido huyendo del Instituto de Medicina Legal, así que quizá busquen otro sitio en el que pillarte.

—Pero ¿cómo saben dónde está mi...?

—Lo saben. Siempre lo saben. A mí me da igual ir hasta allí, pero si quieres la seguridad de que nadie te siga, pásate a verme. ¿Te parece?

—Sí. —No es consciente de lo que necesita a un amigo hasta que Iluminada no le realiza ese ofrecimiento, hasta que no le tiende la mano para que él se la coja y llore en su hombro.

—Te acuerdas de la dirección, ¿verdad?

¿Cómo no va a acordarse?

Iluminada lo recibe con un abrazo de esos para los que sobran las palabras. Largo, caluroso y tierno.

—Siento no haberte devuelto los mensajes, Santi. Siento haber sido tan dura contigo estas semanas. Pero te fuiste y nos dejaste con mucho dolor.

—Tenía mucho miedo a hacer daño a Berta, pero también a hacerme daño a mí, a hacerme mucho, mucho daño, a perder el control, a matarme —confiesa, mientras los dos se sientan en el sofá, uno al lado del otro, muy cerca—. Así que tuve que buscar un lugar en el que mi cabeza no pensara, un sitio en el que pudiera borrarme como ser humano y convertirme en un cuerpo que otros explotaran para su beneficio. Sin pensar. Sin existir. Anular mi cerebro durante un tiempo. Resetearlo para volver a comenzar.

—Santi... —Iluminada coge sus manos, llenas de cicatrices, y las besa. Es el beso casto y pulcro de una madre. No hay deseo en ella. Solo tristeza—. ¿Por qué no nos pediste ayuda?

—Solo podía ayudarme yo mismo. Mi cabeza funciona de una manera extraña, ya lo sabes. No quería involucraros en ese proceso de destrucción.

—Pero para eso están los amigos. Para eso están los amigos —insiste Iluminada—. Para los malos momentos.

—Tú no estás enfadada conmigo, como los demás.

—No te equivoques, sí que lo estoy. Aunque me des una pena horrible, sí que estoy enfadada contigo. Pero, ahora mismo, me preocupa más cómo estás tú.

—¿Se pueden separar las dos cosas? Si estás enfadada conmigo, no debería importante cómo me encuentro.

—Pues sí que me importa, idiota, porque me importas tú, aunque te hayas comportado como un capullo integral. Pero eso ya lo resolveremos más tarde. A ver, ¿cómo estás? Lo último que me habría imaginado es que tuvieras a la prensa en la puerta de tu trabajo.

—Ha sido muy desagradable.

—¿Cómo te sientes?

—¿Quieres la verdad? —Iluminada asiente—. Solo. Me siento solo. Y es una sensación muy jodida que nunca había tenido. Yo creía que con mi cerebro bastaba. Y con Delito, claro. Creía que ya tenía la combinación perfecta de ingredientes para equilibrar mi vida. Y ahora vuelvo, Berta está embarazada, no me quiere decir si es mío, tengo a la prensa en la puerta y no sé con quién hablar estas cosas.

Iluminada sonríe. Es un gesto tierno.

—Es lo que te ha pasado toda la vida. El forense superdotado que aleja a las personas de su alrededor porque lo único que necesita es alimentar su cerebro. Has sido un asocial siempre. Reconócelo. —Santi se encoge de hombros—. Y tienes suerte de que nosotros te hayamos querido tal y como eres. Y que te seguimos queriendo a pesar de todo.

—¿Sabes quién es el padre del hijo de Berta? —le suelta, a bocajarro.

Iluminada se cruza de brazos, con gesto serio.

—Eso tienes que hablarlo con ella.

—No quiere hablarlo conmigo.

—¿Y no crees que tiene razón?

—¿Tú crees que yo me habría ido de saber que estaba embarazada?

—Eso da igual. Te fuiste y ya no puedes arreglarlo.

—¿De cuánto está? —insiste.

—Quieres hacer tus cálculos. Pues ya te digo que no te va a servir. Porque no te lo voy a decir. E, insisto, lo que tengas con ella, lo hablas con ella.

—¿Pero tú no me has llamado para ayudarme? —se queja.

—Te he llamado para ver cómo estabas. Me preocupas, te lo he dicho. Así que vamos a cenar, acompáñame a la cocina a llevar la comida a la mesa, hablamos con calma y nos tomamos unos vinos. Aunque no te lo creas, te quiero, te quiero mucho. Y te odio también. A veces te mataría. Pero eso ya lo veremos al final de la noche. Ahora, vamos a cenar, que me muero de hambre.

Un plato de guisantes con jamón y otro de brandada de bacalao después han llenado los estómagos lo suficiente como para estar más relajados.

—¿Postre?

—Ufff, no, a este paso mañana no quepo en los trajes tan cuquis que he tenido que comprarme para ser una jefa como se supone que tengo que ser.

—¡Venga ya! Tú nunca serás una jefa como se supone que tienes que ser. Y eso es tu gran valor, Ilu. Hazles estallar las cabezas. Deja las convenciones establecidas y atrévete. Por eso te escogieron los franceses, porque no piensas como los demás. Eres disruptiva.

—Como tú.

—Un poco como yo, sí, admitámoslo. —Es la primera vez que Santi sonríe en toda la noche.

—¿Y en qué anda pensando esa cabecita además de en reporteros acosadores? —Ahora que está más tranquilo, Iluminada quiere hacerle olvidar por un rato qué le ha llevado hasta allí.

—Pues... cerebros pequeños.

—Cerebros ¿qué?

—Creo que tengo varios muertos que son casos aislados, pero que se relacionan por el tamaño de sus cerebros. Y los conoces.

—¿Cómo que los conozco?

—¿Te suenan Emilio Sanabria y Fran Borregón?

Iluminada abre los ojos en un gesto profundo de sorpresa.

—¿El cuerpo con los dientes en un cono de helado y el único tonto de los martillos que ha muerto?

—Efectivamente.

—¿Y dices que los dos tienen los cerebros pequeños?

—Sí, los dos.

—Pero ¿puede ser casualidad? Hay cabezas de mayor tamaño que otras.

—Mmm, no te creas. El cerebro humano masculino pesa aproximadamente un kilo cuatrocientos gramos. Algunos un poquito menos. Y tiene un volumen medio de mil trescientos centímetros cúbicos. ¿No te parece mucha casualidad que con pocos días de diferencia pasen por mi mesa dos muertos con cerebros justo entre un ocho y un nueve por ciento menores?

—Pero seguro que hay más gente en el mundo así.

—Existe una enfermedad llamada microcefalia, pero muy poco frecuente, en la que el cerebro es menor, pero porque el perímetro craneal es más pequeño. Digamos que, como la caja que contiene al cerebro, nunca ha podido desarrollarse con normalidad. Los que la sufren suelen tener problemas importantes en la vida normal, un retraso en el desarrollo motor, pero también en el intelectual. Y no estamos hablando de eso. En estos chicos el cráneo tiene el tamaño normal, y es el cerebro el que parece haberse encogido. Es algo extrañísimo. No puede ser casualidad.

—Vale. Entonces tú estás convencido de que los dos casos están relacionados. ¿Y qué hipótesis tienes? ¿Hay alguien buscando a personas con cerebros pequeños para matarlos o convencerlos para que se maten ellos mismos? Tu caso plantea una pregunta casi imposible de resolver: ¿cómo sabe nuestro criminal en jefe a qué personas escoger? El tamaño del cerebro no es visible a simple vista como una nariz.

—Es que no se trata de eso. Creo que tenemos que ir al principio de todo.

—¿Al primer muerto?

—No, Ilu. Antes. Mucho antes. La explicación está mucho antes.

52

Paz entra a una casa que sigue oscura y densa, con un luto por el que apenas se puede abrir paso y que amenaza con no disolverse nunca. La angustia por la pérdida de Jaime se quedará concentrada y espesa para siempre en el aire de aquella vivienda en la que ahora están solas su madre y ella, rodeadas de una tristeza gelatinosa que les impide avanzar.

Teme no tener madre nunca más. Quedarse huérfana, aunque Nines siga viva.

—¿Mamá? —la llama desde la entrada, dejando las llaves en el platillo metálico sobre el aparador—. ¿Mamá?

Sabe que está allí, ya no sale nunca, pero no contesta.

Va a su habitación y se quita con esfuerzo las botas. Tiene los pies doloridos y ganas de vomitar. Arrodillada en el baño ante la taza del váter, las arcadas contraen su cuerpo entre espasmos, pero no logra expulsar nada, solo hileras de bilis amarga que se mezclan con la saliva y que se quedan entre los recovecos de sus dientes, dejándole la lengua áspera y un gusto agrio en la boca. Tras el esfuerzo cae, exhausta, al suelo.

Las losetas frías alivian un poco la angustia del cuerpo cortado por el vómito.

De alguna manera, piensa que se lo merece.

Sufrir.

Se queda dormida. Sorprendentemente, Paz se queda dormida con el cuerpo tumbado sobre las losetas del baño y la alfombrilla de la ducha, tan áspera que le raspa la piel de la cara, dejándole marcas que durarán varias horas.

Sueña con la detención de Andrea, pero en su pesadilla es a ella a quien se llevan, arrastrándola con un niño cogido de la mano, aunque cuando lo mira no es un niño, sino el cadáver descompuesto de ese niño —gris, putrefacto y hediondo— con una camiseta amarilla en perfecto estado. La reconoce de algunas fotografías que se proyectan en el aire, como si el sueño tuviera paredes.

La lleva puesta una niña tirándose de un tobogán en el parque. Comiendo helado. En un tiovivo. Corriendo por el paseo marítimo de algún pueblo costero. Y ahora lo ve. Es ella, de pequeña. Los tiempos felices. El niño cadáver vuelve a tirar de su brazo. Y ahora es él el que usa esa camiseta amarilla de círculos de colores, que ya no es de la vida cuando era alegría, sino de una muerte que tira de su mano y trata de arrastrarla hacia el coche de policía. Paz intenta preguntarle, ¿quién eres? ¿a dónde vamos?, pero no le sale la voz. Como en sus sueños más angustiosos, ella siempre quiere hablar, pero no puede. Las palabras no le salen, viajan en dirección contraria, hacia su estómago, que se hincha y se hincha y se hincha, lleno de espanto, amenazando con estallar en cualquier momento para esparcir a su alrededor todos los miedos que había tenido que tragarse. Como ahora. ¿Quién eres, niño cadáver? ¿Tengo que tenerte miedo? ¿Quién te ha matado? ¿Por qué vienes a buscarme?

Las pesadillas siempre pueden empeorar. Y cuando Paz alza la vista, todos a su alrededor han cambiado. Andrea. Los policías. La gente que pasa por la calle. Sospecha que ella también.

Todos son el niño cadáver con camiseta amarilla recién estrenada.

¿Quién me ha matado? ¿Quién me ha matado? ¿Quién me ha matado?, preguntan a coro.

Se despierta empapada en sudor, desconcertada. Tarda un rato en distinguir la pesadilla de la realidad en la que se encuentra, que también es una pesadilla, pero de la que no va a ser capaz de salir nunca. De la angustia de la vida no se despierta.

Mamá.

—¿Mamá? —Se pone en pie con dificultad. Tiene el cuerpo dolorido y helado. La cara le escuece de sufrir al contacto con la alfombrilla del baño. Tiembla de frío. Se cubre el pecho con una toalla. No sabe cuánto tiempo ha pasado desde que entró en casa. Quizá una vida. Ojalá una vida—. ¿Mamá? —Camina de manera torpe, aún somnolienta, hacia el salón. Allí encuentra a su madre, tumbada en el sofá, maloliente y despeinada, vestida todavía con la larga camiseta negra que se puso al volver del funeral. Nines languidece esperando solo a la muerte. Pero sin el coraje suficiente para ir a por ella en persona—. Mamá, ya estoy aquí. Voy a abrir un poco la ventana para que entre el aire. Hace un día estupendo allí afuera.

—¿Un día estupendo? —Por fin reacciona. Y eso ya es algo—. ¿Para ti hace un día estupendo? ¿Cómo puedes decir eso?

—Por favor, mamá. Aunque sea por ventilar la casa. Nos estamos asfixiando aquí dentro. —Pero mamá no contesta. Se acurruca aún más en el sofá, con las rodillas bajo el camisón en posición fetal, escondiendo la cabeza entre los cojines. Quiere encogerse hasta desaparecer. Pero no lo consigue. Sigue existiendo en esta vida que ya no quiere vivir—. ¿Has comido? ¿Te preparo algo? —insiste su hija.

—Déjame tranquila —apenas susurra.

—Tienes que comer. Por favor. Hazlo por mí.

—No tengo hambre.

—Por favor, mamá. Te vas a poner enferma.

—Ojalá. Eso es lo que quiero.

—¡Mamá! —A Paz se le saltan las lágrimas. De impotencia. De rabia. De frustración. Su cuerpo quiere sacudir a su madre, golpearla para ver si reacciona. Estamparla contra la pared—. No digas eso.

—Déjame morirme en paz —le contesta, con la voz ahogada bajo los cojines—. ¿Ni siquiera vas a ser capaz de eso? ¿De dejar que me muera tranquila?

—¡No! —grita Paz, acuclillándose a su lado, lanzando los cojines al suelo y cogiéndole la barbilla con la mano para que de una vez la mire a los ojos—. ¡No te voy a dejar morir! Y no voy a parar hasta que te levantes de aquí y empieces a vivir otra vez.

—¿Cómo voy a vivir sin Jaime?

—Me tienes a mí. —Ahora Paz es dulce, conciliadora—. Me tienes a mí.

—Tú, tú no...

Su madre la mira de una manera extraña, con un sentimiento que Paz podía haber intuido alguna vez, pero que no había visto tan claramente hasta ahora. Las dos saben lo que significa. Y para la chica es una puñalada en el corazón.

—Mamá, ¿quién era Asier? —Una puñalada por otra.

A Nines se le acelera el corazón de golpe. Mira a su hija, pero es incapaz de reaccionar, como si allí delante hubiera un fantasma y sus palabras fueran solo una ligera brisa de aire soplando a su alrededor.

—Asier, mamá, Asier. —Paz se sienta a su lado, en el sofá, muy cerca, con una proximidad casi intimidante para la conversación que están teniendo, o que van a tener—. Te he preguntado por él. Por Asier. ¿Quién era?

—No vuelvas a pronunciar su nombre en esta casa.

—¿Que no vuelva...?

—¿Quién te ha hablado de él? —la interrumpe.

—Eso no es lo importante.

—Ha sido Andrea, ¿verdad? La asesina de tu hermano. —La pena se transforma en rabia—. Sí, no pongas esa cara, me ha llamado la policía. Me han dicho que la detuvieron ayer, acusada de asesinato. Ella mató a Jaime. ¿Me oyes? ¡Ella mató a Jaime! Y que tú estabas allí con ella. ¡¡Traidora!! —grita, y se levanta. Pequeñas gotas de saliva salen disparadas de su boca como restos de metralla—. ¿Cómo has podido hacerme esto? —Se lleva las manos a la cabeza, desencajada—. ¿Cómo has podido hacernos eso?

—¡Mamá! —Paz se levanta y trata de abrazarla, pero Nines no se deja.

La bofetada de su madre la hace caer al sofá. Es la primera vez que le pega. No solo es el golpe, sino también la intensidad, con una fuerza que no había visto nunca en ella. Un abismo se acaba de abrir entre las dos, y Paz sospecha que se va a quedar ahí para siempre. Mira a su madre desde abajo, con el cuerpo que de repente se ha hecho un ovillo, sin terminar de entender el porqué de esa violencia.

O quizá entendiéndolo, pero sin admitir a sí misma la verdad.

—¡Eres una puta! —le grita Nines, roja de ira—. Una prostituta emocional. Te vendes al que mejor te pague, ¿a que sí? Ahora ha vuelto esa zorra y te ha comprado. Dime, ¿cuánto? ¿Qué te ha prometido? ¿Qué? ¿Perdonarte por lo que le hiciste a su hijo?

53

Paz está nerviosa. Bastante. Da saltitos con los pies, apoyándose alternativamente en el derecho y el izquierdo para descargar la ansiedad sin moverse del sitio. Aprieta las manos con fuerza la una contra la otra, estrujando las articulaciones, como si quisiera hacer fluir toda la angustia de su cuerpo hacia los dedos y desde allí pudiera lanzarla fuera de sí misma. O quizá es que comprimiéndolos con tanta fuerza trata de que sea la única parte de su persona que exista en ese momento tan difícil: unos largos y suaves dedos en los que concentrarse para olvidar todo lo demás.

Que alguna de las personas de la cola la miren sin disimulo y cuchicheen sobre ella no ayuda en nada. Saben quién es. Y, evidentemente, sospechan a quién ha ido a ver, algo que les parece de las cosas más interesantes que han visto allí en mucho tiempo.

Y eso que en una cárcel hay muchas cosas interesantes, o, al menos, de las que sirven para contar historias que remueven los estómagos.

—Sí, ¿qué pasa? —Quiere encararse con todas esas personas y gritar—: Soy yo y vengo a ver a la mujer encarcelada por matar a mi hermano pequeño. Será que vosotros venís a ver a angelitos de la caridad. Dejadme en paz.

Pero sabe que eso empeorará las cosas.

Así que baja la cabeza y calla, como si estuviera arrepentida de estar allí.

Cuando llega al control de acceso tiene que dejar en una taquilla todo lo que lleva encima, incluido el móvil. Es una sensación extraña, se siente desnuda sin él, como si le hubieran arrancado una parte de su cuerpo.

Andrea la espera al otro lado de una pantalla de metacrilato, vestida con un cómodo chándal negro, elegante como siempre, con el porte que el viejo dinero da, generación tras generación, a las tataranietas de las que un día fueron mujeres distinguidas y refinadas, como si el estilo pudiera heredarse grapado en algún gen.

—¿Qué haces aquí? —Está emocionada. Emocionada de verdad—. Cuando me han dicho que venías a visitarme no me lo creía.

—Aquí estoy, sí.

—Te está mirando todo el mundo.

—Nos está mirando todo el mundo —la corrige—. A ti y a mí. Ya he tenido mi dosis de cotilleos en la cola de acceso a la cárcel.

—Hoy es día de visitas —sonríe—, esto está hasta arriba. Nos hemos convertido en la atracción del lugar.

—Pues que disfruten. —Paz sonríe también—. Que hablen y que les den. ¿Cómo estás?

—Bueno, soy una asesina de niños. La verdad es que no muy bien. Pero me han puesto en un módulo de buen comportamiento y eso hace la cosas ligeramente más fáciles.

—Me da mucha pena que estés aquí. Lo siento mucho.

—¿Qué culpa tienes tú, mi niña? —Quisiera atravesar la pantalla y abrazarla con fuerza, como hacía cuando era pequeña y se dormía en sus brazos.

Paz se encoge de hombros, conmovida por la ternura de esa mujer.

—¿Cómo te puedo ayudar? —le pregunta.

—Que vengas a verme ya es un milagro. Como lo fue tenerte cuando eras pequeña.

—Siento no recordar a Asier. Lo siento mucho.

—Casi es mejor que lo hayas olvidado. Duele demasiado.

—Pero yo tenía seis años. Lo he estado intentando. He estado pensando mucho. Debería acordarme de algo.

—¿Sabes de lo que me acuerdo yo? Me acuerdo de cómo me consolabas, siendo tan pequeña. De cómo te abrazabas a mí. Te subías a mi regazo, me acariciabas la cara y me besabas las manos casi con devoción. Me decías que no estuviera triste, que yo también era tu mamá. Que me querías mucho.

—Algo recuerdo de eso. De dormirme abrazada a ti. De todos los besos que me dabas. Fuiste mi madre durante muchos años. Te he echado mucho de menos.

Al otro lado del metacrilato, a Andrea se le saltan las lágrimas, y por un instante piensa que quizá haya valido la pena verse encerrada allí para recuperar a esa niña.

—Nada puede sustituir a un hijo muerto, pero, de alguna manera, tú llenaste un poco el inmenso hueco que había dejado Asier.

Paz empieza a comprender muchas cosas, piezas que habían quedado sueltas en su vida comienzan a encajar. También emociones que no comprendía. O ciertos tipos de dolor que nunca había sabido expresar.

—Murió Asier —reflexiona, aunque lo hace en voz alta— y te quedaste sin tu hijo. Y luego, cuando os separasteis, mi madre volvió a quitarte a otra hija. Te separó de mí.

El llanto de Andrea es ya desconsolado. No tiene nada a mano para limpiarse los mocos líquidos que gotean desde la nariz, así que utiliza el bajo de la sudadera, que se mancha con una mezcla de saliva y mucosidad. A Paz le rompe el alma verla así.

Se siente culpable.

—Andrea, por favor, pero ahora me tienes aquí, ahora volvemos a estar juntas —intenta consolarla. Coloca las palmas de las manos en la barrera transparente que las separa, tratando de acercarse lo máximo a ella.

—¿Sabes por qué estoy aquí en la cárcel? —Con el llanto, Paz apenas entiende lo que le ha preguntado.

—No te comprendo.

—Que si tienes alguna idea de por qué estoy aquí.

—Pues porque la policía no tiene ni idea de hacer su trabajo.

—No. Hay algo que tú no sabes. Jaime desapareció el día del cumpleaños de tu madre, que es el mismo día en el que murió Asier. Una bonita fecha para la venganza, ¿no crees? Demasiadas casualidades juntas. Un niño desaparece el mismo día en el que murió mi hijo. Y resulta que ese niño es el hijo de mi exmujer, a la que he odiado todos estos años y contra la que he jurado venganza en público y en privado por haberme abandonado como a un perro. Durante un tiempo la estuve acosando por teléfono, a tu madre. Y últimamente había tratado de hablar con ella otra vez. Y tenía llaves de la casa. Y —había estado yéndote a ver, en la distancia, te echaba de menos, geolocalizaron mi móvil varias veces cerca de tu casa... Pero no se lo dice, claro— y... por todo eso. Por todas esas malditas casualidades estoy aquí.

Por todas esas malditas casualidades se manda a una persona a la cárcel, piensa Paz. Quiere preguntarle algo. Pero no se atreve. La duda está atascada en su garganta desde antes incluso de llegar a esa prisión. Pero no puede irse sin planteársela.

—Tengo que hacerte una pregunta, me duele mucho, pero necesito saberlo.

La mujer levanta la mirada, sorprendida por el tono solemne. Deja de llorar. Duda. Pero al final mueve la cabeza en un gesto de afirmación.

—Dime —otorga.

Paz la mira. Y saca fuerzas para preguntárselo.

—¿Cómo murió tu hijo?

Andrea no se esperaba para nada ese golpe en el estómago.

—Ya te lo conté. Se cayó por la ventana.

Paz se queda callada, pensando. No lo entiende. Esa pieza no encaja.

—Mi madre me ha dicho... —no sabe si seguir— que me tenías que perdonar por lo que le hice a tu hijo. —Andrea abre los ojos como platos—. ¿Qué le hice a Asier? ¿Por qué me tienes que perdonar? ¿Lo trataba mal?

—No le hiciste nada. —Es tajante—. Si fuiste tú la que avisaste de lo que había pasado —se le corta la voz—. Llevaba tiempo pidiendo un perro. Un perro, mamá, quiero un perro, insistía una y otra vez. Quizá, si se lo hubiera comprado, seguiría vivo. —Una lágrima solitaria asoma por su ojo izquierdo. Tiene que hacer una pausa antes de continuar—: Estaba solo en su habitación. Le habíamos puesto el escritorio frente a esa ventana que era como un cuadro enmarcado, con la Puerta de Alcalá que parecía que podía tocarse si alargabas la mano. Y oyó al perro. Cogió el triciclo con el que jugaba de pequeño, lo puso junto a la ventana, se subió, se asomó y cayó siete pisos al vacío. Tú empezaste a gritar, eran aullidos de angustia lo que salía de tu cuerpecito. No sé de dónde sacaste esa voz. Cuando tu madre entró a la habitación de Asier estabas subida al sillín del triciclo, asomada, mirando al fondo de la calle donde se había estrellado Asier. Creímos que te tirabas tú también.

La revelación abre un silencio entre las dos. ¿Qué decir después de eso? Solo se miran, tratando de comprender lo que está sintiendo la otra. Dejándose espacio para asimilarlo. Dándose tiempo para perdonar. Y perdonarse.

Aunque el metacrilato que las separa no se lo pone fácil.

—No quiero hacerte llorar, perdona —dice, al fin, Paz—. No quiero hacerte llorar. Mi madre ha declarado contra ti. No sé si habrá dicho alguna mentira. No lo sé. Pero yo estoy convencida de que eres inocente.

—Tu madre está... está desquiciada, Paz. Perder a un hijo...

—Pero no puede mentir así. No puede mentir así. No puede decir que has sido tú.

—Cariño... —trata de calmarla Andrea. Y se da cuenta de la inmensa burla de la vida que representa haber podido por fin romper el muro emocional que la separaba de esa chica a la que nunca había dejado de querer, pero encontrarse con otro muro, físico, que le impide tocarla—. Cariño, tienes que comprender que tu madre tiene épocas en su vida en las que deja de ser ella. Es alguien inestable emocionalmente, como una montaña rusa.

—Antes era así. Pero cuando llegó Jaime cambió. Se convirtió en una persona distinta. Más sensata. Más reflexiva. Más madura.

Andrea hace un gesto extraño al otro lado de la pantalla que las separa. Un gesto que Paz no sabe interpretar.

—¿Ves? Jaime la hizo madurar. Piensa —le dice— que el golpe que ha recibido con su muerte es brutal.

—¿Sabes? Siento que ya no es mi madre —confiesa—. Siento que me he quedado huérfana.

Al pronunciarlas, las palabras se vuelven sólidas y hacen más real esa emoción que llevaba días sintiendo. Se ha quedado huérfana.

—No digas eso, por favor. —Andrea busca algo con lo que golpear y romper el plástico que las separa. Pero no lo encuentra. Y tampoco podría. Es a prueba de golpes—. Mírame a los ojos —le suplica—. Mírame. Me tienes a mí, aunque sea en esta cárcel. Me tienes a mí. —Todo su cuerpo está pegado al muro transparente que se interpone entre ellas.

—Te voy a sacar de aquí, te lo juro. —Paz se pega al otro lado, también con el cuerpo retorcido por encima de la pequeña mesa—. Te voy a sacar de aquí.

—Escucha, Paz, vamos a hacerlo bien. ¿Te parece? —Las dos se sientan, recobrando en parte la compostura—. Un buen abogado cuesta mucho dinero. He pensado vender la casa de mis padres y todo lo que hay dentro. ¿Te puedes encargar tú? Necesito a alguien fuera. Y solo te tengo aquí.

—Claro que sí —admite, entusiasta—. Claro que sí. Lo que necesites. Aquí me tienes. ¿Te puedo preguntar una cosa?

Una más.

—Claro.

—¿Fue Jaime el que os separó? Tú te fuiste de casa al poco de nacer él.

Andrea baja la cabeza, avergonzada. Piensa unos segundos la respuesta. Sabe que definirá la nueva relación que está estableciendo con Paz, tantos años después.

—Sí, fue Jaime el que nos separó a tu madre y a mí. Con Jaime comenzó todo. Terminó todo, en realidad. Terminó mi relación con tu madre. Y terminó mi relación contigo. Ya no volvimos a vernos más. Yo a ti sí. De vez en cuando iba a verte a la salida del colegio, o te seguía con tus amigas. Ya había perdido a un hijo, no quería perder a la otra. No... no pude romper el cordón umbilical contigo. Necesitaba notarte cerca, aunque tú poco a poco me fueras olvidando. U odiando, que era peor. Nunca he dejado de quererte. Y todo fue culpa de Jaime. Tú no te acuerdas, ¿verdad?

Paz niega. Pero no saca el valor de preguntarle lo que la ha llevado hasta allí. ¿Quién es ese otro hermano que dices que tengo?

54

Muchas veces sería mejor no pensar. Pensar es traumático, allá donde vayamos o donde miremos llena nuestra vida de letreros de neón recordándonos todo lo que puede salir mal. Hoy. Mañana. O dentro de tres años. Lo que puede salir mal o lo que ya salió mal y que, aunque no podamos cambiar, regresa a nosotros en un bucle abrumador que nos hace pequeñitos y desdichados frente al mundo.

Santi tiene la ventaja de pensar mucho, pero solo de manera absolutamente racional. Científica. Rectilínea. Las emociones —los letreros de neón— se las deja a Delito una vez por semana, dos o tres horas, dependiendo de lo que lo necesite en cada momento. La válvula que deja salir el gas en la olla a presión. Y a pesar de que últimamente los límites parecen haberse difuminado un poco, trata de volver a la normalidad. Mantener estancos los compartimentos de su cabeza y no hundirse como un Titanic cuando el agua helada del Atlántico norte empieza a pasar de uno a otro.

Es lo que le mantiene vivo. Pensar, pensar y pensar. Ponerse retos que resolver.

Y el de esa chica es uno de ellos.

Si Santi está en lo cierto, Paz Rojo es la clave.

Pero, antes, tiene que convencerla.

—Hola —le dice, acercándose a ella por la calle. Trata de ser simpático y amable, modular la voz de forma suave, nada de agresividad, aunque tampoco parecer un baboso. Contacta con ella en un lugar con mucha gente, para que no se sienta en peligro, en plena calle, en el centro de Madrid, por la tarde, a plena luz. Paz trata de pasar desapercibida con una gorra y unas gafas de sol. Nadie repara en ella, pero Santi la reconoce—. Hola —repite. La chica le mira con una mezcla de temor y hartura—. Igual no te acuerdas de mí —prosigue.

Paz acelera el paso, mirando fijamente al frente. ¿Cuánta gente le habrá dicho eso las últimas semanas, desde que desapareció su hermano pequeño?

—Soy el que te libró el otro día del pesado que se había sacado una foto contigo. —Ella lo mira de reojo. Pero sigue caminando. No se fía—. Soy el forense que le hizo la autopsia a Jaime —añade Santi.

La chica siente como si hubiera chocado contra un muro y su cuerpo rebotara hacia atrás. Se gira muy lentamente, para mirar a ese hombre que se había puesto a caminar a su lado. Se ha quedado muda, tratando de digerir toda aquella información. Congelada en el tiempo y en la emoción.

—¿Y? —responde, al fin, tratando de no darle importancia.

—Te preguntarás por qué te abordo en plena calle.

—No. —Golpe directo al ego de Santi.

—Bueno, es que... —Pocas veces se queda sin palabras. Y esa chica lo ha dejado mudo.

—Tengo un poco de prisa, así que, por favor, ¿me dejas en paz? —Y vuelve a caminar con rapidez, dejándolo de lado.

—Tengo algo muy importante que contarte. —Santi no quiere perderla. Va a jugárselo todo a una carta. No tiene sentido andar con rodeos—. Tienes otro hermano.

—Anda, ¡qué noticia tan novedosa! —Recobra el paso. Y la calma. Si ese tipo, guapo, por cierto, lo único que tiene que decirle es lo de su hermano, puede quedarse tranquila—. Ya lo sabía.

—¿Ya lo sabías? —se sorprende Santi. Definitivamente, nada está saliendo como había planeado.

—Sí. Y está muerto —contesta, en tono burlón—. ¿Algo más? ¿Me vas a dejar ya tranquila o tengo que llamar a la policía?

Vaya con la niña.

—¿Tú sabías que era tu hermano?

—Sí —contesta, con firmeza. Se acaba de enterar de la existencia de Asier, pero no quiere seguir hablando con ese tipo. Así que miente.

—¿En serio?

—Pero ¿qué es esto? Por favor, déjame tranquila. ¿Y a ti qué más te da? ¿No me has dicho que eres forense? ¿Qué más te dan mis hermanos?

—Pues porque quiero saber quién los ha matado. Y por qué a uno de ellos de esa manera tan cruel. ¿No te ha dado pena ver sus imágenes en televisión, escuchar lo que le hicieron, cómo lo torturaron?

Ahí es cuando algo cambia. Santi lo percibe desde que la chica procesa la información. Hay algo que ella no entiende, pero que está jugando a su favor. Paz empieza a caminar un poco más despacio y lo mira, atentamente, de arriba a abajo.

Santi la invita a tomar algo en la fabulosa terraza del ático del hotel que preside la plaza de España. No había regresado allí desde el caso de los diez suicidas. Entrar en aquel edificio le produce cierta angustia, como un bofetón de un pasado tan reciente que sigue sangrando, a pesar de la distancia física y mental que quiso poner con su retiro. Ahora se da cuenta de que nada se olvida, todas las cicatrices vuelven a abrirse. Óscar, Berta, Bruno, la brutalidad de lo que le hicieron, lo que él descubrió... Todo comenzó allí, unos pisos más abajo de donde se encontraba ahora mismo, con esas diez personas anónimas que cayeron desde diez habitaciones de la planta séptima.

—¿No te da miedo?

Parece que Paz le ha leído el pensamiento, y durante una fracción de segundo Santi se angustia. ¿Le da miedo tirarse o le da miedo empezar a desentrañar otro misterio con un final tan doloroso para mucha gente? Pero, en realidad, la chica no se refiere a nada de eso, sino a la pasarela con un suelo de cristal transparente que cuelga sobre el vacío a veintiocho pisos de altura y por la que están cruzando, como si flotaran en el aire y pudieran caer en cualquier momento.

—No. No te preocupes —le dice, con convicción, dando pasos firmes—. Esta pasarela es capaz de soportar dos mil kilos de peso, está fabricada de un material...

—Vale, vale —le interrumpe ella—, no quiero lecciones de resistencia de materiales. Solo te preguntaba por las emociones. Las tuyas. Si no te da miedo pasar al otro lado.

—No. ¿Por qué?

—Porque una cosa es saber y otra sentir.

—A pesar de que mis sentidos quieran engañar a mi cerebro, y generen una angustia que asegure que ese cristal transparente se va a romper, sé que no va a pasar nada. ¿A que si fuera opaco y no vieras los veintiocho pisos que hay debajo, no te daría miedo?

—No sé —reflexiona Paz, dando pequeños pasos temerosos y agarrándose con fuerza a la barandilla—, quizá no tanto. ¿Estás seguro de que no se va a romper?

—Venga, confía en mí. —Santi le tiende la mano, y caminan juntos hacia el otro extremo de la pasarela.

—A mí me dan miedo muchas cosas —confiesa, un rato después, Paz, sentada en una de las mesas más alejadas de la barandilla de cristal que se asoma al vacío de la plaza.

—Es normal. Lo que ha pasado con tu hermano...

—No, soy así de siempre. Hay gente menos miedica. Y gente más. A mí me ha tocado en el lote de los que se cagan encima por todo.

—Si te consuela, a mí me han tocado muchos otros lotes en la vida. Cada cual carga con sus mierdas. Y el de tener miedo no es de los peores.

—También es verdad —admite la chica—. Pero si encuentras a alguien que te dé la mano para cruzar las pasarelas transparentes sobre el vacío —sonríe—, las puedes atravesar.

Óscar. Berta. El que quizá sea su hijo. Su cabezonería. Las ganas incontrolables de tener siempre la razón. Santi piensa en los precipicios de su vida. Y en que él tampoco sabe cómo atravesarlos.

—¿Qué quieres tomar? —Cambia de tema. Hace una seña a uno de los camareros, que se acerca sorteando el resto de mesas y sillas.

—Un café largo manchado con leche de almendra y sacarina.

—Bueno —sonríe Santi—, pues eso para la señorita y para mí un zumo de naranja natural.

—¿A qué hermano te refieres? —le pregunta Paz, cuando ya tienen las bebidas sobre la mesa, mientras sostiene el pequeño vaso de cristal caliente entre las manos.

A Santi le desconcierta la pregunta.

—¿No estamos hablando del mismo?

Paz sonríe, con tristeza.

—Creo que no. Yo estaba pensando en Asier.

¿Asier? ¿Quién es Asier? La cabeza de Santi trabaja con rapidez tratando de encajar las nuevas piezas del puzle.

—Mira, vamos a ordenar todo esto porque no nos estamos entendiendo —le propone—. Creo que lo mejor es ir clasificándolo todo por orden cronológico, así todo estará más claro. ¿Te parece?

—Sí, pero antes... —Paz duda. Quiere pedirle que le cuente una cosa, aunque no sabe si desea saberla de verdad—... antes... —vacila—. ¿Me puedes decir cómo estaba Jaime?

—¿En qué sentido?

—Tú le hiciste la autopsia a su cuerpo. ¿Sufrió mucho?

La pregunta que más les duele contestar a los forenses. Pocos de los cuerpos que terminan en sus mesas murieron de manera plácida. Casi todos llevan su parte de dolor estampada en lo que queda de ellos.

—No —miente, tratando de aparentar firmeza y convicción.

—¿Seguro? —insiste.

—No, de verdad. No sufrió. No creo que hayas leído el informe de la autopsia, o si algún policía se lo dejó leer a tu madre. —Paz baja la cabeza—. Le asfixiaron con algo blando. Y —decide mentir, ¿qué gana añadiendo más dolor a la vida de esa pobre chica?— no sufrió. No se enteró. Quizá estaba dormido.

—Pero ¿y si estaba despierto?

—Si estaba despierto, no le dio tiempo a darse cuenta de lo que estaba pasando. Confía en mí. —Trata de parecer convincente—. No fue traumático para él, ni siquiera si hubiera estado despierto. —Paz lo mira como si no creyera en lo que dice. Sé que me estás mintiendo, dicen sus ojos.

—No soy una niña, puedes contarme la verdad.

—Te la estoy contando —insiste Santi. En realidad, la autopsia reveló que probablemente Jaime estuviera despierto y que tenía marcas de haberse opuesto a su agresor. En los últimos instantes de su vida se dio cuenta de que alguien quería hacerle mucho, mucho daño. Y quizá, también, de que estaba muriéndose. Lo estaban matando.

Pero ¿de qué servía contárselo a esa chica?

—Venga, y ahora cuéntame de ese otro hermano —trata de cambiar de tema.

—Se llamaba Asier.

—Asier —repite Santi.

—Y no me acordaba de él hasta que visité su tumba. Con su madre.

Su madre. La tercera persona del posesivo no se le escapa a Santi. Su. La suya. De otra persona. Asier y Paz no compartían madre.

—¿Solo era tu hermano de padre?

—No. No era hermano biológico. Ni de padre ni de madre. Pero era mi hermano de familia. Era el hijo de la mujer de mi madre. De Andrea Plaza.

Clic. Clic. Clic. Todo encaja. Todo encaja. Santi está a punto de gritar de la emoción, pero se contiene. Sigue haciendo preguntas y Paz le cuenta todo lo que sabe de ese niño, lo que le ha contado Andrea y lo que ha recordado ella los últimos días.

Pero ahora es ella la que quiere saber. Santi duda hasta dónde decirle.

—¿Y tú? —le pregunta la chica, tratando de no parecer impaciente—. ¿De qué hermano me hablabas? Porque, claramente, no es de Asier. Y, que yo sepa, no tengo más hermanos. Ni biológicos ni comprados, robados o de cualquier otra procedencia. —Pero puede ser el hermano del que le hablaba Andrea. Se pone tan nerviosa que tiene que controlar los temblores de su cuerpo. Trata de parecer interesada, pero lo justo.

—Tienes otro. Mayor.

Tres palabras que deberían dejarla helada. Pero que encajan en algo que ya sabía.

—Tengo otro hermano. Mayor. —Sonríe. Parece incluso ilusionada, algo que sorprende a Santi. Lo que el forense no sabe es que Paz ya había oído hablar de él. Es el hermano al que se refería Andrea y del que nunca quiso darle más detalles. Quizá por fin tenga una familia. Una de verdad—. ¿Puedo conocerlo?

Santi no sabe lo que es la delicadeza. Para él, el cuerpo solo es la manera que tiene el cerebro de obtener lo que necesita; y los sentimientos, un obstáculo que evacúa cuando se transforma en Delito. No sabe tratar a las personas con la sutileza y suavidad que suelen ser necesarias en la vida para no herirnos demasiado los unos a los otros.

¿Cómo se lo dice? Sí, tenía otro hermano. Y quizá haya oído hablar de él. En las noticias. Por la manera violenta en la que murió.

—Lo siento, Paz. ¿Recuerdas que te he dicho que le he hecho la autopsia? —Es verdad. Ahora se acuerda—. No es exacto decir que tienes un hermano mayor. Tenías un hermano mayor. Y, como a Jaime, también lo han asesinado.

Claro que sí. Una forma exquisitamente primorosa de dar una noticia así, con la ternura necesaria que exigen tanto el contenido como el destinatario, como el momento.

Clic. Clic. Clic. A pesar del dolor, Paz también va juntando las piezas de su historia.

—¿Quién era?

—Se llamaba Emilio.

—Emilio. Emilio —repite Paz. Tenía un hermano que se llamaba Emilio.

—Quizá hayas oído hablar de él.

¿Hablar de él? ¿Un famoso?

Pero no.

—Siento decirte esto —Santi busca las palabras con las que reducir el impacto emocional, pero le cuesta encontrarlas—, con todo el dolor que tienes encima, pero creo que tienes que saberlo. Y de alguna manera me siento en la obligación de protegerte.

—A mí no tienes que protegerme de nada. —De repente, Paz levanta un escudo entre los dos—. Yo me defiendo solita. ¿Quién te crees que eres? —dice, con desprecio, poniéndose en pie.

—Perdona, me he explicado mal.

—No. La has cagado, machito musculoso con ínfulas de protector de damas.

Joder, joder. ¿Qué haría Delito en una situación así? Piensa, Santi, piensa.

—No te vayas —le suplica—. No te vayas. Perdóname. Me cuesta relacionarme con las personas. Pero imagino que a ti también te pasa. En el fondo, llevamos muchas heridas encima —le muestra las manos, llenas de cicatrices que sorprenden a Paz. Y eso le da una oportunidad.

—¿Por qué debería quedarme?

—Porque tienes derecho a saberlo... Porque ya está bien de que te traten como a una niña.

—Y tú vienes de repente a darme mi sitio en el mundo.

—No. No vengo a nada. Solo a contarte lo que sé. —Se encoge de hombros—. Pero si no te apetece o no quieres saberlo... —empieza a soltar lastre, para que ella ahora necesite saber a lo que se refiere él.

—Vale, vale. —Vuelve a sentarse—. Pero nada de condescendencia.

—De acuerdo. Perdona si me he expresado mal. —Santi la necesita para comprobar sus sospechas y empezar a corroborar su teoría—. Voy a contártelo sin añadir almíbar. ¿De acuerdo? —Paz asiente—. A tu hermano biológico, tu hermano mayor, lo encontraron el otro día en un callejón de Madrid. Si a Jaime, tu hermano pequeño, le faltaba una oreja, a Emilio, tu hermano mayor, le faltaban los dientes.

—¿Los... los dientes?

—Todos los de delante. —Santi se los señala—. Su asesino, o asesinos, se los había puesto en un cucurucho de helado.

Ahora lo recuerda. Ha visto el caso por las redes sociales. Ha leído algo. El cadáver con los dientes en un cucurucho de helado.

—Paz, ¿tienes alguna idea de alguien que quiera vengarse de vuestra familia? —le pregunta.

¿Vengarse de su familia?

—¿De qué estás hablando?

—¿No crees que parece una venganza?

—A ver, primero, ¿cómo sabes que es mi hermano? —cambia de tema.

—El ADN. Es tu hermano biológico.

—¿Seguro?

—Paz, a ver..., al cien por cien. Pero repito, ¿tienes alguna idea de quién o por qué querría alguien vengarse de tu familia?

—Andrea está en la cárcel —contesta.

—Ya, pero tú no crees que sea ella, ¿verdad?

La chica se encoge de hombros, negando levemente con la cabeza.

—¿Cómo sabes que yo no creo que es ella?

—Porque la has visitado en la cárcel.

—¿Cómo sabes que la he visitado en...?

—Hay alguien que se está vengando de ti —la interrumpe—. Han matado a tus dos hermanos. —Solo faltas tú, piensa, pero no quiere asustarla—. Por eso creo que estás en peligro. Necesitas protegerte. Y yo quiero coger al que... a la persona que está haciendo todo esto.

—Ese hermano mayor que dices que tengo... —duda—, ¿por qué lo abandonó mi madre?

—Eso no lo sé, Paz, tendrás que preguntárselo a ella.

—Ni siquiera quiere hablar de Asier. Como para preguntarle por ese otro niño —se lamenta—. ¿Tú me puedes ayudar? ¿Qué hacía? ¿Por qué no estaba en nuestra familia?

—Por lo que he averiguado, trabajaba desde casa como traductor literario.

—¿Me dirás dónde está su tumba?

—Todavía está en una cámara del Instituto de Medicina Legal. Nadie ha reclamado su cuerpo para enterrarlo.

Paz se echa a llorar.

—¿Por qué siempre tengo tan mala suerte?

Santi es muy malo consolando a las personas, pero trata de hacerlo lo mejor posible. Cuando la chica se calma, le pide algo más.

—Quiero saber quién lo mató, Paz. Y quiero que no haga lo mismo contigo. Pero para eso necesito que me acompañes a un sitio.

Mientras tanto, pensará si le dice toda la verdad.

55

A la mañana siguiente, Santi entra sin pedir permiso, una vez más, en el despacho de Miguel. Cierra la puerta empujándola con fuerza, sin preguntar si puede estar allí o si su jefe tiene otra cosa más urgente que hacer que escucharle.

—He estado investigando —le dice.

—¿Tú? ¡Qué raro! —se burla el director del Instituto de Medicina Legal—. Lo extraño es que te estuvieras quietecito. ¿Qué has investigado?

—¿Ves? —El gesto es de orgullo y felicidad. Al final, Santi siempre se sale con la suya—. No sé qué haríais aquí sin mí. Termino resolviendo todos los crímenes que pasan desapercibidos.

—¿Y de cuál no nos hemos dado cuenta ahora? —Miguel cruza los brazos, con voz cansina, como si las locuras de su subordinado fueran algo que viniera inherente al cargo, y al sueldo.

—De que todo es un único caso.

—¡Ah, que a todos los muertos que tenemos aquí los han matado los extraterrestres!

—Sí, búrlate. Pero sabes que si sigues en tu puesto, es gracias a mí, cuando el año pasado resolví el caso de los diez suicidas. Si no me llego a dar cuenta yo de lo que pasaba en esos cuerpos, tú estarías fuera de aquí, vete a saber dónde, igual abriendo cadáveres en Melilla.

—O quizá hubiera sido un caso más sin resolver.

—Diez casos. Y la verdad hubiera acabado saliendo a la luz. Y la torpeza de este lugar que tú diriges, también.

—¿Eso es todo lo que tienes que decirme? —Miguel se harta. Hunde su cuerpo en la silla, con los brazos todavía cruzados, deslizándolo ligeramente hacia abajo, como si quisiera desaparecer bajo la mesa.

—No. ¡Coño, Miguel, que no me escuchas! —Es raro que Santi grite, pero lo hace, no demasiado, aunque con el volumen y la intensidad justas para provocar lo que pretendía en su jefe: atención—. Te estoy diciendo que creo, bueno no, que creo no, que sé que tenemos a tres fallecidos que parecían casos distintos y a los que yo les he encontrado la conexión.

—A ver...

—¿Te acuerdas de lo que te conté de los cerebros pequeños?

Miguel parece reaccionar, por fin, como si se pusiera en guardia. Adelanta todo el cuerpo hacia Santi, apoyándose sobre la mesa.

—¿No te dije que dejaras eso? Pensé que ya lo habías olvidado.

—Parece que no me conoces. No. Al contrario. He estado investigando.

—¿Y qué has encontrado?

—Los orfanatos de Ceauşescu. Ese es el hilo del que tirar.

—¿Los orfanatos de un dictador rumano del siglo pasado? —Miguel se ríe—. No seas idiota. Los cuerpos de los que hablas ni siquiera habían nacido en los ochenta, no pudieron pasar por allí. Además, son españoles.

—Déjame que te cuente mi teoría. —Miguel pone cara de hartazgo. Pero no le queda otra opción. Además, piensa, siempre es mejor saber qué pasa por la cabeza de Santi, para poder frenar a tiempo sus locuras—. Tú y yo tenemos ya edad para acordarnos, Miguel. Las imágenes eran terribles. Esos niños desamparados, viviendo en condiciones inhumanas, sucios, sin cuidadores, hacinados en cunas con barrotes altísimos unos encima de otros. Salieron una y otra vez en las televisiones de toda Europa, cuando la tele la veían millones y millones de personas, los países enteros prácticamente. Todo el mundo se conmovió, y hubo una oleada de solicitudes de adopciones para esos pequeños. Bueno, algunos no tanto, ya tenían casi diez años.

—Y crees que uno de esos niños, ya muy mayor, con más de treinta o casi cuarenta años, es el que ahora está cometiendo asesinatos en serie. Como venganza o algo así contra el país que le acogió —se ríe— o alguna otra tontería. Venga, Santi, esa teoría es absurda, incluso para alguien como tú, dado a elucubrar cosas que nos están negadas al resto de mortales mucho menos listos. —Miguel suelta una carcajada, quizá demasiado forzada.

—No estás entendiendo nada —se desespera Santi.

—¿Entonces? ¿A qué viene esa mención a los niños adoptados a principios de los noventa en Rumanía?

—Porque hay que buscar ahí. Pero ahí no quiere decir en esos niños, sino en la marca que ese maltrato y ese abandono dejaron en sus cerebros.

—¡Ah! Los marcaron como vacas, con hierro al rojo vivo. Pero dentro de las cabezas —se burla su jefe—. Has vuelto enfermo de tu retiro, Santi. Más de lo habitual.

—Mira, Miguel. ¿Te puedes callar y escucharme hasta el final? En el Reino Unido han ido siguiendo la evolución de esos niños de los orfanatos de Ceauşescu adoptados por familias británicas. Querían estudiar el impacto del sufrimiento y de un ambiente hostil durante los primeros años de vida. Y han encontrado que, a pesar de todo el amor y todos los cuidados que recibieron esos niños y niñas en sus nuevos hogares y con sus nuevas familias, y a pesar de que algunos eran tan pequeños que ni siquiera se acuerdan de su paso por el orfanato, todo aquel sufrimiento ha dejado una huella perpetua en sus cabezas. Una huella que se puede medir. La ciencia está ahí, es exacta —disfruta—. Y resulta que los cerebros de esos niños y niñas son más pequeños que los de la media de la población. De una forma exacta. ¿Y adivinas cuánto? Pues sí —se contesta él mismo, disfrutando de la explicación—, tachán, dependiendo del tiempo en el que estuvieron en esos infiernos, entre un ocho y un nueve por ciento. Todos. Eso es muchísimo. Muchísimo. Pero no solo se trata del volumen cerebral, es que también se reduce el grosor en algunas zonas fundamentales del cerebro.

—Mira, Santi, no me irás a decir... —le interrumpe su jefe.

—Sí, te lo digo. Te lo digo porque lo dice la ciencia. Grábate esto bien en la cabeza: el sufrimiento en los niños deja para siempre una huella en sus cerebros, porque se produce cuando son más plásticos y moldeables, y por lo tanto, en el resto de sus vidas, tiene consecuencias para siempre. Han pasado más de treinta años desde que esos niños salieron de esos orfanatos infames de Ceauşescu y siguen padeciendo las consecuencias. Cuando llegaron al Reino Unido tenían un menor cociente intelectual. Al crecer, ese retraso cognitivo desapareció, pero aparecen otros problemas. A partir de los veinte años, ya adultos, sufren episodios de ansiedad y depresión.

—¡Joder, como toda España!

—No, no como todo el mundo. Mucho más que la media. Son personas con distintos grados de dificultad para hacer amigos, para encontrar trabajo, para querer y sentirse queridos. Gente con ataques de ansiedad y falta de autoestima. Todos ellos. Todos y cada uno de los pequeños que salieron de los orfanatos de Ceauşescu y fueron adoptados por familias del Reino Unido tienen las mismas patologías. Su cerebro tuvo que adaptarse a condiciones inhumanas para sobrevivir. Cuando salieron de allí y fueron acogidos por familias que les proporcionaron un hogar normal, sus cabezas ya se habían configurado para ese entorno de supervivencia extrema. Y no pudieron cambiar. Ojalá se hubiera hecho el mismo estudio en niños de otros orfanatos, pero nunca hubo una adopción tan masiva, de pequeños que habían sufrido tanto y que venían de las mismas condiciones infernales, como para poder hacer un trabajo científicamente correcto.

—Vale, ya me has contado un estudio científico molón, e interesante, tengo que reconocerlo. Pero tú mismo has dicho que es eso, una cosa puntual. Así que ya está, no te obceques. Que lo nuestro no tiene nada que ver con esto. Déjalo.

—¡Joder, Miguel, es que no escuchas! Que los dos muertos que tenemos, el del martillo y el de la oreja, sufrieron mucho en su infancia, no el sufrimiento de un niño al que no le dejan comer chucherías, no, sino el de un niño que padeció de manera extrema.

—Mira, y si fuera así, ¿qué? —admite—. No entiendo qué tiene que ver. Son dos casos distintos. Ya está. Deja de darle vueltas. ¿Quieres líos? Porque, mira, si son para ti, te jodes. De verdad, te los buscas tú solito. El problema es que arrastras a los demás. No eres un alcohólico que se destroza el hígado y muere de cirrosis solo y amargado, eres un alcohólico que sale de noche borracho con un camión por la autopista en sentido contrario.

Miguel, el mismo acojonado de siempre. El hombre triste.

—Pero, a ver —insiste Santi—, no puedes creer que sea casualidad que hayan muerto a la vez y de forma violenta.

—Pues sí. —No concibe otra opción.

—Es que no solo son ellos dos, jefe. Hay alguien que lo conecta todo.

Miguel se asusta. Santi puede verlo en sus ojos.

—¿Cómo que no solo son ellos dos? —Le empieza a dar miedo todo.

—Hay otra persona a la que le pasa lo mismo y que encaja todas las piezas del puzle.

—Ahora me dirás que soy yo, que tengo un cerebro más pequeño —se burla—. Por si no me hubieras restregado por la cara casi cada día tu capacidad intelectual superior a la mía, y a la de prácticamente todo el resto de la humanidad. ¡Venga ya! —Se levanta y hace un gesto de hartazgo—. Vete ya. Déjame en paz.

—Paz Rojo también tiene el cerebro más pequeño —suelta, así, sin anestesia.

Bum.

Silencio.

Santi se calla y sonríe para disfrutar del momento. Le encantan los instantes en los que le revela la verdad al mundo. Si no fuera por eso...

—¿Qué? —reacciona Miguel, tras unos segundos.

—Le pedí que se hiciera una resonancia.

—¿Que has hecho qué? —está casi gritando—. ¿Cómo te atreves? ¿Tú sabes la que nos puede caer?

—Que se hiciera una resonancia —repite—. Sin forzarla. Bajo su propia libertad. Y accedió. ¿Y sabes qué? ¡¡Que tiene el cerebro más pequeño, justo, justo, justo, un ocho por ciento!! —Se levanta y da una vuelta sobre sí mismo, con los brazos estirados en forma de cruz, disfrutándolo—. Y el resto de las características emocionales del estudio británico. Una a una.

—Mira, Santi, escúchame, deja de hacer experimentos, por favor... —Miguel trata de apaciguar su ansiedad. De repente, habla con calma.

—¿No te das cuenta? ¡Es la bomba! Los resultados están claros. Tenemos a tres personas conectadas por la misma, digamos, singularidad. El chico que se mató con el martillo. El chico al que le arrancaron los dientes. Y la hermana del niño al que le cortaron la oreja. Además, estos dos últimos, te recuerdo, son hermanos. Tenemos que pedir la exhumación del cuerpo de Jaime para ver si él también tiene el cerebro más pequeño.

—¿Estás loco? Con toda la trascendencia que ha tenido este caso, ¿quieres pedirle a un juez que saque a un niño de su tumba para ver de qué tamaño es su cerebro? Definitivamente, lo que fuera que te haya pasado los seis meses que has estado fuera te ha destrozado la cabeza. No, no lo vamos a hacer. ¡Fuera de aquí! —grita.

—¿Cómo que no? —Santi grita más—. Estoy seguro de que los tres estuvieron juntos en alguna institución que los maltrataba. Y que eso es la clave para conectar y resolver los casos.

—¡Escúchame! A Jaime lo mató la amante despechada de la madre. Te recuerdo que está en la cárcel. Y al de los dientes, según la hipótesis de la policía, lo debió de matar alguna banda en venganza porque se quedó con mercancía que no era suya. Droga, lo más probable. Punto y final. Deja de buscar coincidencias absurdas.

—Miguel, te digo que tenemos que buscar la institución donde estuvieron de pequeños. Tuvo que pasar algo allí.

—¡Santi! —Miguel grita, al otro lado de la mesa de su despacho—. No hay institución. ¡Deja de decir tonterías! No tenemos que hacer nada. No hay nada, solo una coincidencia. No vas a hacer nada más que tu trabajo aquí. Abrir cuerpos y escribir informes forenses. No me obligues a abrirte un expediente.

—Pero, Miguel...

—Santi, no he hablado más en serio en mi vida. —Está extrañamente enfadado—. Te abro un expediente y te vas a tu casa cagando leches. O a chirona —le amenaza—. No quiero que me metas en problemas. Ya estoy harto. Mira a dónde hemos llegado por no ponerte nunca límites.

—¿Se te va la cabeza? —Santi se levanta con tanta fuerza que la silla en la que estaba sentado cae hacia atrás, haciendo un ruido que los sobresalta los dos—. Pues lo siento. Ya puedes decirme lo que quieras. —Se le acaba de ocurrir una solución más sencilla: ir hacia atrás—. El lunes voy a hablar con la policía, con mi amigo el inspector jefe de Homicidios. Si tú no me quieres ayudar, lo haremos por la vía legal. Pero voy a llegar al fondo de esto cueste lo que cueste.

Un rato después, Santi recibe un mensaje de audio en el móvil. Es Felipe, el técnico de laboratorio. Dos minutos. Santi lo escucha a doble velocidad.

> ¿Te acuerdas de que te conté que Paz y el de los dientes eran hermanos? No, no me equivoqué. Pero supuse que Jaime entraba

> en la ecuación. Que Jaime también era hermano de los dos. Lo di por supuesto. Y quizá así te lo hice entender a ti. Ni me paré a comparar los tres ADN. Fui un imbécil. Imbécil de verdad. Ayer, un compañero se dejó el ordenador abierto, y bueno, ya sabes..., aproveché para usar su acceso para cotillear otras cosas, como si fuera él. Y, pues mira, se me iluminó una neurona, o lo que fuera. Y resulta que los ADN del niño de la oreja y de Paz Rojo no concuerdan. No son hermanos biológicos. Bueno, a ver, Paz y el de los dientes, sí. Pero ellos dos con el niño de la oreja, no. ¿Me entiendes?

Santi lo llama sin perder un segundo.

—Felipe, acabo de escucharte. ¿Estás seguro?

—Segurísimo.

—Por favor, no se lo digas a nadie —le suplica.

—¿Quieres que guarde el secreto? Me juego el culo.

—Guárdalo, por favor, guárdamelo un poco más. Necesito que proceses el de Nines. Necesito saber si ella es madre de los dos mayores o del pequeño.

—En cuanto consiga la contraseña de otro compañero. No puedo dejar tantos rastros. No puede parecer que la misma persona ha investigado los mismos ADN. Saltarían las alarmas. Uno a uno, Santi. Ya te lo he dicho otras veces, sin orden judicial, uno a uno.

Joder, cómo le gustaría colar a Chiqui una tarde allí. Pero, para eso, primero Chiqui tendría que volver a dirigirle la palabra.

—Guárdame el secreto un poco más, por favor. Tengo que hacer algo.

56

Lleva un papel en la mano. Una hoja arrancada de cualquier manera de una libreta de anillas, de esas que usan los niños en el colegio. Un fan chalado más, piensa una de las recepcionistas, que le hace un gesto al guardia de seguridad para que esté atento.

—Buenos días, caballero, ¿qué desea? —Sonríe, porque le han dicho que siempre sonría. Y habla de usted. Porque le han dicho también que tiene que hacerlo siempre—. ¿Tiene cita con alguien?

La chica es amable, porque otra cosa que le han dicho es que sea siempre amable. Solo cuando el visitante se aproxima y lo mira de cerca se da cuenta de las heridas que tiene en la cara, hinchada, amoratada y con puntos suturándole algunos cortes que parecen recientes. Para ver eso no la han preparado. Le suena de algo, eso sí, pero con esas heridas... Igual ha tenido un accidente de coche. Pobre chaval. Quizá viene a que lo entrevisten en algún programa. Su compañera le da una patada por debajo de la mesa. Pero ella no quiere mirarla. No quiere que el chico vea que están pensando cosas raras de él, porque si no es un invitado y es un loco, mejor tenerlo tranquilo.

El guardia de seguridad se aproxima despacio, por la espalda.

—¿Tiene cita con alguien? —insiste la recepcionista, sin dejar de sonreír.

—Me dijo que viniera a verla —contesta, con evidente dolor al hablar, lo que pone en alerta aún más a las dos mujeres.

—¿Quién? ¿Quién le dijo que viniera a verla?

—Berta Gigliani.

Vaya. Efectivamente. Un fan chalado más. Otro que pretende hacerles creer que tiene cita con una de las estrellas de la cadena. Finge que llama a alguna persona al otro lado de la barrera de entrada, pero, en realidad, ha marcado la extensión falsa.

—¡Hola! —pronuncia, jovial y con voz un poco gritona, para que el chico la escuche—. Tengo aquí a un caballero que quiere ver a Berta Gigliani. Sí, claro. Se lo digo. Gracias, cariño. —Cuelga, y se dirige de nuevo al visitante, sonriendo—. La señora Gigliani ahora no puede recibirle. Está reunida. ¿Quiere que le deje algún recado?

—Me dijo que viniera a verla —insiste él.

—Claro, claro que sí. No dudo de su palabra. Pero es que ahora está en una reunión muy importante. No puede atenderle.

—Me dijo que era importante para ella hablar conmigo.

Acabáramos. Por si no estaba lo suficientemente claro. Un desquiciado más.

El guardia de seguridad se coloca junto al joven, por si tiene que intervenir. No sería la primera vez. Ni la última. Los personajes televisivos levantan pasiones. Pero también odios exacerbados. Los extremos se tocan siempre.

—Lo siento mucho, caballero, no dudo de su palabra, de verdad —vuelve a repetir la recepcionista—, pero ahora mismo no puede ser.

—Señor, si me acompaña a la salida, por favor. —Amable, pero firme, el guardia de seguridad le coge del antebrazo.

—¡Que me dijo que la viniera a ver! —Ahora el chico ya grita, y parece que le van a estallar los puntos alrededor de la boca.

—Se acabó. —El vigilante cierra fuerte la mano sobre el brazo del chico, arrastrándolo hacia la salida.

—Por favor, por favor, denle esto. Por favor. —Tira al aire la hoja de papel doblada que llevaba en la mano izquierda, que cae flotando suavemente al suelo. Intrigada, una de las recepcionistas se levanta a por ella.

—¿Qué haces? —le grita la otra—. Si estaba zumbado. No te vaya a contagiar algo esa hoja. Igual lleva virus o mierdas.

—Ay, Marina, no seas plasta. Al menos, para que no la tenga que recoger la señora de la limpieza.

Pero, claro, lo que en realidad quiere es leerla. Le ha picado la curiosidad.

Señora Berta:

Ya he salido del hospital.

¿Se acuerda de mí?

Llámeme, por favor.

Es lo único que está escrito. Eso, y un número de teléfono.

—Tíralo a la basura, Marina, es otro loco más.

Como tantos que escriben a las estrellas del canal de televisión. Si contaran lo que ha llegado dentro de los sobres de correos.

Pero, por carambolas de la vida, el papel con la anotación llega a su destinataria. Una recepcionista curiosa y algo bocachancla. Un auxiliar de producción novato, muy celoso de cada detalle y con ganas de agradar. Y un encuentro casual por los pasillos.

Chiqui va tan metido en sus pensamientos que se asusta cuando lo aborda alguien que tiene la edad de un becario.

—Ay, perdona que te moleste —le dice el chico, recién salido de la adolescencia—. No sé si es importante, pero han dejado una nota para Berta Gigliani. Me lo ha contado una de las recepcionistas y se la he pedido para trasladársela a su destinataria.

—¿Y tú eres?

—Soy Paco, auxiliar de producción. Es mi segundo día aquí. —Sonríe tímidamente. Chiqui se apiada de la candidez de ese joven al que aún no ha achicharrado la maquinaria televisiva. Si supieras lo que te espera.

—Muchas gracias, Paco. —Tiende la mano para recogerla como quien recoge la publicidad que le reparten por la calle, con ganas de ser amable con los que se la ofrecen, pero buscando con el rabillo del ojo la papelera en la que tirarla—. Yo se la llevo.

Pero el pasillo es largo y a Chiqui le da miedo que el joven se haya girado y se dé cuenta de que la nota le importa un pimiento. Así que se la guarda en el bolsillo. La olvida hasta que está esperando el ascensor que sube a la planta de los camerinos y al rozar la chaqueta con el codo, el papel suena.

Y, evidentemente, Chiqui, lee lo que está escrito.

—¿A quién has tenido tú ingresado en el hospital? —le pregunta a Berta antes de darle la nota. No quiere preocuparla con más chalados.

—¿En el hospital?

—¿Has ido a ver a alguien últimamente?

—¿Por qué preguntas eso?

—No —trata de quitarle importancia, mintiendo, claro—, porque te vieron el otro día... ¡Hostia! —Ahora recuerda. Ahora se da cuenta.

—¿Qué te pasa, Chiqui? Me estás poniendo nerviosa.

—¡Hostia, ya sé quién es!

—¿Quién es qué, Chiqui? Que estoy embarazada. No me puedes hacer esto.

—Sí, sí, perdona. Es que ya sé de qué va la vaina. Es sobre uno de los que se dieron martillazos en la cara. Creo que es al que le dejaste tu tarjeta en el hospital.

—Bueno, la de la tele, nada personal. Solo la dirección de aquí. No le iba a dar mis datos privados. ¿Qué pasa? No me asustes. ¿Han entrado en casa?

—No, no. Tranquila. No. Te ha venido a buscar. Mira. —Le tiende la nota, sonriendo—. Aquí tienes tu exclusiva.

Tras la puerta entrecerrada, Chiqui monta guardia con un bate de béisbol.

Están sentados entre cajas de comida. Y de bebida. Y de manteles de tela y servilletas de plástico. Están encajonados en sillas de madera plegables en el pequeño hueco que queda al lado de varias botellas de detergente para lavavajillas y sacos, una montonera de varios kilos de patatas.

—Perdona que te haya citado aquí —se excusa Berta—. Pero necesitamos privacidad.

Noel Gutiérrez mira con desconfianza el pequeño espacio a su alrededor, como si hubiera caído en la trampa de un cazador.

—Es el almacén del bar de un amigo —le explica Berta—. Aquí nadie podrá oírnos. Además, tiene salida por una calle trasera, así que tampoco nos verán juntos. Uno se va por el bar y el otro por el callejón.

El chico no termina de fiarse, pero, una vez allí, no le queda más remedio.

—¿Cómo te encuentras?

A Berta le cuesta sentarse, se contorsiona de lado para caber en la silla. En pocas semanas la tripa ha cobrado vida propia, expandiéndose de una manera casi desquiciada. Coloca los pies sobre un montón de latas de cerveza, para aliviar un poco la presión sobre la cadera.

—En la tele no se le nota tanto —comenta; todavía le duele al hablar.

Berta sonríe.

—Pues ya ves... Pero tú, ¿cómo estás?

Los hematomas casi han desaparecido, las cicatrices donde se abrió la piel siguen frescas, pero ya sin puntos, y los huesos fracturados empiezan a sanar. El cuerpo se cura, pero dentro de ese chico algo ha cambiado para siempre.

—Ya no me hace tanto daño como al principio. Sigo comiendo todo triturado, no sabes las ganas que tengo de comerme un bocadillo, sueño con bocatas, y con *pizzas*. He probado a triturármelos, pero saben fatal, no se lo recomiendo —sonríe, con frustración—. Pero, si quitas eso, voy mucho mejor. He dejado de fumar, así que al menos he conseguido dejar una droga.

—Gracias por ponerte en contacto conmigo.

—Vino usted a verme al hospital —contesta, como si esa fuera razón suficiente.

—Sí. Y lo que me costó. —Trata de ser simpática, contarle anécdotas para que se relaje—. Tuve que pasar disfrazada de celadora entrada en años que os repartía las bandejas con la comida.

—No la reconocí. Pero luego vi su nombre en la tarjeta y la busqué en internet. Y entonces ya me di cuenta de quién era.

—Y decidiste venir a verme. Supongo que porque quieres contarme algo.

El chico se encoge de hombros. Todavía no está preparado para hablar. Quiere hacerlo, claro. A ratos sí. A otros se acobarda. Ya le falta poco. Tendrá que hacerle ella las preguntas oportunas.

—¿Cuándo saliste del hospital?

—Hace unos días —no concreta.

—Imagino que tu vida desde entonces no es fácil.

—Casi no salgo a la calle.

—Pues entonces, todavía te tengo que agradecer mucho más que lo hayas hecho para venir a verme. ¿Te puedo hacer una pregunta? —Él la mira, receloso. Berta decide atacar—: ¿Por qué os rompisteis la cara a martillazos?

Suspira.

—Era una prueba.

—¿Una prueba?

—Como una señal. Sí. Una señal para el mundo, para que los que son como nosotros supieran que no están solos.

—¿Los que son como vosotros?

Cuando entras ahí te sientes arropado, sientes, por fin, que alguien te entiende, que no estás solo. Es el momento más feliz de tu vida. —Berta trata de no poner cara de asombro. Tiene que controlarse mucho para que parezca que todo lo que le está contando es normal y aceptable—. Tienes compañeros para lo que necesites, en cualquier momento. ¿Se imagina usted lo que es eso? Bueno, no. ¿Cómo se lo va a imaginar usted, que tiene éxito, que es adorada por todo el mundo? Pero para un marginado como yo, encontrar a gente igual que sabe lo que estás pasando y que te hacen sentir parte de un grupo fuerte y compacto es un milagro. Mi vida era una mierda. Una completa mierda. Hasta que di con ellos.

—Hasta que diste con gente que te provocó todo ese dolor. —Berta es incapaz de reprimirse.

Noel la mira, receloso.

—Me lo provoqué yo mismo. Por una buena causa.

—¿Tú mismo? ¿Tomaste la decisión con total libertad? —Señala la cara del chico—. ¿Crees que esa gente te quiere? ¿Que esa gente te apoya?

—Son mis hermanos. Claro que sí. Todo tiene un sentido —afirma con convencimiento.

—¿Lo sigues creyendo después de lo que ha pasado?

El chico duda. Un poco. Pero duda.

—Claro que sí.

—Pues yo creo que no. Creo que has visto que todo era una locura. Y que por eso estás ahora aquí conmigo.

—Ellos...

—Ellos son unos abusadores. Se metieron en tu cabeza y no dejaron de zumbar como un mosquito en la oscuridad de la noche. Hicieron que te provocaras ese destrozo.

—Me lo hice yo. Me lo hice yo. ¿Qué es lo que no entiende?

—Mira, quizá hay algo en lo que puede que todavía no hayas reparado. Cometiste esa locura en público. Y siempre, siempre, te recordarán por eso. Vayas donde vayas, tu vida estará marcada por ese momento. En cualquier punto del planeta. Eternamente serás el hombre desquiciado que se rompió la mandíbula a martillazos. Sin amigos. Sin trabajo. Sin novia. Sin futuro. ¿Y dices que esos que te obligaron a hacerlo son tus hermanos?

Vuelve a dudar. Un poco. Pero Berta ha visto ya la grieta. Y cuando una roca deja un resquicio, romperla es fácil. Incluso si solo tienes agua. Únicamente hay que colarse en el hueco, encajándose en él, y no salir nunca. No rendirse hasta que lo hagas trocitos.

—Los hermanos se cuidan siempre —sigue machacándolo Berta—. Y nunca piden sacrificios. Al contrario, son ellos los que se sacrifican por el resto. A los que tú llamas hermanos son, en realidad, personas que querían dominarte para abusar de ti.

—No.

—¿No? ¿A que adivino cómo lo hicieron? Te envuelven en cariño falso, hacen ver que eres importante para ellos, te escuchan, solucionan tus problemas, te atan emocionalmente con una cuerda tan gruesa que se convierte en el único asidero emocional que tienes en tu vida. Y después, cuando ya eres totalmente dependiente de ellos, te obligan a hacer una barbaridad y que encima tú creas que es tu propia decisión. Piénsalo bien.

—Pero...

—¿A que fue así?

—Puede... —vacila—... puede ser.

—Yo quiero ayudarte. Mírate, no tienes derecho a que te hayan hecho eso. —Noel asiente, ligeramente, y Berta se envalentona—. No has sido tú. Aunque eran tus brazos, los manejaban ellos. ¿Por qué no me das sus nombres? —La cara del chico le dice que ha ido demasiado lejos—. No, no, perdona, no es para lo que te imaginas. De verdad —trata de tranquilizarlo—. Solo quiero investigar un poco. En la distancia. Ellos ni se enterarán.

—Señora Gigliani, tiene que entenderlo, me juego el cuello.

—¿Tan peligrosos son?

—A veces dan miedo.

Berta se queda con la sensación de que hay algo más que no le está contando.

57

Cada día mueren en el mundo dieciséis mil personas. Esa mañana de domingo, al desperezarse en la cama, somnoliento y desnudo bajo las sábanas, envuelto en un placer perezoso que hace tiempo que no sentía, a Santi ni se le pasa por la cabeza pensar que puede ser la persona dieciséis mil uno.

Gira el cuerpo hacia el lado de la cama que da a la pared y vuelve a cerrar los ojos sin percibir nada que haga especial ese día, ninguna señal en el ambiente que le advierta de lo que va a suceder.

Sería absurdo. El día que mueres no está lleno de señales que indican que tu vida en este mundo termina, ni de marcas que no sabemos ver solo al alcance de unos pocos privilegiados, una especie de seres con aptitudes sensitivas especiales, capaces de conectarse con una parte del mundo invisible para el resto.

Esa mañana de domingo, pues, Santi se despierta y se vuelve a dormir. Solo un poco más, se concede a sí mismo, en una insólita pereza. Solo un poquito más.

Unas horas más tarde, justo antes de que se le pare el corazón, lo último en lo que piensa es en eso. No en un túnel con una luz blanca al fondo, ni en su vida pasando a toda velocidad. Lo que recuerda es ese momento de disfrute mientras se desperezaba sin prisa en la cama.

Ya no le dará tiempo a nada más.

58

Berta siempre había pensado que madurar es aprender a poner la cara para la próxima bofetada que te suelte la vida. Porque te la va a soltar. La vida siempre anda arreando hostias. Sin sentido, muchas veces. Y a los que menos se lo merecen, muchas veces también. Pero esa noche, a las doce y veinticuatro minutos de la madrugada, el golpe que va a recibir Berta es el más brutal, eterno e incalculable que hubiera imaginado nunca.

No es la primera contracción. Aunque duele mucho más de lo que creía. Es tan intensa que la tira al suelo retorcida de dolor, con el cuerpo partido en dos.

No es la oleada de espasmos y calambres que la hacen aullar mientras todo su mundo se tiñe de negro, como si los sentidos del cuerpo sucumbieran ante ese dolor atroz y no fueran capaces de hacer otra cosa que sufrir. Los ojos no ven. Los pulmones se paralizan. El paladar se agria.

No es el pánico a lo que viene.

Ni el alivio con la epidural, que no llega, porque no están a tiempo de ponérsela. Hay que entrar ya en el paritorio. El bebé viene más rápido de lo que suele ser en una primeriza.

No es sacar fuerzas de los millones de años en los que las mujeres han parido con dolor, desde que se pusieron en pie, las caderas se les estrecharon para caminar y tuvieron que parir hijos inteligentes con un cráneo enorme que apenas puede pasar por el canal de parto.

No es ver a esa cosa ensangrentada y blanquecina, congestionada aún del esfuerzo, que repta por su abdomen oliendo la leche que todavía no ha brotado de sus pezones.

No es tampoco el color de los ojos de esa niña, porque ha sido una niña, cuando por fin los abre.

No. El golpe que recibe y que cambia su vida son las motas que ve en esos ojos.

Las pequeñas motas de color mostaza flotando en un tarro de miel.

Las mismas que tiene su padre.

Santi.

También esa misma noche, mientras Berta grita de dolor a causa de las contracciones de parto, Delito oye pasos a su espalda. Y algo en su cadencia —demasiado irregulares, casi acoplándose a los suyos, como si quisieran pasar desapercibidos— le lleva a pensar que quizá debería preocuparse. Pero no lo hace. Aún palpitan en su cuerpo la emoción del escenario, los aplausos del público, el calor de la garganta abrasada de cantar.

Y los latidos acelerados de un orgasmo que resuena bajo su piel.

Óscar había ido a verle.

No había pasado ni una hora desde que lo descubrió entre el público, justo en el mismo sitio en el que lo había visto por primera vez en La Luciérnaga, doce meses atrás. Solo doce meses atrás. Dios. Parecía haber pasado un siglo y ni siquiera había transcurrido un año. Pero, al contrario de aquella vez, aquella noche en la que todo era una promesa, hoy Óscar no sonreía. Ni siquiera estaba serio. Era mucho peor. Lo miraba con indiferencia, que es el vacío, la ausencia de cualquier emoción, el no existir para el otro. Es mejor el odio, porque el odio significa que aún importas.

Delito iba echándole vistazos disimulados, pero siempre encontraba lo mismo, una cara de apatía que se le clavaba en el corazón. Aunque si estaba ahí... si estaba ahí..., era por algo. Se agarraba a esa esperanza. Si Óscar estaba entre el público, si había ido a verlo cantar, era porque iba a hacer algo, aunque fuese mandarlo a la mierda. Eso era mejor que nada, mejor que el silencio al que lo había sometido todas estas semanas. No saber siempre es peor que saber. Aunque la verdad sea una carnicería emocional.

Trató de dedicarle un par de canciones, algo no demasiado obvio, pero que Óscar pudiera entender. El arrepentimiento. El perdón. La necesidad de encontrarse a uno mismo antes de poder darse a los demás. La promesa de futuro. En fin, de lo que hablan todas las canciones de desamor, de la tragedia que siempre le acompaña.

Pero Óscar seguía inalterable.

Ojalá fuera a sacar una pistola de debajo de la mesa y a pegarle un par de tiros allí, delante de todos, para dejar patente su venganza.

Ojalá se levantara, gritara, le insultara. Cualquier cosa antes que esa apatía.

Pero no.

Óscar continuó hierático a lo largo de toda la actuación, como una figura de cera aburrida de su propia existencia.

Delito trató de lanzarle una última mirada antes de dirigirse al camerino, pero ni siquiera estaba convencido de que se hubiera dado cuenta. Parecía transparente para él.

Derrotado, Delito se cambió, y ya como Santi se puso el abrigo, cogió el casco y las llaves de la moto, que había aparcado un par de calles más allá, y salió al estrecho pasillo que llevaba a la salida de artistas, la pequeña puerta metálica en la parte trasera de La Luciérnaga que utilizaban para no interrumpir las actuaciones del resto de las *starlets*. Pensó en hacer el camino contrario y regresar para sentarse a su lado en medio del público, hacerlo reaccionar de alguna manera, pero no quería montar un numerito. La Pili ya no le dejaría subirse nunca más al escenario.

—Eres un hijo de puta —oyó a su espalda.

Santi sonríe. Se derrite y sonríe. Se derrite, sonríe, se da la vuelta, tira el casco al suelo y se ve arrastrado por un torbellino. Coge a Óscar de la nuca, lo aplasta contra su cuerpo y lo empuja contra la pared. Los empuja a los dos, en realidad, porque ruedan por el pasillo besándose, mordiéndose, tirándose de los pelos, lamiéndose, dejando piel al descubierto, piel desnuda, piel vulnerable, piel indefensa. Se tocan por encima de la ropa mientras se estrujan el uno contra el otro, pulverizando la distancia que los había separado todos esos meses.

Se corren bajo sus pantalones, solo frotándose el uno contra el otro. Sin haberse mirado siquiera. Dos cuerpos que se han echado tremendamente de menos.

Pero Óscar hace algo que lo desconcierta.

Lo empuja con rabia, separándolo de él. Y grita:

—¡Te odio!

Santi no entiende. Pero debería. Lo abandonó, lo dejó tirado, cuando Óscar planeaba una vida juntos. Se esfumó. Y ahora solo había perdido el control. Su cuerpo no había podido resistirse al de Santi. Nunca se lo perdonaría. Aquello era el final.

—¡Te odio! No quiero saber nada más de ti.

Sale corriendo, se escabulle, escapa de ese momento, dejando a Santi atónito y sin resuello, con el corazón en la garganta y el pantalón manchado de semen.

Desconcertado, entra en el camerino y se moja la cara con agua fría. Apoya las manos en la pila del lavabo y cierra los ojos, tratando de calmar la respiración. No es el momento de intentar entender lo que acaba de pasar.

Vuelve al pasillo, recoge el casco y sale por la puerta de atrás, todavía en una nube.

Así que, cuando percibe esos pasos extraños a su espalda, no se asusta ni se pone en guardia. Santi sabría lo que estaba pasando. Pero quizá él ya no es Santi. Quizá los compartimentos estancos del Titanic se han visto superados, y la emoción, a veces, es más fuerte que la razón.

El primer golpe le pilla desprevenido. Una patada en la espalda le hace trastabillar. Aun así, consigue mantener el equilibrio. No dura mucho en pie.

Con el segundo golpe cae al suelo.

Pronto llegan muchos más.

—¡Maricón, maricón! —oye gritar.

La parte metódica y racional de su cerebro, la que ha estudiado medicina y abre cadáveres todos los días, le dice que tiene varias costillas rotas, quizá un par. Pero no han perforado los pulmones. Afortunadamente.

Los agresores se están ensañando con el tórax, aunque como se ha encogido en posición fetal solo pueden golpear la espalda, donde no hay ningún órgano vital. Pronto bajarían a los riñones, él lo haría si quisiera infligir daño de verdad, pero lo más frágil siempre es la cabeza. El cráneo lo tiene aún de una pieza. Gracias a Dios. Si le patean ahí con las botas que llevan, está muerto.

Por el tipo de patadas que le dan sabe que son dos. Uno pega con la parte interior del pie. Es el que le hace menos daño. Pero el que golpea con la puntera le está haciendo polvo. Mierda. Esa le ha reventado un riñón. Puede sentir la hemorragia.

Con el segundo golpe había caído al suelo.

Con el cuarto se le rompieron dos costillas.
Con el décimo sabe que va a morir.
Con el decimosegundo se le para el corazón.

Tercera parte

59

Una muñeca

Andrea le ha dicho a Paz que busque una muñeca.

—Hay recuerdos que no pueden contarse, antes tienen que sentirse. —Paz no comprende lo que le quiere decir—. La muñeca es el hilo del que tirar. Te llevará hasta la emoción a la que quieres ir. Y te hará recordar lo que has olvidado.

—¿Dónde la busco?

—Estoy segura de que tu madre no la ha tirado —le había dicho también—. Es demasiado sentimental para eso. Si fuera un asesino en serie, tendría la casa llena de tesoros de cada crimen. Búscala. Y la encontrarás.

—¿Por qué una muñeca?

—¿No te acuerdas de ella?

—No —empieza a desesperarse—. ¿Qué tiene de especial?

—La muñeca... —le explica Andrea, al otro lado de la mampara transparente que las separa en la cárcel. ¿Cómo se va a acordar?—... la muñeca es lo único que trajiste.

Y quiere preguntar de dónde la trajo, cuándo, cómo. Pero se acaba el tiempo de visita y los funcionarios son implacables. Paz la mira hasta que Andrea desaparece tras una puerta metálica, llorando por todo lo que quiere saber y no le ha contado.

Una muñeca.

Debería sentirse fatal cuando le da a su madre más somníferos de la dosis habitual. Está tan hecha pedazos que ni se da cuenta. Una pastilla, tres o seis. Qué más da. Lo que sirva para no vomitar el corazón a cada rato. Cuando, pocos minutos después, se queda dormida en el sofá del salón, la ve tan indefensa y frágil que solo tiene ganas de tumbarse a su lado para abrazarla y decirle que todo irá mejorando poco a poco. Pero, sin embargo, la arropa con una manta y va en busca de respuestas.

Antes ya ha pensado dónde buscar. En la habitación de su madre hay una cajonera prohibida. Está siempre cerrada con llave. Si aún existe esa muñeca y si aún está en casa, será allí. Aunque para abrirla lo primero que necesita es encontrar la llave. Pero ¿dónde?

Si yo fuera mamá, reflexiona, ¿en qué sitio guardaría una llave para que nadie diera con ella, ni siquiera un niño pequeño que lo toquetea y desordena todo?

Recorre la casa tratando de pensar como un adulto. ¿Qué utilizar como escondrijo? Algo lejos del alcance de los niños, por supuesto, que no se pueda tocar de manera accidental, pero también accesible para ella, para que pueda alcanzarlo sin demasiadas complicaciones. Esto descarta los altillos sobre los armarios, una caja fuerte, si es que la hubiera, y posibles escondites tras los muebles. Mover una cómoda para sacar una llave escondida detrás es inviable. Revisa la parte trasera del cabecero de la cama de matrimonio metiendo los dedos por detrás hasta donde le permite la separación de la pared. Palpa, pero no hay nada. Solo polvo acumulado. El cajón de la ropa interior es buena idea, quizá esté oculta en alguna vieja braga doblada. Las revisa todas. Pero tampoco. Levanta el colchón por si está pegada con celo al somier. Y nada.

Piensa. Piensa. Piensa.

Tiene que estar en esa habitación. De eso está segura. Su madre no se arriesgaría a esconderla en otro sitio.

Da vueltas sobre sí misma intentando mirar la estancia como si fuera la primera vez que entrara allí. ¿Dónde? ¿Dónde? ¿Dónde?

Se le escapa una carcajada.

¿Cómo ha podido ser tan tonta?

Lo ha tenido delante todo este rato.

Una muñeca con el pelo azul, del color del mar en una playa de Menorca, con grandes ojos del mismo tono y un vestido blanco por las rodillas. Una muñeca vieja, llena de arañazos y golpes, con los dedos de la mano desgastados a mordiscos infantiles y una de las piernas a punto de desprenderse.

—Hay recuerdos que no pueden contarse. Antes tienen que sentirse.

La llave había estado delante de sus ojos todos estos años, oculta tras la cruz en la que Cristo sufría para liberar al mundo de sus pecados sobre el cabecero de la cama de su madre.

Pegada con un trozo de cinta adhesiva en la parte trasera de la madera. La cinta es nueva. Quizá su madre retiró la llave antes del registro policial. O fue la policía, y se la han vuelto a entregar. Paz la prueba con cierto temor. Pero funciona. En la cajonera, encuentra ropa de bebé pulcramente ordenada, con un ligero olor a naftalina, viejas postales con mensajes de añoranza y buenos deseos, joyas que no recordaba haber visto puestas a su madre, una cajita de cartón con dinero en efectivo, no mucha cantidad, y algunos juguetes infantiles.

Y la muñeca.

Aparece en el tercer cajón, sola, como si no le importara a nadie. Hay muchos espacios vacíos. Imagina que la policía aún no ha devuelto todo lo que se llevó, cosas que quizá pudieran servir de pista para encontrar a Jaime. Después, a su asesino.

Lo primero que ve al tirar de las asas son los pies. No tienen nada de especial, son igual a los de cualquier otra muñeca, con los dedos pegados unos a otros como si siguiéramos siendo anfibios. Las piernas, largas y estilizadas, marcan unas rodillas huesudas que apenas están cubiertas por una sencilla tela blanca de algo parecido al lino. Paz se queda atascada allí. Un extraña parálisis se adueña de su cuerpo presagiando, quizá, que lo que está a punto de descubrir es demasiado peligroso.

¿Quiere asomarse al abismo?

Solo ella puede decidirlo.

Hay grupos de neuronas especializadas en guardar recuerdos. Los custodian en pequeñas estructuras que actúan como cajas de la memoria llamadas engramas, a veces muy fáciles de localizar, otras, ocultas en lo más profundo de nuestras cabezas. En ese lugar han dormido hasta ahora las pesadillas de Paz.

Solo hacía falta una vieja muñeca de pelo azul del color del mar en una playa de Menorca para recuperarlas.

60

La doctora Mónica Gracia no había hecho una reanimación cardiopulmonar desde los tiempos en los que estudiaba medicina. Muchos años atrás. Tres décadas, en concreto. No lo había necesitado nunca. Pero es como si su cuerpo tuviera memoria y sus músculos fueran capaces de reproducir cada uno de los gestos con precisión milimétrica sin ni siquiera pensarlo.

Tres de sus amigos han salido detrás de los hombres que le daban una paliza a la persona que está tendida, muerta —lo acaba de comprobar, no tiene pulso—, en el suelo. Gritar desde la esquina no les ha servido de nada. No los ha asustado. Pero sí, asombrosamente, sacar el teléfono móvil y empezar a grabar la escena, de manera ostentosa. Uno de ellos, Paco, ha empezado a gritarles: «¡Estoy retransmitiendo esto en directo, estamos en directo! Viene ya la policía», y los dos han salido corriendo.

A la doctora Mónica Gracia ni siquiera le ha dado tiempo a darse cuenta de que los agresores parecen chicos jóvenes, o que mientras le pegaban la última de las patadas han gritado: «¡Maricón, maricón!». De manera instintiva, ella se ha tirado sobre el cuerpo, le ha tomado el pulso, se ha dado cuenta de que la sangre no está llegando a los órganos vitales porque el corazón se ha parado y que ahora es ella la que tiene que conseguir revertir la situación. Es ella la que tiene que sustituir el corazón de ese hombre muerto en la acera. Coloca las manos una sobre la otra, entrelazando los dedos, y carga toda la fuerza de su cuerpo sobre el tórax del fallecido, a un ritmo de cien compresiones por minuto. Tras las treinta primeras acerca su boca a la del hombre para insuflarle aire hasta los pulmones, y la sangre se le cuela entre los dientes llenando su boca.

No tiene tiempo ni de escupirla.

Treinta compresiones. Dos ventilaciones.

Treinta compresiones. Dos ventilaciones.

—Estoy con el 112 —le dice el amigo que se había quedado a su lado a llamar a emergencias—. La ambulancia tardará diez minutos.

—Me cago en todo. —Tiene ganas de llorar. No va a conseguirlo. No sabe cuánto lleva ese hombre en parada. No sabe si su muerte es ya irreversible. Si sus órganos están irremediablemente dañados. Si su cerebro ha muerto. Pero continúa. Todo lo que ha sido su vida hasta ese momento le dice que continúe. Que no se rinda

Treinta compresiones. Dos ventilaciones.

Treinta compresiones. Dos ventilaciones.

—¿Podéis preguntar si en el garito tienen un desfibrilador? —grita.

Los tres amigos que habían salido a perseguir a los agresores acaban de volver. Se les han escapado.

—¿Pero crees que tendrán...? —objeta uno, resollando.

—¡Que preguntes, coño! —vuelve a gritar ella—. En cualquier sitio que esté abierto. Desfibrilador. ¡Preguntad!

Mierda. Ha perdido la cuenta.

Y ese hombre no reacciona.

—¡¡Un desfibrilador!! —grita, desesperada.

Pero sus palabras rebotan en la calle y apenas despiertan a un par de vecinos.

61

Iluminada y Chiqui llegan con globos al hospital. El parto se ha adelantado mes y medio, y no tienen nada preparado, no tienen aún ningún regalo para Berta y su hijo, pero no quieren presentase con las manos vacías, así que compran un par de globos a un vendedor callejero apostado cerca de la puerta de un colegio.

—¡Para, para! —le grita Chiqui cuando lo ve.

El frenazo asusta a algunos de los peatones.

—¿Qué mierdas pasa?

—Globos, mira. —Señala—. Bajo un momento y le llevamos un par de globos.

A Iluminada le parece una de las ideas más estúpidas del mundo, pero diez minutos después está entrando en el hospital con un globo de Peppa Pig en la mano. Chiqui lleva el de la Patrulla Canina. Y les entra la risa por lo absurdo que es presentarse así ante un recién nacido que apenas podrá distinguir los colores a su alrededor.

Berta los va a mandar a la mierda, seguro.

¿Qué clase de amigos son?

Llaman con los nudillos a la puerta de la habitación 203. Pasan sin esperar respuesta.

—¡Berta! —El globo que lleva Iluminada se encalla con el quicio de la puerta—. Me cago en mis muertos. ¡No, no va por ti, mi niña! Berta, cariño. —Tira fuerte del globo y del impulso entra corriendo en la habitación. Se avalanza sobre su amiga, tumbada en la cama. Se sienta a su lado y la abraza. Le deja el otro globo a Chiqui—. Cariño..., ¿cómo no nos has dicho que estabas de parto? ¿Cómo no nos has avisado? Qué horror que hayas tenido que pasar sola este momento.

Chiqui, que se ha quedado con los dos globos en la mano, no sabe dónde colocarlos. Mira a su alrededor, perdido, sintiéndose imbécil. Por fin se decide. Ata las cuerdas a la barra situada a los pies de la cama, y los personajes infantiles se quedan meciéndose en el aire de forma un tanto absurda, sin niño a quien alegrar.

—¿Cómo has pasado por esto sola? —sigue diciendo Iluminada.

Berta se encoge de hombros.

—Ay, cariño, ¿ha sido un parto muy duro? ¿Cómo te encuentras?

—No sé —responde, lánguida, como si no estuviera allí.

—¿Cómo que no sabes?

Se encoge de hombros, mirando hacia algún punto más allá de la ventana.

—Berta —insiste Ilu, que está empezando a preocuparse por su amiga—, ¿ha ido todo bien? ¿Te encuentras bien? ¿Necesitas algo?

—No.

—Mi pequeña. —Ilu tiene un súbito y extraño acceso de ternura. Coge las manos de su amiga, que sigue tumbada en la cama, y las acaricia—. Mi pequeña. Qué sola te habrás sentido. Al menos te pondrían la epidural, ¿no?

—No tuvieron tiempo —contesta, al fin, desganada y triste—. Fue todo muy rápido.

—Ay, por Dios. Qué dolor. Berta, no quiero ni imaginármelo. Y sola. —Acaricia la cara de Berta con delicadeza. Algo le pasa.

Chiqui asiste quieto y en silencio al diálogo entre esas dos mujeres. Teme que cualquier cosa que pueda decir no haga más que empeorar la situación.

Una luz de alerta se enciende en Iluminada. Ve la bandeja del desayuno al lado de la cama, intacta, tal y como la ha traído la enfermera una hora antes.

—Berta, ¿has comido? Ahí está el desayuno entero. Tienes que comer algo, ha sido una noche larga. Tienes que reponer fuerzas. Seguro que, además, ni siquiera habrás dormido. ¿Te acerco el desayuno?

Berta vuelve a negar con la cabeza, apática.

Iluminada lo intenta otra vez.

—¿Es niño o niña?

—Una niña.

—Ay, pero qué maravilla, qué ganas tengo de verla. ¿Cómo la vas a llamar?

Y, de nuevo, el desinterés, como si todo aquello no fuera con ella y alguien le hubiera impuesto estar allí, en esa cama de hospital, con una compresa gigante entre las piernas en la que se recogen los deshechos que su útero sigue expulsando, y un dolor de pechos a los que nota hincharse por minutos. Iluminada se fija en sus ojos y tiene la sensación de que hace un rato ha llorado.

—¿Aún no has pensado en un nombre? —le pregunta—. Bueno, claro, como se ha adelantado tanto el parto, y no habías querido saber si era niño o niña..., pues igual dudabas entre varios y todavía no te habías decidido. Venga, amiga, vamos a pensar en uno —le dice, creyendo que eso puede animarla.

—Ahora no.

—Pero no puede ser la niña sin nombre —se ríe Iluminada, tratando de hacer un chiste—. Tienes que llamarla de alguna manera. No me dejes escoger a mí que soy malísima eligiendo. Ahora que me toca decidir nombres de programas soy un desastre. Que al matinal se me ocurrió llamarle *Desayunando*. Suerte que me pararon los pies a tiempo. Por eso. Que no me dejes elegir a mí, que soy capaz de llamarla Eustaquia.

—No me agobies. Ya lo pensaré. —Pero no tiene ganas, la verdad. De pensar en eso. Ni en nada.

Iluminada empieza a preocuparse seriamente. Berta está apática. Y eso no es por el agotamiento de dar a luz. Hay algo más.

—Pero es que tienes que inscribirla en el registro civil y hacer todos los trámites. La niña tiene que salir del hospital con un nombre. Tienes que decidirte —trata de empujarla.

Mientras Ilu está inmersa en el intento de averiguar qué le pasa a su amiga, aunque sospecha que empieza a caer en una depresión, Chiqui se ha apartado de ellas para darles más intimidad. Aburrido, juguetea con el mando a distancia del televisor, que se enciende.

—Perdón —dice.

En un reflejo automático, las dos mujeres miran hacia la pantalla, en la que se repiten los mejores momentos del partido de fútbol de la noche anterior. Borussia Dortmund contra el Real Madrid. Una abeja enorme, la mascota del equipo local, ocupa uno de los planos.

—Emma —concede Berta.

—Emma, ¿qué? —preguntan a la vez Ilu y Chiqui.

—¿No queríais un nombre? Pues Emma.

Berta lo ha leído en el televisor. Lo lleva impreso la mascota en la camiseta a rayas negras y amarillas. Una abeja. Emma.

Ha venido a buscarla una matrona. Mira de reojo la bandeja del desayuno intacta, pero no dice nada. No quiere presionarla. Ha visto tantos casos así que sabe que hay que actuar con delicadeza.

—Vamos, mamá, toca estar con tu pequeña —le dice, jovial, pero no en exceso—. Te está esperando. Y te necesita.

Berta se levanta con parsimonia. Se produce un silencio extraño para ser la habitación de una maternidad en la que acaba de nacer un bebé.

—Tenemos muchísimas ganas de verla —le dice Iluminada a la enfermera, por llenar el vacío—. Somos sus tíos.

Es la primera vez que ven a Berta reaccionar. Mira a los dos como si no entendiera lo que acaba de oír. ¿Tíos? Si no son mis hermanos.

—Bueno, no de sangre, ya sabe usted —explica Ilu—, pero somos mejor que una familia que comparte genes. ¿A que sí, Chiqui? La familia que se elige.

—Sí, sí, claro —le sigue la corriente, aunque no sabe a qué viene eso.

—Va, mamá. —La enfermera va a lo suyo, que es sacar a esa mujer de ahí y llevarla a la zona de incubadoras—. ¿Te ayudo a ponerte las zapatillas? Tienes que estar aún bastante dolorida. Vamos a ver a tu preciosidad. Necesita a su madre.

Salen los cuatro de la habitación y Berta camina con paso tranquilo, apoyada en Chiqui. No hace ni doce horas que ha dado a luz, su cuerpo aún no se ha recuperado del esfuerzo. Nota como cada uno de los órganos internos de su abdomen van recolocándose a medida que los entuertos encogen el útero para tratar de devolverlo a su forma, tamaño y posición originales, en un proceso que durará días. Retorciendo el cuerpo, logra sentarse en el sillón colocado junto a la incubadora en la que yace su hija y espera paciente a que una enfermera se la coloque sobre el pecho desnudo.

—Ay, madre mía, ¡qué preciosidad! Mírala, es una princesa. —Iluminada da saltitos de emoción.

—Aquí no puede estar tanta gente —les riñe una de las enfermeras—. Por favor —se dirige a Iluminada y Chiqui—, salgan de aquí, por favor. Pueden ver a la pequeña a través de ese cristal.

—Ya nos vamos, ya nos vamos —protestan—. Pero esa niña no tiene padre, uno de los dos deberíamos hacer de padre y poder quedarnos con la madre.

La enfermera sonríe, con sorna.

—Claro que sí. Anda, tirad. Salid por ahí. Os descorro la cortina para que podáis ver a la bebé. Y en silencio, por favor.

Pegados a una pequeña ventana de cristal, Iluminada y Chiqui ven cómo la enfermera saca a la niña de la incubadora y la coloca sobre el pecho de Berta para que madre e hija vayan acomodando sus pieles la una a la otra, traspasándose calor y emociones. Berta cierra los ojos, pero no sabe qué sentir. Se pregunta si, como madre, tiene que esforzarse de alguna manera para notar amor, ese amor intenso que dicen que brota de manera instantánea, por esa pequeña criatura que descansa sobre ella. No sabe si todas las madres han pasado por eso, si el amor no estalla en el momento del parto, sino que hay que trabajarlo.

Está perdida.

Iluminada y Chiqui miran embelesados tras el cristal, como si esa pequeña fuera también un poquito suya. Un rato después se dan cuenta de que se han olvidado de contarle algo.

—¿Cómo le decimos lo de Santi?

62

Un par de días después ya no queda espacio en la habitación de Berta para más flores, canastillas, plantas, peluches, tarjetas de felicitación e incluso varios ramos hechos con ropa de bebé enrollada en forma de flor.

—¿Por qué nadie piensa en que lo que le apetece a una recién parida es hartarse a jamón? —reflexiona Iluminada en voz alta, tratando, de nuevo, de animar a su amiga—. ¿Nadie se ha dado cuenta de que con lo que triunfarían sería con canastillas de jamón ibérico y no con tartas de pañales? Que los bebés no se enteran de nada, que a quien hay que cuidar es a las madres.

—Amiga, tus deseos son órdenes. —Chiqui se saca del bolso quinientos gramos de jamón de jabugo en lonchas envasado al vacío que acaba de introducir de contrabando en el hospital hace un rato. En realidad, todo es un teatrillo ideado por Ilu. Cualquier cosa por no estar tentados de explicarle lo que le ha pasado a Santi. Todavía no está preparada.

—Ay —suspira Iluminada—, te adoro. Te voy a poner un piso. Trae para acá ese jamón. Aviso. Es solo para Berta. ¡Tu tesoro! Aquí tienes, amiga. —Le tiende el sobre. Y no sabe por qué, pero esperaba que Berta besara el plástico con la avidez del famélico que lleva meses sin comer. Pero no. Solo lo coge y lo deja a su lado, en la cama.

—Por favor —dice, sin embargo—, tirad toda la mierda que han traído. No quiero nada en esta habitación.

—Pero, Berta...

—O dádselo a las que han parido en otras habitaciones, igual les hace ilusión. Pero quitádmelo de en medio, por favor. No quiero nada aquí.

—Berta, son regalos de gente que te aprecia y que se alegra del nacimiento de Emma.

—¿Gente que se alegra? —La risa es sarcástica, ácida como un jugo estomacal—. No quiero a gente haciéndome la pelota vía canastilla. Los que me queréis de verdad estáis aquí. El resto de la gente no me importa. Sacad todo esto, por favor.

—Berta, no puedes hacer eso. ¿Quieres darle más munición a la prensa? Berta Gigliani se vuelve loca y rechaza todos los regalos por el nacimiento de su hija.

—Pues decid que es una donación. Que Berta Gigliani es tan generosa que dona todos los regalos a madres que lo necesitan más que ella. Buscad alguna ONG y que vengan a por todo esto. Esta tarde me dan el alta. —Les dan el alta, a las dos, en realidad, pero no se ha acostumbrado a hablar en plural—. Lo voy a dejar todo aquí, y será peor. Vosotros mismos.

Los dos se miran. Han hecho bien en no contarle lo que le ha pasado a Santi. Aún empeoraría más las cosas.

—Mamá, te traemos a tu niña. Ha dicho el médico que puede abandonar la incubadora, sus pulmones están bien, perfectamente maduros y formados. Aunque es pequeña, podemos darle ya el alta. Menuda luchadora tienes. —La voz de la matrona suena jovial mientras entra en la habitación arrastrando una cuna transparente—. Y enseguida os iréis a casa. Ya verás qué maravilla. Es una niña buenísima. Venga, mamá, cógela en brazos.

Mamá. ¿Va a tener que acostumbrarse ahora a que la llamen así? Mamá. No. No quiere que la definan por esa palabra. Ella es muchas cosas y se niega a que su mundo sea ahora ese, se constriña a esa palabra. Mamá. ¿Qué ha pasado con su nombre? ¿Por qué ya nadie la llama Berta?

—Mamá, aquí tienes a tu bebé. Es preciosa, y te lo digo yo, que he ayudado a dar a luz a miles de bebés. La tuya tiene algo especial.

Berta mira a la diminuta criatura que han colocado en sus brazos. Está dormida.

Imagina su pequeño cuerpo estampado contra la pared. Sería tan fácil. Apenas pesa. Puede sostenerlo con una mano. Imagina que lo hace y ve las manchas de sangre en la pintura blanca, muchas manchas, de distintas formas, de todas las formas posibles. Pero, al instante, se fustiga. ¿Qué clase de madre piensa eso? ¿Qué clase de madre piensa en lo fácil que sería apretar las manos sobre el delicado cuerpo de su bebé, para que todo volviera a ser como antes? Porque eso también sería muy fácil. Incluso con una sola mano. Apretar, solo un poco, lo suficiente.

Y se acabó.

Y todo volvería a ser como antes.

Deja a la pequeña en la cuna y se da la vuelta en la cama, hacia el otro lado de la habitación. Como si esa niña no existiera. O pretendiéndolo, al menos. Como si ignorándola fuera a desaparecer de allí.

Pasan pocos minutos de las doce y media cuando la enfermera entra con la bandeja de la comida. Una más que Berta no va a probar.

—Hoy estás de enhorabuena —intenta animarla—. Hay paella.

—Vaya, que suenen las campanas—. ¿No te gusta? —pregunta la sanitaria—. Está muy rica, créeme, la cocinan muy bien.

—No tengo mucha hambre —contesta, al fin, para que la dejen en paz.

—¿Le has dado ya el pecho a la niña? Porque igual lo que te sientes es hinchada. Ya verás que en cuanto le des el pecho te entra un hambre de lobo. ¿Te ayudo a cogerla? ¿Quieres que te la ponga encima?

—No, tranquila, ahora la cojo yo.

—Oye, es normal que estés desanimada con lo que le ha pasado al padre de la niña. —Todas las enfermeras de la planta lo han comentado. Los magazines de la tele van llenos con la historia. Ningún periodista duda, y si duda, se lo inventa, de que el hombre apaleado hasta casi la muerte, el forense que más casos ha resuelto en España, la que fue durante tiempo pareja de Berta, más de una década atrás, es también el padre de su hija. Que lo hayan apaleado al grito de maricón, maricón es algo que les da todavía para más especulaciones y más horas de tele—. Demasiado fuerte te veo para todo lo que ha ocurrido. Eres muy valiente. Pero tienes que recuperarte por ella, tienes que estar bien por tu hija. Es lo único que puedes hacer ahora. Ser fuerte por Emma, porque, aunque la veas tan pequeña, te aseguro que nota tu tristeza. ¿Sabes que hay estudios que demuestran que el cortisol de la madre, la hormona del estrés, pasa al bebé a través de la leche? No le estás dando solo alimentos, también sentimientos. Y estate tranquila. El padre de tu niña está en las mejores manos y los médicos hacen todo lo posible por salvarle la vida. Ten fe. Y reza. Le hace mucha falta.

63

—¿Tú sabías que Santi está entre la vida y la muerte y no me has dicho nada? —Berta grita tanto que le duelen las cuerdas vocales. Grita y llora a la vez, balanceando el cuerpo hacia delante y hacia atrás, arrodillada en la cama del hospital, como si se hubiera vuelto loca de repente—. Me ha dicho una enfermera que está en la UCI. He ido, pero no me dejan entrar. Dime ahora mismo qué le ha pasado. No, no voy a esperar a que vengas. No, no tengo paciencia. Cuéntamelo ya. —Los gritos alertan a la mujer recién parida de la habitación de al lado, que llama a las enfermeras—. ¿Qué por favor ni qué mierdas? ¿Protegerme, dices? ¿Protegerme? ¿En serio? ¿De qué me queríais proteger Chiqui y tú? Ah, claro. Que ahora la culpa es mía. Que fui yo la que no quería saber nada de Santi y por eso no me contasteis que hace dos días le dieron una paliza que casi le cuesta la vida. Que estuvo muerto, Ilu. ¡¡¡Muerto!!! Que se murió y lo resucitaron de milagro. Que no saben si su cabeza está bien. Que es Santi, joder. Mi Santi.

Junto a la cama, la recién nacida se despierta por culpa de los gritos y se pone a llorar, desconsolada, al sentirse sola en un nuevo mundo que aún le es extraño y que está lleno de sonidos que le provocan dolor en los tímpanos. A la vez que su hija, Berta también se echa a llorar, superada por la situación, destruida por una realidad que la está haciendo pedazos.

Al otro lado del teléfono, Iluminada se desgañita tratando de que su amiga la escuche. Quiere tranquilizarla, pero no lo consigue, y está aterrada por lo que pueda hacer. Ha abandonado el comité de dirección del canal, que ella preside, para atender la llamada, pero sus gritos se cuelan a través de las paredes. En la sala adjunta, los directivos que esperan a que vuelva oyen sus lamentos de desesperación. Algunos se miran sin disimulo. Mujeres. Ya lo hemos dicho siempre nosotros. Son demasiado volubles.

—Será que está en esos días del mes —dice uno, en voz baja.

—Es demasiado vieja para tener la regla —le cuchichea el que está sentado a su lado—, así que será la menopausia.

Berta se siente como lluvia sin invierno. Rota de dolor y ahogada por la culpa, grita, grita, grita. Grita tanto que varias enfermeras y un médico entran en tromba a la habitación pensando que la recién nacida había muerto, porque una mujer solo aúlla así cuando muere un hijo. Pero encuentran a la niña bien, en su cuna, respirando, sana, sin ningún indicio de enfermedad, o sangre en su ropa. Tiene que ser un ataque de locura, algo psicótico, una enfermedad mental. Entre varios la reducen y le inyectan un tranquilizante que la deja dormida un buen rato. Aunque con terribles pesadillas.

Al despertar está aturdida, con el cuerpo pastoso y el cerebro apelmazado. Le cuesta un rato recordar dónde está y lo que ha sucedido.

Santi.

Su hija llora en la cuna, muerta de hambre. Berta la coge y se coloca de costado en la cama, con ella al lado, para dejarla mamar tranquila.

Santi.

Santi le mandó un mensaje un par de días atrás, justo antes de que ella se pusiera de parto. Ni siquiera lo miró. Lo dejó languidecer cada vez más al fondo de la bandeja de entrada. Y ahora puede que sean las últimas palabras que su amor le ha dicho antes de morir. Pensar en esa posibilidad la destroza. Leer lo que le escribió puede destrozarla más. Pero tiene que correr ese riesgo y saber qué era.

Alarga el brazo hasta la mesilla que hay junto a la cama. Emma llora porque el gesto la desengancha del pecho lleno de leche que succionaba con la necesidad vital y urgente, inscrita en los genes, de un animal que quiere sobrevivir.

—Espera, enseguida vuelvo. Espera —le dice, como si fuera a entenderla.

No soporta el llanto de la niña. Le estalla en la cabeza. Y eso es lo último que necesita ahora mismo. Con el móvil en la mano, se pone de nuevo de lado, en la cama, colocándose para que la pequeña se amamante. Su pecho izquierdo se desparrama sobre el colchón como una ubre esparcida sobre la barra de un bar. La niña se agarra al pezón y se tranquiliza.

Con dificultad, mueve los brazos para desbloquear el teléfono y navegar por los mensajes de WhatsApp hasta que encuentra el de Santi, sin abrir. Relegado al olvido.

> Berta, sé que no quieres saber nada de mí. No lo soporto, aunque trato de entenderte y dejarte tu espacio. Si te molesto con este mensaje, es porque tengo cosas que contarte. Y te prometo que no es nada personal. Es algo para tu trabajo. Algo que te va a ayudar. Algo grandísimo que estoy investigando. Y quiero que des tú la exclusiva. Tengo en casa toda la documentación. Llámame y te la muestro. Pero si no quieres verme, que también lo entiendo, aunque me duela, te mando el link con el código para que puedas abrir la puerta de casa. Solo tienes que decirme cuándo vas para no estar y no molestarte. Es algo muy delicado para enviártelo por aquí. Tienes que verlo en persona. Te prometo que, cuando vengas a mi casa, yo no estaré. Santi.

Con la cara llena de manchas rojas del esfuerzo de llorar, los ojos hinchados por el llanto, una recién nacida colgando del brazo, en pijama y descalza, Berta sale de la habitación del hospital. Camina con ansia, con pasos que parecen martillazos en el suelo. No duda. Sabe bien a dónde va. Una de las enfermeras de la planta de maternidad la mira con sorpresa.

—Berta, ¿a dónde...?

Pero ella no escucha y ya se ha metido en el ascensor antes de que la enfermera terminara la frase. Cuando entra hay tres personas en la cabina. Les parece extraña esa mujer despeinada y descompuesta que se ha colado cuando las puertas estaban a punto de cerrarse. Una de esas personas, una chica joven, llamará a seguridad un minuto después.

—Creo que han robado un bebé. Una mujer muy extraña lo llevaba cogido como un paquete. Se ha bajado en la planta cuarta. Creo que está loca.

Cuando suena la alarma, los vigilantes de seguridad ya han bloqueado todas las salidas del hospital, incluidas las del aparcamiento. Nadie puede entrar o salir sin ser debidamente identificado, lo que provoca las habituales protestas de las personas incapaces de pensar que en la vida puede haber algo más importante que ellos mismos y su tiempo.

Cuando suena la alarma, Berta ya había logrado entrar a la unidad de cuidados intensivos, pasando de largo por el control de seguridad sin hacer caso a las demandas de una mujer con bata blanca sentada tras un mostrador, que le reclama el nombre del familiar al que va a visitar. La UCI del Hospital del Lago ocupa la mitad de la planta cuarta, como un cubo incrustado justo en el centro. No hay ventanas, ni vistas al bosque. Eso se deja para los enfermos que pueden apreciarlas.

Recorre un pasillo en forma de rectángulo que rodea las cabinas. Desde allí, y si las cortinas están descorridas, las familias pueden ver a los enfermos más graves, aquellos que no pueden recibir visitas en su cubículo. Berta desacelera el paso. ¿Cuál será el box de Santi? Iluminada le ha dicho que el seis. ¿Y si se lo ha pasado de largo?

O peor.

¿Y si ha muerto?

Al girar la segunda esquina lo ve. Pero no a Santi, sino a un hombre con bata de médico y la frente apoyada en el cristal que separa el pasillo de una de las habitaciones.

Es Óscar.

Y está llorando.

64

Berta necesita que se calle el ruido en su cabeza. El que está fuera, también. La niña no deja de llorar. No hace ni un día que están en casa y no se ve capaz de tirar adelante de manera adecuada con todo. Solo quiere tumbarse, cerrar los ojos y olvidar lo que hay a su alrededor. Y dentro de ella.

Un par de somníferos y quizá consiga quedarse dormida, no el tiempo suficiente, pero al menos un tiempo que le permita acallar a los monstruos que la castigan. Sin embargo, en el último segundo, cuando ya tiene las pastillas en la boca, justo antes de tragar, le entra miedo de que le pase algo a la niña y no enterarse por estar aletargada por las drogas. ¿Y si vomita y se traga el vómito?

Escupe.

Le quedan restos de somnífero en forma de polvo entre las encías y bajo la lengua.

Una mueca de asco le recorre la cara.

Quizá no tendría que haberse ido del hospital, quizá tendría que haberle hecho caso a la doctora, que le decía que necesitaba descansar un poco más.

—¿La niña está bien?

—Sí, tu hija está bien, a pesar de ser sietemesina, está bien.

—Pues entonces, dadme el alta. No me podéis retener aquí.

Quizá solo necesitaba que la cuidaran un poco. Que las cuidaran un poco a las dos. Pero se empeñó. Y ahora se encuentra muerta de cansancio, y de angustia, y de miedo, perdida emocionalmente como no lo había estado nunca, arrastrando el carrito de Emma por las calles de Madrid. Nunca había pensado que hubiera tantos obstáculos que se interpusieran a que algo con ruedas avanzase por la acera. Está todo el camino soltando tacos. Contra el conductor que aparca en el paso de peatones. Contra la moto que alguien deja cruzada al lado de un bolardo. Contra las cajas de cartón amontonadas junto a un contenedor. Contra una parada de autobús pegada a una farola.

El cabrón que los parió a todos.

Y luego el portal. Nunca se había dado cuenta. Hay tres escaleras para llegar al ascensor, y como es la primera vez que sale de casa con el cochecito de bebé todavía no sabe que la mejor manera de sortearlas es subir el carrito del revés, apoyado solo en las ruedas traseras y tirando hacia arriba. Tampoco se había fijado en lo pequeño que es el ascensor, con la cabina tan diminuta que el carrito de Emma solo cabe en diagonal y ligeramente levantado de un lado. Ella está aplastada contra el espejo.

Sacarlo de allí una vez llega a la planta es también una odisea. Se da varios golpes que se convertirán en morados en unas horas.

Pero, por fin, está frente a la puerta.

Espera que el código funcione. Porque como todo haya sido en vano y tenga que repetir el viaje de regreso sin nada, se pega un tiro.

Consulta el mensaje de Santi.

250923

Repite en voz alta mientras teclea sobre la cerradura electrónica. Veinticinco, cero nueve, veintitrés. Y entonces se da cuenta. No son números aleatorios. Es una fecha.

Su cuerpo resbala apoyado en la pared, dejándose caer hasta el suelo del rellano, con las rodillas encogidas sobre el pecho. Abraza sus piernas para tratar de tranquilizarse.

Quizá ese sea el mensaje de Santi para ella. El último que le dejó antes de morir.

Veinticinco, cero nueve, veintitrés.

La noche en la que concibieron a Emma. El 25 de septiembre del año anterior.

Se pone de pie. Mira a su hija, a la hija de los dos, dormida plácidamente en el cochecito, y entonces lo siente. Es en ese preciso momento en el que a Berta la aplasta una ola de amor hacia la pequeña como no había sentido nunca por nadie. Es algo que no puede controlar. Ni describir. Saca a Emma del cuco, la coge en brazos y la llena de besos.

—Te quiero, Emma, te quiero. Perdóname por todo lo que te he hecho. Lo siento, hija, lo siento.

No puede parar de llorar.

La casa está oscura y caliente. Cierra los ojos y puede sentir el cuerpo de Santi moviéndose entre esas paredes, como si de alguna manera todavía siguiera allí.

—Mira, Emma, es la casa de papá —le va explicando, como si pudiera entenderla—. Aquí vive papá. Se llama Santi. Y es forense. Y no se va a morir. Te lo juro por mi vida que no se va a morir. Mira. —Abre un armario de la habitación principal. Coge la manga de un jersey blanco colgado de una percha. Se lo acerca a la nariz. Una ola de nostalgia le acuchilla el corazón. Luego hace lo mismo con la niña—. Así huele papá. —Quizá son solo imaginaciones suyas, pero Emma sonríe—. Claro que sí, pequeña, tú sabes bien quién es tu padre.

Al darse la vuelta se da cuenta de algo que no estaba allí la última vez que ella visitó ese piso. Santi es meticuloso y ordenado hasta la agonía. Por eso le llama la atención una pequeña pieza de color que desentona con el resto, puesta de manera desenfadada sobre una pared blanca, lisa y vacía del salón. Parece una foto.

Y, a pesar de que la tomaron hace catorce años, sabe cuál es sin acercarse.

Son ellos dos, muy jóvenes, inocentes también, riendo, abrigadísimos, con las narices coloradas por el frío, sobre el glaciar Perito Moreno. El primer viaje que hicieron juntos. Las primeras vacaciones de muchas que vendrían después. El inicio de una historia que había sido maravillosa.

Es otro de los mensajes de Santi, Berta está segura. Dejó esa fotografía allí para que ella la viera, como si supiera que iban a por él y le hubiera dejado miguitas de pan para contarle algo.

Pero ¿qué?

Los papeles no están por ninguna parte. Pero Berta no tarda en descubrir dónde los ha escondido. Descuelga la fotografía y desencaja el cartón trasero que la sostiene en el marco. Dentro encuentra una carpeta de cartón. En su interior, con una caligrafía pulcra y recta, como no podía ser de otra manera, Santi había escrito su nombre. Berta. Abraza a su hija antes de abrirla, buscando fuerzas en el pequeño cuerpecito que hasta hace unos días estaba dentro de su vientre.

Y que, hasta ese momento, no sabía que podía querer tanto.

La carta tiene un comienzo previsible, como de una mala película de asesinos de esas de dormirte la siesta por la tarde en el sofá, como habían hecho tantas veces.

Querida Berta, si estás leyendo esto, es porque has decidido venir a por la carpeta tú sola, sin que esté yo en casa. Te aseguro que no entraré mientras tú te encuentres aquí, puedes estar tranquila. Trato de comprenderte, lo intento, créeme, pero se me hace todo cuesta arriba. Sabes que no soy muy bueno gestionando emociones.

Perdóname por lo que haya podido hacerte. Solo quiero hablar contigo. Tratar de explicarme. Pero no te voy a presionar más. Cuando estés preparada, házmelo saber.

Siempre estaré listo para ti.

Para lo que quieras. Para lo que necesites de mí.

Y para lo que necesite de mí ese bebé que llevas en tu interior. Sea mío o no.

Berta no puede seguir leyendo. Se marea. Deja los papeles sobre la mesa y se sienta en el sofá, avasallada por la magnitud de la emoción que transmite la pulcra caligrafía de Santi.

Tarda en recuperarse.

Se levanta a por la carpeta, pero se la lleva al sofá, porque no se ve capaz de seguir leyendo de pie.

Y ahora, la información a por la que has venido. Anexos a esta carta encontrarás documentos que demuestran lo que te voy a contar. Haz con ellos lo que consideres, menos revelar la fuente. Son todos tuyos.

He visto que estás siguiendo en el programa el caso de Jaime Rojo. Hay una mujer encarcelada por su asesinato, pero creo que esto es algo mucho más grande. Para empezar, Jaime y Paz Rojo no son hermanos biológicos. Eso no tendría mayor importancia si no fuera porque ha pasado por mi camilla de autopsias un hombre que sí comparte genes con ella, Emilio Sanabria. No tengo que explicarte quién es, ¿verdad? Sus dientes aparecieron en un cucurucho sobre su cadáver hace unos días. Son hermanos.

Pero hay otra conexión más. Y tiene que ver con otro cadáver que ha pasado por mis manos, el de Fran Borregón. Claro que te suena. Es el úni-

co fallecido de los jóvenes que se destrozaron la mandíbula con el martillo. ¿Qué pasa con los tres? Pues que tienen el cerebro más pequeño de lo normal y no es una coincidencia. Sé qué es lo que está pasando. Aquí tienes toda la información. Lee todo con paciencia. Y luego, si quieres, hablamos.

Sabes que estoy para todo lo que necesites.

Por favor,

Santi

Sentir el dolor de alguien quema el corazón. Y ahora Berta no solo carga con el suyo, o con el de esa niña que quizá se quede sin padre. También con el que había sentido Santi escribiendo esa carta para ella, preparando con cuidado el escenario que se iba a encontrar. La combinación de la cerradura, la fotografía, la nota. Todo era una forma de pedirle perdón.

Pero quizá ya sea demasiado tarde.

Berta lo perdona. Claro que lo perdona.

Pero puede que él nunca llegue a saberlo.

65

A Berta se le hace de noche leyendo toda la documentación que ha preparado Santi para ella. Es un bombazo. Cambia completamente el sentido de todo. Dos hermanos de Paz, uno biológico y otro no, han sido asesinados. Y ahora ella puede ser la próxima víctima. Esa chica tiene que estar protegida, es la única de esa familia que queda con vida. Y lo de los cerebros pequeños y el maltrato infantil. Es fascinante. Quizá Jaime también lo tenía, aunque a Santi no le han dejado ni siquiera pedir la exhumación del cadáver. Solo la presión popular puede conseguirlo, y eso se logra haciendo ruido desde los medios de comunicación. Porque si el pequeño Jaime también tiene el cerebro más pequeño y por eso lo mataron, entonces serían cuatro. Y si la hipótesis de Santi es cierta, todos habrían sufrido de pequeños un maltrato brutal. ¿Quizá de la misma persona?

El sufrimiento de un niño deja una huella en el cerebro para toda la vida, le había escrito Santi, a mano, en el margen de una de las páginas de la documentación.

Tres de ellos han sido asesinados en las últimas semanas.

No puede contarle nada a la policía. No puede decir de dónde ha sacado la información. Porque no sabe cómo la ha conseguido Santi. Y no quiere que nada apunte hacia él.

Tiene que buscar algún hilo del que tirar. Algo que la lleve a ver más allá de todo ese puzle.

Necesita un plan.

***

—Vas a ir al hospital por mis ovarios. —Iluminada no va a ceder—. Ya dejaste plantado a mi hermano al quedarte embarazada. No puedes retrasar la revisión más. Te arrastro de los pelos. Berta, tenemos que saber cómo evoluciona tu enfermedad.

—Lo que tú digas —se burla Berta, encajada en el sillón en el que le da el pecho a Emma, que succiona con ansiedad—. ¿No ves que la niña me necesita? Se pasa todo el día enganchada. No sé por qué no le pedí a las enfermeras las pastillas esas que impiden que te suba la leche. Esto de bonito tiene poco. Lo que me duelen las tetas. Y siempre a su disposición, para cuando tenga hambre. Que hasta me da angustia ducharme. O cagar. ¿Cuándo voy a poder cagar de nuevo con calma? ¡Cómo nos han romantizado la maternidad! Me paso el día sucia, vestida con ropa vieja porque, claro, te regurgita encima en cualquier momento, o te manchas de caca líquida cambiándole el pañal. Por no hablar de la falta de sueño. Que te juro que esta noche he estado a punto de darme cabezazos contra la pared de la habitación. De los fuertes.

—Pero mira qué preciosidad —babea Ilu.

—Cierra la boca, que te sale la baba con azúcar y me vas a inundar el salón. Ya me gustaría a mí verte a ti con esta esclavitud y sin nadie al lado para ayudarte.

—De eso quería hablarte también. ¿No has pensado en tener a alguien que te eche una mano en casa?

—¿Alguien que no seas tú que me vea con estas pintas y esta mala hostia? No, quita, no.

—Pero es que quizá las pintas mejoran y la mala hostia se te pasa.

—Que te he dicho que no. —Es firme. No quiere a nadie en casa. La pequeña ya ha terminado de comer y se ha quedado dormida con la boca alrededor del pezón de Berta—. Sopor por lácteos. Frita está.

—¡Ay, dámela! —suplica Ilu—. Déjame tenerla un poco en brazos. Y así te vas vistiendo y vas al hospital.

—¡Que te he dicho que no!

—Y yo te digo que sí. Me quedo aquí con Emma. Tómatelo como unas horas de descanso de la niña. Te duchas, te arreglas, te das un paseíto y te relajas. Me voy a quedar todo el fin de semana, ¿no ves que me he traído la maleta? Mi hermano te está esperando. No le hagas cabrearse porque ha reservado una hora de máquina para ti. Y, te repito, una hora de máquina carísima, carísima, carísima. Si esta vez tampoco te presentas, va a venir a partirme la cara.

Berta baja la cabeza.

—Vale —admite, al fin—, pero luego tengo que contarte una cosa. Santi me ha mandado un mensaje desde el más allá. Me ha dejado una documentación para leer. Puede que sea una paranoia de las suyas. Pero tengo que comprobarlo.

Berta alarga el brazo derecho y espera a que le pongan la inyección con material radioactivo.

—Recuerde que no puede ver a su hija durante veinticuatro horas —insiste la enfermera.

—Lo sé —asiente—. Por eso estoy aquí un sábado. Una amiga la va a cuidar todo el fin de semana. Yo me encerraré en una habitación. —Lo pronuncia y le sienta de maravilla, un par de días para ella sola, sin hacer nada, en una cama, con televisión, el móvil, libros, una ducha en la que puede estar durante horas. La vida antes de la maternidad—. Y me he sacado leche suficiente para varios días.

—Bien hecho. ¿Cuánto tiempo tiene?

—Un par de semanas. —Berta se encoge al sentir el pinchazo de la aguja. La enfermera inyecta el radiofármaco lentamente. Es denso y frío. Berta lo nota viajando por su cuerpo, que lo calienta. Un regusto metálico se cuela entre sus encías y sus dientes. Sabe que todo es normal. Que ahora solo le toca esperar.

—Bueno, trate de relajarse, ¿de acuerdo? Voy a apagar la luz de la sala. Cierre los ojos y trate de no pensar en nada. Necesitamos que su cerebro esté lo más inactivo posible. Tápese con esta manta. La dejo sola un rato. Después pasaremos a realizar la prueba.

El sillón está inclinado, casi en posición horizontal. Berta se acurruca a oscuras bajo el cobertor. Pero, aunque cierra los ojos, no puede dejar de pensar en que un par de plantas más arriba está Santi, luchando por su vida.

—Berta, no sé ni cómo decírtelo. —Su neurólogo tiene el cuerpo doblado hacia los monitores que muestran el resultado de la prueba. Ahí está su cerebro. Ella, por supuesto, no distingue nada. Bueno o malo. Su médico sí.

—Pues diciéndolo.

—No vemos nada.

—¿Qué se supone que teníais que ver?

—La lesión que tienes.

—Esa que me va a hacer perder la memoria en unos años como siga avanzando a ese ritmo.

—Pues parece que ya no. —El médico sonríe, aunque con cautela.

—¿Que no avanza? Pues será un error en la máquina. —Berta no cree en milagros—. Seguro que hay un fallo en la lectura. Los imanes esos se han desconfigurado.

—¿No te has dado cuenta de que te hemos tenido más tiempo? Hemos repetido la prueba dos veces.

—Pues eso, que la máquina está mal.

—Ni el radiólogo ni yo lo creemos. Evidentemente, te repetiré la prueba en otra máquina, pero aquí mi compañero tiene una teoría muy interesante. —Su compañero es un chico bastante joven, bajito, con el pelo rubio y alborotado, y una gran sonrisa—. Es mi *resi* mayor.

—¿Tu *resi* mayor?

—Residente de último año. Lleva cuatro años con nosotros tras acabar la carrera, especializándose en neurología. En cinco meses le damos el alta —ríen los dos—, y ya será adjunto.

—Creo —dice el chico— que las células de tu hija han reparado tu cerebro.

Berta lo mira con asombro. Después, estalla en una carcajada.

—Sí, venga, va —les dice—. ¿Dónde está la cámara oculta?

—Te lo decimos muy en serio, Berta.

—Hay muchas cosas fascinantes en un embarazo —interviene el *resi* mayor—. Una de ellas es que las células del feto pasan al torrente sanguíneo de la madre y algunas son, digamos, superpoderosas. Cuando en tu útero crecía tu hija, al principio solo estaba formada por unas pocas células, que tenían la capacidad de transformarse en cualquier parte del cuerpo. Se convirtieron en huesos, en músculos, en uñas, en pulmones, en neuronas... Hay casos documentados de mujeres que han sufrido daño en el corazón durante el embarazo y que han conseguido curarse gracias a que esas células fetales han viajado hasta la lesión y se han transformado en las necesarias para repararlo. ¿Y si eso ha pasado en tu cerebro? Tú has cobijado a tu hija, alimentándola y permitiéndole crecer hasta el nacimiento, y ella te ha curado a ti.

—No es descabellado —apostilla el neurólogo—. De verdad, Berta, no vemos la lesión. Podría haber ocurrido.

—De hecho, en muchísimas partes del cuerpo de la madre siguen persistiendo células de cada uno de sus hijos décadas después de dar a luz, incluso en el cerebro. Tu hija seguirá siempre dentro de ti. Los hijos siguen siempre en el interior de sus madres.

Berta ya ha llorado todas las lágrimas que su pobre cuerpo podía llorar hasta secarse por completo. Y ahora está en el proceso de purgar todas las culpas. Las de los demás las ha perdonado; las suyas, espera olvidarlas, o, al menos, enterrarlas a suficiente profundidad como para poder seguir adelante con su vida.

Sabe, sin embargo, que hay una culpa que nunca podrá superar: la de que su hija no haya conocido a su padre. Cuando la niña crezca y le pregunte por él, no será capaz de mirarla a los ojos y decirle que lo dejó morir en una cama de hospital sin ni siquiera despedirse de él.

Pasadas las veinticuatro horas de seguridad tras la inyección de fármaco, sale de la habitación en la que se había tenido que encerrar, vuelve a casa, coge a Emma en brazos y deja a Iluminada dormida en el sofá. Tiene cara de no haber pegado ojo en todo el fin de semana.

Berta pasa por el control de enfermería con seguridad, como si tuviera en esa UCI a un familiar al que visitara de forma habitual. Gira la cabeza sin dejar de caminar y sonríe a la enfermera, que la reconoce y no se atreve a preguntar qué hace. Todos conocen su historia y saben que allí está el padre de su hija recién nacida. Es la primera vez que la ve, y decide dejarla tranquila. Avisa a sus compañeras a través de un mensaje. «Está aquí Berta Gigliani. Ha venido a ver al enfermo de la cabina seis. Dadles un poco de tranquilidad».

Cuando Berta llega al pequeño box que precede a la sala en la que está Santi, el acceso para familiares de los enfermos, encuentra preparada la equipación sanitaria para poder entrar. Mascarilla, una bata y patucos. Se los coloca con cuidado, con la abertura de la bata hacia adelante y sin cerrar. Las cintas con las que debería formar un lazo sobre su abdomen cuelgan libres.

Le da miedo no poder soportarlo. Hasta ahora solo es un dibujo impreciso en su imaginación, pero sabe que si entra en esa cabina y ve a Santi conectado a todas esas máquinas que le mantienen con vida, la imagen se fijará nítida y clara en su cabeza para siempre.

Y si se muere, no quiere recordarlo así.

Pero se lo debe. No solo a ella. También a su hija.

Lo primero que le llama la atención es el ruido, un montón de sonidos distintos que se embotan en el cerebro, emitidos por aparatos que no le dejan ver a Santi. Por un instante duda si darse la vuelta. Le da mucho miedo lo que puede encontrarse en esa cama. Quizá ya no sea el amor de su vida. Puede que lo que haya allí no se parezca en nada a ese hombre al que tanto quiso. Y al que tanto, tiene que confesarse a sí misma, quiere todavía.

Pero ha logrado llegar hasta allí y no va a echarse atrás. Cierra un momento los ojos y respira hondo, como si eso fuera a darle fuerzas. Sabe que todo está en su cabeza. Vamos. Adelante.

Caminando muy despacio, desde la parte trasera de la cama, lo primero que ve son unas piernas tapadas por una sábana. Después queda a la vista el pecho, ese pecho que conoce tan bien, pero que ahora está lleno de cicatrices largas como culebras. Algunas son antiguas. Otras son de heridas que todavía no han curado.

—¿Dónde has estado, mi amor? —Llora recorriendo algunas de ellas con los dedos de la mano derecha—. ¿Cómo te has hecho esto? ¿Quién te lo ha hecho?

Llora de tristeza por el dolor de esas marcas, pero también porque quizá nunca llegue a saber qué fue lo que las causó, dónde estuvo Santi cuando desapareció.

Si él no despierta...

Sobre esas cicatrices antiguas la carne se ha abierto, sangrado, amoratado y cosido de nuevo, tras la paliza de días atrás. Cuando Berta se atreve a mirarle la cara, la ve hinchada, con los ojos todavía tan inflamados que apenas se distinguen las pestañas. El cráneo está rapado en algunos puntos, zurcido también como el resto del cuerpo.

¿Por qué ha sido tan orgullosa?

¿Por qué pensaba que lo tendría para siempre?

Como si pudiera sentir su angustia, Emma se despierta y emite ruiditos animales sobre su pecho. Berta se desabrocha la amplia camisa que lleva y deja al descubierto el fardo atado sobre su piel entre el que la hija de los dos dormía plácidamente.

Hasta ese momento.

—Ven aquí, cariño, te voy a presentar a tu papá —susurra, sacándola del envoltorio de tela que la mantenía sujeta a su torso—. Este es tu padre.

Con cuidado, Berta coloca el diminuto cuerpo de su hija sobre el pecho de Santi. Inmediatamente la niña se tranquiliza, como si el olor, el calor y la textura le fueran familiares, como si hubiera heredado algún gen de su padre que le dijera que allí está su hogar. Junto a él.

Berta empieza a llorar a mares, desconsolada. Le falta el aire, se ahoga con sus propias lágrimas. Agacha el cuerpo y acerca su boca al oído de Santi.

—Ponte bien, hijo de puta. Recupérate. ¿Me oyes? Despierta. No te atrevas a morirte. No te atrevas a dejar a tu hija sin padre.

66

Vuelve a quedar con Noel Gutiérrez.

Y en el mismo sitio, el estrecho almacén trasero de un bar de su barrio.

Sus heridas apenas han mejorado en este par de semanas. Pero ella sí. Ya no está embarazada. Mira las altas pilas de cajas llenas de comida y reza para que ninguna les caiga encima.

—¿Ya has sido mamá? —Berta le muestra un par de fotografías en el móvil—. Es... bonita. —Es el único adjetivo que se le ocurre. La reproducción humana no es algo que le inspire especial ternura a Noel. Y menos de una madre soltera.

—Si durmiera más de tres horas seguidas, sería más bonita aún —contesta Berta, aunque mira la fotografía de su hija con un amor que no había sentido hasta ahora por nada. Ni por nadie.

—¿Cómo se llama? —Trata de mantener una conversación educada.

—Emma.

—¿Por algo especial? ¿Tu madre se llama así?

Berta suelta una carcajada. La verdad es que no había vuelto a pensar en ese momento de locura.

—No. Porque no quería ponerle nombre. Me daba igual. No estaba para pensar en nada en ese momento. Pero tenía que escoger uno para inscribirla. Y justo vi en la tele la mascota de un equipo de fútbol, no me preguntes de cuál, una cosa como una abeja, que se llama Emma.

—¡Hostia, sí, el Borussia de Dortmund! —la interrumpe Noel. Esa tipa está loca. Sabía que las mujeres hacían tonterías, cosas de las hormonas, pero ya, esto...

—Pues ese será. Y... ya ves tú. Menuda gilipollez.

—Oye, ¿para qué querías verme? —Está incómodo en ese espacio cerrado y asfixiante, con esa mujer que huele a recién parida... Para no agobiarse tanto le da un sorbo a la cerveza que se ha traído del bar, antes de que llegara Berta—. Es la primera que me tomo en semanas. Estaba harto de los purés y de tantas pastillas que parecía un zombi. —Quiere irse ya de allí. Pero tras esa puerta hay un tipo con un bate.

—Necesito tu ayuda. Necesito que me digas la verdad. Tengo que proteger a una chica cuya vida corre peligro. Me dijiste que ya habían matado antes, que tú lo habías visto.

Noel duda.

—Te dije que mi vida corre peligro. Que puedo acabar como aquel chico. No te imaginas lo que le hicieron sufrir antes de asesinarlo.

—Tú estabas allí. Lo viste y no hiciste nada. —Berta es tajante—. Te doy la oportunidad de redimirte. Una muerte que no evitaste por otra que sí puedes. Tenemos que detener a quien lo hizo para proteger a esa chica. —Noel no está convencido—. Por favor —insiste Berta—. Es alguien que ha sufrido mucho. Tengo que protegerla. Es solo una cría.

Lo que dice a continuación la sorprende más que cualquier confidencia que pueda hacerle.

—Si hay un vídeo del asesinato..., no hace falta que yo testifique, ¿verdad?

¿Un vídeo?

Es una marabunta, un tumulto colérico incapaz de contenerse que se alimenta del odio del compañero para engrosar su ansia. Ven furioso al de al lado, o al de enfrente, y se envalentonan todavía más. Protegidos por el grupo, estimulados por la sensación de pertenencia, enardecidos por la colectividad, los seres humanos somos capaces de llevar a cabo acciones espantosas; ser un ciudadano alemán que se convierte en un nazi. O ser una de sus víctimas y tiempo después transformarse en el mismo tipo de verdugo. Cuanto más haya como tú a tu alrededor, más banal te parecerá lo que haces. Más lógico. Más justo. Más necesario.

—¿Quiénes son todos estos? —pregunta Berta.

La pantalla del móvil le devuelve la imagen congelada de seis hombres encapuchados, solo se les ven los ojos y las bocas. No parecen para nada un ejército, más bien colegas de cervezas pasados de grasa e hidratos y faltos de ejercicio. La imagen está tomada con un móvil por un séptimo integrante al que no se ve. Los cuerpos de los protagonistas están repartidos por un par de sofás y varias sillas en el salón de una casa, decorada con el mismo gusto estilístico que la ropa de sus visitantes. Pésimo.

—Son algunos de los hermanos —contesta Noel—. La gente que me quiere de verdad.

—Los que te obligaron a hacerte esto, ¿no? —Berta mira las cicatrices de la cara, deformada ya para siempre. Ya con dolor para siempre.

Asiente, pero no avergonzado ni culpable. Todavía tiene dependencia emocional de esos hombres.

—¿Dónde estáis? ¿Dónde se han grabado estas imágenes?

Duda si contarlo.

—En un bar. —Eso tampoco le compromete a nada.

Berta se extraña.

—Parece una casa, una habitación sin ventanas, como si alguien hubiera amueblado con restos de muebles viejos el sótano de un chalé.

—Es un sótano, sí, pero el de un bar, una especie de almacén que el dueño nos presta. Solo tenía algunas cajas de bebidas y comida, como aquí —mira a su alrededor, al pequeño zulo en el que se han visto las dos últimas veces—, pero con mucho más espacio libre, así que cada uno llevamos cosas de nuestras casas o de casas de amigos. Lo llamamos la Capilla. Es un lugar sagrado. Solo entran los miembros que han demostrado su fidelidad al grupo.

—¿Con locuras como la de los martillos?

Asiente.

—Pero no le encuentro el sentido —prosigue Berta—. Salir por la tele golpeándose la cara es demasiado llamativo. Eso centrará la atención en vosotros.

—Ya —Noel también reflexiona—, nunca nos habían planteado algo así. Siempre habíamos sido discretos.

—Y, entonces, ¿qué cambió?

Noel se encoge de hombros.

—No lo sé.

—¿Quién lo decidió? ¿Quién decidió lo que teníais que hacer? —Noel señala la pantalla—. ¿Alguno de los hombres que hay aquí?

—Más o menos.

—O está o no está, Noel.

—Está, pero tras la cámara. Es el que sostiene el móvil, el que graba.

—¿Y tú? —Noel baja la cabeza—. ¿Estás ahí?

El silencio se hace un poco largo. Al final, contesta, muy bajito, tan bajito que Berta apenas puede escuchar lo que dice.

—Soy uno —admite.

—¿Cuál? —Berta le tiende la pantalla para que señale quién es. Quiere saber lo que hizo. Pero Noel se niega—. Lleváis todos capuchas —continúa Berta—. Ya sabíais lo que iba a pasar, no era una reunión cualquiera. —Sin embargo, Berta trata de que, de momento, no se sienta tan culpable. De manera consciente y premeditada, no utiliza frases como «lo que ibais a hacer», no quiere que Noel se sienta encerrado en una trampa, lo necesita a su lado, dispuesto a contarle cosas.

—No, no sabíamos lo que iba a pasar. Al menos, lo que terminó pasando. Solo queríamos darle un susto. Había hecho algo muy feo que nos había hecho daño. Tenía que saber que las traiciones se pagan.

—¿Y grabarlo?

—Para que sirviera de ejemplo a los demás.

Claro. Hay venganzas que no terminan de cumplir su función si nadie más se entera.

Berta le da al *play*. La imagen se pone en movimiento.

—¿Quién de todos es la víctima? —Noel señala con timidez a un chico, que lleva capucha, como el resto—. No sabía nada, claro. Le engañasteis, piensa que es uno más del rebaño de agresores. ¿Es ahora cuando lo... —no quiere decir matáis— cuando ocurre todo?

Asiente.

—Queda poco.

A un leve gesto de la persona que está grabando las imágenes, se ve la mano izquierda pasando por delante de la cámara del teléfono dando la orden, dos de los asistentes inmovilizan a la víctima en la silla mientras un tercero ata sus muñecas y sus tobillos con bridas, para que no pueda moverse. El chico, sorprendido, agita el cuerpo, tratando de desligarse de sus ataduras, pero solo consigue que la silla caiga de lado. Con él encima. El resto se carcajea.

—¿Tiene sonido?

Noel niega.

Seguro que hay otra copia con sonido, piensa Berta, pero esta no la tiene, para que los que vieran el vídeo en un futuro no escucharan los gritos de terror de lo que viene ahora.

Entre varios colocan la silla de nuevo en su posición y quitan la capucha al joven atado a ella. Ahora se le ve claramente. Es el hermano biológico de Paz. El chico que apareció con los dientes en un cucurucho y un trozo de manguera en la boca.

Les está gritando a todos. Con la cara desencajada les pide algo. Por favor, parece decir por el movimiento de los labios, por favor.

Sin embargo, no hay piedad.

Uno de los miembros de la manada le da un puñetazo en la cuenca del ojo y lo arroja al suelo otra vez. Al principio parecen celebrar todos, pero se dan cuenta de que, si cae a cada golpe y tienen que levantarlo, todo será mucho más lento, así que colocan la silla contra la pared para mantenerla en equilibrio a pesar de los golpes.

Berta no sabe lo que gritan, pero el chico no hace más que defenderse. No, no, no, parece decir. No. Uno de los agresores lanza una patada contra las costillas de la víctima. Enseguida el resto se anima.

El que, según Noel, es el líder deja el móvil apoyado en algún sitio, y durante un rato solo se ve el techo. Cuando vuelve a por él Berta le ve la cara. Son solo un par de segundos, pero lo reconoce. Es el chico del hospital que las insultó nada más entrar, el de la segunda habitación. El que las llamó viejas. Enseguida vuelve a ponerse tras la cámara y, cuando enfoca la escena de nuevo, uno de los agresores tiene una tenaza en la mano, que exhibe orgulloso incluso acercándola a la pantalla para presumir. Después, caminando con cierta chulería se acerca a Emilio Sanabria, que empieza a llorar de miedo, aproximándosela mucho a la cara como un trofeo ante sus ojos, para que imagine qué le va a hacer con ellas.

El dolor más terrible es el que se anticipa. El que tenemos miedo que nos hagan.

—Pero ¿por qué? —pregunta Berta—. ¿Qué os hizo este chico?

—Sigue mirando —le aconseja Noel, para no contestar.

Dos de los encapuchados sostienen la cabeza de la víctima abriéndole la mandíbula con fuerza. Para que no pueda cerrarla le introducen un trozo de manguera en la mejilla derecha, el mismo, sospecha Berta al verlo, que después encontraron en el cadáver. La tenaza ataca primero una de las paletas dentales superiores. El esfuerzo para arrancarla se nota en los nudillos y las manos completamente tensas del agresor que sostiene la herramienta y que retuerce con fuerza para vencer la resistencia del diente, forcejeando hasta que consigue extraerlo. El dolor debe de ser insoportable, porque Emilio Sanabria pierde el conocimiento.

El público aplaude.

Una sensación de júbilo contagia el ambiente.

Parecen estar gritando algo, coreando una consigna que los hace sentir, todavía más, parte del grupo. Más valientes. Con más razón.

La banalidad del mal.

Están haciendo justicia. Castigando a una persona que lo merece.

Alguien acerca un cubo de agua que lanzan sobre la cara de la víctima. La sangre que chorrea de la boca se diluye, formando una cascada rosácea que gotea hasta el suelo.

El primer atacante alarga la tenaza, como la ofrenda del guerrero, a uno de los que parecen más débiles, un chaval enclenque y bajito, todo huesos, que la recoge con las palmas de las manos extendidas. El honor de ser el siguiente debe de darle miedo. Teme no poder estar a la altura.

Y eso es exactamente lo que sucede.

Por mucho que lo intenta, y a pesar de que dos compañeros sujetan con fuerza la cabeza de Emilio Sanabria para darle un punto de apoyo más estable y que pueda tirar con más fuerza, no logra arrancar el diente. Frustrado, lanza la tenaza contra la pared, haciendo saltar varios trozos de pintura y yeso. Los demás se ríen, pero alguien, quizá el líder tras la cámara, los hace callar, imponiendo su orden. El torturador fracasado recoge la herramienta del suelo y en un movimiento sorpresivo, lleno de rabia y orgullo herido, la lanza contra las costillas de la víctima, que emite un aullido de dolor.

Berta para la imagen. Se tapa la cabeza con la mano izquierda. Todo es demasiado parecido a algo que vivió hace muy poco tiempo. Tiene ganas de vomitar.

—Es horrible. No puedo seguir viéndolo. ¿Qué sentiste al estar allí?

—Yo acababa de adquirir mi estatus de..., digamos, de miembro presencial. No todos los componentes de la hermandad conocen la existencia de la Capilla, o su ubicación. Y muy pocos pueden acceder ella. Era mi primera vez. No sabía lo que me iba a encontrar, pero sí que estaba loco por conocer en persona a algunos de mis hermanos. No podía creerme que me hubieran admitido en el grupo.

—¿No hiciste nada por pararlo?

—¿Cómo iba a decir na...?

—Vale, sí, comprendo que estabas protegido por el grupo, estimulado por la sensación de pertenencia, y que eso te envalentonó, hizo que te pareciera normal lo que pasaba.

—De alguna manera, sí... —reflexiona—. Todo me parecía normal. Pero ahora, viéndolo aquí, en este zulo, contigo y con tu hija..., no sé..., puede que sí, que sea una barbaridad. ¿Quién sabe? Es que tú no te has encontrado en esa situación.

—¿Que yo no...? —Berta grita—. Esto es una puta locura de un grupo de fanáticos que debería estar en la cárcel.

—Me prometiste que no me delatarías —se asusta Noel.

—Te lo prometí, sí. Y cumpliré mi promesa. Una fuente es una fuente. —Hay límites que no puede traspasar, ni siquiera ella, aunque todavía no va a decírselo—. Pero tenemos que contárselo a la policía.

—¡Te he dicho que nada de policía! —grita. Chiqui abre la puerta del almacén para comprobar que todo está bien. Berta le hace un gesto de calma—. Ya sabía yo que no tenía que fiarme de una muj...

—Vale, vale —le interrumpe, tratando de tranquilizarlo—. Solo estoy pensando en voz alta. No te preocupes.

—Llegamos a un acuerdo. Me prometiste no contar nada. Me lo prometiste.

—Noel, tranquilízate. Por favor. No va a pasar nada. Pero tienes que entender que estas imágenes son muy duras, que lo que le pasó —no dice «lo que le hicisteis»— a ese chico es una brutalidad. Eso tienes que admitirlo.

Noel baja la cabeza. Es la manera de darle la razón.

—Yo solo quiero que no muera nadie más. ¿Queda claro? Nadie más.

—Confía en mí. Te lo prometo. Te lo juro por mi hija. —El joven parece tranquilizarse—. ¿Cómo has logrado hacerte con estas imágenes?

—Sabía dónde estaban, tuve que hacer una copia para mostrárselas a algunos de los chicos de los martillos, los que vimos que flojeaban más. Para darles valor. Y para saber lo que les pasaría si nos traicionaban.

—¿Dar valor y acojonar a la vez? Eso es contradictorio.

—No. Si lo piensas bien, no. Somos una manada. Podemos con todo. Somos invencibles. Cuando estamos juntos, somos capaces de lo que nos propongamos. Pero, cuidado, quien se desvíe, quien traicione al grupo, lo pagará.

—Y Emilio Sanabria traicionó al grupo —razona Berta—. Y por eso lo pagó. ¿Qué os hizo?

Noel levanta los hombros. Como si no supiera.

—Ah, ¿no lo sabes? —le reta Berta.

—No quiero hablar de eso ahora.

—¿Que no quieres hablar de eso ahora? —grita Berta—. Te recuerdo que corre peligro la vida de una chica. O me lo cuentas o ahora mismo, y no estoy de broma porque ya has visto que tengo a un tipo con un bate tras esa puerta que es la única salida de aquí, te denuncio a la policía y sales esposado de este almacén directo a un calabozo. —Berta se transforma, recuerda a su hermano y de repente parece otra persona, un animal luchando por su supervivencia, capaz de todo—. No me subestimes.

El chico se asusta. No le da a tiempo a arrepentirse de haber confiado en esa periodista. Le puede el miedo. Y, de alguna manera, sabe que ella tiene razón, aunque admitirlo implique admitir también que los últimos años de su vida ha estado equivocado, que todo en lo que creía, que todos en los que confiaba han sido un fraude.

—Solo... —duda—... solo puedo decirte una cosa. Ella no corre peligro.

Berta, sin embargo, no se pregunta si la que corre peligro es ella y todo forma parte de un plan para hacerle daño.

67

Paz Rojo ingresa en urgencias del Hospital del Lago a las dos y treinta y cuatro minutos de la madrugada. Es un vecino del número diecisiete de la calle Montserrat, piso cuarto A, el que diecisiete minutos antes se asoma a la ventana, ve cómo están asfixiando a una chica en la acera de enfrente y llama al 112 para dar la alerta. También hace otra cosa: coger su teléfono móvil y grabar lo que está pasando. Es algo ya casi instintivo. Si no lo captura el teléfono, no existe.

Escondido tras la seguridad de la ventana de la cocina, a oscuras, abriendo apenas medio centímetro el visillo blanco que cubre el cristal, el hombre hace zoom sobre la agresión para que quede registrada con claridad. Es de noche y esa zona de la calle es particularmente oscura, pero logra captar unas buenas imágenes porque, da las gracias, acaba de comprarse un teléfono con una de las mejores cámaras del mercado, tan buena que le da la sensación de que la chica y el hombre que parece que quiere matarla están justo al lado.

¿Por qué no grita? ¿Por qué no hace nada para impedir lo que está viendo?

Mirar a través de la pantalla lo anestesia. Esa brutal agresión ocurre a unos metros de la cocina de su casa, pero podría estar pasando en la otra punta del mundo. El teléfono actúa como un narcótico que lo insensibiliza.

Un muro entre la realidad y su conciencia.

Él no lo sabe, pero el atracador usa una técnica llamada mataleón, importada de Brasil, que es capaz de dejar a una persona inconsciente con facilidad y en muy poco tiempo.

La chica patalea, un poco al principio, pero enseguida parece rendirse. El agresor está a su espalda, con el brazo derecho envolviéndole el cuello, apretando con fuerza. Poco a poco la sangre deja de llegar a su cerebro. El cuerpo languidece.

Acaba de perder el conocimiento.

Si el atracador no cede la presión y el riego sanguíneo no regresa al cerebro, pronto morirá.

De repente, una voz.

—¡Asesino, asesino! Estoy grabando todo. Viene la policía. Viene ya. Asesino. Tengo tu cara en el móvil. ¡Asesino!

Es un grito que rompe la noche. Desde un balcón varios pisos más abajo en su mismo edificio, una mujer, la cincuentona soltera del primero A, lanza la mitad de su cuerpo sobre la barandilla y chilla con fuerza, con el móvil en la mano.

—¡Tengo tu cara! ¡Tengo tu cara! Te estoy grabando. Viene la policía. ¡Déjala! ¡Déjala!

Es lo que salva la vida a Paz.

Cuando entra en urgencias, apenas diecisiete minutos después, Paz ha recuperado ya la conciencia, pero su cabeza está embotada en una nebulosa extraña. ¿Es eso el cielo? Porque el infierno no parece. Y el infierno es donde ella cree que tiene que estar.

Porque está muerta.

Eso seguro.

La han matado, es lo último que recuerda. Sabe que ha muerto, pero no a dónde ha llegado tras esa muerte. Puede que la transición entre este mundo y el más allá sea algo paulatino, una travesía que lleva su tiempo. Puede también, y menudas cosas se le ocurren, que la entrada esté hoy más atascada de lo habitual, quizá haya muerto mucha gente a la vez y el infierno no sea capaz de gestionar tanta maldad. En algún momento del proceso le ha parecido ver una luz, pero ya no la ubica, y no sabe hacia dónde tiene que ir. ¿Y si se pierde? ¿Dónde van las almas que se pierden? ¿Hay algún lugar peor que el infierno y es el de las almas sin destino?

Está muy cansada. Necesita descansar un rato.

Está cansada y duele. Siente como si aún tuviera un cuerpo físico capaz de producirle un gran dolor.

¿Cómo era eso de pudrirse y ser comida por los gusanos? Puede que no llegues al infierno hasta que sientas cómo tu cuerpo se destruye por completo, y en una especie de limbo penitente tengas que notar cada fase de la desintegración de tu parte física.

Mientras Paz delira, en urgencias una enfermera le ha introducido un catéter en una vena de la mano derecha. El sedante que le inyectan en el cuerpo vuelve a dejarla sin conocimiento unas horas más.

Tranquila.

En el escáner de urgencia a la que la someten, los sanitarios descubren que tiene daños en la tráquea y una vértebra rota. La intervención quirúrgica dura un par de horas. Le ha faltado poco, comentan los cirujanos en quirófano, poco para la muerte y poco para sobrevivir, pero quedarse tetrapléjica. No saben cuánto tiempo ha estado su cerebro sin oxígeno. Habrá que ver si tiene daño cerebral, dicen también.

Pero eso ya será cuando despierte.

Si es que lo hace.

***

—¿No le pusimos protección a esa chica? —grita el comisario cuando recibe el informe policial de la agresión.

—No teníamos por qué sospechar que estaba en peligro —responde uno de sus subordinados, el subinspector del Grupo 3 de Homicidios, Jesús Peláez.

—Vaya, no teníais por qué... —se burla el comisario. Como siempre, es fácil opinar y tomar decisiones sobre hechos pasados.

—La asesina del hermano está en prisión. Y no hay nada que haga sospechar que esto es algo diferente a un atraco que salió mal.

—¿Podemos confirmar esa hipótesis?

—A ver, comisario, o quería robarle el móvil o la quería violar. Pero no creemos que quisiera matarla. No tenemos ningún indicio que apunte en esa dirección.

—¿Puedo decirle a los de prensa que emitan una nota con esa información? ¿No vamos a hacer el ridículo?

—Comisario, no han pasado ni doce horas. Es muy pronto todavía para...

—¿Puedo o no puedo? —levanta la voz—. Por si ya no era bastante jodido el caso del niño de la oreja, ahora va y tengo a la hermana en coma en un hospital. ¿Cuántas horas de televisión, de especulaciones y de mierda sobre nosotros creéis que nos van a caer encima?

Los agentes se encogen en sus sillas.

—A ver... —contesta uno, al fin—, esa es la principal hipótesis que manejamos. Y eso es cierto. Tan solo es un atraco que salió mal.

—Pues eso contarán los de prensa. Y vosotros —señala a todos—, rezad para que no se muera. Ya podéis rezar todo lo que sabéis. Y moved el culo, ¡venga, coño! —grita, asustándolos—. Sois unos putos inútiles.

—¿No te parece extraño? —pregunta en voz baja la agente de policía Nacha Gutiérrez, cuando el comisario se marcha.

—No. Creo que el malo se pasó de frenada —le contesta su compañera, la subinspectora Silvia Hurtado—. Quería robarle el móvil. O quizá violarla. Y se le fue la mano. Apretó demasiado fuerte. Esa chica debe de ser muy poquita cosa. Suele pasar. Cuando le hacen el mataleón a un anciano, y hemos tenido algunos casos de robos así, tienen el mismo parte médico: fractura de vértebra. ¿No te acuerdas de la señora de la calle Ponzano hace unos meses?

—Sí, es verdad. Entró detrás de ella al portal de su casa y la atacó ahí dentro, para robarle todo lo que llevaba. Pero apretó demasiado fuerte y demasiado tiempo.

—Tuvo suerte de no matarla.

—Tuvo suerte la vieja de no morir. A él me hubiera gustado emplumarlo por homicidio.

—Aunque no recuerdo que ninguna de las víctimas de los últimos casos de mataleón haya sufrido daño cerebral.

—Bueno, con Paz no lo sabemos. De momento, está en coma inducido. Cuando la despierten veremos si tiene algún tipo de lesión cerebral.

—Si la consiguen despertar.

—¿Y si es un intento de asesinato? No podemos descartarlo, Silvia.

—Tampoco podemos descartar que el comisario sea un extraterrestre que espía a los terrícolas, pero lo veo bastante improbable, la verdad. No serán tan gilipollas si han conseguido llegar hasta aquí sin que los detectemos.

La subinspectora Silvia Hurtado, alias Pon, recibe la burla de su compañera con una mueca sarcástica.

—A veces te daría de hostias, ¿sabes?

—Pero me quieres demasiado.

—El amor se puede acabar algún día, tenlo en cuenta.

—Ohhh, te estás desenamorando de mí —se pitorrea Nacha Gutiérrez—. Pues antes de que lo hagas, insistiré en que por las imágenes que han grabado los testigos, creo que el que atacó a Paz no era la primera vez que lo hacía. Esta gente tiene muy controlado hasta dónde oprimir, no quieren matar, solo que sus víctimas pierdan la consciencia. Pero que, en este caso, no calculó la fuerza que tenía que usar y que se le fue la mano.

—Quizá sí que tenía experiencia. Puede que en el mundillo narco en el que se movía hubiera tenido que dejar cao a alguno así. Pero Paz es una chica joven y delgada, con una complexión más débil.

—Puede ser. —Pero no está del todo convencida.

De la misma manera en la que no podemos evitar grabar muchas de las cosas que suceden ante nuestros ojos, robándonos a nosotros mismos la gozada de disfrutarlas en ese instante y con todos los sentidos, tampoco podemos evitar compartirlas más tarde. Sobre todo, si tienen algo de drama o de humillación al prójimo. Nos encantan las tragedias. Los dos vídeos con la agresión a Paz Rojo inundan las redes sociales en minutos, y se convierten en lo más visto de los periódicos digitales ese día. Es uno de los suscriptores de un periódico el que pone al resto de los curiosos sobre la pista: esa chica me suena, pero no sé de qué. Y otro añade: es verdad, ¿no se parece a la hermana del niño de la oreja? Sí, claro que sí, jalea el resto. Enseguida los titulares cambian. De «Brutal intento de asesinato a una joven en la noche madrileña grabado por unos vecinos» a «Tratan de asesinar a la hermana de Jaime Rojo. ¿Es una venganza contra la madre?». «¿Encargó la expareja de la madre el asesinato de Jaime y de Paz Rojo?».

68

Dicen que las personas que están en coma son capaces de sentir el mundo a su alrededor. Que notan las caricias, las palabras, el afecto. Los médicos nos piden que les hablemos, que estemos a su lado dándoles cariño, contándoles cosas, aunque sean banalidades, día tras día tras día, para que sigan conectados con el mundo del que penden de un hilo. Si fuera Santi el que estuviera al otro lado, de pie junto a esa cama llena de cables y aparatos electrónicos y sondas que se meten en su cuerpo, diría que eso son chorradas, que en el fondo de lo que se trata es de calmar a los familiares y hacerles sentir que todavía tienen algún tipo de conexión con esa persona tan querida que no se sabe si regresará al lado de los vivos, como si hubiera un hilo del que ellos tuvieran que tirar para mantenerlos a este margen de la existencia.

Pero Santi está en el lado incorrecto de la ecuación, con un par de fracturas craneales en la parte superior de la cabeza que necesitaron una cirugía de emergencia para ser reparadas y frenar el sangrado. Hace un par de días que los médicos le quitaron el drenaje intracraneal que aliviaba la presión eliminando el líquido cefalorraquídeo acumulado.

Todo parece estar bien ahí dentro.

Al menos, todo lo que se puede observar a nivel físico. A nivel neuronal, no se sabrá hasta que despierte.

O lo despierten.

Es hora de sacarlo del coma inducido.

69

Acaba de resucitar, pero no es él.

Ve a mucha gente a su alrededor, aunque al principio le cuesta enfocar. Oye sonidos, pero todavía no recuerda lo que es una palabra. Puede que no lo recuerde porque no lo necesita. No sabe dónde está. Sin embargo, sí que se acuerda de lo que es una caricia. Alguien le está acariciando la palma de la mano. Y ese es el hilo del que tirar.

De alguna manera, ese contacto físico le ancla a una realidad a la que quieren que regrese.

Su cerebro empieza a establecer conexiones neuronales, recordando qué es, quién es, cómo se llaman las cosas y para qué funcionan. Es un ser vivo. Un ser humano. Tumbado. Recuerda lo que significa estar tumbado y se da cuenta de que él lo está. Y que sobre lo que se encuentra es una cama, o algo parecido. Y que lo que le deslumbra es una luz. Es extraño, deslumbrar, recordar de primeras un verbo así, tan bonito. Comprende enseguida que lo que hay a su alrededor son personas como él. Médicos. Lo sabe por lo que están diciendo, encaja algunas de sus palabras. Médicos. Poco a poco se van conectando más neuronas. Si hay médicos y si está en una cama y si le deslumbran luces, es porque se encuentra en un hospital. Y está enfermo. Bastante, imagina.

—¿Qué ha pasado? —proyecta su cerebro.

Cree que habla, pero solo balbucea.

—Tranquilo, no quieras ir muy rápido —oye. Oye y entiende. Todo empieza a ir bien—. Esto lleva su tiempo. Has estado muy malito.

—¿Cuánto llevo aquí? —sigue balbuceando. Pero una cosa es lo que su cabeza piensa y otra, lo que su boca es capaz de elaborar.

—Tranquilo —le dice otra voz, mientras los dedos continúan acariciando su mano—, no te esfuerces. Es normal.

Que no me esfuerce. Que es normal. Un chute de adrenalina lanzado por su cerebro rabioso recorre todo su cuerpo. Y esa adrenalina actúa como una explosión.

—¿Qué mierdas está pasando? —grita. Su cuerpo es capaz de emitir el grito con todas las sílabas perfectamente vocalizadas. Por primera vez, las personas a su alrededor entienden lo que dice. Lo que grita, en realidad.

El chillido coge por sorpresa al personal sanitario que está alrededor de su cama.

Vaya con el forense —sonríe, una de las enfermeras—. Qué despertar más rápido. Qué alegría.

—¿Qué ha pasado? —pregunta, ansioso—. ¿Alguien me lo cuenta?

Trata de incorporarse, pero su cuerpo aún no responde y vuelve a caer sobre la cama.

La ira conduce ciegamente a la venganza. Inundado de ira, Santi no es capaz de pensar con mínima claridad. Tumbado en una cama de hospital, todavía en la UCI, lleno de cables para controlar su cuerpo y vías por las que se introduce todo lo que necesita para seguir vivo, han tenido que inmovilizarlo con correas en las muñecas y los tobillos porque un par de veces lo ha arrancado todo para salir de allí. En dos ocasiones se lo han encontrado tirado en el suelo, arrastrándose como un reptil. Diecinueve horas después de despertar, sus piernas todavía no son capaces de sostenerlo. Los médicos no saben si hay alguna parte del cerebro dañada que le impida caminar o solo son los músculos los que necesitan entrenamiento para volver a ser capaces de recuperar sus funciones. Programan una resonancia magnética para el día siguiente.

Santi solo siente rabia.

Rabia como no había tenido nunca.

—Dejadme salir de aquí. Necesito levantarme —grita. Allí no hay días ni noches, no hay ventanas, no hay luz natural, pero mira la hora en el reloj de la pared y le parece que ha pasado más de un día desde que volvió del coma—. ¿Puede venir alguien?

—Eres un coñazo. ¿No te lo han dicho nunca? —Entra una enfermera, con los brazos cruzados—. Tus gritos se oyen en toda la

UCI. Hay pacientes muy graves. ¿Puedes hacer el favor de callarte? No hagas que te durmamos otra vez.

—¿Y vosotros podéis hacer el favor de hacerme caso?

—Aquí mandan los médicos, ¿sabes? Igual no estás acostumbrado a que te den órdenes, pero no te queda más remedio que adaptarte.

—Anda, Bibiana, no seas tan estricta. —Una segunda enfermera pasa al box de Santi—. A ver, ¿qué te pasa, cielo? ¿Qué necesitas? —pregunta, acercándose a la cama de Santi, hasta quedar a la altura de su pecho. Es la enfermera que le acariciaba la mano mientras lo despertaban.

—Quiero levantarme. Salir. —Tiene muchas cosas en la cabeza, necesita apuntarlas, hacer llamadas, pensar—. Tengo que salvar la vida de muchas personas.

Las dos enfermeras se miran. Alucinaciones. Algo puede ir no del todo bien.

—Es que las piernas no te sostienen, cariño —responde con calma Bibiana—. Llevas muchos días aquí y los músculos necesitan tiempo para volver a funcionar bien. Eres médico, lo sabes. —Y también sabe, como médico, que puede tener una lesión cerebral, y que eso le haya hecho olvidar cómo caminar—. De momento, no puedes abandonar esta cama, a no ser que te salgan alas y te pongas a volar.

—Aquí no puedo pensar. Por favor. Dejadme salir. Aunque sea un rato —suplica.

Media hora después, la enfermera Bibiana Manzano empuja en una silla de ruedas hasta una de las ventanas de la planta cuarta a un paciente cubierto por una manta y conectado a varias bolsas con sueros farmacológicos.

Mirar a través del cristal al mundo que hay fuera le hace enfurecerse más. Pero, a la vez, siente una extraña calma. La vida sigue. Y la suya va a seguir. Cueste lo que cueste.

—¿Puedo llamar por teléfono?

Ahora todo lo que necesita es escuchar la voz de Berta.

Pero Berta comunica. Y ni siquiera se da cuenta de que hay una llamada en espera. Está gritando. Fuera de sí.

—Hijo de puta. ¡Eres un hijo de puta! —La sangre riega con furia su cara, hinchando las venas, congestionando los vasos capilares, llenándola de ira—. Casi la matan. ¿Te has enterado? Casi matan a esa chica. Me dijiste que no corría peligro.

—No... no corría peligro. —Noel está completamente perdido.

—Y todo por tu culpa —sigue gritando Berta—. ¡Todo por tu culpa!

—Yo no... —La voz titubea al otro lado del teléfono—. Yo no...

—Tú no, tú no... —Berta vocifera más alto con cada excusa del chico.

—Te juro que no me esperaba esto.

—Te dije que me lo contaras todo. ¡Te lo dije! Y tú con la mierda esa de que no estás preparado. ¿Estaba preparada Paz para morir? ¿Eh? ¿Estaba preparada? Tenía que haberte llevado de los pelos a comisaría, arrastrándote por la calle. Idiota, idiota, ¿cómo he podido ser tan idiota?

Da golpes a la pared con la palma de la mano. Idiota. Idiota. Idiota.

Berta chilla y Emma se echa a llorar, asustada. Entre las dos, sumados los gritos y los lloros, el estruendo en casa es insoportable.

—Y ahora qué, ¿eh? ¿Y ahora qué? Voy a llamar a la policía. Les voy a contar todo, que es lo que tenía que haber hecho desde el principio. Yo y mi absurdo ego para conseguir una exclusiva. Me cago en la madre que me parió. Una exclusiva que casi le cuesta la vida a una niña.

—Te juro que no tiene nada que ver. Que ellos no han podido ser.

—¿Cómo que ellos no han podido ser? ¿Pero por qué no han podido ser ellos?

—Porque ellos... porque ellos... —balbucea.

—¡Noel! —brama—. Voy a decirle a la policía todo lo que sé. Y el resto te lo arrancarán como si te arrancaran la piel a tiras.

—No llames a la policía, por favor —suplica Noel—, no llames a la policía.

—Pero ¿cómo que no? Podías haberla salvado y no has hecho nada. Y yo te dejé. Mierda. —Está agotada, no duerme, no piensa con claridad. Emma llora todavía más fuerte, aturdida por el escándalo en casa—. ¡¡Cállate!! ¡¡Cállate, joder!! —le grita Berta a su hija, que, asustada, llora aún más fuerte—. Dame el vídeo ya —le exige—. Dámelo ahora mismo. Ven ahora mismo a mi casa. No —rectifica—. Voy yo ahora mismo a la tuya.

—No puedo, no puedo —lloriquea Noel, al otro lado de la línea telefónica—. No puedo. Dame algo más de tiempo. Por favor, dame algo más de tiempo. Creo que hay algo más —intenta decir, pero Berta no lo oye—. Hay algo más grande. ¡¡Berta!! —grita—. Te juro que ellos no le han hecho nada a esa chica. No han podido ser ellos. Y déjame investigar. Creo que hay algo más.

—Pero ¿qué más va a haber? ¿Qué más va a haber? —se desgañita.

—No lo sé —llora—, no lo sé.

70

El agresor de Paz tiene treinta años y es un viejo conocido de la policía. Trapicheo, menudeo, peleas, hurtos..., pero hasta ese momento nada que haga sospechar de algún otro intento de homicidio, como parece este caso. O de agresión sexual. No se descarta que quisiera dejarla inconsciente para violarla. Otra de las hipótesis es que la joven le debiera dinero por alguna droga que no le había pagado. Los agentes de la comisaría de Leganitos lo identifican enseguida, nada más ver las imágenes.

Gabriel Busto.

Ninguno de ellos hubiera predicho que la carrera criminal de ese desgraciado terminaría en la cárcel por un homicidio en grado de tentativa. De diez a quince años de prisión.

No está mal. Un tiempecito fuera de las calles. Menos trabajo para ellos. Aunque es poco consuelo, porque saben que alguien ocupará su lugar. Nunca quedan huecos libres en la selva. La cadena trófica necesita sus depredadores. Y sus víctimas.

Gabriel Busto había pasado a ser de los segundos.

Eso, si lo localizaban.

Porque de momento se estaba mostrando muy escurridizo.

Las cucarachas saben muy bien cómo esconderse. Tienen una capacidad de supervivencia extraordinaria en situaciones límite y con recursos limitados. Son de los pocos seres vivos que han sido capaces de sobrevivir a las cinco grandes extinciones animales de la Tierra. Doscientos cincuenta millones de años después de aparecer como especie no han necesitado cambiar ni adaptarse para permanecer en el planeta.

Gabriel Busto es una cucaracha, pero la policía es más lista.

Cuando lo bajan casi a rastras por las escaleras del viejo edificio en el que se esconde, Gabriel Busto se mea encima. El pánico le impide controlar el esfínter del cuello de la vejiga y una mancha caliente y húmeda se extiende desde su entrepierna por la pernera del pantalón hasta la mitad del muslo.

—Vaya con la cucaracha —dice uno de los agentes que lo lleva—, al final es un cobarde.

—Así no podemos meterlo en el coche policial —se ríe el otro—, con ese olor a pis asqueroso. Tendrá que quitarse los pantalones y sentarse en pelotas.

—Sí, sí, en la calle.

—¡¡Ehhh!! —grita—. Este se ha meado, preparad pañales.

El hueco de las escaleras les devuelve con eco las risas del resto de agentes.

—Bueno, bueno, bueno. ¿Qué tenemos aquí? El asesino cobarde. —Nacha Gutiérrez cruza los brazos con sonrisa burlona, al otro lado de la mesa en la que, sentado y esposado, Gabriel Busto lleva un par de horas esperando—. Avisa si te vas a volver a mear. Tenemos un trozo de césped para perros, ¿no, Silvia? Donde mean los cobardes. Las ratas.

—Creo que es mejor prevenir —contesta su compañera, sin mirar al detenido—. ¿Y si le ponemos directamente un pañal? Me parece que he visto alguno en el armario del pasillo. El del fondo.

—Ya, ya, pero esos son de talla de adulto. Este tiene el culo enano.

—Espérate a que entre en chirona. Verás tú cómo se le ensancha varios palmos.

—Eso duele. —La subinspectora Silvia Hurtado contrae la cara en un gesto de angustia—. Eso tiene que doler mucho.

—Calla, calla, ¿te acuerdas de cómo llegan a la enfermería de la cárcel?

—Los que llegan, porque si se chivan, ya sabes, las ratas van a las alcantarillas.

—Esas cosas raras de la cárcel. Qué mal se pasa allí.

—A ver, no es lo mismo estar en una prisión que en otra, o en un módulo de buena conducta o con los malos.

—Ni pasar encerrado diez años que quince.

—¿Tú crees que él sabe que dependiendo de cómo se porte, nos portaremos nosotros?

Nacha Gutiérrez se encoge de hombros.

—Más le vale.

El abogado de Gabriel Busto tarda un par de horas más en llegar. Es un letrado de oficio, joven e inexperto, pero con las ganas intactas y las garras a punto. Todavía cree en la justicia. Es su primer gran caso, quizá por eso los periodistas apostados en la entrada de comisaría no lo reconocen y no le preguntan.

Lo primero que hace es pedir reunirse a solas con su cliente.

Sale descompuesto.

—¿Qué le han hecho? —pregunta a las agentes Nacha Gutiérrez y Silvia Hurtado.

—¿Nosotras? Nada. Si no hemos hablado con él. Si la ley no permite interrogarle hasta que esté su abogado presente. Ni le hemos dirigido la palabra.

—Bueno, sí —le corrige su compañera—, con lo del pis. Como se había meado —mira con sorna al abogado—, le ofrecimos soluciones a su problema. Pero ni media pregunta del caso. Solo lo del pis. Se lo prometemos.

—Ni se nos ocurriría. ¿Le ha pasado algo a su cliente, señor letrado? —pregunta, con inocencia fingida, Nacha Gutiérrez—. ¿Podemos ayudarle en algo? Somos agentes experimentadas. —El tono es chicloso y dulce—. Y usted parece algo nuevo en el turno de oficio.

La subinspectora Silvia Hurtado tiene que contenerse para no soltar una carcajada.

El joven, novato pero sobradamente preparado abogado Agustín Hernández, ya tiene a alguien a quien odiar para el resto de su carrera. Y a quien tratar de pillar en un renuncio para denunciar por mala praxis. Pero, de momento, no le queda otra que tragarse el ego y la rabia.

—Contrariamente a mi recomendación —esputa—, mi cliente quiere confesar.

—¿Y eso le molesta, abogado?

—Imagine todo lo que se ahorrarán los contribuyentes si nos evitamos el juicio.

—Empecemos por el principio —le pide Silvia Hurtado a Gabriel Busto, dispuesto a confesarlo todo. O eso esperan—. ¿Es usted la persona que en estas imágenes está agrediendo a Paz Rojo?

En un monitor dentro de la sala, reproducen los vídeos grabados por los dos vecinos que captaron el momento de la agresión. El acusado se sorprende. Verse desde fuera siempre es algo extraño. Uno no se reconoce nunca en la mirada de los demás.

—Sí, sí, creo que soy yo.

—¿Cree? ¿O es usted?

—Soy yo, solo que es extraño.

—A ver, matar no es algo habitual. Y usted lo ha intentado. Quizá por eso se ve extraño en las imágenes.

—Yo solo quería robar —protesta—, no quería matar a esa chica. Solo quería robarle el móvil.

—¿Me lo tengo que creer? Me parece a mí que no. —No pueden irse de allí con una simple confesión de intento de robo que salió mal. Quieren probar un intento de homicidio. Y conocer las causas, claro.

—Es lo que acaba de declarar mi cliente —interviene el abogado, tajante, mirando a las policías con ojeriza—. Ha testificado que solo quería robar a la chica —dice, con firmeza—. Y eso es lo que pasó. Un simple robo.

—Eso, eso —apostilla el detenido, envalentonado por la actitud de su letrado—. Un robo.

—¿Y por eso le fracturó una vértebra? —pregunta Silvia Hurtado—. Eso es pasarse de frenada. Me parece a mí que la intención de matar está clara.

—Mi cliente ya ha contestado que no —vuelve a intervenir el joven abogado—. No pongan en su boca palabras que no ha dicho. Ni le coaccionen. Creo que en este interrogatorio se están sobrepasando algunos límites.

—¿Por qué no le deja hablar a él?

—Lo que usted nos diga no vale de nada en un proceso judicial. Tiene que contárnoslo su cliente. A ver, señor Busto —le mira fijamente a los ojos—, ¿tenía o no tenía usted intención de matar a esa chica?

—No —repite—. Solo fue un atraco.

—Espere, que le voy a poner otra vez las imágenes, ampliadas y ralentizadas. Aquí. —Nacha Gutiérrez se levanta y señala con un círculo sobre la pantalla el brazo del detenido, pero también su cara—. ¿Ve cómo aprieta? Ella ya ha perdido el conocimiento, pero usted sigue estrangulándola. Solo para cuando la vecina se pone a gritar desde el balcón de encima. Si hubiera querido robar el móvil, aquí —echa las imágenes unos segundos hacia atrás— ya podía haberla soltado. Estaba inconsciente. Podía hacer con ella lo que quisiera.

Abogado y cliente se miran.

—Solo era un atraco, ya lo ha dicho mi cliente.

—Eso —ratifica el acusado.

—Un atraco —insiste la agente de policía— que parecía más una ejecución. Casi la mata.

—Eso no es cierto. Mi cliente no tenía intención de matar, y el daño se lo hizo esa mujer cuando mi cliente ya había salido del lugar. Se cayó y se dio un golpe en la cabeza después de lo que se ve en las imágenes.

¿Y la tráquea también se la fracturó ella solita, apretándose con sus propias manos, a que sí?

El abogado se encoge de hombros.

—¿Y a mí qué me explican? Eso tendrán que preguntárselo ustedes a ella. Mi cliente solo es culpable de lo que se ve en las imágenes.

—Bueno, quizá tenga usted razón... —La subinspectora de policía Silvia Hurtado parece rendirse, pero solo está cogiendo carrerilla—. Ya solo por eso podemos acusarlo de homicidio en grado de tentativa. ¿A que sí, abogado? —chulea un poco—. Imagino que le ha dicho a su cliente que le caerán de diez a quince años. Las imágenes son suficientemente explícitas, cualquier perito apoyará esta tesis. Qué mala suerte que hagan las cámaras de los móviles cada vez más precisas. Se ve de maravilla.

—Además, hay otra cosa. No te olvides, Nacha. Lo otro.

—Es verdad. Lo otro. Señor detenido, ¿le ha contado lo otro a su abogado? Señor Hernández, ¿sabe usted lo otro?

El joven, novato pero sobradamente preparado abogado Agustín Hernández, trata de poner cara de póquer, repasando mentalmente con rapidez qué más le ha dicho su cliente en la charla que han tenido antes de que entraran las agentes de policía. Como ese cabrón le haya ocultado algo... E igual que su odio a esas dos agentes de policía, también empieza hoy otra de las certezas que tendrá el resto de su carrera: los clientes siempre te engañan.

—Pues mire, vamos a ser buenas y se lo vamos a contar. No sé si sabe que se han encontrado más de cinco mil euros en efectivo en el piso en el que lo acabamos de detener. Estoy segura de que sus huellas estarán en los billetes.

—¿Y? —Si solo tienen eso, no es tan grave. Está a punto de soltar un suspiro de alivio.

—No, no. Es que eso no es lo otro. Lo otro es que, junto a los billetes, hemos encontrado también un pequeño trozo de papel doblado en cuatro, escrito a mano, y estamos seguras de que en cuanto hagamos las pruebas se demostrará que es la letra de su cliente, en el que están anotados una fecha, una hora y un lugar.

No, no, no, por favor. Que no sea lo que estoy pensando. Agustín Hernández empalidece.

El detenido baja la cabeza.

—A ver, que también puede ser una casualidad, todo es posible en esta vida —se burla Nacha—, pero no sé yo qué opinará un juez de que su cliente tuviera anotados los datos de la víctima y dónde encontrarla. A mí me suena a encargo. Pero qué voy a saber yo, una simple agente de policía de la escala básica.

—Te he dicho muchas veces que no te minusvalores, Nacha. —Se lo están pasando en grande—. Podrías ser inspectora si quisieras. O presidenta del Gobierno. Pero lo que pasa es que no quieres.

—Silvia, ¿ya le has dicho que, si colabora, puede tener la pena más baja y lo llevaríamos a una prisión molona?

—¿Lejos de los revienta culos, quieres decir? —le contesta su compañera.

—¡¡Agentes!! —protesta de nuevo el abogado.

—¡¡Me contrataron!! —grita Gabriel Busto, que al fin confiesa, incapaz de soportar la presión.

—¡Cállate! —grita su abogado, perdiendo los papeles por primera vez en todos los años que le quedan como abogado de oficio.

—Ahí queríamos llegar. —Nacha Gutiérrez aplaude—. Le contrataron. Imagino que no para robar.

—Para matarla —dice, al fin.

Y la confesión cae como una bomba en esa pequeña sala. Todos enmudecen unos segundos, para dar solemnidad al momento. Para darle su importancia.

—¿Quién? —pregunta Silvia Hurtado.

—No lo sé.

—¿No lo sabe? —No se lo cree.

—¡De verdad! —Está derrotado— No lo sé. Solo me dijeron que tenía que parecer un atraco, un robo que salía mal. Sabían dónde iba a estar la chica exactamente, el lugar, el día y la hora.

—¿Cómo contactaron con usted?

Por Telegram.

—¿A través de una aplicación de mensajería del móvil? —Las agentes se sorprenden—. Eso sí que no lo habíamos visto nunca.

—Así contactan mis clientes conmigo —sigue confesando.

—¿Le han pedido más asesinatos por Telegram?

—¡No! ¡No! Cuando quieren droga. Es lo más fácil. Ahora no hay que ir por las calles buscando a un camello, ni el camello tiene que estar por ahí como una puta esperando clientes. Te lo piden, fijas un precio, se lo llevas a su casa y ya está. Ahora todo es digital. Vamos al grano.

—Al gramo, mejor dicho —se ríe la agente Nacha Gutiérrez.

—Tía —le riñe su compañera—, ese chiste es malo hasta para ti.

—¿Y se fio de un desconocido que le pidió que matara a una mujer?

—¿Por seis mil euros por adelantado? Por ese dinero mataría a mi madre.

71

Berta jamás ha estado tan nerviosa. Nunca la angustia se ha apropiado con tanta fuerza de cada una de las partes de su cuerpo. Ni siquiera cuando detuvieron a su hermano y tuvo que huir de España. Siente el corazón estrujado como si le estuvieran exprimiendo hasta la última gota de sangre, los pulmones prensados que no la dejan respirar y las piernas aplastadas contra el suelo para que no pueda caminar más. Su cuerpo es torpe e inútil. Su cabeza está todavía peor. Ni siquiera recuerda cómo ha llegado hasta allí.

Pero sabe que tiene que hacerlo.

Mira a esa niña que lleva en brazos y es la que le da fuerzas para dar un paso más.

Y otro.

Santi está de espaldas, en una silla de ruedas, con la cabeza ligeramente colgando hacia un lado. La enfermera le ha dicho que lo dejaba preparado para dar un paseo.

—En la silla está más animado, si se puede llamar animado a cómo pasa las horas aquí. No salgáis nunca de esta planta, y no estéis mucho tiempo fuera. Ya me he tenido que pelear con un par de médicos para que me autorizaran a esta locura. Pero es que va a ser peor si pierde la cabeza —le había contado por teléfono a primera hora de la mañana—. Necesita un estímulo emocional positivo para avanzar. Y creemos que sois vosotras dos.

Berta se acerca casi de puntillas, tratando de no hacer ruido, como si tuviera miedo a que le riñan. Aunque puede que sea porque si él no la escucha, todavía puede darse la vuelta y dejar esa locura. Hasta que Santi no sepa que ella está allí, tiene tiempo de marcharse. ¿Por qué maldito impulso se le ha ocurrido que eso sería buena idea?

Rodea la silla despacio, mirando al suelo, tratando de coger fuerzas para mirar cara a cara a Santi.

—Hola —le dice, antes de que él la vea.

Cuando por fin sus ojos se encuentran, ninguna de las frases que ha preparado Berta en las últimas horas sirven para el momento, porque de todo lo que ha imaginado que sucedería, nada ocurre. Santi la mira, ve a Emma en sus brazos y se echa a llorar, muy dócilmente, como las gotas que resbalan en la ventanilla de un coche cuando apenas llueve. El llanto de alguien que está a punto de rendirse.

Y, en ese instante, Berta vuelve a perdonarle todo. Por segunda vez. Y por las veces que haga falta.

Hasta los siglos de los siglos.

—¿Quieres cogerla en brazos?

Son una familia extraña. Santi, en bata de hospital con el cráneo rapado a trozos, las piernas tapadas con una manta, un par de bolsas de medicación colgando de un soporte sobre la silla de ruedas, una recién nacida en brazos, y una mujer famosa, Berta Gigliani, empujándolos a los dos mientras todo el mundo por los pasillos los mira.

No se han dicho nada más desde que le dejó coger a Emma. No hace falta.

—Ten cuidado con la cabeza de la niña. Espera, que te la coloco bien para que estéis los dos cómodos. Lo más importante es que no le cuelgue la cabeza. Y si no te ves con fuerza o te fallan los brazos, dímelo, por favor.

Berta quiere llegar a una zona tranquila, una pequeña sala de espera que nadie suele utilizar porque está lejos de las consultas y las habitaciones. Tiene una ventana, lo ha comprobado antes de ir a la UCI, con una espléndida vista sobre el bosque de pinos que rodea una parte del hospital.

Allí estarán tranquilos. O eso espera.

—Tienes que frenar la silla —eran las primeras palabras de Santi—, hay una palanca negra sobre la rueda trasera derecha.

Santi sostiene a la niña en brazos, pero aún no se ha atrevido a mirarla. Demasiadas emociones en tan poco tiempo. Tampoco se ha atrevido a preguntar algo que le quema el corazón desde hace mucho tiempo. ¿Es mi hija?

—Se llama Emma. —Berta arrastra un pequeño sillón hasta ponerse frente a Santi, junto al ventanal—. Nació prematura, y estuve días deseando que no existiera —cuenta, con sorprendente entereza—. Nunca quise quedarme embarazada, quiero que lo tengas claro, nunca quise tener un hijo, y ese sentimiento no cambió durante los siete meses de gestación. Fue más bien algo que le fui dejando hacer a mi cuerpo, como si no pensar en ello fuera a cambiar las cosas, como si no pensar en ello hiciera que no fuera a suceder. Hubo un momento en el que me arrepentí de no haber abortado. Pero ya era demasiado tarde. Y luego esa revista contándolo todo antes de que yo pudiera explicarlo. La gente felicitándome, incluso por la calle. Y haciéndome preguntas. ¿De cuánto estás? ¿Quién es el padre? ¿Es niño o niña? Creí que iba a volverme loca. Me sobrepasaba todo. Pero esta cosita —acaricia a su hija, sonriendo— debía de notarlo y se adelantó. Un mes y medio antes de la fecha prevista me puse de parto. Di a luz aquí, casi a la misma hora que ingresaste en el hospital más muerto que vivo. Y sí... —sonríe, mirándose los dos a los ojos por primera vez—, es tu hija. Emma es tu hija.

—No me gusta que me veas así. —Santi se avergüenza de su estado, de no poder valerse por sí mismo.

—A ver, que te he visto cagando —trata de quitarle hierro Berta, volviendo a sonreír—, esto no es peor.

—Eso también.

—¿Qué te dicen los médicos?

—Que no ven ninguna parte de la columna vertebral ni del cerebro dañada y que en cualquier momento mis neuronas volverán a saber cómo ponerse en pie y caminar. Que todo está en mi cabeza. ¿Puedes creerlo? Que es mi cabeza la que no funciona. ¡Mi cabeza!

—Pues venga, entonces, espabila. —Berta no quiere ser condescendiente, cree que es lo mejor para Santi—. Deja de lamentarte y pon a trabajar ese cerebro privilegiado que tienes. Vuelve a sacarle todo el rendimiento. Aunque sea por la rabia que debes sentir, métete ahí dentro —coloca su mano con suavidad sobre la cabeza de Santi, justo en una zona llena de puntos de sutura— y arregla lo que tengas que arreglar. Si alguien puede, eres tú.

Entonces, la niña se despierta. Estira los brazos y bosteza con los ojos cerrados. Cuando por fin los abre, mira a esa persona desconocida que la sostiene. Berta cree que se va a poner a llorar, como cada vez que no la acuna ella, pero sin embargo empieza a hacer sonidos extraños con la boca, pequeños gorgoteos para llamar la atención. Es como si supiera quién la sostiene en brazos.

—Mira cómo reconoce a su papá —dice, con ternura. A Santi se le llenan los ojos de lágrimas—. Ya puedes levantarte de esa silla para enseñarle a cantar y bailar como Delito.

La enfermera viene a buscarlos.

—Por favor, Santi, tienes que volver a la UCI. Me van a cortar la cabeza.

El trayecto de vuelta no es un paseo, sino un viaje apresurado a través de los mismos pasillos. Pero todo ha cambiado para aquella pequeña familia de tres.

—¡Ah! Y una cosa más —le dice Berta, con Emma en brazos justo antes de salir de la habitación—. Voy a pillar a los que te han hecho esto, te lo juro. Por nuestra hija. Pero me tienes que ayudar, así que levanta el culo ya de ahí. Deja de quejarte y ponte en pie. ¿Me oyes? Ponte en pie y sal de aquí.

72

Es la primera vez que la meten en un maletero de un coche. No es que la metan precisamente, sino que ha entrado ella por voluntad propia. No está oscuro, al menos no del todo, como creía que iba a pasar. Y tampoco es tan agobiante como había pensado. Se encoge sobre sí misma, con las rodillas encajadas en el tórax. Cierra los ojos y respira. Es un momento de extraña calma, de reencontrarse consigo misma. Tiene la sensación de estar buceando con los ojos cerrados y todo en paz, pero esa emoción termina enseguida. Cuando arranca el motor nota cómo cada parte de su cuerpo vibra, incluso las neuronas parece que se recolocan. El collarín que le han puesto los médicos para proteger sus vértebras hace de improvisado cojín. Su cuerpo rebota y se golpea con cada bache de la carretera y cada agujero en el pavimento. Pero se concentra en no sentir, solo en amoldar su respiración a un ritmo pausado, notando cómo el aire entra y sale de su cuerpo. Poco a poco. Muy poco a poco.

Paz Rojo sale del hospital camuflada en un coche, el de una doctora que le ha hecho el favor de sacarla de allí en el maletero para evitar a la prensa que hace guardia en los dos accesos. Los médicos tienen plaza en el aparcamiento subterráneo, y es la única forma que se le ha ocurrido para conseguir despistar a los periodistas. Salir por la puerta principal o por la de urgencias hubiera sido una locura. No le cuesta convencer a su cómplice, una sanitaria con la que estos días ha tenido una conexión especial.

El trayecto no se le hace especialmente largo.

La doctora pasa un par de veces con el coche por la puerta de casa de Paz para asegurarse de que no hay prensa. Aparca en una pequeña calle lateral desierta y echa hacia adelante el respaldo de uno de los asientos traseros para que la chica pueda arrastrarse hacia allí desde el maletero y salir por una de las puertas como una pasajera normal. No quiere arriesgarse a que algún vecino cotilla o algún paseante vea a una mujer sacando a una cría del maletero de un coche.

Se despiden con un abrazo.

—Cuídate mucho, por favor.

—Lo haré.

—La policía dice que van a ponerte vigilancia.

—Seguro que están en casa con mi madre. Lo último que me faltaba.

—Bueno, acuérdate de lo que hemos hablado. Hay cosas que no puedes controlar. Y hay pasos gigantes que no pueden darse si no es muy poco a poco. Pasito a pasito, recuerda.

—Lo haré.

—Y no te quites el collarín hasta dentro de quince días.

La doctora le ha dejado una gorra para que nadie la reconozca en el pequeño tramo de acera que hay desde el coche hasta su casa. Mira hacia el suelo, que es la mejor manera de pasar desapercibida, no establecer contacto visual con nadie.

En una bolsa de plástico lleva las pertenencias que recogió la policía en el lugar en el que estuvo a punto de morir. El móvil. Una chaqueta. Algo de calderilla. Las llaves de casa.

Nunca pensó que volvería a usarlas.

Cuando las mete en la cerradura del portal nota una sensación extraña, como si estuviera viviendo otra vida. No tanto de renacimiento, sino de segunda oportunidad. Aunque no está segura de querer aprovecharla.

Su madre se lanza sobre ella en cuanto oye el sonido de la cerradura. La abraza con tanta fuerza que apenas puede respirar.

—¿Quién ha querido matar a mis dos hijos? —llora—. ¿Quién? ¿Quién quiere hacerme ese daño? Ay, mi niña, mi niña, mi niña.

Están a punto de caer al suelo, hechas un ovillo las dos. Paz está extrañamente inquieta. No recibe el abrazo de su madre, sino que de alguna manera resiste el envite, estoicamente, sin que le cale emoción alguna.

—¿Está bien, señora? —Un policía aparece al fondo del pasillo.

—Mi hija, mi hija —repite—, ha vuelto mi hija. Es esa mujer, que quiere destrozarme la vida —se encara con el agente, sin soltar a Paz—, no va a parar hasta conseguirlo. Tienen ustedes que proteger a mi chiquitina, tienen ustedes que protegerla. —Le acaricia el pelo, con suavidad—. Es lo único que me queda en esta vida.

Nines vuelve a abrazar con fuerza a su hija, como si temiera que en cualquier momento echara a volar y fuera a salir por la ventana. Y esta vez, sí, Paz se acurruca en sus brazos. Esta vez, sí, la muñeca de pelo azul vuelve a ser rubia.

Quizá todo haya valido la pena.

73

Hay otro regreso a casa ese día. También desde un hospital.

Santi camina despacio, arrastrando una pierna, apoyado en un bastón, lleno de cólera por sentirse dependiente, por saber que, en los próximos días, meses, semanas o años, quién sabe, necesitará a alguien a su lado para poder hacer algunas de las cosas que daba por supuestas en la vida. Esas en las que ni pensaba.

Los médicos le dicen que tenga paciencia, que en cualquier momento las neuronas de su cerebro encontrarán otra manera de comunicarse entre ellas y de aprender a hacer lo que ahora ha olvidado, o que quizá otras conexiones neuronales llegarán a reemplazar lo que hacían las que se han dañado. Su cabeza funciona a la perfección, pero su cuerpo le traiciona. Y solo puede pensar en Delito. ¿Qué hará si no puede volver a subirse a un escenario? ¿Podrá sobrevivir sin ella?

Chiqui lo recoge en el hospital. No se dicen nada en todo el camino, por más que él lo intenta. Pero Santi solo mira por la ventana, callado, odiándose a sí mismo. Odiando en lo que se ha convertido.

—¿De quién es esa maleta? —pregunta, cuando entran a casa y ve el equipaje gris en el pasillo.

—Mía —responde Chiqui, como si fuera lo más natural del mundo, o al menos intentándolo. Sabe que lo que viene ahora va a ser difícil.

¿Mía? Por unos instantes, Santi lo mira sin comprender, aunque no tarda en darse cuenta de lo que significa ese equipaje en su casa. La ropa de otra persona en su casa. El cepillo de dientes, el pijama, algunos pares de zapatos, de pantalones, camisetas y jerséis. El ordenador también, imagina.

En. Su. Casa.

—No. No, no, no. Ni se te ocurra. Vamos, ni en tus sueños —protesta, agitando el bastón con tanta fuerza que casi se cae—.

Ya te estás llevando esta maleta de aquí. Tú has cumplido tu cometido, que era recogerme del hospital y traerme a casa, aunque podría haber venido yo solito, pero le prometí a Berta que me ayudarías tú y me he dejado. A partir de aquí, adiós. Chao. *Bye, bye.*

Chiqui se cruza de brazos, frente a él, con una media sonrisa de satisfacción.

Se encoge de hombros, sin dejar de sonreír.

—Me instalo en la habitación de invitados, ¿verdad? —Chiqui habla, calmado, casi feliz, sin escuchar las protestas de Santi—. Creo que tú estarás mejor en tu cama, claro. Y el baño lo tienes justo al lado, en esa misma habitación. Es más cómodo. Aunque la de invitados está más cerca de la puerta y también te sería más fácil salir a la calle desde allí. Así que tú eliges. No he querido deshacer el equipaje hasta preguntarte.

Santi lo mira con los ojos cada vez más abiertos. Quizá eso no esté pasando y todo sea una alucinación de la parte herida de su cerebro.

Alarga el brazo tratando de espantar al fantasma. Y solo encuentra un trozo de carne acoplado formando un ser humano. Que, además, es un ser humano amigo. O lo era, hasta que ha pretendido instalarse en su casa.

Chiqui se carcajea.

—A ver, Santi, escúchame, voy a hablarte muy en serio. —Lo mira fijamente a los ojos—. Necesitas a alguien, y mucho más ahora al principio, para ver cómo te desenvuelves. Has querido salir del hospital, y esto es lo que hay. Te prometo que me iré pronto.

—No. Mira, no. No necesito una niñera. —Camina hacia el fondo del piso, apoyando con rabia el bastón, tira la chaqueta sobre su cama y se encierra en el baño—. Cuando salga, quiero tu maleta fuera de mi casa. Y a ti.

—¿Estás meando de pie o sentado? —le chincha Chiqui, desde la habitación.

La puerta se abre de golpe. Santi está colorado de ira.

—¿Qué cojones has dicho? —Camina tan rápido y está tan enfadado que trastabilla y cae al suelo. Chiqui cruza los brazos en calma, esperando. Santi se da cuenta de que no puede levantarse por sí mismo, así que se arrastra hacia la cama y logra ponerse en pie apoyándose en el colchón—. Llamaré a Óscar —miente, sentándose en la cama. Óscar, que lo último que le dijo era que lo odiaba. Pero es la única baza que se le ocurre. Una mentira que tirarle en la cara a Chiqui para que se vaya de allí—. Él es médico y no hay nadie mejor preparado que un médico para cuidarme. ¿Te parece? Yo creo que es una buena solución. Además, si hay que hacer algún tipo de terapia física, puedo aprovechar con él.

Chiqui, que no sabe nada de esa visita de Óscar a La Luciérnaga justo antes de la paliza, vuelve a cruzarse de brazos muy serio, mirándolo a los ojos.

—¿Tú quieres seguir viendo a tu hija?

—No puedes hablar en serio.

—Y tan en serio. Sabes que Berta no va a venir aquí si está Óscar o si hay cualquier rastro de él en la casa. Y si Berta no viene, no verás a Emma. Tú decides.

—Quizá es Berta la que tiene que madurar —protesta Santi, dolido.

—Puede. No te digo que no —acepta Chiqui—. Pero, de momento, las cosas están así. Dale tiempo. Tenéis mucho de lo que hablar y mucho que arreglar. Ella ya ha dado algunos pasos muy importantes, ¿no crees? Dale un poco de calma. También lo está pasando muy mal. Si estoy yo aquí, todo será más fácil. ¿Puedo deshacer ya el equipaje?

74

—Ya llego, ya llego.

Berta habla en voz alta como si así fuera a responder al WhatsApp de Iluminada, porque sabe que lo que vibra repetidamente en su bolsillo son WhatsApps de su amiga entrando en cascada en su teléfono móvil, riñéndola por no estar todavía en el lugar en el que habían quedado. Sí, vale, llega quince minutos tarde a la cita. Lo sabe. Pero con una bebé no se pueden calcular los tiempos. Si quiere teta, quiere teta, si quiere cagar, se caga. Y le da igual que sea la hora de salir.

—Ya llego, ya llego, joder.

Parece una desquiciada hablando sola por la calle con una recién nacida, caminando a ritmo de marcha olímpica, y con la ropa no precisamente conjuntada. Zapatillas de lona azul, una falda de punto verde —ancha y cómoda— por los tobillos, una camisa blanca —importante poder abrirla si a la enana le entra hambre de repente— y una sudadera roja. ¿Alguien da más?

Y el carrito, claro. El carrito de Emma de un atrevido estampado de estrellas amarillas y azules. ¿En qué momento se le ocurriría comprar uno tan cantoso?

En ninguno. Se lo mandó la marca al hospital con la esperanza de que saliera con él y las fotos de Berta Gigliani con su hija y el carrito menos discreto del catálogo ocuparan varias portadas.

Han quedado en un restaurante nuevo, un local ancho y luminoso, con sofás estampados, sillas de colorines y vajilla desparejada, donde sirven toda clase de zumos naturales y tartas caseras. Iba ya con veinte minutos de retraso. Como suele ser habitual en su vida últimamente.

—Ya llego, ya llego —resopla Berta, no sabe si en su cabeza o en voz alta, mientras da la vuelta a la última esquina del trayecto y vislumbra el cartel del establecimiento. Por fin. Naturalízate. O algo así. Porque también ha perdido vista.

Afloja el ritmo y trata de recuperar el aliento. No quiere entrar como una loca en un local. Deja de caminar unos segundos para colocarse un mechón de pelo sudado tras la oreja.

Y eso, seguramente, es lo que le salva la vida.

Tan solo un par de metros antes de llegar a la amplia ventana que deja ver el interior de la cafetería, los cristales se hacen añicos y estallan hacia el exterior, en una lluvia de vidrios que diluvian sobre la acera, diluvian sobre la hilera de coches aparcados, diluvian incluso sobre una furgoneta de reparto que en ese momento circula por la calle. Berta los ve pasar delante de ella con tal rapidez que a sus ojos les cuesta comprender lo que acaba de suceder.

El de la ventana rompiéndose es un ruido que reconoce, algo que su cerebro sabe clasificar. Cristales. Cristales rotos. Vale. Pero el otro sonido que retumba esa mañana es nuevo para ella, y no sabe a qué asociarlo, porque no encaja en ningún lugar conocido.

Es un tiro.

Varios, en realidad.

De una Glock 17 semiautomática de calibre 9x19.

Las balas que dispara matan a cuatro personas. Y dejan a otras dos heridas de gravedad.

Berta se refugia en casa de Santi. Sale corriendo hacia allí como primer amparo en el que piensa, o quizá lo hace sin pensar, en un impulso animal por sobrevivir. Ha pasado tanto miedo que le cuesta articular dos frases seguidas. Ya no sabe la de veces que ha repasado el carrito para comprobar que no ha saltado ningún trozo de cristal sobre la niña o en alguna esquina de las sábanas ni del pequeño colchón.

—No, no, es que, no, no sé... no... no sé...

—Un cojo y una tartamuda. Hoy estamos que lo tiramos, señores —trata de rebajar la tensión Chiqui, pero recibe un bastonazo de Santi que le dejará dolor y un morado en la espalda durante un par de semanas—. Vale, vale, me voy. Pero no porque sobre, sino porque tengo cosas que hacer.

—Berta, cariño, respira, por favor —intenta tranquilizarla Santi—. Respira. La niña está bien. Tú estás bien. Y aquí no te va a pasar nada. Venga, cariño. —Le coge las manos y se las besa, con los labios suaves y tiernos con los que una madre besuquea a sus hijos fingiendo que sus besos son mágicos y pueden curar las heridas y el dolor.

—Es verdad. —Poco a poco va tranquilizándose—. Estamos bien.

—Y a salvo.

—Y a salvo.

—Respira, despacio.

—Ya lo hago. Ya respiro. Si no, me habría muerto.

—Bien, bien —sonríe Santi—. Poco a poco va volviendo la Berta irónica y borde de toda la vida. Eso es buena señal.

—Lo que me faltaba. Casi me matan y tú burlándote.

—Burlándome no, tratando de que te des cuenta de que ya ha pasado todo. ¿Vale?

—Vale —respira. Cierra los ojos y deja pasar un par de minutos. Todavía está confusa, mareada, sigue en una especie de mundo en el que todo a su alrededor va a una velocidad distinta—. ¿Cómo te encuentras? —le pregunta, un rato después, porque es lo único que se le ocurre, una pregunta de cortesía mientras su cabeza sigue procesando lo sucedido—. Y quiero la verdad, Santi. Sabré que mientes. ¿Cómo estás? —Le mira fijamente a los ojos. Esos ojos marrones con motitas de color mostaza idénticos a los de su hija.

—Me siento un inútil.

—Vaya, bienvenido al club. —Ahora es ella la que le devuelve el golpe.

—No te burles, joder.

—No me burlo. Pero reconoce que tú siempre nos has mirado a los demás, al resto del mundo, como seres con algún tipo de discapacidad, solo porque no tenemos tu extraordinaria capacidad mental.

—Contigo, nunca.

—Porque yo veo lo que hay dentro de ti, eso no lo hace nadie, y te da miedo.

—Puede ser —admite Santi.

—Uy... ¡qué blandito está don perfecto!

—Mira, por favor, que todo tiene un límite. Hasta mi paciencia contigo. Incluso dependiendo de un bastón. ¿Qué le has contado a la policía? —cambia de tema.

—Nada.

—¿Cómo que nada?

—Me he ido. Tenía tanto miedo por Emma que he salido corriendo. Y como tu casa está cerca...

—Pero, Berta, la policía va a saber que estabas allí. Y se va a preguntar por qué te marchaste sin declarar, sin dar tu nombre siquiera.

—Estaba aterrada.

—Ya, pero no eres una ciudadana cualquiera, joder. Eres Berta Gigliani. Periodista experta en sucesos. No puedes alegar desconocer el proceso. Y, además, tienes en tu agenda los nombres de todos los capos policiales y judiciales de este país.

—Me da igual. —Mira a Emma, que duerme en el suelo, sobre la alfombra, arropada con una manta de la cama de invitados de Santi bajo la que parece un pequeño guisante. Berta ha tirado a la basura todo lo que había dentro del carrito. Por si acaso.

—Berta, no estás para buscarte problemas.

Bueno, siempre puedo culpar a las hormonas postparto.

—No juegues con fuego. Es la policía. Y un montón de testigos a esa hora en la calle. Pronto te llamarán.

—No pretendía jugar con fuego. Solo quería salvar a Emma. Ha sido el instinto. Y tú vives tan cerca...

—¿Qué hacías tú por aquí? ¿Venías a verme?

—No. Había quedado con Iluminada. Te dejo a Emma y me vuelvo corriendo para allí. Había quedado con ella en esa cafetería. Seguro que estaba ya esperándome, pero es que... es que... —tiembla—, tenía que poner a salvo a Emma. Solo podía pensar en Emma. ¿Te lo puedes creer? Es como si todo hubiera desaparecido menos mi hija. Y salí corriendo y solo quería encontrar refugio y se me ocurrió tu casa, que está cerca. Toma, coge a la niña.

Más que dársela delicadamente, se la arroja, y Santi se encuentra en sus brazos con una cosa frágil que respira y que no sabe cómo manejar. Así que se queda quieto, temeroso de mover un solo músculo, con ese diminuto ser humano al que tiene que sostener para que no se caiga ni se haga daño. Lo mismo, se da cuenta, que hacen las madres y los padres. Sostener a sus hijos en todos los sentidos imaginables de la vida.

—No contesta, suena, pero no contesta. Iluminada no coge el teléfono. ¿Y si le ha pasado algo? Ay, Dios, ¿y si la han matado? —grita Berta, nerviosa—. ¿Cómo seré tan imbécil? Idiota, idiota, idiota, tenía que haberme quedado para ayudarla. —Se da golpes en la frente con la palma de la mano—. ¡Los mensajes! Me estaba mandando mensajes. —Mira el móvil. Se enfada—. Joder, que no son de ella, son de la pesada de mi directora —Vuelve a llamar a Iluminada, pero el teléfono no da señal—. Me voy corriendo para allí. Voy a ver.

—Ni se te ocurra...

Santi trata de detenerla. Pero es incapaz. Antes de que termine la frase Berta ya ha salido de casa.

En la zona del tiroteo no la dejan pasar, ni siquiera los policías a los que conoce. Hay cerrazón absoluta. La calle se ha convertido en una jaula. Pregunta a todos los agentes si Iluminada está allí, si saben algo de ella, si está entre los heridos. Pero nadie le dice nada. Solo se le ocurre llamar al comisario Sáez.

Mira nerviosa la agenda del móvil, sus dedos no aciertan a teclear el nombre de forma correcta.

—¿Comisario? Sí, hola, sí, perdona, sé que estáis hasta arriba y que llamo en el peor momento. Espera, espera. Perdona, estoy muy nerviosa. Una amiga mía estaba en esa cafetería. La conoces. Iluminada Mellado. Ilu, sí. ¿Cómo que ha habido muertos? —Berta se sienta en el suelo, temblando. Tan solo han pasado veinte minutos desde el tiroteo. Todavía no se ha filtrado nada de lo que ocurrió de verdad en el interior—. Muertos. Muertos. Comisario, tienes ya las filiaciones. ¿Está Iluminada en la lista de..., en la lista de... ya sabes...?

Pero no puede terminar la frase. Se echa a llorar.

75

La sala de reuniones es antigua. Larga y estrecha como el pasillo de una película de terror cuando está a punto de aparecer el monstruo. Apenas hay sitio para pasar tras las sillas si alguien está sentado. Pero casi mejor así. Cuando asumió la dirección del canal, Iluminada no quiso cambiarla. Cuanto más incómodos estén todos, menos tiempo perderán en debates absurdos y podrán ir al grano. Incluso ha pensado en hacer algunas de pie, en su despacho, como un aquelarre de brujas, para terminar lo antes posible y ponerse a trabajar.

Apenas ha pasado hora y media desde el tiroteo.

Llegar tarde le ha salvado la vida.

Iluminada acababa de aparcar el coche en el garaje de la calle Serrano. Los tiros la sorprendieron abriendo la puerta del local. Lo ha visto todo, al tipo disparando, a las mujeres cayendo muertas al suelo, trozos que deberían estar dentro de un cuerpo volando por los aires, una chica joven agonizando mientras otra se arrastraba por el suelo para sostenerle la mano, para que al menos tuviera a alguien cerca en los últimos segundos de su vida. Ha visto también al asesino meterse la pistola en la boca y pegarse un tiro. Todavía está temblando. Y se ha dado una ducha para tratar de quitarse el espanto pegado a su piel.

Es la primera vez que utiliza la ducha del baño de su despacho de jefaza.

De algo tenía que valer.

Berta.

La llamó pero saltó el buzón de voz.

Quería decirle que estaba bien, que no se preocupara. Pero, será el shock, no le dejó ningún mensaje. Y es entonces cuando se da cuenta también, en un repentino momento de lucidez, de que ni siquiera sabe cómo ha llegado a esa mesa de despacho o qué es lo que ha pasado tras el tiroteo. Recuerda vagamente hablar con la policía, sentarse en una ambulancia y subirse en un taxi. Aprieta los párpados con fuerza, como tratando de enfocar y entender el lugar en el que se encuentra. Mira las caras de la gente sentada a lo largo de la mesa. Es el comité de adquisiciones. Y si es el comité de adquisiciones quiere decir que van a visionar algunos formatos televisivos internacionales para debatir si alguno encaja en la programación del canal.

Berta. ¿Y si cree que le ha pasado algo?

Coge el móvil y se da cuenta de que se ha quedado sin batería. ¿Desde cuándo? No lo sabe. Abre el portátil y le envía un correo electrónico.

> Amiga, amiga, ¿cómo estás? ¿Dónde te ha pillado el tiroteo? Perdóname, estoy en shock. Lo he visto todo, amiga, lo he visto todo. Es el horror más absoluto. Pero estoy bien. Estoy bien. ¿Cómo estás tú? ¿Dónde estás? Yo no sé ni cuánto tiempo ha pasado. No sé lo que he hecho en este tiempo. Empiezo ahora a recordar cosas.

Y lo que recuerda Iluminada es que, cuando entró en el restaurante, solo quedaban vivas las dos camareras que servían el turno del desayuno, a las que ella ayuda a salir, arrastrándolas casi, caminando sobre restos de cristales, muebles y tejido humano disperso. No miréis, no miréis —les repetía—, vista al frente, a la calle, salid ya de aquí. Son apenas una decena de metros que se hacen eternos. Venga, va —tiraba de los brazos de las dos chicas, a las que había rescatado, acuclilladas tras la barra, temblando de terror—, vámonos, vamos a la calle. Y, a pesar del calor de la mañana, Iluminada pidió chaquetas a los viandantes y a los vecinos, para cubrir a esas dos chicas que no dejaban de temblar, mientras gritaba que alguien llamara a emergencias e insultaba a un par de personas que grababan con su móvil a las camareras, a las que ella arrastraba hacia el restaurante de al lado en busca de refugio.

—¡Jefa! —El grito de alguien la devuelve a la realidad—. ¡Jefa! —Es Dionisio, el director de *marketing*—. Estamos hablando del tiroteo de Jorge Juan. No sé si has visto que estamos diciendo que los responsables son parte de algo llamado «incels». ¿Qué cojones es eso?

—Célibes involuntarios —le contesta otro—. Hombres que querrían tener relaciones sexuales, pero no consiguen pareja.

—Venga, va. ¿Qué mierda de invento es esa? —insiste.

—Mira, sube el volumen del televisor —pide otro.

Está hablando un policía en directo.

—Son hombres que fracasan con las mujeres, no consiguen tener una pareja, tienen una habilidad nula para establecer relaciones sexoafectivas con ellas —cuenta el inspector—. Se sienten repudiados, víctimas de un sistema que les impide tener sexo con las mujeres, algo a lo que creen que tienen derecho. La culpa es de ellas, como si hubiera alguna especie de complot. Y diría más, están convencidos de que su mundo está amenazado por cierto tipo de mujeres. Sobre todo, por el feminismo. Se reúnen en grupos en internet, los llamamos la manosfera, una especie de burbuja alternativa al mundo, llena de rencor y frustración sexual, en la que alimentan y hacen crecer sus paranoias.

—¿Pero eso existe en realidad? —le pregunta un contertulio—. Porque en España la policía nunca ha detectado a este tipo de grupos.

—Es verdad que los grupos más radicales y violentos en la manosfera los encontramos en Estados Unidos, Canadá, el Reino Unido o Suecia, incluso. Son grupos que se radicalizan cuando sus integrantes toman conciencia de lo que llaman el yugo feminista que les ha robado el derecho a una esposa y a sexo. En España no habíamos detectado ningún grupo tan radicalizado como en otros países. Y le digo que todavía es pronto para atribuir lo que ha sucedido esta mañana en el centro de Madrid con el terrorismo incel, ya sea de un grupo organizado o un individuo solitario. Hay varias hipótesis abiertas, y me permitirán que no dé datos sobre la investigación.

—¿Cómo pueden calar este tipo de mensajes? —pregunta la presentadora.

—Le sorprendería —contesta el inspector de policía—. Ponemos filtros en internet para que nuestros hijos no vean porno, por ejemplo, pero esto es mucho más sutil. Opiniones de *tiktokers* que les llevan a un foro. Allí, alguien de su edad cuenta que las chicas son arrogantes, o que tienen más derechos que los chicos, o que tratan a los hombres con cero respeto. Otro dice que tiene derecho a tener una novia, pero que no la consigue. Otro, que con veinte años ni siquiera lo han besado. Otro, que todas las que conoce son superficiales, que solo quieren machos alfa. En fin, cosas que pueden ser reales para ellos, de su propio mundo. Y de manera sutil van interiorizando el discurso, que cada vez se vuelve más misógino. Y como todo es a nivel emocional, una vez que están secuestrados en esa emoción, ya no hay dato ni hecho ni realidad que pueda combatirlo.

—Pero de ahí a matar...

—Se mata porque alguien te paga mucho dinero o porque una emoción te secuestra. Y en este caso, ellos están secuestrados por una emoción muy potente. La mayoría se limita a quejarse en las redes, pero hay un pequeño grupo, los que han tomado lo que ellos llaman la píldora negra, que aboga por la incitación a la violencia y por actos reales de violencia. El primer atentado ocurrió en 2014. Elliot Rodger mató a seis personas en California. Antes dejó un vídeo-testamento en el que contaba que salía a la calle armado a asesinar a las chicas más guapas y calientes, las que nunca había podido tener. Se convirtió en un héroe y otros jóvenes, estos últimos años, han copiado a Rodger, con asesinatos en Estados Unidos y Canadá, pero a partir de 2020 también en Europa. En el Reino Unido y Alemania se han producido los más graves. O en Japón. Actualmente hay un debate entre los cuerpos policiales de bastantes países sobre si este tipo de ataques múltiples debería calificarse oficialmente como terrorismo incel. Más de setenta personas han sido asesinadas desde el atentado de Rodger, copiando su motivación, su odio y su método.

Pero ya no pueden escuchar más. Uno de los directivos de la mesa se estira hasta coger el mando y apaga el televisor.

—Mirad, ya está bien. Vamos a dejarnos de tonterías y a trabajar un poco.

Entonces Iluminada grita. Da un golpe en la larga mesa de juntas y grita. Los componentes del comité de adquisiciones pegan un pequeño brinco, cada uno en su silla. No están acostumbrados a ese tono de voz. La jefa es ácida y corrosiva, incluso maleducada a veces, aunque lo cierto es que ellos no son capaces de interpretar su fina ironía, pero nunca ha gritado.

—Escuchadme todos. Os lo voy a dejar muy, pero que muy clarito. Que yo sepa, ninguna mujer que no folla ha salido a la calle a disparar a los hombres. Aquí tenéis a un tipo lleno de misoginia y masculinidad tóxica que se ha puesto a disparar a mujeres en un restaurante. ¿Creéis que eso es suficiente para llamarlos incels, terroristas machistas o peligrosos desgraciados que odian a las mujeres? ¿O vamos a seguir diciendo que es que hubo una discusión previa?

Y, de repente, casi todo el mundo en la mesa se pone en pie y aplaude.

Iluminada sonríe, por primera vez en esa sala. Igual algo está cambiando.

Los mensajes de Iluminada llegan al móvil de Berta mientras está hablando con el comisario Sáez y se echa a llorar de alivio, como si toda la presión de la última hora y media pudiera salir por sus conductos lagrimales.

—Gracias, comisario, gracias. No sabe lo mal que lo he pasado imaginándome lo peor. Gracias —suspira, limpiándose las lágrimas de la cara con la palma de la mano—. Gracias por atenderme en estos momentos tan complicados. Es que somos muy amigas, ya lo sabe. Y ella me había dicho que se iba para allí a tomar algo. Comisario, le debo una. Bueno, le debo mil. Millones de gracias. ¿Otra cosa más? Claro, le escucho. ¿Cómo? —Berta calla, escuchando atentamente al policía al otro lado del teléfono, pero su cara cada vez va empalideciendo más. Santi la mira, intrigado por lo que está pasando—. ¿Está comprobado? Sí, sí, no dudo de sus hombres, faltaría más, es que me ha dejado pasmada, es tan, tan demencial. ¿Tienen alguna hipótesis? Ya, no lo voy a contar. No se preocupe, siempre ha confiado en mí y no le voy a fallar. Además, estoy en casa cuidando de mi bebé. ¡Ah, sí, claro! Está preciosa. Ya se la presentaré algún día.

Cuando cuelga, se queda pálida y pensativa, mirando al infinito durante algunos segundos.

—¿Me lo vas a contar o qué? —Santi ya no aguanta más.

—Primero tengo que procesarlo.

—¿Y no puedes compartirlo mientras lo procesas? ¿No decís las mujeres que podéis hacer dos cosas al mismo tiempo?

—¿Te refieres a cosas como cagarnos en el hombre que nos fecundó mientras tenemos una contracción de parto?

—No seas idiota. Venga, en serio. ¿Qué te ha dicho el comisario que te ha dejado con esa cara?

—Han identificado ya al asesino de Jorge Juan.

—En la televisión han estado diciendo que son incels.

Clic. Clic. Clic. Mientras lo dice, el cerebro de Santi ajusta piezas a una velocidad de vértigo.

—¿El tipo es un incel? —Berta acoge la noticia con estupor, pero ella empieza también a hacer sus conjeturas—. Todo cuadra, entonces, todo cuadra.

—Dime el qué.

—El tirador de Jorge Juan es uno de los que se reventó la cara a martillazos en la tele.

76

Berta está alterada, da pequeños saltos de emoción, se mueve de manera nerviosa, todos sus músculos tiemblan. Siente la adrenalina de las grandes exclusivas. Más, de hecho. Siente la adrenalina de las historias que se recuerdan años, décadas después.

Santi tenía razón.

Todo está conectado.

El tirador de Jorge Juan es uno de los jóvenes que se destrozaron la cara a martillazos en directo en televisión.

—Por eso los estaban vigilando en el hospital. Claro, ahora lo entiendo todo. —Habla a toda prisa, pisando las palabras, porque a su boca no le da tiempo a articular sonidos con la rapidez con la que su cabeza enlaza ideas. Santi la escucha sosteniendo a Emma en brazos, en el sofá de su casa—. La policía ya sospechaba que se estuvieran radicalizando. Debió de acceder a sus dispositivos tras el incidente en televisión, y vieron dónde estaban metidos. ¿Te das cuenta, Santi? Yo tenía razón. Esto no tiene nada que ver con tu loca teoría de los cerebros pequeños. Son terroristas incel. No una secta de niños maltratados a los que, según tú, están matando, o se están matando entre ellos, vete tú a saber. Todo es una casualidad. Son casos que no tienen nada que ver. Por eso los dejaron en libertad sin ingresarlos en un psiquiátrico. La policía quería saber hasta dónde eran capaces de llegar. Pero les han jodido. Uno de ellos ha burlado la vigilancia. Van a rodar cabezas. Hostia. Hostia. Hostia.

Santi sigue quieto, con todos los músculos de su cuerpo en tensión, intentando que esa niña que sostiene en brazos no despierte.

—Baja la voz —le pide a Berta, susurrando—, por favor, no grites tanto. Que está dormida.

A Berta le da un ataque de risa.

—Pero, Santi, por favor, que te va a dar un calambre. Relájate. Que solo es un bebé. —Se sienta a su lado en el sofá—. De lo único que te tienes que preocupar es de que la cabeza no se le caiga para atrás, sostenle la cabeza bien. Y ya está. —Vuelve a levantarse, nerviosa—. Vamos a lo que estamos. Céntrate, Santi. Que estás cojo, pero no tonto.

En cualquier otra situación, Santi habría reaccionado de una manera casi cruel, pero con su hija en brazos, y sintiéndose vulnerable por tantas cosas a la vez, se queda callado, esperando.

—¿No dices nada? —le recrimina Berta—. ¿Estás ahí como un pasmarote sin pensar nada?

—Me da miedo hacerle daño a Emma —confiesa, hablando todavía muy bajito.

—Madre mía de mi vida y de mi corazón. Venga, va, que la humanidad ha sobrevivido a hombres más cafres que tú. Los bebés son de goma. Deberías tenerle más miedo a los virus y las bacterias que le puedas transmitir que a cómo la coges en brazos.

—Ya, ya —admite Santi—. Pero una cosa es saberlo, conocer los datos científicos irrefutables, y otra enfrentarse a un bebé de verdad.

—Bienvenido al mundo real —Berta aplaude, muerta de la risa—, en el que el corazón te jode las decisiones de la cabeza. A ver, dámela, que así no sirves para nada. —Toma en brazos a la niña y la pone en el carrito, que mueve rítmicamente para tratar de que se duerma—. Te estoy diciendo que el cabrón que se ha liado a tiros esta mañana es uno de los locos que se deformó la cara en directo en televisión. Y eso cuadra también con lo que me ha dicho Noel estos días.

—Perdona, ¿qué Noel?

—Uno de los de los martillazos.

—¿Te has reunido con uno de los de los martillazos? —grita Santi.

—Eh, relax, que soy periodista. Y estaba todo controlado. Tenía a Chiqui con un bate en la puerta.

—Pero estás loca. ¿Y Emma? Si te pasa algo, ¿qué pasa con Emma?

Es la primera vez que Berta lo piensa. Santi tiene razón. Emma. Ahora tiene que tener más cuidado. Pero no lo va a admitir delante de él.

—Escucha, vamos a centrarnos —desvía el tema—. Noel me contó que todo era una prueba para ser admitidos en un grupo. Que suelen hacerlas de manera habitual. Son hombres que se conocen en foros de internet. Pero de ahí a matar... Espera. —Coge el móvil y llama—. Chiqui, cariño, sí, estamos bien, tranquilo. Escucha, ¿me puedes averiguar el nombre del tirador de Jorge Juan? No lo dudo. Mándame un mensaje cuando lo tengas. Gracias.

—La conexión está clarísima. —Sin la responsabilidad de la niña en sus brazos, Santi ya vuelve pensar con claridad—. Tiene que ver con los chads.

—¿Me lo traduces?

—A ver. La hipótesis de la policía es que se trata de terrorismo incel. Es decir, que el tirador era un radicalizado, un hombre lleno de rencor y frustración sexual, y que en vez de pensar que es él quien tiene la culpa de no saber relacionarse con las mujeres, está convencido de que son ellas las que han sacado el látigo para dominar el mundo, avergonzar y someter a los hombres. Pero antes, en escalafones mucho más bajos, hay hombres tratando de reforzar su masculinidad, intentando parecerse a los machos alfa que creen que son los que consiguen llevarse a las mujeres. Sueñan con ser sexualmente activos como ellos.

—Vale. Pero ¿por qué se destrozaron la cara? ¿Solo por una prueba para que los admitieran en el grupo?

—Para parecerse a los hombres sexualmente exitosos. En su imaginario, los chads, esos machos alfa conquistadores de mujeres, tienen mandíbulas prominentes, marcadas, la cara muy cuadrada, y creen que eso es una especie de marcador luminoso que atrae a las mujeres como la luz a las polillas. Así que intentan conseguir ese aspecto. Los que tienen dinero se operan o se ponen rellenos. Otros se pasan horas presionando la lengua contra el paladar para reforzar los músculos mandibulares. Y algunos, como los nuestros, se rompen en pequeños fragmentos los huesos de los pómulos, la barbilla o la mandíbula con la esperanza de que al soldar les queden más marcados.

—¿Eso se hace la gente?

—Lo viste en televisión. ¿Qué más pruebas quieres?

Suena un mensaje en el móvil de Berta. Es Chiqui.

—Ya tenemos el nombre del tirador. Pablo Esteban.

—Pero ¿cómo pasa alguien que no tiene éxito sexual con las mujeres a tirotear a un grupo de ellas en un bar?

—Igual era el cabecilla de todo. El más radical.

—Noel me contó que romperse los huesos...

—El *bone smashing* —le interrumpe Santi.

—Déjate de inglés. El *machacahuesos* si quieres. Habla en español.

—El *machacahuesos*, entonces.

—Pues que Noel me contó que, si superabas la prueba, entrabas en la cúspide de la pandilla y entre otros privilegios sales de los chats de internet y puedes quedar en persona.

—Vale, Berta, todo encaja. Menos una pieza. Los cerebros pequeños —insiste Santi—. La relación tiene que estar ahí. Tengo que saber si Pablo Esteban también tenía el cerebro más pequeño. Hay algo que liga esas muertes. No solo la relación sexual, la no relación realmente, de esos hombres con las mujeres.

—¿Cómo lo vas a saber si estás de baja y eres un asocial que no tiene ningún amigo en el trabajo? ¿A quién le vas a preguntar si el loco ese tiene el cerebro más pequeño de lo habitual?

—Bueno, me queda Miguel. Puedo llamar a Miguel.

—¿Crees que te lo va a contar? Si es un acojonado.

—Tendré que convencerlo. Porque estoy seguro de que eso es lo que une todos los crímenes, incluido el de Jaime. Aunque Jaime...

—Jaime no es hermano biológico de Paz. Ya lo leí en la documentación.

—Viniste. —La voz de Santi se vuelve tierna, de repente.

—Claro que vine. ¿Cómo no iba a venir? —Y se acuerda del código de la cerradura con la fecha en la que concibieron a Emma, y la fotografía de los dos en sus años felices.

—Pero hay una cosa que no te dije allí. —Santi trata de evitar momentos emocionales. Ya no puede con más.

—Que Nines tampoco es la madre de Paz.

Berta se ha sentado en el suelo, sobre la alfombra, con las piernas cruzadas a lo indio y los codos apoyados en las rodillas. Necesita aclarar las ideas.

—Vamos a ver, Nines es la madre de Jaime, pero no de Paz. —Santi, sentado frente a ella en el sofá, asiente—. Y Paz no tiene ningún parentesco biológico con Jaime, con lo que descartamos que compartan padre.

—Exacto.

—Paz tiene un hermano biológico, cuyo cadáver apareció hace casi un mes en un callejón con los dientes en un cucurucho...

—Un cucurucho de helado cutre, de los chiclosos —la interrumpe Santi.

—Vale, sí, cutre —concede ella—, de los chiclosos, y una manguera en el hueco de los dientes. Además, Paz ha convivido con otros dos niños que serían familia, pero no biológica y que también están muertos: Jaime y el tal Asier, fallecido hace muchos años en un accidente doméstico, hijo de la compañera sentimental de su madre.

—Exacto.

—Y a esa chica, con tres hermanos muertos, también la han querido matar.

—Vas bien.

—Y, que tú sepas, dos de ellos tienen el cerebro más pequeño que la media, los dos hermanos biológicos, Paz y Emilio Sanabria. Y eso los relaciona con otro cadáver al que le has hecho la autopsia, Fran Borregón, el fallecido de los incels que se atizaron con el martillo por la tele. Y sospechas que el tirador de Jorge Juan, que también se atizó con el martillo, tiene, digamos, la misma disminución de masa cerebral que el resto —Santi asiente—, con lo que tendríamos cuatro personas con la misma característica física extraña que, de algún modo, los uniría.

—Tal cual.

—Y, ahora mismo, la única persona que nos puede dar algo de luz sobre la historia es Noel Gutiérrez, mi confidente del caso de los incels.

—Lo has resumido de forma perfecta.

—Pues nada, habrá que ir a hacerle una visita, ¿no?

—Y luego, denunciamos a la policía. —Berta se siente terriblemente culpable. Quizá si hubiera contado lo que sabe a la policía, esas tres mujeres no estarían muertas, pero Noel le juró que nadie corría peligro. ¿Qué le pasa? ¿Por qué está tan torpe? Duerme poco, es verdad, pero no puede ser solo eso—. En cuanto salgamos de esa casa denunciamos a la policía a ese hijo de puta. Si no lo matamos antes con nuestras propias manos.

77

—¿Tú sabías lo que iba a ocurrir?

Berta y Santi acorralan a Noel contra la pared de un edificio de pisos de una localidad dormitorio del sur de Madrid. El bastón del forense, apoyado con fuerza en la acera, le corta el paso y se convierte en una arma amenazante.

—¿Tú sabías lo que iba a ocurrir? —insiste Berta.

Pero el chico calla. Mira al suelo y calla.

—Escúchame. —Berta lo coge de la mandíbula, para obligarlo a mirarla a los ojos, y se da cuenta enseguida del daño que le está haciendo. Los huesos aún no han soldado del todo—. Quiero que me lo cuentes todo.

Nada.

—Ten cuidado con ella —le advierte Santi, con voz ronca—. Si se le cruzan los cables, acabamos con la dependencia energética de España. Tú mismo.

Le lanza una mirada de las que avisan estar sopesando muy seriamente usar la fuerza física contra él. A Santi la pierna derecha todavía no le funciona correctamente. Pero el resto del cuerpo es todo potencia. Los brazos conservan la fuerza y el volumen de los meses en el mar. Apoya el derecho en la pared, dejándose caer, cerrando todavía más la única posible vía de escape del chico.

—Y conmigo también tienes que tener cuidado. Por si no te habías dado cuenta.

—Tú sabes que callar también es una mentira. ¿Verdad? —interviene Berta—. Lo digo por si quieres seguir con la boca cerrada. En cualquier caso —mira a Santi—, este señor es forense. Tiene multitud de técnicas para abrir bocas.

—Tienes que contarnos todo lo que sabes del tirador de esta mañana. Y no me vengas con la excusa de que no estaba preparado.

—Te lo insinué el otro día. No se les puede traicionar.

—Mejor no llegues al punto de traicionarnos a nosotros. No quieras saber de qué somos capaces.

—¿Subimos a mi casa?

La casa es grimosa, el lugar al que una persona sensata no entraría si le dieran a elegir. Algo en ella produce una desazón en el alma, como si todo el peso de la tristeza acumulada durante décadas cayera de repente al traspasar el umbral de la puerta, colapsando las arterias y amenazando con provocar un paro cardíaco por melancolía.

—¿Vives aquí solo? —pregunta Berta. Es el piso de una abuela, alguien que se ha rendido al paso de los años y acumula pedazos de vida que no quiere olvidar, hacinados en una tiniebla marronácea que en algunos puntos cuesta traspasar, como si fueran las cicatrices más dolorosas de la vida.

—Sí, ¿por qué? ¿Pasa algo? —contesta él, a la defensiva.

—No te pega.

—No nos distraigamos. —Santi mueve el bastón en el aire y una pequeña figura de porcelana azul cae al suelo, haciéndose añicos—. Un espanto menos. —Levanta las cejas—. Te puedo dejar la casa niquelada. Pero a lo que hemos venido aquí es a que contestes a unas preguntas que tenemos que hacerte. Pero antes, para empezar, siéntate. —Le empuja firmemente con el bastón, apretándole en el pecho y guiando su cuerpo hasta que lo tira en el sofá—. Ahí, tranquilito. —No rebaja la presión, y la espalda de Noel se aplasta contra la vieja tela plastificada del respaldo—. Y ahora, contesta a lo que te va a preguntar esta señorita. Del tirón y sin mentiras.

—Estáis locos.

—Ya te lo hemos dicho antes. Sí, estamos locos, los dos. Cada uno a su manera, ¿no? —Mira a Berta, buscando su aprobación. Ella asiente.

—Sí, locos, sí.

—Pues venga, pregunta —la anima.

—No sé si lo sabes —empieza Berta—, pero creo que tú y yo conocemos al asesino de la cafetería de Jorge Juan.

Noel abre mucho los ojos. No, no lo sabía. La noticia lo ha sorprendido.

—Te ha preguntado la señorita si lo sabías. —Santi gira la base del bastón entre las costillas del joven, apretando un poco más—. Y si la señorita te pregunta, le contestas. Así que ahora mismo vas a contarnos todo lo que sabes.

—¿Por eso estabais vigilados en el hospital?

—No, no... —Se lleva las manos a la cabeza—... No. No puede ser. ¿Quién de todos ellos? ¿Quién ha sido?

—Pablo —responde Berta.

Noel aprieta los labios de una manera extraña. La noticia le sorprende, pero no tanto.

—Había un plan —le acusa ella.

—¡No! —grita el chico, defendiéndose—. No había un plan.

—¿No había un plan? Un grupo de asquerosos incels, porque eso es lo que eres tú, un incel de mierda, un cerdo que es incapaz de tener una relación normal con las mujeres porque las desprecia, un cabrón que nos odia porque cree que por el simple hecho de existir ya tiene derecho a tener sexo con nosotras. Eso eres tú. —Berta escupe odio por la boca, chillando cada vez más—. Sí. No bajes la cabeza ahora. Eres un puto cobarde. ¡Un cobarde! —Santi la sujeta por los hombros, tratando de calmarla.

—Solo eran tonterías de borrachos. —Noel se echa a llorar, apretujado contra el brazo del sofá—. Algún día esas zorras recibirán su merecido, decía Pablo, y a veces en los foros fantaseábamos con lo que les haríamos. Pero como uno fantasea, no sé, con follarse a Margot Robbie.

—¡Sí, claro, es lo mismo! —Berta se va a quedar afónica de la intensidad de los gritos—. Han asesinado a tres mujeres. Tú has participado en ese asesinato.

Se lanza sobre él golpeándole el pecho. Santi tiene que separarla. Noel no se defiende. Sigue encogido en el sofá.

—Berta, por favor —suplica Santi. Ella lo mira sin entender. ¿No querrías matarlo?—. Berta, por favor —vuelve a rogarle él, sujetándola—. ¿Por qué matasteis a Emilio?

Noel levanta la cabeza y mira al forense. Asiente, muerto de miedo. Quizá decir la verdad le permita salir de allí.

Santi grita.

—Sí, lo mataron. Estos hijos de mierda lo mataron y hay un vídeo donde se ve todo —se desgañita Berta.

—¿Y por qué no me lo dijiste? —Santi no entiende nada.

—Joder, porque todavía estabas en coma. Y porque las imágenes... —parece ahogarse, con un sufrimiento encajado en la garganta—... las imágenes me recuerdan al odio que tenía el que mató a mi hermano. Esta locura irracional, Santi, la misma demencia salvaje. Estaba esperando a conseguir el vídeo para dárselo a la policía. Pero luego se... se lio con la agresión a Paz y tú despertaste y me olvidé, o lo dejé aparcado para atender a cosas más urgentes. No sé..., nunca me imaginé que pasaría esto. Era solo una pista más de un asesinato que ya se había producido. —Se echa a temblar, consciente de lo que ha hecho—. Solo quería investigar un poco más.

—¡Joder, Berta!

Ella se zafa de sus manos y se aleja. Angustiada, histérica, nerviosa. Da vueltas sin sentido por la habitación, de la misma manera en la que los pensamientos en su cabeza dan vueltas tratando de justificarlo todo.

—No me eches a mí la culpa —dice, al fin—. La culpa es de estos cabrones.

—A ver, tú. —Santi se encara con Noel, que sigue en su rincón—. ¿Por qué matasteis a Emilio Sanabria? Era virgen, como vosotros...

—¿Virgen? —exclama Noel—. Y una mierda virgen. Se lio con una puta.

—¿Se lio con una puta? —Berta cree que no ha oído bien. Se acerca a ellos dos.

—Una zorra, que se lo cameló. Una fulana que quería apartarlo de nosotros.

—Creo que estoy entendiendo mal —insiste Berta—. ¿Lo matasteis porque había follado?

—Era virgen —vuelve a insistir Santi—. Yo le hice la autopsia. Era virgen. Seguro.

—Follar, chupársela, hacerle una paja..., ¿qué más da? Se había enamorado de una mujer. Una ramera. —Noel vuelve a recuperar algo de la rabia de minutos antes.

—¿Y la manguera? —pregunta Berta, de repente—. ¿Por qué le pusisteis una manguera en la boca?

—Adivínalo —le reta.

Santi lo mira a los ojos, fijamente. Intenta leer a ese personaje que vive secuestrado en una emoción a través de la que ve el mundo. ¿Por qué alguien como él pondría...?

—Le hizo una felación, ¿verdad? Su novia le hizo una felación, muy suave, porque Emilio tenía un problema físico. Tuvo que ser extremadamente delicada. Os lo contó. Cometió el error de contároslo, locos de mierda. Le quitasteis los dientes para simular un agujero en la boca por el que cabría un pene, y el trozo de manguera era una metáfora de su propio pene. —Santi está pletórico—. No os atrevisteis a cortárselo, no. No tuvisteis agallas de cortarle el pene, y lo reemplazasteis por un trozo de plástico. Putos cobardes. —Suelta una carcajada—. Cuando fue el momento de cogerle el pene y rebanárselo, ninguno tuvo los huevos de hacerlo.

Noel baja la cabeza, de nuevo.

—¿Ves, Berta —se burla Santi—, qué fácil es callarlos? Son unos cobardes de mierda.

—¿Quién es el líder de todo esto? —le pregunta Berta.

Pero Noel sigue sin responder.

—Espera, espera —le interrumpe Berta—, ahora entiendo lo de la camiseta.

—¿Qué camiseta? —pregunta Santi.

—En el vídeo, el tipo que grababa las imágenes deja la cámara un momento para darle a los demás una tenaza, y se le ve durante apenas un segundo. Lleva una camiseta con unas letras que me parecieron aleatorias. Consonantes desordenadas. Pero ya sé lo que son. TDS PTS. Todas putas. Es uno de los lemas de estos locos. Todas las mujeres somos putas. Eso crees, ¿verdad? —Berta coge el bastón de Santi y lo estrella con fuerza contra el brazo de Noel.

—Queréis vernos hundidos. —Mira a Berta con rabia—. Queréis dominar el mundo y todos los Gobiernos os están dejando —grita, sorprendiéndolos. Sorprendiéndose incluso a sí mismo—. Estamos hartos del yugo feminista. Nos habéis robado nuestro derecho a tener a una mujer, a follar con ella. Nos habéis robado el derecho a expresarnos, a miraros siquiera. A entrar a solas en un ascensor con vosotras. No te imaginas lo que es tener miedo constante a recibir una denuncia. Ya no podemos ser hombres. Nos habéis robado nuestro derecho.

—¿Vuestro derecho?

—El de todos los hombres. Os encanta pisotearnos como cucarachas.

—Estás loco.

—¿Loco? ¿Loco? ¿Sabes las veces que me habéis rechazado? ¿Las veces que os he escuchado burlaros a mi espalda, o reíros de mí? Menudo moscón, decís. Qué puto plasta. No puede dar más grima. Que lo intente con las ratas. Y ahora, lo que me estás haciendo a mí. —Mira a Berta con rabia.

—¿Lo que te estoy haciendo a ti?

—Sí, me has engañado. Viniste a verme al hospital, como si yo te importara. ¿Crees que no me he dado cuenta de tus insinuaciones? Todas las ganas de quedar, la pena por mis heridas, esa forma de ser cariñosa conmigo...

—¿Qué estás diciendo?

—Eres como las demás. Vienes ahora con tu novio, el cachas buenorro ese. Porque siempre has tenido novio, ¿verdad? Pero venías sola, con este marica que te vigilaba, para dar la sensación de que estabas disponible. Y lo único que querías de mí era... era... ¡Me das asco! Vete. ¡Vete de aquí! Zorra. Te odio.

Santi se interpone entre los dos, cogiéndolo del cuello y levantándolo unos centímetros del suelo.

—Vuelve, aunque sea media palabra, a decir alguna burrada de esas, o a atreverte a tocarle un pelo a cualquier mujer, y te juro por mi hija que ni en tus peores pesadillas serás capaz de soñar lo que voy a hacerte. ¿Te queda claro? —Noel patalea inútilmente en el aire—. ¿Te queda claro?

—No pue...

—No puedes hablar, ¿no? Pues mira, eso que ganamos.

Santi lo suelta, tirándolo al suelo con fuerza.

Cuando se marchan, justo al cerrar la puerta del piso, oyen sonar el móvil de Noel. Alguien le llama, aunque tiene una melodía extraña, una canción que hace muchos años que ninguno de los dos escuchaba.

> Al pasar la barca me dijo el barquero:
> las niñas bonitas no pagan dinero.

En el portal se encuentran con los agentes de policía que suben a detenerlo. El comisario Sáez se para un momento con ellos.

—Gracias por avisarnos, Berta.

Un rato antes, la periodista les había llamado, contándoles todo. Solo les pidió una cosa: esperad a que hablemos nosotros con él.Luego, ya es todo vuestro.

—Las imágenes del asesinato de Emilio Sanabria están en el móvil de ese hijo de puta.

78

No se atreve a subir sin bastón. Pero sería peor no hacerlo. Santi necesita cerrar el círculo de los golpes que cambiaron su vida volviendo a subir al escenario de La Luciérnaga. La Pili le deja. Y esa es la primera de las sorpresas. Es asombrosamente amable con él, como si se sintiera culpable de algo.

—Fui a verte al hospital —le cuenta—, pero imagino que no te acuerdas. Te conté varias cosas, aquí las chicas y yo hemos llorado mucho por ti. Te queremos mucho. Hasta hemos ido a la iglesia a ponerte unas velas. Nosotras, imagínate, a la iglesia. —Se ríe, recordando el momento.

—¿Incluida tú? —sonríe Santi.

—¿Acaso lo dudas? Tendré mi carácter, pero es que, si no me pongo firme, os subís a mi chepa y esto se descontrola. Yo no regento un bar de copas, amigo, sino una guardería de egos. Y de vez en cuando tengo que sacar el látigo o esto se va a la mierda. Lo entiendes, ¿verdad? —Santi asiente, pero solo para que se calle—. ¿Cuándo quieres salir?

—Cuanto antes. Con la medicación me quedo dormido por las noches muy temprano.

—¿Vas a subir con el bastón?

—¿Y si me caigo? Sería peor.

—Pues entonces, espera, que necesitas algo que esté a tu altura. No esa mierda de pijo trajeado que llevas. No te muevas, ahora vengo.

Un par de minutos después, la Pili regresa con un elegante bastón en las manos. Es negro, con la barra ligeramente cónica, y un mango de polvo de mármol chapado en oro esculpido en líneas espirales entre las que se incrustan cristales de Swarovski y pequeños fragmentos de esferas.

—Es el bastón de mi marido. Era. Apenas lo pudo usar el pobrecito. Está hecho para un dandi. Madera de haya y oro de dieciocho kilates. Elegancia retro con un toque de modernidad. Delito no admitiría salir con algo que fuera menos que esto.

—Pero yo no... —Está conmovido. No puede aceptarlo.

—Por favor. —Le alarga el bastón—. No puedo pensar en mejores manos que en las tuyas para tenerlo. Me hará una ilusión tremenda volver a ver que ayuda a alguien. Es como si un poquito de mi Fede subiera al escenario esta noche. —Parece incluso emocionarse—. Acéptalo, por favor.

—¡Ah! ¿Te puedo pedir un favor más?

Y con elegancia, ascendiendo delicadamente por una pequeña rampa que la Pili le ha puesto para no tener que llegar al escenario subiendo de manera torpe por las escaleras, Delito se planta ante su público, que al verlo aplaude y jalea, en pie, aullando incluso, en una ovación que hace que se le salten las lágrimas.

—Ya está bien, ya está bien. —Hace gestos para que se sienten—. Pensaba que habíais venido aquí a verme cantar. —Trata de que no se le rompa la voz—. Los que hayan venido a tocar los puntos de sutura que hagan cola después en esa puerta.

Mientras el público ríe y va sentándose, Delito hace un pequeño gesto a una de las *starlets*, la que durante su actuación va a ocuparse de la música. Empiezan a sonar los acordes de «Lucha de gigantes» y a Delito le brota un chorro de voz. Nunca se había sentido tan frágil, pero, a la vez, tan inmenso.

> Vaya pesadilla, corriendo con una bestia detrás.
> Dime que es mentira todo, un sueño tonto y no más.

Berta canta bajito mientras mece a su hija para que se duerma, caminando en círculos por el salón. Está nerviosa por Santi. Aunque necesita volver al escenario, vestirse de Delito y dejar brotar todas las emociones contenidas en ese cuerpo dominado por un cerebro demasiado hierático, le da miedo que regrese al lugar donde casi lo matan. A pesar de la hora, casi las diez de la noche, llama a la policía.

—Subinspectora Silvia Hurtado al aparato —canturrea servicial—. ¿Qué va a pedirme la periodista más famosa de la televisión?

—Perdona las horas, Silvia.

—No me has pillado follando ni nada de eso —se ríe—, aunque en esa circunstancia no te hubiera cogido el teléfono.

—Ay, ya no me acuerdo de qué es eso.

—Es cuando dos personas usan sus genitales...

—No lo decía de forma literal —la interrumpe Berta, muerta de la risa—. Aunque, a este paso, también me voy a olvidar de la teoría.

—Bueno, ¿y para qué llama su majestad a estas horas de la noche?

—Es algo personal, Silvia, y no quiero que el comisario sepa que estoy preguntando por esto.

—No te preocupes. Dime. Si está en mi mano...

—¿Se sabe algo de los agresores de Santi? —Pero pasan un par de segundos, y tres, y cuatro, y la policía no contesta—. Silvia, ¿me oyes?

—Sí, sí que te he escuchado.

—¿Entonces?

—Amiga, se está llevando con mucho secretismo.

—Pero tú estás en el grupo de investigación.

—Sí, sí. Estoy —admite.

—Entonces, tienes que saber —insiste—. Santi no recuerda nada. Ni siquiera la paliza. Cuando despertó del coma había olvidado los minutos previos a la agresión. Lo último de lo que se acuerda es de estar cantando en La Luciérnaga. Pero unos testigos aseguran que le gritaban maricón mientras le daban patadas. ¿Creéis que puede ser un crimen de odio?

—Berta, de verdad, de esto no puedo hablarte. Ya sabes que siempre intento contarte cosas, pero esta vez estamos muy presionados por los de arriba para que no hablemos.

—No me jodas, Silvia.

—No, no te jodo. Pero no veas fantasmas, no tenemos nada en firme aún.

—Silvia, va —implora—, que os acabo de dar en bandeja a uno de los asesinos de Emilio Sanabria. No solo eso. También las imágenes de su asesinato. Os acabo de regalar en bandeja a todos los que se lo cargaron y el motivo por el que lo hicieron. ¿No te parece suficiente como para que me cuentes algo a cambio?

La subinspectora suspira. Y cede.

—Todo apunta a que lo habían planeado. No creemos que fueran dos locos por la calle que se encontraron con Santi, que además ya se había cambiado. O dos lunáticos que le habían visto actuar en La Luciérnaga. Le estaban esperando. Hemos revisado las cámaras de seguridad y habían revisado la zona un par de días antes, protegidos con gorras y capuchas. Tenían claro lo que iban a hacer. Creemos que forman parte de un grupo neonazi que escogió a Santi como podía haber escogido a cualquiera de las *starlets* de La Luciérnaga. Solo en Madrid tenemos a casi trescientos tipos peligrosísimos de bandas ultras capaces de una agresión así. Estamos exprimiendo a nuestras fuentes, a ver si conseguimos algo. Fue una puta mala suerte que le tocara a él.

—¿Y por qué tanto secretismo?

—Porque queremos coger a los de arriba, no solo a los que ejecutaron la paliza. Estamos esperando a que el juez nos dé autorización para escuchas telefónicas y seguimientos.

—Así que ya tenéis sospechosos.

—No te puedo contar nada, Berta. Es el padre de tu hija. Entiéndelo. Ya he hablado mucho. Estás emocionalmente implicada. Se te puede ir la cabeza en cualquier momen...

—¿Que se me puede ir la cabeza? —grita.

—¿Ves, Berta? No te has puesto nunca así hablando conmigo, en todos los años que hace que nos conocemos. Admítelo. Ya te he contado más de lo que debería. Cuando detengamos a alguien, te juro que serás la primera en saberlo. Te lo juro.

—No me hagas esto, Silvia, no me hagas esto.

—Mira —se le ocurre otra cosa, para desviar el tema—. Te voy a contar algo que no te vas a creer.

—Silvia, no me times, no trates de despistarme —protesta Berta.

—Sabemos quién contrató al hombre que intentó matar a Paz Rojo.

Esa sí que no se la esperaba.

—¿Cómo?

—Y es terrible.

—¿Os lo ha contado él?

—No. Él no lo sabe. Pero tenemos pruebas para sospechar de alguien.

—¿Pruebas contundentes?

—Digamos que encajan todas las piezas.

—Dímelo ya, que me estoy comiendo las uñas.

—La persona que contrató al sicario para que matara a Paz Rojo fue... la propia Paz Rojo.

Berta ha dejado a Emma en el cochecito, porque, de la impresión, no se ve capaz de sostenerla en brazos. Así que ahora está moviendo histéricamente la barra arriba y abajo para mecer a la niña y evitar que llore, mientras que con la otra mano sostiene el teléfono.

—Mira, Silvia, no me lo creo. Es imposible.

—Te juro que todo apunta a ella. Pero el juez no se lo cree y nos ha prohibido que la llamemos a declarar. Dice que es una víctima y que hay que protegerla.

—Pues claro que es una víctima.

—Igual si tú lo haces público, le metemos más presión al juez. Sácalo por la tele y se verá obligado a dejarnos interrogarla.

—¡No! —se niega Berta—. Se os ha ido la cabeza. Conozco a esa chica. Es frágil. Está rota. Pocas veces he visto en mi vida a una persona tan fracturada por dentro. Todo lo que ha tenido que vivir en las últimas semanas romperían a cualquiera.

—Pero todo encaja, Berta.

—¿Qué es lo que encaja?

—Un par de días antes del intento de asesinato sacó seis mil euros de la cuenta de su madre. Y ese es el dinero que le pagaron al sicario.

—¡¡Bueno!! Menuda prueba. Venga, se os está yendo la cabeza.

—Espera, que hay más. Tenemos una conexión entre ella y el sicario, que, en realidad, no es un asesino a sueldo, sino un mierda que trapichea con drogas. Varios de los compañeros de Paz en la universidad tienen a ese tipo como camello de forma habitual, y nos han contado que Paz les pidió su teléfono. Ella lo conocía de haberlo visto llevar droga a alguna fiesta.

—Quería droga, está claro. Igual pensó que con un par de rayas de coca podía aguantar mejor esta situación. ¿Te estás oyendo a ti misma, Silvia? Es absurdo todo lo que me estás diciendo.

—¿Y cómo iba a saber nadie el lugar y la hora por la que pasaría, de noche, Paz? Venga, Berta, piensa un poco. No era una rutina habitual en ella.

—La siguieron, está claro.

—No la siguieron, Berta. He visto los mensajes que le llegaron al camello y son muy específicos. Le citan en un lugar a una hora, un sitio discreto y con poca luz, bajo la sombra de un balcón en una calle sin tráfico, asegurándole que pasará su víctima. ¿Qué hacía Paz allí justo en ese momento? Nadie podía haberlo predicho, solo ella misma.

—Las pruebas que me cuentas son circunstanciales, Silvia —sigue rebatiendo Berta—. No hay nada que se pueda decir que es incontestable. Me parece todo muy rebuscado. Creo que ves fantasmas. ¿Qué motivación tendría? No tiene ningún sentido.

—Estoy segura de que, si la traemos a base y nos dejan interrogarla, le sacamos una confesión.

—Escúchame, vamos a hacer una cosa —se le ocurre a Berta—, ¿por qué no hablo yo con ella? Una charla informal, como si no supiera nada, pero voy guiando la conversación hasta ese punto.

—Es peligroso. Si te pilla, se puede poner a destruir pruebas.

—Déjame hacerlo. Tengo una idea.

—Vale, pero tú y yo no hemos mantenido esta conversación. ¡Ah! Y grábala, por si acaso.

79

A la mañana siguiente, Paz Rojo llama al timbre de la casa de Berta. Santi se ha llevado a Emma de paseo, pero está cerca, por si lo necesita. No puede dejar de pensar en la posibilidad de que esa chica haya contratado a un sicario para que la matara. Tiene que haber un error, la policía tiene que estar equivocada. Tiene que ser todo una equivocación de los investigadores.

Paz está de pie, al otro lado de la puerta, esperando sin saber bien qué va a ocurrir a continuación.

—Perdona que te cite aquí —Berta trata de relajar el ambiente. La invita a entrar—, pero pensé que preferirías un lugar tranquilo sin que nadie pudiera sacarnos una foto con el móvil, o donde incluso pudiera perseguirte la prensa. —La joven asiente—. Y, además, es que mira qué pintas llevo, estoy yo como para que me hagan una foto y me saquen en los programas del corazón —se ríe, tratando de relajarla. Paz esboza una ligera sonrisa—. Pero ven, ven —sigue hablando Berta—, acompáñame al salón. He preparado un aperitivo. Como no sabía qué te gustaba —señala una mesa baja de madera—, pues he puesto un poco de todo.

Queso. Jamón. Aceitunas. Varios tipos de humus. Un par de platillos con croquetas. Regañás. Unas palmeritas de chocolate.

Berta la mira y ahora le parece una exageración.

Sorprendentemente, Paz se echa a reír.

—No sé a quién esperabas, no soy un ejército, pero tengo buen saque. Así que, vamos. ¿Tienes agua? Porque algo habrá que beber con todo esto.

Berta va a la cocina a por vasos y agua. De lejos, oye a la chica preguntar.

—¿Y tu hija? ¿Dónde está la pequeña?

—Está en casa de un amigo. —Así podíamos estar tranquilas, piensa, y tampoco me termino de fiar de que no estés desquiciada, piensa también—. Pero otro día quedamos y te la presento.

Cuando Berta regresa con el agua, Paz bebe el vaso entero de un tirón.

—Estoy seca —cuenta, cuando se lo termina—. He venido caminando desde mi casa hasta aquí.

—Es un buen paseo.

—Sí, pero hace una mañana estupenda. —Berta la invita a sentarse en el sofá—. Anoche, cuando recibí tu mensaje, me extrañé. ¿Has descubierto algo de la muerte de mi hermano?

—Primero, perdona por la hora a la que te mandé el mensaje, pero es que con esto de la maternidad los días se me hacen cortos. Y cuando consigo dormir a la niña es cuando empiezo a hacer todo lo que me queda pendiente. Sé que era tarde, pero si lo dejaba para hoy, me iba a meter otra vez en el caos de niña, teta, pañales.

Paz mira a su alrededor. La falta de orden. Y mira a Berta. Hecha un cristo, tan diferente a la periodista maquillada y perfecta a la que conoció en un plató de televisión.

—A veces nos olvidamos de lo que nos necesita un niño pequeño, ¿verdad? —dice la chica—. Toda la energía que nos hace falta para cuidarlo. Y cómo olvidamos lo demás cuando estamos en ese proceso.

A Berta le extrañan esas palabras de una chica tan joven, pero enseguida se acuerda de que Paz era ya adolescente cuando nació Jaime. Seguro que tuvo que encargarse de él muchas veces, ser una pequeña madre para ese niño.

—Tengo la sensación —le responde— de que ahora solo soy una madre. Nada más. Ni Berta, ni periodista, ni presentadora, ni amante. Solo una madre. Ni siquiera una consumidora capitalista que va a comprarse unos vaqueros y sale con los vaqueros, tres camisetas y un abrigo. Solo pienso en las cosas que necesita mi renacuaja. Si entro en alguna tienda, solo salgo con cosas para ella.

Paz sonríe.

—¿Cómo se porta?

—Fatal. —La respuesta sorprende a la chica, que abre mucho los ojos. Las madres no suelen decir eso. Tienen tendencia a romantizar la maternidad, al menos, de cara a la galería. Si sus hijos no son perfectos, y ellas no son unas madres intachables, es que algo están haciendo mal—. Es la verdad, fatal. No te voy a mentir como todos esos padres que dicen que sus hijos son buenísimos. Esta no me deja en paz. ¿No ves la cara de muerta que tengo? Hay ratos en los que no recuerdo ni mi nombre. Me tumbo en la cama para darle el pecho, con ella al lado, y me quedo dormida mientras sigue mamando. No me puedo concentrar en nada. Solo pienso en lo que necesita. Es como si se hubiera borrado el resto del cerebro. Y encima me siento culpable porque pensar en eso es ser una mala madre.

—Les pasa a todas las madres, no eres una excepción.

—¿Lo dices por Jaime? ¿Tuviste que cuidarlo tú?

Paz entrecierra los ojos, pensando en qué responder.

—No, en realidad no. Mi madre apenas me dejaba cogerlo en brazos. Le daba miedo que se me cayera, o yo qué sé. Una adolescente era un peligro para un bebé, debía de pensar. Pero... —intenta ordenar las ideas— que mi madre se centrara en él me dio libertad para hacer lo que me diera la gana. Y eso, con quince años, es una maravilla. La libertad llamó a mi puerta. No te imaginas lo controladora que era mamá. No me dejaba ni respirar. Era tremenda. Hasta que se quedó embarazada.

—¿Te puedo preguntar cómo se quedó embarazada?

—No lo sé. Nunca me lo ha querido contar. Y me harté de preguntarle.

—¿Llegó un día embarazada a casa y ya está?

—Tal cual. Bueno, llegó, nos lo ocultó, nos lo siguió ocultando y de repente hubo una gran bronca entre Andrea y ella. Cuando te digo gran bronca quizá me quedo corta. Andrea tiraba cosas, rompía cosas, gritaba.

—Es cuando se enteró del embarazo.

—Sí.

—¿Y tu madre no le contó cómo había ocurrido?

—No. O no en ese momento. O que yo escuchara en ese momento y en esa bronca. No sé si Andrea lo sabe. Debería habérselo preguntado.

—¿Se llevaban bien?

—Como todas las parejas, con altibajos. Pero no recuerdo excesivas peleas. Las dos vienen de familias acomodadas y muy conservadoras. La de mamá tenía, bueno tiene, dinero, pero no tenemos relación con ellos porque no aceptan su orientación sexual. Y a la de Andrea le han ido muy mal los negocios en los últimos años.

—¿Por qué, entonces, tu madre se arriesgó a que su familia la dejara de lado trayéndose a vivir a su casa a Andrea?

Paz se encoge de hombros.

—Debió de ser ese tipo de amor que te arrastra y al que no puedes oponerte, imagino. Se conocieron en las urgencias de un hospital. Menudo sitio.

—¿Qué tal está tu madre, por cierto?

—Muy mal. —La mirada de Paz se ensombrece—. Casi no me habla. Creo que habría preferido que me muriera yo en vez de Jaime.

Es la primera vez que lo dice en voz alta, aunque la idea le da golpes en la cabeza, como un martillo, de manera constante y dolorosa.

—¡No digas eso! —Berta pega un grito, asustada de las implicaciones de esa reflexión.

—Pero si es la verdad. —Una verdad que la llena de angustia—. Jaime siempre fue su preferido. Me resigné a eso.

—Quizá era tu percepción, pero porque Jaime era pequeño y la necesitaba más. Tú misma lo has dicho. Te vino fenomenal la libertad. —Paz la mira, triste—. Tu madre ahora está muy dolida, la pena le impide ver más allá, pero poco a poco se irá recuperando. Tienes que tener paciencia.

—No —insiste—. Todo hubiera sido más fácil al revés. Tenía que haberme muerto yo.

Y entonces Berta decide soltar la bomba. Sin allanar el camino. Pero era una oportunidad de oro. No podía dejar pasar el momento de intimidad con esa confesión tan descarnada de Paz. Ahora la tenía frente a ella, vulnerable, a punto.

—¿Por eso contrataste a un tipo para que te matara?

Boom.

Paz la mira a los ojos con la sorpresa del que ha sido descubierto. Y, en ese momento, Berta se da cuenta de que todo es verdad, que la policía tiene razón y que esa chica que tiene enfrente cometió una locura difícil de comprender.

—¿Por qué? —No lo entiende—. ¿Por qué lo hiciste?

La chica baja la cabeza, pensando en cómo ordenar las emociones para transformarlas en algo que Berta pueda entender cuando ni siquiera ella misma es capaz de comprenderlas. Al final, va al origen de todo.

—No quería seguir viva.

—Paz, por favor —suplica Berta, aunque entiende muy bien esas ganas de morir. O de no vivir, que es distinto. Ella las ha tenido muchas veces. Pero no puede dejar a una cría en ese agujero—. Yo también he estado ahí. Seguro que sabes lo que me pasó. Por eso te entiendo.

Pero la chica se encoge de hombros, negando con la cabeza.

—No quiero vivir —repite—, pero soy cobarde hasta para quitarme la vida. Suicidarse implica una valentía que no tengo. Ni para eso valgo —solloza—. Ni para eso valgo.

—Pero ¿por qué quieres quitarte la vida? Déjate ayudar. —Se acerca a ella y la abraza—. Deja que te echemos una mano. Lo de tu hermano ha sido muy duro. —Berta ya no sabe qué más decirle—. Deja que te ayude, se puede aprender a transitar por el dolor. Créeme, te hablo por experiencia

—No. Por el dolor no se transita, el dolor te dura toda la vida.

—No digas eso. —Berta la mira a los ojos—. Te prometo que en un tiempo estarás mejor. Siempre duele, pero menos.

Paz niega con la cabeza.

—Me tienes aquí para lo que necesites —insiste Berta—. Puedo buscarte ayuda. Nadie debería pasar por la muerte de un hermano. Y menos una muerte así. —Ahora es a Berta a la que se le escapan las lágrimas—. Un asesinato. Al mío también lo asesinaron. Y cada día me siento culpable. Y cada día imagino el dolor que sintió. Y cada día hay al menos un instante en el que tengo ganas de no seguir viva —miente. Porque Emma lo ha cambiado todo—. Y piensa en tu madre. Si te suicidas, no solo tendrá que soportar el dolor de tu muerte, sino que se sentirá culpable toda la vida.

—Pues eso. ¿Ves como tengo razón? —La sonrisa de la chica es extraña—. Si alguien me mata en vez de hacerlo yo misma, mi madre no tendrá que sentirse culpable de mi muerte.

Hay muchas cosas en la vida que ignoramos hasta que nos toca aprenderlas a la fuerza. Paz se ha marchado de su casa tres horas atrás y Berta no puede dejar de pensar en cómo el dolor es capaz de ocupar todos los espacios de una persona hasta no soportar seguir viviendo, porque no hay nada más que angustia y cada uno de nosotros tiene un límite de sufrimiento que es capaz de soportar.

Suena el teléfono.

—Me pediste que te avisara. —Es un contacto en la cárcel—. Tengo aquí a la chica esa. Está identificándose para entrar. Parece que ha llorado mucho.

80

No hay cantidad de culpa que pueda cambiar el pasado.

Paz empieza a recordar, abrazada con fuerza a esa muñeca de pelo azul como el mar de las playas de Menorca.

Tiene los ojos cerrados, pero no por cansancio, sino para recordar mejor. El traqueteo del autobús golpea de vez en cuando su cuerpo contra el asiento.

No hay cantidad de culpa que pueda cambiar el pasado.

Y no sabe si habrá dolor suficiente que pueda aliviar el futuro.

Porque se acuerda de todo.

81

Berta llama al telefonillo del portal, pero nadie contesta. Lo intenta un par de veces. Sabe que Nines está en casa, Chiqui le ha dicho hace un rato que su teléfono está geolocalizado allí. También puede habérselo dejado en casa al salir, pero no cree. Lleva enclaustrada en esa vivienda desde el funeral de Jaime. Podría insistir más, aunque sabe que solo generará más rechazo.

Camina algunos pasos más allá del portal y se apoya discretamente en la pared del edificio contiguo, como si se hubiera parado un momento para consultar el móvil, aunque por encima de las gafas de sol está atenta a lo que ocurre unos metros más abajo.

Alguien tiene que entrar o salir en breve. Pero pasan veinte minutos y no ocurre nada. Se desespera. La ventana de margen temporal va cerrándose. Tiene que subir a esa casa y decirle a Nines la verdad antes de que Paz regrese de la cárcel.

Por fin, una anciana que arrastra un carrito de la compra hace el gesto de entrar en el edificio. Se para frente a la puerta y busca las llaves en el bolso. Berta tiene que calcular bien el momento. No llegar demasiado pronto, para que sea ella la que tenga que usar unas llaves que no tiene, ni tampoco demasiado tarde, para que no parezca que ha corrido y la mujer no sospeche que es alguien que le quiere robar una vez estén las dos dentro.

Le sale bien.

Llega junto a ella justo cuando está usando la poca fuerza que tiene para empujar la pesada puerta de hierro y cristal.

—¡Cómo pesa! ¿Verdad? Cada vez que vengo a ver a mi amiga Nines me dejo la espalda empujando. Yo la ayudo. ¿Quiere que le lleve el carrito?

La anciana la mira con desconfianza. Pero no tarda en reconocerla. Y sonríe.

—Usted es la de la tele.

—Sí, lo soy. Encantada de conocerla.

—Ay, encantada yo. —Las dos entran en el ascensor—. Yo me quedo en el primero. Antes subía por las escaleras, pero, hija, la edad...

—¿Qué edad ni qué edad? Si está usted estupenda. Vamos, vamos.

—Ay, hija, qué simpática eres —sonríe la anciana, saliendo ya hacia el rellano de su casa—. Estoy en el primero A. Si quieres las mejores croquetas de Madrid, aún me queda buena mano y buena cabeza para cocinar. Tengo algunas en la nevera.

—Lo apunto. Muchas gracias.

Como Berta sospechaba, Nines tampoco contesta al timbre de la puerta de casa. Se le acaba el tiempo.

—Nines, por favor, soy Berta Gigliani. —Llama de nuevo, ahora con los nudillos, a la puerta—. Nines.

Pero tampoco obtiene respuesta.

Solo le queda intentar una cosa.

—Nines —usa la última baza, mientras golpea con más fuerza la puerta de madera—, Nines, la vida de Paz está en peligro. En serio peligro. ¿Quieres que muera? Es tu hija. Por favor, Nines, abre la puerta. No me voy a ir de aquí. ¿Quieres que muera y quedarte sin tus dos hijos? —Suena cruel, pero intuye que es la única forma de hacerla reaccionar.

Al cabo de unos segundos le parece escuchar pies que se arrastran de manera perezosa. Ha conseguido levantarla del lugar donde estuviera. Eso es un gran paso. Espera. No quiere angustiarla más.

—Estoy aquí —susurra—. Estoy aquí —trata de parecer calmada, como si estuviera tendiéndole los brazos a Nines para que se refugiara en ella—. Ábreme, por favor. Tengo que contarte algo.

Berta espera ver a una mujer destrozada, pero lo que aparece ante ella cuando se abre la puerta es todavía peor. Con dificultad puede llamarse a eso un ser humano. Nines es solo un despojo de algo que sigue vivo a duras penas, dejándose morir. Esforzándose por morir. Apesta. Está esquelética y con la piel mortecina. Le queda poco para convertirse en un fantasma.

Abre la puerta, la mira y se da la vuelta, arrastrándose sobre los pies de nuevo hacia el interior de la vivienda. Berta la sigue y entra tras ella a un habitación infantil con la persiana bajada. El olor está a punto de hacerla vomitar. Tiene que contenerse para no hacer ruido con las arcadas con las que su estómago quiere expulsar el vaso de leche que se había tomado media hora antes.

Cuando los ojos se adaptan a la oscuridad, Berta aprecia el caos que invade el espacio entre esas cuatro paredes. Nines ha sacado de su sitio juguetes infantiles, ropa, cuentos. Ha usado las cosas de Jaime, no tanto para recordarlo, sino para torturarse.

Como si ella tuviera alguna culpa de lo que había pasado.

Una madre siempre piensa que no ha protegido lo suficiente a su hijo.

Pasan un largo rato calladas. A veces el silencio es más curativo que las palabras.

—Le oigo llamarme, todo el rato —dice Nines, al fin, sentada sobre un triciclo infantil que desplaza lentamente varios centímetros hacia adelante y hacia atrás, acariciando los mangos—. Le oigo llamarme pidiéndome ayuda. Mamá, mamá, mamá. Le oigo llorar muerto de miedo, aterrorizado, preguntándose por qué su madre no está a su lado, por qué su madre le ha fallado, por qué su madre no es capaz de sacarlo de ahí. En bucle. Cada segundo de cada minuto de cada hora de mi vida. Del resto de mi vida.

Berta está sentada en el suelo, a su lado. No sabe si Nines está preparada todavía para recibir contacto humano, pero se arriesga. Cubre una de sus manos con la suya. No reacciona, y eso es bueno. No la rechaza.

—No estás sola —le susurra, un rato después—. No estás sola.

Nines llora, pero, por primera vez en días, no llora sola.

—Cuéntame qué ves cuando cierras los ojos. —Berta sigue hablando con suavidad.

—Me pide ayuda, todo el rato, desesperado. No entiende por qué su madre no está allí con él. Por qué no lo protege.

—Tú lo protegiste, Nines. Hiciste todo lo que estaba en tu mano para salvarlo.

—No, no lo hice.

—Sí, sí que lo hiciste. —Berta se ha puesto de rodillas, mirando a los ojos a esa mujer destrozada—. Y ahora tienes que proteger a tu otra hija. Nines. Escúchame. Tienes que proteger a tu otra hija. Ha intentado matarse. Al sicario lo contrató ella. Quería morir. Quiere morir. Tienes que volver a ser una madre para ella. Ahora está en la cárcel con Andrea. Pero su madre eres tú. Vuelve de entre los muertos, por favor.

82

De nuevo esa mampara transparente entre ellas, como un dique de contención para sus emociones, no vayan a hacerse demasiado daño la una a la otra. Hoy no va a ser Paz la que pregunte. Hoy le va a contar una historia a Andrea. Lleva en los brazos, estrechándola con fuerza, la muñeca con el pelo azul del color del mar en una playa de Menorca. Espera que le dé el valor de hacerlo.

Ya que no ha conseguido morir, tiene que empezar a pagar todas sus deudas.

—Cariño, Paz. —Andrea se tira sobre el plástico cuando la ve llegar, con el collarín en el cuello—. ¿Qué ha pasado? He visto en la tele que te atracaron, que quisieron robarte y que casi te matan.

La media sonrisa de Paz es de tristeza.

—Aquí estoy —le responde.

—Pero, antes, dime, ¿quién fue? ¿Qué te dice la policía? ¿Cómo te encuentras?

—Estoy bien, de verdad, solo tengo que llevar el collarín un par de semanas, hasta que se baje la inflamación de las vértebras. Creían que tenía una rota, pero no, al final no está partida, afortunadamente. Así que collarín y tomar algunas medicinas. Pero no me duele, te lo prometo. Ya pasó.

—¿Y si hay una conexión entre lo que te ha sucedido y la muerte de Jaime? —Andrea está preocupada, no podría soportar otra muerte más, no la de esa niña a la que ella ha criado—. ¿Y si hay alguien que quiere haceros daño? ¿Y si alguien va a por ti?

Paz no la escucha, por mucho que Andrea insiste. No ha venido a eso.

—Me encuentro bien, de verdad, no le des más importancia. —No quiere que se les pase el tiempo hablando de la agresión o de lo preocupada que está Andrea.

—Pero ¿cómo no voy a darle más importancia si casi te ma...?

—Andrea, por favor, tenemos poco tiempo —la interrumpe—. Y necesito saber algo. Por favor.

—Vale, vale —se tranquiliza—. ¿En qué te puedo ayudar?

—Andrea, el otro día cuando hablamos, antes de que nos interrumpiera la funcionaria porque se había acabado el tiempo de visita, me dijiste que Jaime os había separado a mi madre y a ti. ¿Por qué? ¿Qué os pasó? Ni siquiera vi cómo te marchabas. Un día volví a casa del instituto y ya no habia nada tuyo en casa. Mamá solo te insultaba. Y la casa de los abuelos estaba vacía.

—¿Me buscaste?

—Pues claro. Fui varias veces a la casa de los abus, pero siempre estaba cerrada. Pensé que te mudarías a vivir allí, a la que fue la casa de tus padres, pero nunca encontré a nadie.

Andrea suspira. Esa casa estuvo cerrada durante años, como el ataúd de un muerto, dejando pudrirse el cadáver dentro.

—¿Me vas a contar por qué Jaime os separó a mamá y a ti?

Apoya la cabeza en el puño derecho y cierra los ojos, tratando de recobrar el ánimo para seguir hablando. Es un tema que todavía le duele. Mucho.

***

Seis años antes

Andrea había perdido la cuenta de todas las veces que habían discutido. Eran tantas que ya no podía ni llorarlas. Solo quería tranquilidad, regresar a esa casa y que volviera a ser un hogar, el refugio que había sido durante tanto tiempo. Y para ello estaba dispuesta a hacer lo que fuera. Daño a sí misma, incluso, si hiciera falta. Nines era su vida. Lo había sido desde que la conoció en las urgencias de un hospital. Lo había sido aún más tras la muerte de Asier, cuando la vida perdió todo el sentido y el único hilo que la ataba a ella era el cuerpo de Nines abrazándola como un escudo contra la muerte, hablándole en susurros y diciéndole que todo iría mejor, cada día un poquito mejor.

Y que las tenía a las dos. A ella y a Paz.

Su familia.

Pero todo cambió con la llegada de Jaime.

Quizá antes, y Andrea no había sido capaz de verlo. O no había querido.

El amor es ciego. La verdad, no.

Ni siquiera le dijo que se había quedado embarazada. Fue tan cobarde que dejó un test de embarazo en el baño para que ella lo encontrara. Como si lo hubiera olvidado sin darse cuenta.

—¿Embarazada? ¿Estás embarazada? —le gritó Andrea, blandiendo el objeto blanco y alargado entre las dos, como si el dolor pudiera concentrarse en algo tan pequeño—. ¿Esto es tuyo? —Por un momento dudó, pensó que podría ser de Paz. Su niña Paz. Su preciosa Paz. Pero no. Solo tenía quince años.

Además, estaba la cara de Nines. Una cara que lo decía todo. Ese test positivo de embarazo era de ella. Pero ¿cómo? No le cabía en la cabeza.

—No seas cobarde —quería gritar, pero solo le salía un aire amargo—. Ahora no seas cobarde. Y habla. Contéstame. —Estaban en la habitación de las dos, frente a la gran cama de matrimonio donde llevaban más de diez años compartiendo la vida—. ¿Es esto tuyo?

Ojalá le dijera que no. Ojalá le dijera que no.

Ojalá.

Pero no.

—¿Y qué pasa si es mío? —le contestó, al fin, con una tranquilidad pasmosa—. ¿Qué pasa si estoy embarazada?

—¿Cómo que qué pasa? Pero, pero... —Andrea iba poniéndose cada vez más nerviosa. La tranquilidad de su pareja, real o fingida, la hacía arder por dentro cada vez más—. ¿No te das cuenta? ¿Te imaginas que hubiera sido al revés? ¿Te imaginas que entras en este baño y encuentras un test de embarazo positivo? ¿Uno mío?

—Pues me hubiera alegrado por ti —le respondió, con la misma tranquilidad con la que replicó a todo el estallido de ira de Andrea.

—¿Que te hubieras...?

—¿Es que solo puedes pensar en ti misma? —Seguía tranquila, relajada, con una extraña calma que pocas veces mostraba. Y por eso, para Andrea, verla así era tan aterrador—. ¿Solo puedes pensar de esa forma egoísta? —Nines se sentó en el borde de la cama, con serenidad, como si estuviera a punto de irse a dormir.

—No... no... ¿Es que no te das cuenta de lo que significa esto?

—Claro —sonrió, y ahora sí, la felicidad traspasaba los poros de su piel. Andrea la veía saliendo a borbotones de su cuerpo—. Voy a tener un hijo. Un niño.

—¿Un niño? ¿Ya sabes que es un niño? ¿Cómo puedes saberlo? ¿De cuánto estás? ¿Cuánto tiempo llevas ocultándomelo? ¿Cómo te has quedado embarazada? ¿Cómo?

—Tranquilízate, Andrea. Por favor. Estás muy nerviosa. ¿Por qué no te vas a dormir a casa de tus padres, piensas un poco en todo esto y mañana hablamos, cuando estés más calmada?

Pero mañana no mejoró. Ni pasado mañana. Ni pasado, pasado, pasado mañana.

Nines nunca le confesó cómo se había quedado embarazada. Tampoco tuvo intención alguna de compartir su maternidad con Andrea. El parto lo empeoró todo aún más. Día tras día, el agujero entre ellas se hacía más profundo. Y por mucho que Andrea lo intentaba, llegó incluso a ponerse de rodillas y a suplicar, Nines la alejaba cada día un poco más.

Hasta que una mañana, con Jaime gateando feliz por la alfombra, ajeno a la tormenta sobre su cabeza, Nines terminó echándola de casa.

—Vete de aquí. Desaparece de nuestras vidas. No eres nadie. No te queremos aquí.

—No puedes alejarme de Paz —lloró Andrea, en un último intento de conservar algo de aquella familia que había tenido—. No puedes alejarme de ella. Ni de Jaime. No me los quites.

—No eres nada para Paz. Cuanto antes lo admitas, mejor para todos. No eres nada para ella. Ni para mí. Márchate y no vuelvas nunca.

—¡Te arrepentirás! —le gritó, poseída por la cólera—. Te lo haré pagar.

Con un último portazo, Nines creyó que había dejado atrás ese capítulo de su vida.

Nunca cambió la cerradura.

Y Andrea conservaba una copia de las llaves. La misma que se llevó en su bolso el día que se marchó para no volver nunca más.

***

—Ese día, cuando volví del instituto, ya no estabas. No quedaba nada tuyo. Mamá me dijo que nos habías abandonado, que no nos soportabas. Que decías que yo era una caprichosa egoísta y que no querías verme más.

—¿Eso te dijo? —Andrea llora al otro lado del plástico—. Fue a la policía a pedir una orden de alejamiento. Les dijo que yo estaba loca. Y amenazó con denunciarme y meterme en la cárcel si me ponía en contacto contigo. Diré las mentiras que haga falta, me dijo. Así que reculé. Me quedé sin vosotros dos. Aun así, algunos días me acerqué a la puerta del instituto para verte, para ver si estabas bien.

—Siento no haber sabido la verdad. No me acordaba de muchas cosas. No me acordaba ni siquiera de Asier.

—Ya lo hemos hablado otras veces, Paz, tu cerebro ocultó el trauma para protegerte y que pudieras seguir viviendo.

—Sí, ahora lo sé, mi cabeza lo hizo para protegerme, ahora me acuerdo. Enterró muchos recuerdos de mi vida para que pudiera seguir adelante.

—Y yo te lo he recordado. Lo siento. Paz, perdóname.

—No, perdóname tú. Hay algo que ha vuelto a mi memoria. —Acaricia la muñeca con el pelo azul del color del mar en una playa de Menorca.

Andrea pone cara de extrañeza. No entiende lo que quiere decir Paz.

—¿El qué?

—Que tu hijo murió por mi culpa. Yo lo maté. Yo maté a Asier.

83

—¿Cómo que mataste a mi hijo?

Andrea se acerca tanto al metacrilato que la separa de Paz que deja un cerco de vaho alrededor de su nariz. Es una marca translúcida e irregular, que se mueve al ritmo de su respiración acelerada, como si así pudiera exorcizar la ansiedad que se la come. Durante unos segundos solo se oye el aire rancio que sale de su nariz chocando contra el plástico, con un ritmo lleno de angustia.

—¿Cómo que mataste a mi hijo? —Las palabras chocan contra el muro que las separa.

—Asier se tiró por mi culpa. No fue un accidente.

Paz estruja contra su cuerpo la muñeca de pelo azul del color del mar en una playa de Menorca. Y se prepara para contar la historia.

—Déjame hablar. No me interrumpas. Si no, no seré capaz de llegar hasta el final.

—No me acordaba, te lo juro —comienza Paz su relato, tratando de respirar con calma, aunque no se atreve a mirar a los ojos de Andrea. Su mirada divaga entre la pequeña tabla de madera en la que se apoyan sus manos y cualquier cosa que esté lo más lejos posible de allí, al fondo de las paredes de la cárcel, atravesándolas—. No sabía ni que Asier había existido. Mi cerebro lo enterró. Sí —reflexiona—, lo escondió en algún lugar inaccesible, aunque creo que de alguna manera todo este tiempo he sabido que estaba ahí y que eso ha afectado al resto de mi vida. Puedes olvidar algo, pero no del todo. Aunque creas que no te acuerdas, ese sentimiento se queda como un tumor en tu cabeza y en tu corazón y en tus tripas, apretando bien fuerte. Y resulta que ha vuelto para hacerme enfermar. Ahora me acuerdo. Es esta muñeca, ¿sabes? —Cada vez aprieta con más fuerza a la muñeca con el pelo azul del color del mar en una playa de Menorca—. Esta muñeca lo ha desenterrado. Era rubia. Antes la muñeca era rubia y yo la adoraba, incluso dormía con ella. Y un día le pinté el pelo de azul, el color que más odiaba, imagino que para castigarme a mí misma. Azul. Para Asier todo era azul. Para mí, rosa. A él le comprabais jerséis azules, sábanas azules, zapatillas azules. Incluso la mochila del colegio era azul. Y para mí todo era rosa. Cuando llegasteis a mi casa, la mía, sí, en la que vivíamos solas mamá y yo, invadisteis nuestro hogar, fuisteis conquistando espacios y yo me volví pequeñita. El azul era el territorio de tu hijo y estaba vetado para mí. De repente, mi casa ya no era mía. Y mi mamá, tampoco. Tenía que compartirla contigo y con Asier. Me quedé sola. Una niña de seis años abandonada en su propia casa, en su cama por la noche. Mamá se acostaba contigo y no conmigo. No hay nada más solitario que la cama de un niño cuando se hace de noche y no tiene quién le cuide. Sentí cómo se abrió una herida horrible en mi corazón. Nació en mí una rabia que no sabía que existía, algo que había estado escondido en algún lugar de mi cuerpo. Pinté el pelo de esta muñeca del color que más odiaba para no olvidar nunca lo que había hecho y castigarme a mí misma el resto de mi vida. Imagino que mamá se dio cuenta de lo que pasaba y me la quitó. La escondió al fondo de un cajón que cerraba siempre con llave esperando que yo enterrara también con llave en el fondo de mi cabeza lo que había hecho. Ahora la he encontrado y los recuerdos han vuelto de golpe, como una avalancha que te entierra bajo la nieve sin saber si estás boca arriba o boca abajo, sin saber hacia dónde tienes que apartar la nieve con tus manos para intentar salir al exterior en vez de cavar hacia abajo y enterrarte aún más.

—Pero, Paz, ¿qué estás...?

—No me interrumpas, por favor. Te he dicho que no me interrumpas. —Coge aire, con fuerza—. Esa tarde, el cumpleaños de mamá, tú habías salido a por la tarta. Estábamos los dos en la habitación de Asier. Se había quedado la habitación que daba a la calle, la que iba a ser para mí cuando dejara de dormir con mamá, desde la que se veía la Puerta de Alcalá. No te imaginas las veces en las que fantaseaba con tener mi escritorio para pintar dibujos mirándola o para leer y levantar la vista y tenerla allí delante. Pero ni siquiera me preguntasteis. Un día llegué del colegio y las paredes estaban pintadas de azul, había aparecido una cama con una colcha azul y, en el suelo, jugando con coches, había un niño con un jersey azul. «Es Asier —me dijo aquel día mamá—, es tu hermano, venga, dale un beso». ¿Dale un beso? Yo solo tenía ganas de tirar a ese intruso por la ventana.

»Y resulta que Asier no solo me robó mi habitación y mis vistas a la Puerta de Alcalá, también me robó a mi madre. Bueno, a esa me la robasteis los dos.

»Yo me iba sola a dormir, por las noches, ya no tenía a mamá estirada a mi lado, rascándome la espalda y esperando a que me durmiera hecha un ovillo. Estaba sola, de nuevo, en la oscuridad, y volví a acunarme de manera compulsiva, moviendo la cabeza hacia adelante y hacia atrás. Quería hacerme daño, cortarme, pero era cobarde y no me atrevía. Empecé a pegar a Asier, quizá lo recuerdes. Nos peleábamos mucho. Yo solo tenía ganas de lastimarlo. De destrozar su cara para que fuera feo y mamá no lo quisiera. Menuda tontería, ¿no? Me pasaba el día y la noche tratando de inventar maneras de echaros de casa.

»Esa tarde había música. Una canción. Salía de la ventana del piso de los vecinos. Yo la tarareaba también.

> Al pasar la barca me dijo el barquero:
> las niñas bonitas no pagan dinero.
> Yo no soy bonita, ni lo quiero ser,
> porque a las bonitas les cortan el pie.

»—¿Dónde has aprendido esa canción? —me preguntó mamá. Yo me encogí de hombros—. ¿Dónde la has oído? —insistía. ¿Por qué estaba tan nerviosa?

»Yo no tenía ni idea. La cantaba saltando por el largo pasillo de casa, a la pata coja, cambiando de pierna. Una de las veces que pasé por delante de la que iba a ser mi habitación, pero terminó siendo de Asier, oí ladrar a un perro al otro lado de la ventana abierta, en la calle. El sonido llegaba nítido y atrayente.

»—Asier, Asier —le dije, fingiendo alegría—, ¿oyes al perro? ¿Cuál crees que será? —Él debió de sorprenderse, era la primera vez que lo trataba bien—. ¿Cuál crees que será? —repetí. Se encogió de hombros, pero vi un brillo que nacía en su mirada—. Vamos, Asier, ¿no quieres verlo?

»—No llego a la ventana —me contestó, frustrado—. No puedo saber cuál es.

»—Pues coge el triciclo, te subes al sillín y te asomas. Así lo ves. Igual es el perro que quieres, igual es tu perrito. Y te está esperando. Si no le dices nada, se lo llevarán y te quedarás sin él.

»Asier no se movía, así que fui yo la que arrastré el triciclo que estaba en un rincón del cuarto hasta debajo de la ventana.

»—Mira, ¿ves? Yo me subo.

»Y me subí, para retarlo. Me subí y me asomé, aunque no vi al perro porque estaba demasiado pegado a la pared del edificio. Había que sacar el cuerpo un poco más. Pero le mentí.

»—Yo ya lo he visto. Y no te lo pienso decir. ¿Vas a ser tan cobarde de no asomarte? Gallina, eres un gallina.

»—Quita, idiota —me contestó, rabioso, haciéndome bajar.

»Asier era un poco más bajito que yo. Era imposible que viera cuál era el perro que ladraba. Asomó un poco la cabeza, pero las ruedas del triciclo se movieron ligeramente, y él tenía miedo de caerse. Yo seguí pinchándole.

»—Eres un enano, no lo ves, no lo ves —le cantaba.

»Sacó el cuerpo un poco más.

»—Pues no te lo voy a decir —insistí—. Menudo pequeñajo estás hecho. Se lo voy a decir a todos en el colegio.

»Se puso de puntillas para asomarse aún más.

»Un poco más, cada vez un poco más.

»Hasta que cayó al vacío.

»No sé cómo explicártelo, Andrea, en ese momento sentí un profundo alivio. Pensé, ya podéis quererme a mí sola otra vez.

»Hoy, te juro que daría mi vida por haber sido yo la que cayera de esa ventana.

84

Entra a comisaría sin el bastón. Tiene el presentimiento constante de que la pierna le va a fallar y va a caerse, ahí, en medio de todos esos agentes de policía, con el estruendo que hace un cuerpo de su envergadura al desplomarse y chocar contra el suelo. O, peor, romperse algo en la caída, no ser capaz ni de levantarse y que tengan que venir a por él para ayudarlo. Así que toda la capacidad de su cerebro está puesta en dar un paso más. Y otro. En no perder el equilibrio. El orgullo y la rabia que siente, junto con una absurda necesidad de no parecer débil, lo habían llevado a salir de casa sin el bastón que le servía para suplir la función de esa pierna que había olvidado cómo caminar, aunque, en realidad, era el cerebro el que había olvidado cómo hacer que esa pierna se moviera.

Tus neuronas encontrarán nuevos caminos, le había dicho el neurólogo. Cuando menos te lo esperes, lo harán.

Y, de repente, está pasando, justo en ese momento. Santi nota las nuevas conexiones enlazándose a una velocidad asombrosa, es algo casi físico, siente pequeños picotazos en la cabeza. No solo es la pierna la que recuerda cómo sostener y desplazar a su cuerpo de forma orgánica. Son también el resto de los sentidos los que perciben todo de manera mucho más nítida, como si hasta ese momento hubieran estado cubiertos por una fina capa translúcida que no les dejaba sentir el mundo con claridad.

Está a punto de soltar una carcajada.

Pero se contiene a tiempo.

—¿Santiago Munárriz? —le pregunta una mujer cuando llega a la segunda planta, tal y como le habían indicado en recepción.

—Sí, soy yo.

—Subinspectora Silvia Hurtado —se presenta. Lo mira de arriba abajo, como quien contempla una figura esculpida en mármol—. Pues vaya.

—¿Cómo?

—Nada, nada, cosas mías, perdona. —Mejor de lo que me había dicho Berta, piensa, mucho mejor. No me extraña que se lo tire, joder, pedazo de tipo. Y encima listo, de esos con los que puedes mantener una conversación. Silbaría, pero en un entorno profesional no quiere mezclar las cosas—. Ahora mismo te cuento todo. Porque nos podemos tutear, ¿verdad? Eso de hablar de usted me pone nerviosa.

—Sí, claro. Lo que quieras.

—Bien. ¿Te apetece un café?

—No, no. Gracias. —Santi necesita algo más de tiempo para analizar a esa mujer, pero no tomando café—. ¿Qué queríais? ¿Por qué me habéis llamado?

—Para una rueda de reconocimiento.

Vaya.

—¿De?

—De los hombres que te agredieron.

Podía imaginárselo. Pero deberían haberlo avisado antes de ir. Está siendo todo muy extraño.

—¿Los tenéis ya?

—Los detuvimos ayer. —Llega otra agente de policía, que se presenta como Nacha. Le tiende la mano y también lo mira de forma extraña, aguantando la mirada más tiempo de lo necesario. Ten cuidado con estas, piensa Santi. La policía sigue explicando—: En la huida se les cayó una tarjeta de la habitación de un hotel que, tras varios enlaces, nos ha llevado hasta ellos, aunque se habían escondido bien. No ha sido fácil.

—Pero la tarjeta puede ser de cualquier otro turista, ¿no?

—Podría —contesta Nacha.

—Podría —repite Silvia.

—Pero en la cámara de seguridad de un banco los vimos huir y parecía que a uno se le caía algo del bolsillo de un abrigo al darse un golpe contra el espejo retrovisor de un coche. —Sonríen las dos—. Volvimos y ahí estaba la tarjeta. A veces hay que agradecer que el servicio de basuras de esta ciudad no funcione como debería.

—¿Por qué no me habíais dicho nada?

—Porque somos la policía y la policía no cuenta sus investigaciones.

—Sí, claro. —La mira para que no lo tome por tonto—. Que estás hablando conmigo, que de vosotros y las filtraciones a la prensa conozco un poco.

—Bueno, ¿estás preparado?

—¿Los tenéis ya aquí?

—Sí, están esperando. ¿Listo?

A mitad de camino, Santi se da cuenta de que ni siquiera está pensando en cómo andar. Sonríe de felicidad.

—Vosotros sabéis que no me acuerdo de nada, ¿verdad? —les dice Santi a Nacha Gutiérrez y Silvia Hurtado, alias Pin y Pon, cuando están en la pequeña sala a oscuras tras un falso cristal esperando a que entren los sospechosos y los extras.

—Lo sabemos. Los médicos nos han informado de que tu cerebro no pudo almacenar los últimos minutos antes de la agresión. Pero ¿quién sabe? Quizá haya algo que te suene, algo que haga que se encienda de nuevo ese recuerdo. Tenemos que probarlo. ¿Te parece?

Santi asiente.

—Sabes que hemos hablado con los testigos —le cuenta la agente Nacha.

—Me imagino.

—Y que no deberíamos contarte lo que nos han dicho —reflexiona la subinspectora Silvia.

—Me lo imagino también.

—Pero que te lo vamos a contar. —Sonríen las dos.

—Sería fantástico. —Santi les devuelve la sonrisa.

—Pero entonces tenemos que tomarnos ese café.

—¿No nos están esperando ya? —se sorprende Santi.

Pin y Pon se encogen de hombros al unísono, con cara de complicidad.

—Yo creo que van a tardar todavía un poco, ¿no, Silvia?

—Yo creo que nos han dicho que les faltaba algo de tiempo para tenerlo todo listo, ¿no, Nacha?

—Vamos, ya te digo. Además, el testigo nos ha pedido un café porque viene somnoliento por la medicación.

—Pues sí, compañera, sin café no se ve capaz de recordar.

Un par de minutos después están los tres alrededor de una vieja máquina de café de filtro.

—Ahora todo el mundo toma café de cápsulas, por eso nadie vendrá a molestarnos aquí. Te servimos un poco, por si acaso viene alguien, pero no se te ocurra beberlo, está asqueroso.

Santi sonríe ante la inteligencia de esas policías.

—No podemos contarte cómo eran tus agresores, o al menos a los sospechosos que hemos detenido, eso lo sabes —Santi asiente—, y no vamos a hacerlo. Pero sí lo que pasó en esos minutos que tienes vacíos en tu cabeza.

Y las agentes Nacha y Silvia le explican a Santi todo lo que ocurrió desde que esa noche salió de La Luciérnaga hasta que llegó al hospital. Le hablan del grupo de amigos que vio la agresión, los que gritaron y persiguieron a los autores, y de la doctora que, milagrosamente, consiguió revivir el latido de su corazón y volver a hacer circular la sangre por su cuerpo.

—Ellos no han sido capaces de reconocer a los dos sospechosos —le explican también—. La doctora se lanzó a salvarte y no levantó la mirada. Los amigos que les persiguieron solo vieron a dos hombres corriendo rápido y muy lejos, de espaldas. Podrían describir la ropa, pero no sus caras, porque cuando vieron la paliza y comenzaron a gritar estaban muy lejos, acababan de doblar la esquina. Además, la zona en la que te agredieron parecía especialmente escogida, es una parte con poca iluminación. —A Santi le han contado dónde ocurrió todo—. Así que te necesitamos a ti.

—Pero yo...

—Lo sabemos. También sabemos que tienes una mente con capacidades extraordinarias. Y en eso confiamos. Pueden alegar que la sangre llegó a la tarjeta después de que se les cayera. Pero si tú los reconoces, no habrá juez que los ponga en libertad.

Ocho hombres entran en la sala. Se colocan pegados a la pared del fondo, cada uno bajo un gran número colgando de la pared. Miran al frente, a lo que ellos ven como un espejo, pero que saben que es la ventana por la que los están observando.

—¿Reconoces a alguno? —le pregunta Silvia Hurtado—. No hay prisa.

Santi los mira con atención. Todos son muy iguales. Altos, morenos, de complexión fuerte, mal peinados, con la barba sin afeitar desde hace varios días, pantalones vaqueros, sudadera ancha con capucha y zapatillas. Un ojo y una cabeza entrenados podrían llegar a distinguir quién tiene miedo de verdad, porque se la juega, o quién está fingiendo ese miedo porque solo es un extra escogido por su semejanza. Santi nota, casi de manera física, cómo su cerebro no solo ha vuelto a saber hacer caminar a su pierna, sino que comienza a ver el mundo de la forma única, extraña y vertiginosa desde la que lo ha divisado siempre. Solo un pequeño esfuerzo más y sería capaz de distinguir a los farsantes de esa fila de hombres de los que saben que en ese momento puede cambiar su futuro.

—¿Te suena alguno? —vuelve a preguntar Nacha Gutiérrez.

—Sin prisa. Tómate tu tiempo —insiste Silvia Hurtado, tratando de tranquilizarlo.

Solo un esfuerzo, solo una mirada más atenta, y podría. Pero no quiere hacer trampas. Niega con la cabeza.

—Lo último que recuerdo de esta noche fue bajar del escenario de La Luciérnaga —les dice. En realidad, es mentira. Lo último que recuerda es el sexo apasionado con Óscar. Y, desde allí, oscuridad, pesadillas, dolor. Óscar. Tiene varios mensajes suyos preguntándole cómo está, cada uno más insistente. Aún no se ha atrevido a llamarlo. Ha estado tan centrado en él, y en las emociones arrolladoras de tener a Emma en sus brazos, que todo lo demás ha pasado a un segundo plano.

—¿Y ver a estos hombres ahí enfrente no te trae ningún recuerdo? Las manos, el pelo, el cuello..., no sé, algún detalle que puedas identificar.

—No. De verdad. —Se está esforzando, pero no logra conectar la imagen de ninguno de esos hombres pegados a la pared con lo que pasó. Otra cosa es que los mire, ahí, en fila, y pueda descifrar lo que piensan.

—Espera, vamos a hacer una cosa. Silencio todos —ordena la agente Nacha Gutiérrez, que aprieta el botón de un intercomunicador en la pared—. A ver, el número uno —su orden resuena en la sala anexa—, dé por favor tres pasos para adelante y grite: «¡Maricón, maricón!».

El hombre número uno no se mueve del sitio, sorprendido por lo que acaba de escuchar.

—Le he dado una orden. —Vuelve a presionar el intercomunicador—. Haga lo que le he dicho. Dé tres pasos hacia adelante y grite con fuerza, como si estuviera cantando el gol de su equipo de fútbol, «¡Maricón, maricón!».

Uno. Dos. Tres. Los pasos los da. Pero no abre la boca.

—¿Quiere gritar de una vez lo que le he dicho?

Se encoge de hombros.

—Es que a mí no me habían dicho que había que gritar —responde, con timidez.

—Pues quizá —la subinspectora Silvia Hurtado vuelve a presionar el intercomunicador— una noche durmiendo en el suelo del calabozo le anime a colaborar más la próxima vez. No sé, sugiero.

—¡Maricón! ¡Maricón! —grita, al fin.

—No sea modesto, caballero —vuelve a reñirle la agente de policía—. Que estamos entre amigos. Venga, le dejo pegar patadas a la pared si quiere, para animarse un poco. Grite con todas sus fuerzas: «¡Maricón, maricón!».

Aunque no de la misma manera con la que gritaron los agresores durante la paliza que casi le cuesta la vida a Santi, los seis hombres, uno a uno, pasan por el mismo proceso.

Santi cierra los ojos para no distraerse y escuchar mejor. Maricón. Maricón. Algo se remueve en su estómago. Es el inicio del hilo, un trozo de cuerda del que tirar. Hay algo ahí, pero no logra encontrarlo. Por mucho que se esfuerza, sus neuronas no lo llevan hasta ese momento. Está convencido de que los días en coma lo han borrado. Quizá es mejor así.

—Lo siento. Yo no... Yo no los reconozco.

La cara de los agentes que están con él en ese estrecho cubículo tras el falso espejo es de total abatimiento.

—¿Qué pasa? —les pregunta—. ¿Es tan importante esta rueda de reconocimiento? Cualquier perito médico le podrá explicar al juez por qué no soy capaz de identificar a nadie.

—Necesitábamos tu testimonio, Santi —le confiesa la agente Nacha Gutiérrez—, con lo que tenemos contra ellos puede que no sea suficiente. Hay varios vídeos de cámaras de seguridad en la zona, les muestran huyendo de allí, pero en ninguno se aprecian claramente sus caras. Tenemos la tarjeta de su habitación de hotel con sus huellas dactilares, pero no con algún resto biológico tuyo. Son las únicas personas que han podido hacerlo, y estamos convencidos. Pero todo lo que tenemos es circunstancial. Como nos toque un juez pejiguero, no los van a condenar. Tú eres la clave.

Podría hacer trampas, podría leer sus cuerpos, pero...

—Es que no... Os lo juro... —Pero... ¿y si se equivoca? ¿Y si aún no es el de antes?—... Es que no... no me acuerdo de nada.

Su cerebro se defiende. Los recuerdos flotan turbios y es incapaz de volver al momento de la agresión. Le da una rabia inmensa. Quiere castigarse por no cumplir las expectativas. Ni las suyas ni las de los demás. Ahora mismo, si estuviera solo, se daría bofetones.

—Pues nada —se resignan las policías—, no te preocupes, Santi. Estos no se nos escapan. Ya encontraremos algo. Ya encontraremos algo —apostillan.

Salen de la habitación, alargada, estrecha, oscura, con moquetas en el suelo y las paredes para reducir el eco. Al salir, se dan cuenta del aire viciado que habían estado respirando en el interior.

Los olores.

A Santi se le enciende una luz.

—Perdonad. —Las policías que han estado con él ahí dentro se paran a escucharlo, sorprendidas—. ¿Podría olerlos?

—¿Olerlos? —Ya les habían dicho que ese forense era un tipo raro, pero hasta tal punto no se lo imaginaban.

—Sí, olerlos. Olfatearlos. Olisquearlos.

Las agentes Ignacia, Nacha, Gutiérrez y Silvia Hurtado, alias Pin y Pon, lo miran como si miraran a un loco.

—Creo que no —contesta Nacha—. Es... —busca una palabra que no sea demasiado hiriente—... ¿absurdo? ¿Qué sentido tiene?

—Tiene todo el sentido del mundo. —Santi está entusiasmado. Acaba de tirar del hilo y empieza a encontrar las soluciones—. Mirad —trata de convencerlas—, todos los sentidos pasan por el hipotálamo. Es como la puerta de entrada al cerebro. Te tocan, comes, ves algo... y esa información recorre nervios a través de tu cuerpo, hasta llegar al hipotálamo, que la clasifica y la envía a la parte del cerebro que va a interpretarla. Es la caricia de tu amante, un sabor ácido, un coche que viene demasiado rápido. Así el cuerpo se adapta y responde a cualquier situación. —Las agentes Pin y Pon no saben a dónde quiere ir a parar con aquella disertación científica—. Os he dicho que todos los sentidos pasan por el hipotálamo, ¿verdad? —Ellas asienten—. Pues no. Hay uno que no. El olfato. No sabemos por qué, pero cuando olemos algo, la información de ese olor va directamente a la zona del cerebro donde se forman los recuerdos, el hipocampo. Por eso muchas veces un olor nos recuerda con intensidad a algo. A un momento. A una experiencia. A una persona. En cuanto lo percibimos nos lleva a eso que nos pasó o a ese lugar en el que estuvimos. Y se me acaba de ocurrir que quizá, si huelo a esos hombres, mi hipocampo sea capaz de tirar del hilo de lo que me pasó. ¿Me vais a dejar olerlos?

Las dos piensan lo mismo. A ver cómo se lo cuentan ahora al comisario.

Y cómo convencen al juez de que esa prueba es válida. Van a tener que enterrarlo en informes positivos de peritos.

Porque Santi Munárriz, sin dudarlo un segundo, reconoce a los dos agresores por su olor.

85

El agua está caliente. Se desliza por el cuerpo huesudo de Nines deshaciendo poco a poco el escudo que la envolvía. Sentada en la bañera, tiene las rodillas encogidas y la cabeza metida entre ellas. Se deja hacer, como si no estuviera allí. Berta pasa la esponja con suavidad por el cuerpo de la mujer, dolorido de tanto sufrir. Mueve el grifo de la ducha sobre la espalda, para que no coja frío. Ha dejado de temblar. Alarga el momento todo lo que puede, frotando y dejando caer agua sobre la espalda de Nines, en la bañera de la habitación de su hija.

—¿Quieres que te lave el pelo también? —le pregunta, un rato después.

Necesita mucho champú y aclararlo varias veces para que la cabeza de Nines esté limpia del todo. Berta frota el cuero cabelludo con delicadeza, como si estuviera bañando a un bebé.

Nines empieza a resucitar.

Coge la esponja y mientras Berta le aclara el pelo, se limpia la parte delantera del cuerpo, comenzando por los pies y subiendo hasta el cuello.

No es un baño. Es un ritual de sanación.

Cuando Paz llega a su casa todavía tiene los ojos hinchados. Se ha hartado de llorar al salir de la cárcel, y en el autobús, y en el largo paseo que ha dado por Madrid para tratar de calmarse, pero también se ha dado cuenta de algo: confesar los pecados sienta bien. Ya no te castigas a ti misma, sino que esperas el castigo de los demás. No depende de ti. Así que lo aguardas con resignación. Porque te lo mereces.

Cuando entra en casa, Berta se esconde en el vestidor de Nines. Paz va directa al baño del pasillo a mojarse la cara con agua fría para despejarse un poco. No lo hace por su madre, que ni siquiera reparará en ella y mucho menos en su dolor, sino por amortiguar mínimamente el sufrimiento de lo que acaba de descubrir dentro de su cabeza. Necesitaba un hilo del que tirar para localizar la verdad escondida, la que el dolor imposible de asimilar había ocultado todo este tiempo. Ese hilo había sido la muerte de Asier. Y ahora todo salía en cascada.

Yo hice que tu hijo se tirara por la ventana, Andrea, yo lo maté.

Pero mientras se seca la cara con una toalla áspera de color lila, la voz de Nines la sorprende.

—Paz, ¿eres tú?

Hace mucho que no la llama, que no se interesa por ella. Vuelve a mojarse la cara con agua helada para comprobar que no está en alguna especie de alucinación.

—Hija, ¿eres tú?

Hace mucho que no la llama hija. Quizá no sea una alucinación, quizá esté allí la policía. El corazón le da un vuelco. La policía. Otra vez. ¿Qué querrán ahora?

—Paz, ¿estás bien? —insiste Nines, desde el salón.

¿Qué le pasa a su madre? Vuelve a restregarse la cara con fuerza, lijando la piel con la toalla rugosa hasta casi hacerse daño. Va hacia el salón, pero antes se apoya en la pared del pasillo para pensar. Algo ha cambiado y no sabe lo que es.

¿Y si Andrea ha llamado a su madre desde la cárcel? ¿Y si le han tendido una trampa? ¿Y si va a ir a la cárcel?

—Sí, mamá, sí —contesta, con cautela—, me estaba lavando las manos y la cara, que hoy ha salido un día caluroso y al sol te achicharras. Ahora voy. ¿Necesitas algo? ¿Te encuentras bien?

Igual se ha caído y no puede levantarse, o se ha roto un tobillo, o...

Pero no. La está esperando sentada, en el sofá del salón. Que está más o menos recogido. O no está tan desastroso como en los últimos días. También hay luz. Algo de luz. Al menos, no es la oscuridad total de las últimas semanas.

—Ven, siéntate aquí, a mi lado.

Esa no es la madre que dejó hace unas horas, derrotada, a oscuras, en la cama de Jaime. El pelo está húmedo y parece limpio, y ella también. Se ha cambiado de ropa. Algo ha pasado, Paz no sabe lo que es y le preocupa. Pero obedece. Se acomoda junto a su madre.

—¿Estás mejor, mamá? —Es obvio, con tan solo mirarla, con tan solo mirar a su alrededor.

—Quiero pedirte perdón.

Paz se queda completamente descolocada.

—Perdón, ¿por qué, mamá?

—Tengo una hija, que eres tú, y tengo que estar a tu lado. —La mira como hacía mucho tiempo que no la miraba—. Tú también estás sufriendo y no he sabido verlo. No he sabido ser tu madre. Perdona por no haberte cuidado.

¿No haberte cuidado?

—Mamá, pero... —Paz trata de protestar. De alguna manera, que su madre vocalice de forma tan clara el abandono al que la ha sometido, y no solo ahora, sino en otras circunstancias de su vida, eliminan la posibilidad de que todo sean imaginaciones suyas. De que Paz esté loca y de que Nines le haya hecho sufrir. Pero no es momento de echarle esto en cara ahora. Ya habrá tiempo para hablar.

—No, mi vida, no —la interrumpe Nines, cogiéndola de la mano—. No hay discusión posible. Estoy destrozada por el asesinato de Jaime, pero tú sigues aquí, conmigo.

—Mamá, escucha, yo... —Está a punto de echarse a llorar, conmovida. No esperaba lo que está pasando. Ni lo que viene a continuación.

—Cariño, he hablado con Andrea.

Paz se sobresalta, da un pequeño brinco en el sofá.

—Has... ¿qué?

—He hablado con Andrea. He conseguido llamarla a la cárcel y que me la pusieran al teléfono. Me ha contado lo que le acabas de confesarle. —En realidad, es Berta la que lo ha conseguido, a través de sus contactos. Una llamada a una presa fuera de tiempo y protocolo, desde el despacho del director de la prisión.

—Lo siento, mamá, lo siento... —Las lágrimas se derraman por su cara.

—Escúchame, y escúchame bien, Paz. No me interrumpas. Tú no mataste a Asier. Ni siquiera estabas allí. Estabas conmigo en la cocina, ayudándome a enharinar las sardinas. Te encantaba pasar las sardinas por el huevo batido y por la harina. Todo lo que fuera guarrear con cosas en la cocina te hacía feliz. Estábamos las dos juntas, riéndonos. Lo estabas poniendo todo perdido, pero no me importaba, hacía tiempo que no lo pasábamos tan bien. Era el día de mi cumpleaños y no podía pedirle más a la vida. De repente, oímos gritos en la calle. Tú corriste a la habitación de Asier con las manos sucias, fuiste dejando un rastro de harina por todo el camino, como las migas de pan de Pulgarcito. No sé cómo sabías que había pasado algo allí, pero corriste y llegaste antes que yo. Y allí estaba el triciclo junto a la ventana. Y abajo, estrellado contra el suelo, el cuerpo de Asier. Recuerdo los ojos de Andrea, que cruzaba desde el otro lado de la plaza. Cómo corría cuando nos oyó gritar. Su cara de terror mientras cruzaba el semáforo en rojo sin preocuparse de los coches que venían. Tú no mataste a ese niño, Paz. Es algo que solo ha ocurrido en tu imaginación. No te castigues por algo que no has hecho.

Paz no puede dejar de llorar, envuelta en los brazos de su madre.

—Tú no hiciste nada. Es algo que te han hecho creer. No te castigues, hija, no te castigues —insiste.

Pero Paz no puede parar de llorar.

—Mamá, no me mientas —responde, cuando recobra un poco la serenidad—, me acuerdo de la verdad.

—Escucha, Paz —vuelve a insistir Nines—. Lo que tú crees que es verdad, no lo es. Hazme caso. Yo llevo toda la vida castigándome por...

—Que no, mamá, que no —la interrumpe—. Me he acordado de todo. Ya sé quién soy. Y de dónde vengo.

Al regresar de la cárcel, tras la dolorosísima confesión a Andrea, el ataúd de su pasado había ido abriéndose paso en su presente. A Paz solo le ha hecho falta tirar del hilo y ahí estaba todo.

Abre la mochila que traía de la calle y saca la muñeca de pelo azul del color del mar en una playa de Menorca. A Nines le da un vuelco el corazón.

—¿Dónde la has...?

Paz no contesta. Solo presiona un pulsador oculto en la espalda, tras el vestido.

Al pasar la barca me dijo el barquero...

Y, con la canción, termina de recordarlo todo.

Cuarta parte

86

Un elefante recién nacido todavía no puede abrir bien los ojos, pero es capaz de ponerse en pie y caminar nada más salir del vientre de su madre. Tras veintidós meses de gestación, acaba de llegar a un mundo desconocido y abrumador, se siente solo y vulnerable, apenas ve, pero hay algo que enseguida lo reconforta: el sonido con el que lo llama mamá, un tono a baja frecuencia único, solo para él, y que la distingue del resto de la manada.

Ahí está mamá. Ahí estaré a salvo.

Ya no se apartará de ella hasta que no sea adulto.

El resto de las hembras le cantan una canción de cuna, reconfortándolo con gemidos dulces y plácidos mientras entierran la placenta para que el olor del nacimiento no se propague entre los depredadores que aguardan en la pradera.

Entre todas rodean al bebé, formando una muralla impenetrable para los leones que buscan una presa fácil en un elefante recién nacido. Mamá le promete leche para que camine tras ella, azuzado por el olor a alimento. Van todos en busca de un refugio seguro.

La criatura está a salvo. Ha encontrado un hogar.

Es lo único que necesitan los recién nacidos de cualquier especie.

Alguien que los quiera y los proteja.

87

La Caridad

Es lo único que necesitan los bebés y los niños.

Alguien que los quiera y los proteja.

Sin embargo...

—¡Cállate la boca! —grita la madre, arrastrando a su hijo del brazo por la arena del parque, un niño de apenas tres o cuatro años, que llora asustado y trata de recuperar el equilibrio—. ¡Cállate la boca!

Pero el niño sigue llorando. Más fuerte. Más asustado.

La madre se para y lo mira con seriedad. Vuelve a repetir el mismo grito.

—¡Cállate la boca!

—No me pegues. —El niño se traga las lágrimas—. Por favor.

Encoge su cuerpo.

—La gente nos está mirando. —La madre baja el tono, se da cuenta de que está armando un espectáculo, pero sigue escupiendo rabia—. ¿Crees que me lo merezco? ¿Crees que merezco que me miren como si estuviera loca, como si yo fuera la loca? ¿Te traigo al parque y me montas estos numeritos? —La respiración casi agónica del pequeño se oye a metros de distancia, mientras su cuerpo tiembla—. Al final, estoy mejor en el trabajo que aquí contigo.

Al final, estoy mejor en el trabajo que aquí contigo.

Se marchan. La mujer caminando con rapidez. El pequeño tratando de no perder el paso y no soltar la mano de su madre, mientras gira la cabeza para mirar el coche, su coche, su coche preferido, que se queda atrás, en la arena. Jugando con él, un niño con camiseta roja junto al tobogán.

Nunca los volverá a ver.

Entrenamos a los niños a no llorar por la noche. Abandonamos a recién nacidos en habitaciones solitarias, en medio de la aterradora oscuridad de la madrugada. Bebés que necesitan el olor de su familia para poder conciliar el sueño, sabiendo que así estarán protegidos mientras duermen. Puro instinto de supervivencia. Los dejamos llorar, que es la única manera que tienen de comunicarse, hasta que, aterrorizados y exhaustos, derrotados por un sentimiento de desamparo abrumador, hinchados de adrenalina y cortisol, terminan durmiéndose porque sus pequeños cuerpos ya no pueden aguantar más.

Poco a poco aprenden a dejar de pedir auxilio, porque nadie va a venir a socorrerlos. Aguantan aterrorizados, doblados sobre sí mismos, la llegada del sueño, o del día. Resignados al miedo que les hace temblar. Heridos ya para siempre.

La indefensión aprendida anula por completo el instinto de supervivencia.

El bebé siente que nadie lo ama, y aprende que no vale la pena luchar, que es mejor rendirse. Abandonándolos a su llanto y a su miedo, aprenderán que, para sobrevivir, en vez de defenderse por sí mismos, es mejor quedarse paralizados en un rincón.

Callados.

El cerebro de los niños desconecta. Bloquea el miedo. El dolor. La tristeza. La soledad.

Ya no volverán a llorar.

¿Para qué hacerlo si ningún adulto irá a socorrerlos?

La Caridad garantizaba precisamente niños que se portaban bien. Como quien garantiza una lavadora que deja la ropa impecable o una aspiradora el suelo reluciente. La Caridad presumía de un método científico que conseguía transformar a un huerfanito de familia desestructurada en un niño dócil. Hijos perfectos. Niños y niñas entrenados para no llorar, para obedecer, para que sus padres y madres pudieran presumir de ellos cuando los vestían de domingo y los llevaban de la mano emperifollados y sumisos como las perlas que se colgaban las señoras de bien del cuello.

Pequeños y pequeñas dispuestos a todo para que alguien los quisiera. Pero callados y dóciles en cualquier situación.

La Caridad era un secreto.

Menos para unos pocos elegidos.

88

Queremos como nos han querido. Repetimos patrones incrustados en nuestro cerebro a fuerza de costumbre. Un desprecio, y otro. Un grito sobre otro grito. Sentirse una mierda de persona. Solo unos pocos niños maltratados son capaces de romper el círculo vicioso y ya de mayores querer como ellos quisieran que los hubieran querido, no como lo hicieron.

El sufrimiento deja huella en el cerebro.

Sobre todo, en el de un niño pequeño, que aún está formándose.

¿Cuánto dolor estamos dispuestos a soportar para que nos quieran?

Por un poco de cariño, Paz estaba dispuesta a soportar lo que fuera.

El 17 de abril de 2008, Nines —lesbiana sin querer admitirlo ni para ella misma, de una familia muy rica, muy clásica, muy tradicionalista, muy bien conectada de la capital— se fijó en una niña que se acurrucaba en la cuna número seis y la miraba con ojos suplicantes tras unas barras de metal plateadas. También en que había muchas cunas vacías.

—Es un cielo de niña —le dijo la responsable—. Bueno, aquí todos son niños ejemplares, ya lo sabe usted, pero esta pequeña es especialmente maravillosa y buena. Y tiene solo cuatro años —miente, un poco, de momento—. Acabamos de ponerla en adopción. Se la llevarán enseguida. Tiene usted suerte porque es la primera que la ve. Pero si no le gusta —la pequeña sabe que están hablando de ella, se levanta agarrada a los barrotes de la cama y tiende sus brazos hacia los dos adultos que se han parado junto a su cuna—, le sigo mostrando a niños, todos son buenísimos y una joya.

—¿De dónde viene? —De repente, impelida por esa mujer, Nines sintió la angustia de que le quitasen a esa niña que ella había visto la primera.

—Mire —le contestó la responsable del centro, una anciana estirada y rasposa—, aquí no nos importa de dónde vienen nuestros pequeños, sino cómo salen.

—Pero no le habrá quedado alguna tara de su... —no quería usar la palabra familia, porque a partir de ese momento la familia de esa niña iba a ser ella. Y esa niña iba a ser su escudo contra preguntas entrometidas, miradas desdeñosas y críticas a su soltería perenne— entorno anterior.

—Le puedo asegurar que no. Confíe en mí. Usted ha visto al hijo de su amiga María Pilar, ¿verdad? —Nines asintió—. ¿Cómo es ese niño?

—Una maravilla. Educadito. Buenísimo. No llora por las noches. No llora pidiendo caprichos. Es como si no hubiera niño.

—Pues eso es lo que tenemos aquí. El resto de los hospicios donde usted puede adoptar a niños, o incluso lugares donde por algún milagro podría conseguir a recién nacidos, no pueden garantizarle a un bebé en buenas condiciones mentales. ¿Y si le sale un rebelde, Dios no lo quiera? Cuando uno carga con un hijo biológico no puede elegir. Pero en casos como el suyo, ¿prefiere adoptar a una niña, porque usted me ha dicho que prefiere a una niña, que no sepa cómo se va a comportar o a una niña que va a ser buena?

—Pero, ¿cómo lo consiguen?

—¿El qué? —preguntó retóricamente la mujer—. ¿Educar a los niños? Es mucho más fácil que hacerlo con adultos. Y, créame, tengo experiencia. Los niños son más sencillos.

—¿Se puede?

—¿No le he dicho que los niños son más sencillos? —Es como si tomara a Nines por tonta—. Aquí convertimos a un niño de una familia conflictiva en alguien que puede vivir en sociedad, bueno, en la parte buena de la sociedad, la nuestra, la educada, la de bien. —Nuestras familias, claro, no esos niños que parecían más animales que otra cosa, o niños que no podrán ser otra cosa que de clase baja, porque eso aterrorizaba a Nines, que los genes de la falta de ambición y de la pobreza resignada, de todo eso que ella creía, porque así le habían enseñado, que era la gente obrera, los llevara esa niña que iba a adoptar.

—Pero ¿cómo lo consiguen? —repitió.

—Disciplinándolos.

—Les enseñamos a necesitar amor. —Un joven doctor se acerca a las dos mujeres—. ¿A que sí, doña Leo? —La anciana sonríe—. Les enseñamos a hacer cualquier cosa por el amor de un adulto, por el afecto de los que van a ser su padre y su madre. Estos niños tienen un gran autocontrol. No lloran. No montan rabietas. No la dejarán en ridículo delante de nadie. Y dormirán de maravilla por las noches. Que eso los adultos lo necesitamos.

—¿Y no tienen ninguna tara? —Nines seguía sin estar convencida. No podía dejar que su familia viera lo que había en el pasado de esa niña. O dentro. En sus genes.

—Al contrario. —El doctor estaba convencido. Era tajante—. ¿Qué tara puede tener un niño necesitado de amor, un niño que querrá estar en sus brazos, que le obedecerá, que se portará bien para que usted le dé un beso de buenas noches, que le obedecerá para que le sonría?

—Pero... ¿los genes...?

—¿Los genes? —la interrumpió otra vez el médico—. Los genes pueden activarse y desactivarse. Lo acaba de descubrir la ciencia. Todo depende del entorno en el que crezcan esos niños. Y aquí, se lo aseguro, les activamos los genes correctos. —Era convincente. Muy convincente—. Puede preguntar a la amiga que la ha recomendado. Que a su vez tendrá otra amiga que la recomendó. Pero todo, recuerde, en el más estricto secreto. Hay personas que no entenderían lo que hacemos aquí. Su propia familia no lo entendería. —Parecía casi una amenaza.

Nines vuelve a mirar a esa niña de ojos enormes que abraza una muñeca.

Pero no termina de estar del todo convencida. Así que sonríe, se da la vuelta y sigue caminando, en busca de un hijo que comprar. Si iba a pagar por él, tenía que ser perfecto.

Cuando esa señora se fue y Paz se quedó sola, en su cuna, con la sonrisa congelada en las ganas, la anciana volvió a por ella. ¿Qué has hecho? ¿Por qué no le has gustado? ¡Siempre tienes que dar la nota!, gritaba, arrastrándola por el suelo de baldosas de formas raras. Necesitaba deshacerse de esa niña. Era urgente.

La encerró en el armario, para que escarmentara.

Al poco, empezó a sonar una canción.

> Al pasar la barca me dijo el barquero:
> las niñas bonitas no pagan dinero.
> Yo no soy bonita ni lo quiero ser
> porque a las bonitas les cortan el pie.

Así, Paz se sentía algo menos sola.

Mientras esperaba a que alguien la sacara de allí.

Una semana después, cuando Nines volvió a La Caridad a recogerla, ni su nueva madre ni Doña Leo lograrían separar a Paz de una muñeca vieja y rota que corrió a coger del fondo de un armario y que defendía casi con el ansia con la que uno defiende su vida.

—Qué más da —cedió Nines—. Nos la llevamos también. Ya se cansará de ella cuando vea los juguetes tan bonitos que le esperan en casa. ¿Verdad, mi chiquitina? Ya verás todo lo que tengo para ti.

Todo lo que tengo para ti.

A mediados de los años cincuenta, sor Leónidas había comenzado disciplinando a chicas jóvenes. Niñas, incluso. Y el entusiasmo con el que lo hacía era soberbio. Insuperable. Religioso. Hubiera matado por la causa.

De hecho, lo hizo.

El 19 de septiembre de 1983, una adolescente malagueña de quince años se cayó desde el tercer piso de lo que parecía un reformatorio femenino en San Fernando de Henares, en Madrid. Ya se había escapado en otra ocasión para tratar de contar lo que sucedía allí. La atraparon a tiempo. Pero volvería a intentarlo. Y ella no podía permitirlo.

Inmaculada Valderrama murió por las heridas sufridas al estrellarse contra el suelo. Quería escapar, fue el dictamen de la policía. Quería escapar, se creyó el juez instructor. Quería escapar, cerraron el caso las autoridades. Pero huir en bragas, por la ventana de un tercer piso que daba a un patio interior, en un día de temperaturas muy bajas y con las puertas del centro abiertas era absurdo, incluso para una joven como ella, alguien que no merecía estar en la sociedad hasta que no enmendara su vida. Durante décadas, los vecinos de San Fernando habían mirado las paredes del reformatorio femenino Nuestra Señora del Pilar con curiosidad y repugnancia, imaginando la clase de monstruos que vivían encerrados tras esos muros. Mujeres que tenían que ser salvadas porque habían pecado. O porque iban a pecar. El Patronato de Protección a la Mujer tenía la misión de devolverlas al camino correcto.

Putas. Izquierdistas. Libertinas sexuales. Embarazadas solteras. Adolescentes descarriadas. Fumadoras. La maquinaria de la dictadura de Franco sembró España de cárceles femeninas disfrazadas de reformatorios. Para custodiarlas puso al frente a algunas de las monjas más reaccionarias del país, las más duras, las más intransigentes y las más convencidas que encontró. Y les encomendó la misión de enmendar a esas mujeres con los métodos que hiciera falta.

Como quisieran.

Sin límites.

Una tarea que las hermanas acogieron con entusiasmo.

En la calle, esas fulanas eran un virus demasiado peligroso para la estabilidad del régimen.

El patronato sobrevivió a la dictadura y a la muerte del dictador. Y hasta sobrevivió durante la primera década de la democracia tambaleante que se cimentaba en el país. Pero una niña de quince años lo cambió todo. Dos años después del asesinato de Inmaculada Valderrama, al patronato lo extinguieron, en silencio, como si nunca hubiera existido. Como si no hubiera habido culpables. Ni víctimas.

Sor Leónidas dejó de vestir el hábito. Empezó a llamarse doña Leo. Y la mandaron a La Caridad, el lugar en el que, también durante décadas, llegaban para su venta los niños de esas mujeres, los recién nacidos que ellas parían en el reformatorio y los que ya tenían de antes, en sus vidas de putas, drogadictas, sucias izquierdosas o desviadas del camino del Señor. Había sido todo muy fácil. Hasta 1999 no sería obligatorio en España poner el nombre de la madre biológica en la partida de nacimiento. Niño expósito. Niña expósita. Mercancía adoptable y canjeable por dinero.

Sor Leónidas aceptó el nuevo destino porque su vida solo tenía un propósito, la redención de los cuerpos y las almas y su vuelta al camino del régimen, por cuyo regreso ella rezaba cada noche, y al de Dios. Iba a seguir haciéndolo con esas criaturas nacidas del demonio.

Pero, cerrados los Patronatos de Protección a la Mujer en 1985, los niños ya no llegaban, y doña Leo tuvo que buscar otras maneras de conseguir a los hijos de esas desgraciadas. No tuvo reparos en buscarlos bajo las piedras, en los prostíbulos y las zonas de venta de droga de Madrid. Las pecadoras no podían ser madres, y ella estaba allí para solucionarlo.

Había menos niños, aunque La Caridad nunca estuvo vacía. La monja buscó a las antiguas internas prostituidas para extorsionarlas haciendo valer el poder emocional que todavía tenía sobre ellas. Cuando se quedaban embarazadas, le entregaban a los niños.

Aunque pronto doña Leo tuvo que sortear otro gran obstáculo en su camino hacia la redención. A principios de los noventa los padres adoptantes empezaron a tener miedo de adquirir un producto defectuoso, como si esos niños hubieran nacido con los genes marcados para la delincuencia o cosas peores. Se encontró con varios rechazos, con niños devueltos, con menos dinero. Así que tuvo que buscar garantías. Y las encontró en un joven pediatra que acababa de regresar de Estados Unidos. Allí había trabajado con Richard Ferber, director del Centro Pediátrico para los Trastornos del Sueño del Hospital Infantil de Boston.

Y era incluso más ambicioso que su maestro.

—No solo haremos que se duerman solos —prometió a la monja—. Haremos que sean corderitos mansos. Desactivaremos todo el rastro genético de sus padres. Se pelearán por ellos.

89

Paz

Pocos lugares existen en el mundo tan solitarios como la cama de un niño que no tiene a nadie que le quiera y le cuide cuando llega la noche. Alguien que le mantenga a salvo de los monstruos y se preocupe de que llegue vivo a la mañana siguiente, cuando vuelva a despertar y con la luz del día el mundo ya no dé tanto miedo. Porque cuando cierras los ojos y todavía no te has dormido, el mundo a tu alrededor es terrorífico.

Necesitas una mano que coja la tuya. Alguien que te acune hasta que creas que dormirás toda la noche en sus brazos, o que acudirá a ti cuando te despiertes y la oscuridad te coma.

Como cualquier otro ser vivo del planeta, solo quieres sobrevivir hasta el próximo día.

Ahora lo recuerdo todo. Así pasé yo muchas madrugadas, casi todas, de hecho, en La Caridad.

Hasta que mamá me sacó de allí.

La primera noche fuera, mi madre estaba tan feliz de tenerme que no se atrevía a dejarme sola ni un segundo, como si alguien me fuese a robar. De eso no me di cuenta, claro, me lo contó años después. Se tomó un par de cafés decidida a pasar la madrugada mirándome. Disfrutando. Yo era el sueño que había perseguido tanto tiempo. Y, por fin, no solo estaba allí. Sino que le pertenecía.

Su tesoro.

Pero algo en mí no funcionaba bien.

En cuanto me dejaba en la cama, aunque fuera a su lado, movía la cabeza de una forma extraña, levantándola hacia adelante y dejándola caer hacia atrás, una y otra vez, tocándome el pecho con la barbilla y dejando caer la nuca hasta el colchón. De manera rítmica.

Había algo mal en mi cabeza.

Asustada, no esperó al amanecer para llevarme a al médico.

Entró conmigo en brazos a urgencias, a pesar de que yo ya podía caminar, gritando que quería ver a un médico, que su hija tenía meningitis, que se moría o se iba a quedar lisiada toda la vida. Esa es la palabra que me dijo que empleó esa noche. Lisiada.

Los médicos no encontraron nada. Era un hospital privado, la familia de mi madre tenía mucho dinero, así que accedieron a casi todas las peticiones que les hizo. Mi cuerpo se llenó de agujas, pasó por radiografías y escáneres, se dobló en distintas posturas, tuvo que interpretar dibujos, caminar por líneas imaginarias o combinar piezas de extraños puzles.

Pero todo funcionaba bien.

También nos hicieron preguntas absurdas que ni mamá ni yo éramos capaces de responder. ¿Hay antecedentes de casos así en la familia? ¿La niña lo había hecho antes? ¿Nació con peso normal? ¿Se dio algún golpe en la cabeza de pequeña?

Ni ella ni yo lo sabíamos, claro.

—Es que es adoptada, la acabo de traer a casa.

Lo que diagnosticaron fue el típico síndrome de la madre primeriza.

Madre primeriza adoptante de una niña de casi seis años.

Que no, que no, que no, repetía ella. Que a mi hija le pasa algo. Y que vosotros no lo veis.

La última vez, hartos, nos mandaron a casa con medicación. Pero no para mí, sino para ella. Ansiolíticos para disminuir los síntomas de la ansiedad. Pero se pasó de la dosis y se quedó dormida en el sofá. Cuando despertó, yo estaba a sus pies, dormida también, plácidamente. No había rastro del extraño movimiento de cabeza. Suspiró aliviada. Nos pasamos la tarde jugando.

Durante la cena, a mamá le volvió la ansiedad. Se acercaba el momento de acostarme. Yo, sin embargo, era feliz. O eso creo. Debí serlo. Seguro. Pero ella, muerta de miedo, me llevó a su cama y se acostó a mi lado. Sabía que no aguantaría otra noche sin dormir, así que se recostó junto a mí y me abrazó con fuerza.

Dejó encendida la luz de una lámpara de noche en su mesilla.

Se quedó dormida a mitad del cuento, antes que yo.

No sabe si fueron segundos o minutos. Pero los espasmos la despertaron. De nuevo, mi cabeza se movía hacia adelante y hacia atrás. No había manera de parar aquello.

Y más hospitales. Más médicos. Más primeriza loca.

Hasta que varios días después, en la sala de urgencias de un hospital más, ya había perdido la cuenta, conoció a una mujer que le dio la clave. La explicación era tan simple que mi madre no podía creérsela. Me estaba acunando yo sola. En el lugar del que venía nadie se había encargado de mí y yo había aprendido a calmarme meciéndome a mí misma, imaginando unos brazos y un pecho y un calor maternal que no existían. Me movía hacia adelante y hacia atrás simulando que alguien me acunaba para dormirme.

La mujer que le dio la clave a mi madre se llamaba Andrea. Y estaba en urgencias porque su hijo se había roto un dedo. Se llamaba Asier, y también movía la cabeza como yo cuando lo dejaban solo en la cama.

Veníamos del mismo sitio.

La Caridad, susurraron ellas para que nadie las oyera.

Nos habían sacado de La Caridad.

90

—Ahora me acuerdo de todo, mamá. Ahora me acuerdo de todo.

—Y qué doloroso es recordar. Paz siente el corazón lleno de llagas—. Todo había quedado enterrado en mi cerebro. Todo. Yo me fabriqué recuerdos en esta casa, mamá —la llama mamá, pero ya duda, toda su cabeza es un torbellino—, me inventé una realidad inexistente de pequeña, contigo, aquí. Trasladé la cuna de barrotes de La Caridad hasta mi habitación en esta casa, y cambié lo que veía a través de ella por las paredes rosas de mi cuarto.

—Pero eso es precioso, hija mía. —Nines la mira, con lágrimas en los ojos—. Eso quiere decir que todo lo bueno que te pasó aquí te cambió la vida. Que el amor que te di hizo de ti una persona sana y feliz.

—Pero, pero... me mentiste.

—No. Te protegí.

—Me mentiste —se pone a gritar—. ¡Me mentiste!

Desde el vestidor en el que está escondida, Berta escucha los gritos de Paz y el ruido de varias cosas que caen. De repente, siente el impulso de ayudar. Cuando llega al salón, madre e hija están de pie, frente a frente, llorando las dos. En el suelo, rotas, una lámpara de mesa y lo que parece una pequeña figura de porcelana. Estaban en una mesita al lado del brazo del sofá.

—¿Qué haces tú aquí? —Paz, que la ve llegar de frente, se abalanza hacia ella, furiosa.

—Yo..., perdona... —se disculpa Berta.

—¿Has estado escuchando todo? —Están muy cerca la una de la otra—. Me engañas, te ganas mi confianza y ahora esto. Ahora me espías. ¿Qué clase de mierda de persona eres?

—Lo siento, lo siento. —Berta abre los brazos con las palmas de las manos hacia arriba, en un gesto de súplica—. Nada más lejos de mi intención. Estaba con tu madre cuando llegaste, ayudando a recoger la casa, y, bueno, me escondí pensando que igual te enfadarías porque, bueno —titubea. Le duele haberle hecho daño a esa chica, haber roto el vínculo que las unía—... No quería que te enfadaras.

—¿Que no querías que me enfadara? Esta sí que es buena. Los periodistas sois todos iguales. Yo confiaba en ti.

—Y puedes confiar. Por favor.

—Confiar, dice, confiar. ¿Tú quién te crees que eres para meterte en los secretos de esta familia?

—Paz, por favor —trata de tranquilizarla Nines—. Te dice la verdad. Mírame. Paz. Mírame —le pide—. Ella me ha duchado. Cuando yo estaba tirada en el sofá, entre basura, sin cambiarme desde hace días, ella me ha llevado a la bañera, me ha frotado el cuerpo con una esponja y jabón, me ha lavado el pelo, me lo ha secado y ha escogido ropa de mi armario para que me pusiera. Mírame.

Paz calla. Se queda muy quieta, mirando fijamente a su madre.

—¿Lo ves, hija mía? —continúa Nines—. Ella puede ayudarnos.

—¿A qué? ¿A meternos en la cárcel a todos? —Pero su voz ya no suena a cólera, sino a alguien que se ha vuelto a rendir.

—No voy a contar nada que tú no quieras —interviene Berta—. Te lo juro. Te lo juro por lo más sagrado que tengo que es mi hija recién nacida. Mira cómo te lo digo. Por mi hija Emma, que es lo más grande que me ha pasado en la vida. Lo que acabas de contar es muy grave. No sé si os dais cuenta las dos de lo que te hicieron, Paz. De todas las heridas que tienes y tendrás toda tu vida por culpa de ese lugar. De cómo te sientes y te seguirás sintiendo abandonada de una manera cruelmente intensa cada vez que crees que alguien no te quiere, o tan solo con que en ese momento no quiera estar contigo. De cómo sentirás que no terminas de encajar en ningún sitio. —Paz va desmontándose a medida que Berta describe las emociones a las que ella nunca ha podido poner palabras—. De cómo te haces la fuerte y todos dicen que eres fuerte, pero, en realidad, estás rota por dentro. ¿No es así, Paz? —La chica solo puede asentir. No le sale la voz—. Pues esa gente tiene que pagar por lo que te hizo. Nines, ¿ibais a ese sitio a escoger al bebé que más os gustaba y os lo llevabais? ¿Así de fácil? ¿La Caridad era un supermercado de niños modositos para familias ricas de bien que no podían tener hijos?

—No, no —niega Nines con contundencia—. ¿Pero qué barbaridad estás diciendo? —levanta la voz—. Mi niña —acaricia la cara de Paz—, tú ahora estás muy triste por la muerte de tu hermano, no puedes pensar con claridad, tienes una mezcla de sentimientos ahí dentro que no entiendes. Pero yo lo viví, yo te vi, yo vi a los otros niños. La Caridad era lo mejor que les podía pasar a niños sin futuro, a hijos de madres pecadoras.

Nines pasa el brazo por encima del hombro de su hija, tratando de abrazarla, sin darse cuenta del daño que esa frase ha provocado en ella. Hijos de madres pecadoras. Hijos como Paz. ¿Qué eran niños como ella? ¿Animales? ¿Seres humanos inferiores? Solo Berta se da cuenta de la mueca de dolor en la cara de la joven.

—La Caridad —prosigue Nines, muy digna— era un orfanato. Una obra de misericordia altruista. Nosotros salvábamos a esos niños. Los salvábamos de sus padres. Los salvábamos de una vida mísera o de vivir en centros de acogida. Les dimos una buena familia que los quería. ¿Sabes dónde hubieran acabado todos esos pequeños? —se indigna—. Hubieran acabado siendo delincuentes.

—Y gente como tú los rescató —le responde, indignada, Berta.

—Claro que los rescatamos. —Nines no se da cuenta del enfado de la periodista. Ni de cómo Paz trata de deshacerse de su abrazo, sintiendo que esa mujer deja de ser su madre con cada palabra que pronuncia.

—No sin antes hacerlos pasar por un proceso de reeducación que los destrozó —insiste Berta.

—¿Los destrozó? No tenéis ni idea. No sabéis de dónde venían esos niños, los genes que tenían, lo que habían vivido los primeros meses o años de sus vidas. Ese centro los salvó. Doña Leo y el doctor hicieron que esos niños olvidaran su pasado y pudieran tener vidas nuevas con familias de bien.

Familias de bien.

91

Paz

No había nombre en la puerta. Aunque tampoco hubiéramos sido capaces de leerlo. Eso, en el improbable caso de que nos hubieran dejado salir a la calle a echarle un vistazo. Pero los que llegaban hasta allí lo sabían. La Caridad, cuchicheaban al llegar. Así que esto es La Caridad, con los ojos abiertos como platos, borrachos de ansiedad y entusiasmo. Les embargaba la emoción del secreto de los niños que sabían que aguardábamos tras esos muros de esa calle de ese edificio de esa puerta que al resto de los seres humanos les parecían normales. Aunque ellos, tocados por la varita del privilegio, sabían que no.

Qué suerte tenemos con La Caridad, suspiraban, al cruzar la puerta.

Suerte. La Caridad.

Para nosotros, así se llamaba el infierno.

Por fuera no teníamos ninguna tara. Alimentados, aseados y vestidos. Sin lujos, bien, pero sin pasarse. Dando pena, pero la justa para que reconfortaran sus corazones. Bebés, niños y niñas sin una imperfección, mirando a los visitantes desde los barrotes de las cunas que forraban las paredes de habitaciones enormes y frías como los mostradores de un comercio. Aquí las perlas. Aquí los bolsos. Más allá la ropa interior. ¿Qué ha venido a buscar?

Por fuera no teníamos ninguna tara. Por dentro éramos pequeños perdidos y muertos de miedo, mendigos de una caricia o un beso. Podíamos pasar horas sin ver a un adulto, aunque sabíamos que estaban cerca. Y que cualquier ruido que hiciéramos podía desencadenar el infierno.

De vez en cuando alguien nos acariciaba las mejillas. Nos besaba. Incluso nos cogía en brazos. Solo tenías que estar quieto, callado, sin molestar, acurrucado en un trocito del suelo de la habitación o en un rincón de la cuna. Y sonriendo. Eso era muy importante. Tenías que sonreír. Y dar las gracias. Y balbucear por favor. Eran las palabras mágicas que podían hacer que un adulto te quisiera. Alargar los brazos en señal de súplica a veces también servía.

Nadie va a querer al que haga ruido. Al que no esté quieto. Al que se porte mal. Al que no se duerma solo. Al que no se coma todo lo que le ponen sin rechistar, sea lo que sea. Al que lloriquee. Nadie le va a querer. Nunca.

Nos decían.

Yo tenía la muñeca que me había regalado la Benefactora de La Caridad. Una de ellas. Había varias con ese nombre. Benefactora. Y debía de ser algo bueno llamarse así porque el día que nos visitaba alguna, sobre todo la que me trajo la muñeca, todos sonreían, le decían cosas bonitas y le daban galletas de mantequilla y leche con chocolate en unas tazas preciosas. Es usted la mayor Benefactora de La Caridad, sin usted estos niños estarían perdidos, en la calle, o peor, con los delincuentes de sus padres. Gracias a usted podemos acogerlos y transformarlos en niños de bien, en seres útiles para la sociedad, listos para bendecir a familias a las que Dios no les ha dado la bendición de un hijo.

El día en el que la Benefactora mayor llegó con la muñeca estuvo mirando por las cunas, buscando a quién dejarle ese tesoro, aunque estaba vieja y mordida. No era la primera vez que traía algo, pero sí la primera que era una cosa tan especial, algo que deseé en cuanto lo vi. Me puse de pie en la cuna, trepé por encima y conseguí llegar al suelo sin hacer apenas ruido. Caminando con lo que yo creí que era elegancia, llamé su atención, uní las palmas de las manos en gesto de plegaria y le supliqué, muy suave, casi en un susurro, mirándola tiernamente a los ojos: por favor. Por favor. Repartía mis ojos entre ella y la muñeca, con un pelo rubio tan largo que caía hasta más abajo de la cintura.

—¿La quieres, pequeña? —Sonrió, con la cara de satisfacción y recompensa que tienen los que ayudan para sentirse mejor.

—Por favor. Gracias. Por favor. Gracias —repetí, abriendo mucho los brazos, y sonriendo también, como si de esa mujer dependiera mi felicidad.

A la Benefactora debí de hacerle gracia, o simplemente encajaba en su visión del mundo que la gente le suplicara por cualquier cosa.

—Toma —alargó el brazo, acercándomela—, pero me tienes que prometer que la cuidarás mucho. Era de una niña muy especial que ya se ha hecho mayor.

Yo solo sonreía y asentía. Sonreía y asentía. Ni siquiera me atreví a devolver el gesto para recogerla. Tenía pánico de que se arrepintiera en cualquier momento.

—¿No quieres cogerla? Toma. —Entonces sí, entonces me atreví, y alargué el brazo para hacerla mía. Algo mío, solo para mí, por fin. No había nada que pudiera desear más en el mundo. Cuando ya casi la tenía en mi mano, la Benefactora se echó atrás, volvió a acercarse la muñeca a su cuerpo y a alejarla del mío, como si se arrepintiera de regalarla. Recuerdo el inmenso dolor que me golpeó. Me mareé y a punto estuve de caer al suelo de la angustia. Pero, tal y como me habían grabado a fuego en el cerebro, bajé la cabeza y me resigné. Callada. Quieta. Educada.

—Se me olvidaba decirte una cosa —continuó la anciana—. Es una muñeca que canta una canción. Mira, si aprietas aquí, canta una canción.

Y, como si fuera magia, de esa muñeca de plástico con el pelo rubio y largo hasta la cintura salió la canción más bonita del mundo.

> Al pasar la barca me dijo el barquero:
> las niñas bonitas no pagan dinero.
> Yo no soy bonita ni lo quiero ser
> porque a las bonitas les cortan el pie.

Todos los niños y las niñas de la habitación, fascinados, se pusieron a aplaudir y a dar gritos de alegría.

—¿Qué hacéis, locos? —Doña Leo, que seguía los pasos de la Benefactora mayor alabándola en cuanto tenía ocasión, se puso furiosa—. Perdone, señora, perdone, no sé qué les pasa —se disculpó—. No sé qué ha pasado. —Temblaba de rabia. Esos críos asquerosos—. Usted sabe que el método funciona y que son niños tranquilos y buenos. Pero no se preocupe, que van a estar todos castigados. —Si hubiera hecho falta, se habría puesto de rodillas. Estaban en aquel edificio gracias a esa mujer, que les había cedido su uso un par de décadas atrás porque también creía en la causa. Si decidía quitárselo... Dios no lo quisiera. Si decidía quitárselo...

La Benefactora sopesó la situación. No sabía si ponerse de parte de esos pequeñajos o dejar que los escarmentaran por armar jaleo. Tardó unos segundos en decidirse. Sonrió.

—Bueno, es que la muñeca es preciosa, y la canción también, hizo muy feliz a una niña muy especial —le dijo a doña Leo con una sonrisa—, y es normal que aplaudan, como en el teatro o la ópera cuando los artistas terminan. Ha sido precioso, ¿verdad, chicos?

Todos miramos alternativamente a doña Leo y a la Benefactora, pensando aceleradamente qué reacción deberíamos tener. Y temiendo el castigo cuando la anciana se marchase.

—¿A que ha sido bonito, chicos? —volvió a preguntar la señora—. ¿A que ha sido bonito? —Miró entonces a doña Leo—. ¿No le parece, sor Leónidas?

Nunca habíamos oído ese nombre. ¿Por qué la llamaba de una forma tan extraña?

Doña Leo no dudó ni un segundo en ponerse del lado que más le convenía.

—No seáis tímidos, venga —cambió de actitud—, aplaudid, aplaudid a la Benefactora y a la música que nos ha traído gracias a su misericordia.

Aplaudimos, claro, aunque ya sin la espontaneidad de la alegría, y con el miedo a que fuera una trampa. Eran los aplausos del miedo.

La muñeca se quedó guardada en un armario. Solo me la daban los días en los que nos visitaba la Benefactora, no fuera a pensar que nos trataban mal.

Lo peor llegaba por las noches.

Nos quedábamos solos con doña Leo, que se convertía en el monstruo de las Cadenas de las Vírgenes. Lo bueno era que llevaba tantas colgando del cuello que era fácil oírla llegar varios metros antes. Lo malo era todo lo demás.

Aprendimos cómo permanecer ocultos. En cuanto oíamos la puerta de su habitación y como bajaba las escaleras, saltábamos de cuna en cuna para acostarnos con los niños más pequeños, los que aún lloraban en la oscuridad. Nos tapábamos con las sábanas, los envolvíamos con nuestros cuerpos y les cantábamos muy muy bajito nanas inventadas al oído —porque nunca nadie nos había cantado ninguna a nosotros, así que no conocíamos ninguna—, para que se durmieran sin hacer ruido. Yo era una niña de apenas seis años muerta de miedo acunando a un bebé que tenía más miedo aún. Pero incluso él sabía que la mejor manera de estar a salvo era desaparecer hasta que la Señora de las Cadenas de las Vírgenes volviera a su habitación y se durmiera.

Entonces ya no había peligro.

Porque si nos oía llorar, o hablar entre nosotros, o a una cuna moverse, entraba como loca, nos cogía a varios, le daba igual quiénes, y nos encerraba a cada uno en un armario. Frío. A oscuras. Solos. Más solos aún. Cuando giraba la llave para aprisionarnos allí dentro, y cuando se alejaba, temblábamos aterrorizados viendo monstruos en todos los rincones del pequeño espacio negro en el que sabíamos que íbamos a pasar toda la noche.

Al final aprendimos a bloquear el dolor. Si nadie iba a venir a consolarnos, nuestro cerebro comenzó a desconectar de nuestro cuerpo para protegernos. Miedo. Frío. Hambre. Soledad. Tristeza. Empezamos a dejar de sentir.

A veces tenía la suerte de que me encerraran en el armario en el que habían escondido la muñeca que me había regalado la Benefactora. La buscaba a tientas y cuando creía que doña Leo ya estaba dormida, la envolvía en toallas para que no hiciera mucho ruido, apretaba el pulsador y la colocaba junto a la puerta, para que todos en la habitación se durmieran escuchándola.

> Al pasar la barca me dijo el barquero:
> las niñas bonitas no pagan dinero.
> Yo no soy bonita ni lo quiero ser
> porque a las bonitas les cortan el pie.

Hubiéramos dado lo que fuera porque alguien nos quisiera.

92

Paz mira el agua en espiral colándose por el desagüe de la ducha. Un chorro ardiendo sobre la nuca entibia su cuerpo, pero no termina de calentarlo. ¿Cuánto lleva allí dentro? ¿Diez, quince, veinte minutos? ¿Dos horas? Ahora que lo recuerda todo las piezas de su vida encajan sin un chirrido, sin una rozadura, pero con un dolor inmenso. Está desnuda y vulnerable, quieta, con la cabeza hacia abajo, dejando caer el agua por su cuerpo. El pelo chorreante le cubre la cara, le tapa los ojos, le mete agua en la nariz, pero no se atreve a salir de allí. Aún no.

Mamá llora en el salón.

Berta se ha ido.

Ella tiene mucho que decidir.

Para cerrar la tumba de su pasado y ese abismo que acaba de abrirse ante ella, Paz determina que tiene que hacer varias cosas. La primera puede parecer un simple trámite burocrático, pero es quizá la que más dolor de corazón le provoca.

Solo hay una persona que puede ayudarla.

Se reúne con Santi en una cafetería cerca de casa.

—Necesito que me eches una mano. —Santi ya lo sabe todo. Berta se lo ha contado, y tiene curiosidad por lo que quiere esa chica de él—. Me gustaría reclamar el cuerpo de mi hermano. —Paz lleva puestas unas gafas de sol, a pesar de estar en un interior. Todavía se le saltan las lágrimas a cada rato, no puede controlar la cascada de emociones y recuerdos contenidos por su cerebro todos estos años—. Y enterrarlo.

—Lo que necesites —le contesta, esperando su petición. Pero ella divaga.

—Todo encaja, ¿sabes? —Está encogida sobre sí misma, apoyando los brazos en la mesa, con la cabeza gacha ligeramente ladeada—. Ahora ya comprendo mi vida.

—El niño que fuiste siempre camina junto a ti, dándote la mano. Tú sigues siendo tu infancia. Yo sigo siendo mi infancia. Todos la seguimos siendo. Deja una huella para siempre en nuestros cerebros.

—Huellas que, a veces, son heridas —se lamenta.

—Por eso tienes el cerebro más pequeño. Por eso tienes partes de tu cerebro dañadas. El sufrimiento de los niños deja una herida en su cerebro para siempre. Y si es extremo, como el vuestro, hace algo más. ¿Te acuerdas de cuando fuimos al hospital a hacerte un PET-TAC? Te pedí que confiaras en mí. Yo buscaba en el pasado y tú me has dado ese pasado —prosigue Santi—. Tú me has dado el inicio de todo lo que está sucediendo ahora. ¿No te das cuenta? Todo tiene sentido. Todas las muertes de las últimas semanas están relacionadas y comenzaron allí, en esa casa clandestina de adopciones, ese lugar en el que os maltrataban.

—Pero no nos pegaban —protesta la chica, que no termina de entenderlo.

—No hace falta que os den golpes físicos. Duelen más los golpes emocionales. El amor que no os dieron. El miedo que os hicieron pasar. La soledad que sentisteis en una edad en la que os hacía falta un adulto que os protegiera. Todo eso empequeñeció vuestros cerebros, aunque luego las familias que os adoptaron os dieran amor. —No puede evitar sonreír, sintiéndose orgulloso. Un chute de autoestima así es lo que necesitaba tras la paliza y las heridas en su cabeza—. Mira. —Busca algo en el móvil, con rapidez, entre las noticias de las últimas semanas—. Mira estas fotografías. ¿No recuerdas a estos chicos?

Santi le muestra las imágenes que ha descargado de la página web de un periódico. Son dos de los seis jóvenes que se destrozaron la cara a martillazos en televisión.

—¿Debería conocerlos? —A Paz le suenan. De la tele, quizá. Aunque no sabe. Las últimas semanas ha vivido rodeada de una nebulosa.

—Estoy convencido de que estuvieron en La Caridad. Quizá coincidieron contigo.

La chica se encoge de hombros.

—¿Quiénes son? ¿También están muertos como Jaime? ¿Como Asier? ¿Como ese hermano al que nunca conocí, Emilio, muerto también? Emilio y yo... —Se le saltan las lágrimas de nuevo—. Podíamos haber tenido un futuro juntos, como hermano y hermana.

—Teníais derecho a un futuro juntos. Pero acabasteis en aquel lugar.

—¿Y tú crees que estos otros chicos de las fotografías también estuvieron allí?

—Quizá algunos de ellos.

—Pues tenemos que encontrarlos. Y que nos cuenten. Ellos deben recordar más cosas.

—Están muertos, Paz.

La chica enmudece. Se le congela la expresión en un gesto de sorpresa y miedo.

—¿Tam... también? —balbucea.

—También. —Santi la coge de las manos, para confortarla—. Uno se llamaba Fran, es el líder de los chicos que se dieron martillazos en televisión. Logró escapar de la policía y murió varios días después por las heridas. El otro se llamaba Pablo Esteban. Es el asesino del restaurante de Jorge Juan. Se ha quitado la vida tras provocar la matanza.

Tarda casi un minuto en sopesar lo que eso significa. Mira hacia algún punto más allá de las paredes de la cafetería para tratar de poner orden a la avalancha de todo lo que le está contando Santi. Al final, se atreve a mirarlo.

—¿Crees... crees que de verdad corro peligro?

Santi duda si decirle la verdad. Pero tiene miedo por ella. Y no puede protegerla. Necesita que la chica también sea consciente de lo que podría suceder.

—Creo que... creo que sí. Pero tras tu falso intento de asesinato...

—No fue falso, quería que me mataran.

—Bueno, pues después de que contrataras a un sicario para matarte a ti misma, va a ser difícil que crean en nuestra teoría y te pongan protección. Tenemos que darles algo más. Tenemos que contarle a la policía la historia de La Caridad, y la de los cerebros pequeños, y todo el nexo de unión entre los crímenes de todos los que pasaron por allí.

Paz suelta una carcajada.

—¿Crees que nos van a creer? ¿En serio crees que van a creer una locura así?

—¿No recuerdas nada del sitio donde estabais? Quizá si los llevamos hasta ese lugar...

Paz niega con la cabeza, derrotada.

—Ojalá. —Cierra los ojos, como si así pudiera recordar mejor—. Solo me acuerdo de unas losetas cuadradas de colores en el suelo, con extraños dibujos que, juntos, formaban patrones hipnóticos. Granates y azules, creo. Granates y azules enmarcados en grandes trazos negros, como los que hace un niño que dibuja con rotulador. Los techos eran muy altos, y había carriles.

—¿Carriles?

—Sí, bueno, parecían caminos rectos puestos al revés, campos de arados, ahora que lo pienso. Como cuando aras un campo, pero dado la vuelta. Sí, eso es —sonríe, satisfecha por poder ir tirando del hilo.

—¿Le has preguntado a tu madre?

Paz no contesta.

Santi insiste.

—¿Le has preguntado a tu madre?

Asiente. Claro. Claro que le ha preguntado. Pero Nines solo se ha echado a llorar.

—¿Y qué te ha contado? Ella tiene todas las claves, ella nos ayudaría a llegar al fondo de la historia. —Santi nota el entusiasmo por saber, por desentrañar la madeja. Está dándole fuel a ese cerebro que necesita funcionar a toda velocidad—. ¿Qué te ha contado? —repite.

—Nada. Dice que es mejor no saber. Que estoy mejor así. Tiene una extraña fidelidad por las personas que componían esa locura. Y no hay manera de sacarla de ahí.

—¿Tú no sospechabas que eras adoptada? ¿Nines no te lo dijo nunca?

Paz sonríe, con tristeza.

—Un día nos lo dijo, a Jaime y a mí. Estaba muy enfadada, ya no recuerdo por qué, pero sí que era conmigo. Entonces lo soltó. No pudo controlarse, imagino. Tendrías que parecerte más a tu hermano, él sí que es bueno. Y no como tú, a pesar de que me lo prometieron en el lugar en el que te recogí.

—No me lo puedo creer. —A Santi le conmociona la revelación de ese momento. ¿Cómo una madre puede decirle algo así a un hijo?

—Ahí empezó a abrirse el pozo. Yo no dejaba de preguntarle por lo que había dicho. Una noche, mientras cenábamos, nos lo contó con toda solemnidad. Que yo había nacido de otra mamá que, como esa mamá no podía estar conmigo y yo estaba sola, me había traído con ella a esta casa, y que Jaime había nacido de ella, de su tripa, mucho después. Pero que éramos hermanos. Creo que estaba arrepentida de lo que dijo y de cómo lo dijo.

Les interrumpe un mensaje de Berta.

«No hay manera, Nines no quiere decir dónde estaba el hospicio. Estoy entrando en la cárcel a hablar con Andrea, a ver si logro que confiese».

—Si encontramos el sitio, Paz, puedes poner una denuncia, ¿lo sabes? Y se buscaría a los responsables.

—Ya veremos qué pasa. —Y entonces Paz se atreve a pedirle lo que quiere—: Por favor, ¿me llevas a ver el cuerpo de mi hermano?

Santi y Paz caminan por la calle disfrutando de una brisa suave que refresca la tarde de verano en Madrid. Es uno de esos días maravillosos en los que ha brillado el sol, pero en los que al atardecer necesitas el resguardo de una chaqueta suave para templar y reconfortar el cuerpo.

Ninguno dice nada.

Se dan un tiempo, y un espacio, para calmar sus ansiedades.

—Cuando quieras, cogemos un taxi para ir al instituto —dice al fin, bajito, Santi, como si con sus palabras temiera causar algún dolor.

—Caminemos un poco más, por favor. Necesito ordenar mi cabeza. No quiero ver a Emilio con esta angustia. No quiero conocerlo así, aunque solo sea un cadáver. Estoy muy triste. Dar un paseo así, en silencio, y que me toque el sol en la cara me consuela, es un chute de tranquilidad, como si el calor aliviara mi piel. Y todo lo que hay dentro de ella.

—Poco a poco, Paz. Poco a poco irás aprendiendo a ser feliz —le asegura Santi.

—No lo tengo nada claro.

—A llorar se nace aprendido. Nadie nos tiene que enseñar a sufrir porque es lo que mejor se nos da, angustiarnos, preocuparnos por todo, estrujarnos el corazón. Pero a ser feliz hay que aprender. Más que eso, te diría que hay que luchar cada día por ello con uñas y dientes.

—Vamos a estar callados un poco más, ¿vale? Así, solo paseando. Y en silencio —le suplica Paz—. Solo quiero notar el sol en la cara. Por favor.

Siguen caminando, el uno junto al otro.

Un poco después, Paz le da la mano a Santi, como si por primera vez tuviera un amigo al que agarrarse.

—¿Cogemos un taxi ya? —sugiere, al fin, diez minutos después.

—Lo que tú quieras, Paz. ¿Estás preparada?

—No —admite—, pero tengo que hacerlo. Y si no me atrevo ahora, no me atreveré nunca.

Para cerrar las tumba de su pasado, la primera de las cosas que tiene que hacer Paz es reclamar el cuerpo de su hermano. Ese que no sabía que tenía.

Pero un mensaje al móvil del forense lo va a retrasar.

—Es Berta —le dice Santi—. Acaba de salir de la cárcel de visitar a Andrea. Y le ha contado dónde estaba La Caridad. Tengo los datos. ¿Quieres que vayamos primero?

93

Andrea le ha contado a Berta que La Caridad estaba en el antiguo molino de harina del marqués de Bonaire, que durante la República había sido escuela y sede del sindicato CNT. Una vez recuperado tras la Guerra Civil, su nieta y heredera lo había donado a las hermanas de las Cruzadas Evangélicas, a las que, además, hacía aportaciones periódicas de dinero. Era la Benefactora mayor.

Andrea no recordaba el número, pero sí que se entraba por la calle Puigcerdá.

—¿Quieres que vayamos? —le pregunta Santi a Paz, sentados ya en el taxi—. Está cerca, y es una calle pequeña. Seguro que, preguntando, lo encontramos.

¡Qué antiguo eres! Buscamos en Google.

Y los dos se ríen, a carcajada limpia, por primera vez ese día. Por primera vez en muchos días.

La calle Puigcerdá es un precioso callejón peatonal con el suelo de adoquines, delimitado a cada lado por edificios bajos y clásicos de paredes teñidas de un sofisticado color crema y ventanas y balcones enmarcados en molduras blancas como cuadros que se abren al exterior desde cada vivienda, o límites que encuadran las vidas de sus habitantes para que los peatones fantaseen con estar al otro lado.

Los locales en los bajos albergan restaurantes de moda y tiendas de ropa y decoración no precisamente asequibles, con la huella del lujo silencioso que el dinero ha ido dejando en el ADN de las familias cuando nadie ha pasado hambre ni frío desde generaciones atrás.

—Aquí, justo a tu derecha, este portal —dice Paz cuando bajan del taxi.

—Ni siquiera hay número. —Santi se da cuenta de algo. Algo importante. Pero cuando va a decirlo, Paz le interrumpe.

—Todo coincide. Mira, las puertas. Las han mantenido del mismo color. No he encontrado fotos, pero las descripciones que hemos leído cuadran. Dos grandes puertas de madera de color verde, con celosía de hierro en forma de espirales en la parte superior, justo en la entrada del callejón, a mano derecha. Es aquí. —Está convencida—. ¿Llamamos?

Hay un interfono con varios timbres. Pero sin indicación alguna, como si los que viven allí no quisieran dejar rastro de su presencia a los que solo pasan por la calle. Un misterio más.

—Serán casas individuales —apunta Santi—. Habrán dividido todo el edificio en pisos que se habrán vendido o alquilado para sacar más dinero.

—Entonces, ¿qué hacemos? ¿Vamos llamando a los timbres de manera aleatoria?

—Vamos. —Ya que están allí, no tienen nada que perder.

Solo responde una de las viviendas. Al otro lado, una voz femenina, con acento latinoamericano, quizá de Ecuador, cree Santi, con poco tiempo en España.

—Buenas, ¿qué desean?

—Hola, me llamo Paz —habla sin respirar, para que la mujer al otro lado del interfono no tenga tiempo de preguntar ni preguntarse nada—. Viví en un orfanato que había antes aquí. Tengo veintidós años. ¿Me dejaría entrar, por favor, a ver el portal? Necesito recuperar mi pasado. Estoy muy enferma. Lo necesito antes de morirme.

—Mire, los señores no están...

—Por favor, solo aquí abajo, en el portal, quiero conocer mi pasado antes de morir. En la planta baja había un orfanato, nunca he conocido a mis padres biológicos. Puede asomarse y mirar por la ventana, si quiere, y verme. Se dará cuenta de que no soy un peligro. Solo una chica de veintidós años enferma. Quizá me haya visto en la tele. A mi hermano Jaime le cortaron la oreja y lo asesinaron hace unas semanas.

Paz se retira un poco del portal, hacia el centro del callejón, y ve asomar tímidamente por una de las ventanas de la segunda planta a una mujer con uniforme de empleada del hogar, cofia incluida. Junta las manos suplicándole. Ha mentido con la enfermedad, pero espera que su cara de tristeza confunda a la mujer. Pone mirada suplicante, la misma que aprendió al llegar a La Caridad y que ha quedado grabada en lo más profundo de su cerebro. Algo debe hacer bien porque se oye el sonido inconfundible del mecanismo de apertura de una puerta.

El interior del portal es oscuro, apenas iluminado por una triste luz en el techo.

—¿Hay algo que reconozcas? —le pregunta Santi.

Paz mira las paredes, los techos. Recorre la estancia tocando el yeso con los dedos hasta llegar a la puerta del ascensor.

—No. No hay nada que... —se rinde.

Pero calla a mitad de la frase. Y empalidece.

A pesar de la poca luz, Santi ve cómo su piel se va volviendo transparente.

—Paz, ¿qué has visto? ¿Qué pasa?

La chica se acuclilla. Toca el suelo como si acariciara la piel de un bebé. Después se estira, tumbada boca abajo, sintiendo las losetas en la mejilla derecha. Cierra los ojos como si entrara en trance.

Santi no quiere molestarla. Sea lo que sea que le pasa, necesita asimilarlo poco a poco. Se acuclilla junto a ella y deja pasar el tiempo. Ya reaccionará cuando esté preparada.

—¿Te has dado cuenta? —le pregunta Paz, al cabo de un rato.

—Claro. Las losetas cuadradas de patrones hipnóticos granates y azules, dibujados en gruesos trazos negros sobre un fondo de color crudo. No creo que haya más sitios así en Madrid, que tengan este tipo de suelo. Estamos en La Caridad.

—Era —Paz se pone en pie, todavía con los ojos cerrados, olisqueando lentamente, tratando de recuperar los recuerdos— una planta baja que daba a una especie de patio interior, un lugar en el que jugábamos, el único sitio al que nos dejaban salir y donde veíamos la luz del sol. La pared que daba a la calle tenía pequeñas ventanas altas de cristales esmerilados y rejas, para que nadie nos viera y para que no pudiéramos escapar. En la planta de arriba vivía doña Leo. Nunca subimos allí.

—Pues tiene que estar por aquí. En algún lugar de este edificio.

—Quizá irreconocible.

—Pero sabemos que da al exterior. Solo tenemos que entrar en todas las estancias.

—Atravesando paredes, claro —se burla Paz—. Como si fuera tan fácil.

—Confía en mí.

Paz confía. Cruzan el patio, un inmenso rectángulo por el que se cuela la luz del cielo. Y a través de una pequeña puerta metálica que Santi fuerza con un par de horquillas de pelo que ella le presta, entran a lo que les parece la cocina de un restaurante.

—¿Dónde has aprendido a hacer eso? —le pregunta, asombrada, cuando él le devuelve las horquillas del pelo.

—Es muy fácil, otro día te enseño.

El suelo allí es diferente, está forrado con una especie de vinilo de color negro. Todo está extrañamente desordenado, como si el local hubiera cerrado de manera abrupta.

—Anoche se fueron sin recoger —trata de bromear Paz, sin poder dejar de mirar el suelo. No es allí. No es el mismo. Santi se da cuenta de su cara de decepción. Pero él lo tiene claro. Ya ha atado todos los hilos.

—Quizá esto fue parte de la habitación común donde os tenían, pero está tan transformada que es imposible reconocerla. —Santi inspecciona la estancia, una alargada cocina industrial, como tantas en tantos restaurantes. Hay algo que le llama la atención—. Aunque, mira, Paz, fíjate ahí, tras el extractor, la salida de humos.

—Sí, una placa metálica, junto al techo.

—¿De qué forma?

—Rectangular —¿Qué importa eso?

—¿No te parece que puede tener la misma estructura, tamaño y altura de las ventanas que me habías descrito?

Y ahora Paz se da cuenta. En ese trozo de pared que nadie ha tocado durante quizá cien años, está toda su infancia.

—¿Vamos más allá? —sugiere Santi—. Quizá encontremos el resto de tu habitación. Quizá te traiga más recuerdos.

Paz no sabe si quiere saber.

Pero sí sabe que no quiere quedarse con la duda.

La puerta blanca se abre fácilmente empujándola con cualquier parte del cuerpo. Está instalada para que el personal de sala pueda entrar y salir de la cocina con facilidad, cargado con bandejas repletas de platos con comida o simplemente platos vacíos en extrañas montoneras de equilibrio complicado.

Paz atraviesa el paso entre la cocina y la sala mirando al suelo. Solo quiere saber si tras el plástico ignífugo de la cocina, sea donde sea que lleve esa puerta, vuelven a aparecer los azulejos hidráulicos de su infancia.

Se queda congelada en el quicio, bloqueando la puerta con su cuerpo, en un ángulo extraño, como si el marco fuera una boca que quisiera comérsela, pero hubiera quedado atrapada entre los labios.

No puede dejar de mirar al suelo.

Nadie lo había tocado en décadas.

Gracias a Dios, nadie lo había tocado en décadas.

Ahí continúan los azulejos tal y como ella los recordaba. Los tonos son más vivos incluso, como si en su memoria se hubieran descolorido y el paso del tiempo hubiera sido más benévolo con los objetos que los recuerdos.

Tras ella, Santi de nuevo espera, dándole tiempo para asimilarlo todo, para que la cabeza de Paz pueda redescubrir nuevos rincones en los que se ocultaban recuerdos que ahora están reapareciendo como pequeñas luces a lo largo de un camino.

Es el suelo. Claro.

Pero también algo más.

Santi tenía razón. Y todo encaja. Ese lugar es el origen y el final.

Cuando Paz levanta la cabeza, esperando encontrar las viejas paredes y las ventanas altas, descubre un moderno restaurante de sillas y sofás de colores, con mesas redondas, paredes llenas de pósteres y grandes ventanales a la calle. El techo en bóveda catalana sigue allí. Como el suelo, nadie lo ha tocado.

Uno más de los locales de moda de esa zona de la ciudad.

Sería un lugar fantástico para quedar con amigos y comer si no fuera por los rastros de sangre y los fragmentos de cuerpos que todavía salpican algunas partes del mobiliario, completamente desordenado.

Los casquillos y los muertos ya se los llevaron tres días atrás, apenas unas horas después del tiroteo, cuando el juez instructor ordenó levantar los cadáveres para hacerles la autopsia.

94

Berta se niega a volver al lugar del tiroteo. Mucho menos con Emma. No tiene con quién dejarla. Venid a mi casa, les dice, o vamos nosotras a la tuya, Santi, pero yo no me acerco allí. Todavía ve pasar la bala delante de ella, aunque sabe que no la vio, que solo es su cabeza la que se la imagina, todavía ve volar detrás los fragmentos de cristal de la ventana, muy cerca de Emma, salpicando el cochecito en el que su hija dormía plácidamente. Todavía oye los gritos de angustia, la que sale de la garganta entre la vida y la muerte.

—No, no voy. Por favor. Venid —les suplica.

Y allí están, veinte minutos después, Paz y Santi, conmocionados también por lo que implica la última pieza que lo conecta todo.

Los niños de La Caridad.

—¿No te das cuenta, Berta? Todo está conectado. Todo se relaciona como yo predije. —Santi está ansioso. Paz está en la habitación de invitados, llamando a su madre. Ha cerrado la puerta.

—Como siempre, claro. —Berta está dando el pecho a Emma, que succiona feliz sin tener ni idea de lo trascendental del momento—. Me olvidaba de tus momentos de chulería egocéntrica. Qué bien que vengas a mi casa a restregármelo a la cara —quiere chincharlo, pero está feliz.

—Vengo a tu casa a compartirlo contigo. —El tono de voz de Santi es de absoluta alegría—. Vengo porque me hace feliz tener por fin algo bueno que contarte.

—¿Algo bueno?

—Me refiero a la solución de una incógnita. ¡Que llevamos semanas dándole vueltas a esos muertos, Berta!

—Bueno, tú no tanto, que has estado gagá un buen tiempo —se burla, haciéndole una mueca.

—Sí, claro, cachondéate de mí.

Se ríen. Es una risa espontánea y cómplice que hace tiempo que no fluía entre los dos y que de repente los une como si el aire que los separa pudiera encogerse y acercarlos de una manera que ellos nunca han sentido con nadie más.

Peligro.

Entonces suena el timbre.

—He llamado a Chiqui —le explica Berta—. Le he pedido que me averigüe un par de cosas. No te quedes ahí como un pasmarote. ¿Puedes ir a abrir la puerta? ¿No ves que tengo a tu hija enganchada a la teta?

Santi recobra la compostura.

Chiqui entra a la vez que Paz sale de la habitación. Su cara no es precisamente de alegría.

—¿Qué te ha dicho tu madre? —le pregunta Berta, subiéndose la cremallera de la chaqueta de chándal y dejando a Emma, dormida, en el capazo.

—Sigue en un proceso de negación. La Caridad era buena. La Caridad nos salvó. La Caridad nos dio a familias de bien. —Se encoge de hombros—. Imagino que llevará su tiempo. Tendrá que procesar emocionalmente toda la avalancha que le acaba de caer encima.

—Hola, soy Chiqui —se presenta, dándole la mano—, amigo, mosca cojonera y experto informático.

—Hola —le responde Paz, tendiéndole también la mano.

—Bueno, vamos a lo que vamos. —La cabeza de Santi no puede bajar de revoluciones—. Tenemos que ordenar toda la información.

—Y para eso estoy aquí —sonríe Chiqui—. ¿Nos sentamos en la mesa y os hago un esquema? Mirad, hace cinco días Pablo Esteban se lía a tiros en un restaurante que ha resultado ser la sede del orfanato donde estuvo encerrado en su infancia. Hace unas semanas apareció el cadáver torturado de Emilio Sanabria en un callejón de un polígono de Madrid. Y unos días más tarde, Fran Borregón se lio a martillazos con su propia cara en un programa en directo en televisión, logró escapar y murió a consecuencia de las heridas. Hasta aquí me seguís, ¿no? —Todos asienten—. ¿Dónde han estado todo este tiempo? Para eso estoy yo aquí. ¿Qué he descubierto? —Saca una libreta de su mochila y un bolígrafo. Los coloca sobre la mesa y va trazando líneas, como el esquema de una vida—. Vamos por partes. El primer registro legal de Emilio Sanabria, el primer documento oficial de que existía como ser humano, lo encontramos en un orfanato de Palencia. Según los papeles, lo abandonaron en la puerta sin que se pudiera localizar de dónde venía ni quién lo había dejado allí. Tenía ocho años.

—¿Solo eso? —pregunta, decepcionada, Berta.

—Es que no me has dejado acabar. Mira que eres agonías. A Emilio no lo dejaron solo ese amanecer. Llegó con otro niño. Cuando abrieron la puerta se los encontraron cogidos de la mano, hieráticos como estatuas. Hay alguna pequeña anotación en la que el personal del orfanato se extraña de que no lloraran ni gritaran de dolor incluso cuando sufrían un fuerte golpe, como si no sintieran nada. El otro niño es Fran Borregón.

—¡Se conocían!

—Efectivamente. Podemos suponer que los dos venían del mismo lugar. De La Caridad. Coincidieron allí y podemos apostar también que se conocían y crecieron juntos.

—Como un perro en una protectora, tras los barrotes de una jaula, mendigando amor, esperando que cada familia que entraba fuera la que se lo llevara —apostilla Paz. Lo mismo que sentía ella—. Entonces eso significa que yo estuve durante un tiempo con mi hermano biológico allí, en La Caridad. ¿Hay algo de nuestra madre? —le pregunta, esperanzada, a Chiqui.

—Antes, nada, el vacío. Lo siento. Aunque es fácil imaginar qué pasó. Tu madre —mira a Paz a los ojos con tristeza— y madre de Emilio, o la de Fran..., vuestras madres eran algunas de esas chicas a las que consideraban corrompidas y pecadoras, o incluso a punto de pecar, a las que recluyeron en los Patronatos de Protección a la Mujer en el régimen de Franco. ¿Sabéis que a algunas las dejaban allí sus familias? Algunas incluso pagaban el hospedaje, como quien paga un internado. La presión era tan brutal que había llegado a convencer a muchos españoles de que la única manera de existir era la que el régimen dictaba.

—¡Qué horror! —La chica se cubre la cabeza con las manos, desolada—. Así que quizá mis abuelos fueron los que encerraron a mi madre.

—Nunca lo sabremos, Paz —trata de consolarla Berta—. Igual se la arrancaron de sus brazos cuando se quedó embarazada de tu hermano. Y luego nunca supieron dónde estaba. Quizá estuvieron buscándola durante toda su vida.

—Quizá aún estén vivos. Quizá mi madre aún esté viva...

Los cuatro callan. ¿Qué decir ante esa verdad?

—¿Por qué los abandonaron en Palencia? —pregunta, al fin, Paz—. ¿Por qué a ellos y no a mí?

Quizá se hicieron mayores en La Caridad y solo eran un estorbo, niños que ocupaban espacio y consumían recursos. Los responsables sabían ya a esas alturas que nadie iba a llevárselos. Y los dejaron tirados en Palencia, de donde salieron con dieciocho años y nadie a quien acudir.

—¿Y después de Palencia? —sigue preguntando Paz—. ¿Dónde estuvo mi hermano?

—A los dieciocho años ni él ni Fran podían ya estar acogidos por el Estado. Los dejaron ir. Primero a un piso tutelado. Después, cada uno buscó trabajo y encontró su lugar en la vida. Los forenses científicos de la policía aún están estudiando sus ordenadores, todavía no hay ningún informe. Pero yo he logrado acceder a los foros incels en los que ellos eran muy activos.

—¿Cómo se volvieron incels? ¿Cómo salió de ellos ese odio hacia nosotras? —pregunta Berta, incapaz de entender que algunos hombres lleguen a odiar de esa manera a las mujeres.

—Quizá en el piso tutelado uno tuvo una mala experiencia, un rechazo de alguna chica que le gustaba, y alimentó al otro con su odio. No lo sabremos nunca. Pero os juro que es una barbaridad lo que ese reducto de hombres dice en esos chats privados. Fran era el más radical de todos. Emilio le seguía la corriente, yo creo que para estar a su altura, como un niño pequeño que no quiere decepcionar a su hermano mayor. Poco a poco fueron convenciendo a más hombres. El grupo reunió a decenas de participantes en el chat. Todos, dándole vueltas a las mismas ideas locas. Las mujeres son arrogantes. Quieren conquistar el mundo robándonos nuestros derechos. Nosotros, como hombres, tenemos derecho al sexo. Ellas solo quieren a machos alfa. Nosotros nunca tendremos a las chicas más guapas y calientes, las que nos gustan, ellas lo saben y se burlan de nosotros, dejándonos en ridículo continuamente. Un par de años después abrieron otro chat más privado con los miembros más radicales, los que aplaudían la matanza de Elliot Rodger, el héroe de los incels más vengativos y desquiciados. Ese segundo chat se convirtió en un club selecto que se reunía en un bar y en el que solo admitían a otros hombres que hubieran pasado ciertas pruebas de acceso.

—Pero... si Fran y Emilio eran como hermanos, ¿por qué lo mataron? ¿Por qué mataron a mi hermano? —pregunta Paz.

—Fran se sintió traicionado en lo más profundo, por la persona en la que más confiaba, traicionado por su propio hermano, se llamaban hermanos el uno al otro, alguien con quien había sufrido el mundo desde que de pequeños vivieron en La Caridad, su paso por el orfanato de Palencia, el piso tutelado a los dieciocho años y la vida después. Solo se habían tenido el uno al otro. Todo el odio que le tenían al mundo lo habían canalizado en ese odio a las mujeres. Y, de repente, tu hermano encuentra una mujer de la que se enamora y con la que tiene contacto físico sexual. Imaginad la traición que debió de sentir Fran. Quizá Emilio se lo contó con toda la felicidad del mundo, esperando que su hermano se alegrara por él. Pero para Fran fue una bala disparada en el corazón por la persona a la que más quería en el mundo.

A Paz se le saltan las lágrimas, solloza en silencio, dolorida como pocas veces lo ha estado en la vida. Berta le pasa el brazo por los hombros, tratando de darle algún tipo de consuelo.

—Sé quién grabó el vídeo —continúa Chiqui, al cabo de un rato—. El del asesinato de tu hermano, Paz.

—Yo también —apostilla Berta—. El que da las órdenes es Pablo Esteban, se ve en la grabación durante menos de un segundo, cuando les da la tenaza con la que seguir torturando a Emilio.

—Lo que no sabéis es que también pasó por La Caridad —les sorprende Chiqui—, aunque varios años antes. En algunos de los chats privados que compartía con Fran y con Emilio hablaban del orfanato y de los recuerdos que tenía cada uno. De doña Leo. Del doctor. De la Benefactora. Pablo estaba empeñado en descubrir el lugar en el que habían sufrido tanto y en encontrar a las personas que les destrozaron la vida.

—¿Qué pasó con Pablo tras La Caridad? Él no fue a Palencia, ¿no?

—De Pablo, en los registros oficiales de este país, incluidos los policiales, no hay rastro, como si se lo hubiera tragado la tierra. Nunca se sacó el DNI, ni carné de conducir, ni tarjeta de crédito.

No hay nada a su nombre. Es un fantasma. Alguien que no existe para el Estado. Y, de repente, aparece en Madrid y provoca una matanza.

—¿Cómo sabemos su nombre si no tiene ni DNI?

—Porque fue al pediatra varias veces, en un pequeño pueblo de Soria, en las montañas —responde Chiqui—. En el registro de la casa en la que se alojaba al este de Madrid la policía ha encontrado unas fichas médicas infantiles con una fotografía que se ha podido comprobar que era de él de pequeño, diez años según recoge la inscripción, en la que se indica que su nombre es Pablo Esteban Guimarai. Entre los pocos objetos personales de su infancia, hay una cadena de oro con un relicario en el que se guarda la fotografía de un hombre que no se ha podido identificar. La policía está buscando a quién pertenece.

***

Había niños que no tenían suerte. Niños de La Caridad a los que no escogía nadie, como esos perros que, por muchas sonrisas y ojos suplicantes que pusieran, por mucha cara de buenos, ven pasar la vida tras los barrotes mientras sus compañeros se marchan con familias que les van a dar una vida de cariño en libertad. Nadie los quería.

Había niños que se volvían demasiado mayores para ser elegidos. Niños que había que desechar. Si cumplías siete años en La Caridad, ya no servías.

Solo eras un estorbo.

Entonces La Caridad los devolvía al sistema, tirados como perros a los que nadie quiere en la puerta de una protectora, descargando la responsabilidad de sus cuidados en otros. A esos niños los dejaban, siempre al amanecer, en orfanatos de las provincias de alrededor de Madrid, para que nadie pudiera relacionarlos con el lugar del que venían. Allí, esperando en la puerta a que alguien saliera y los viera, desorientados y sin entender nada, se enfrentaban a un mundo nuevo que ya no conseguía curar las heridas marcadas para siempre en su cerebro. Allí, en orfanatos donde regía la ley del más fuerte, ellos se dejaban pegar, sin llorar, sin protestar, sin emitir una queja. Allí, sin herramientas para defenderse, sobrevivían hasta los dieciocho años. Y de ahí, a la calle, tirados como perros en cuanto cumplían la mayoría de edad.

Es lo que le pasó a Fran Borregón, hasta que terminó muerto en el pasillo de un edificio de mala muerte con la mandíbula destrozada a martillazos y el cerebro lleno de pus.

Es lo que le pasó a Emilio Sanabria, al que La Caridad abandonó también, como a Fran, cogidos los dos de la mano en la puerta del mismo orfanato de Palencia un día en el que la nieve les llegaba hasta las rodillas. Veintitrés años después su cuerpo, con los dientes delanteros arrancados, aparecería en un callejón de Madrid.

Es lo que le pasó a Pablo Esteban, al que su familia adoptante devolvió a La Caridad dos meses después de llevárselo a casa porque no era el niño bueno y modosito que les habían prometido. Y al que entonces La Caridad decidió regalar al lechero que surtía de quesos artesanales a la Benefactora mayor. En las montañas, paliza tras paliza, Pablo aprendió a ordeñar vacas, degollar cerdos y arar campos, hasta que diez años más tarde, en el lecho de muerte, la esposa del lechero le confesó la verdad, él se escapó con dinero y una pistola que le robó al hombre que le obligaba a llamarlo padre y empezó a planear su venganza.

Los tres ya eran mayores y nunca olvidaron del todo. A pesar de que lo intentaron.

Por eso no hizo falta que nadie les recordara lo que había pasado.

> Al pasar la barca me dijo el barquero:
> las niñas bonitas no pagan dinero...

En casa de Berta, sentados alrededor de la mesa del salón, intentan asimilar la historia.

Todo encaja. Todo duele. Todo necesita venganza.

—Tenemos que contársela al mundo. —Berta mira a Paz—. Te lo debemos. Se lo debemos a todos esos niños. A Pablo. A Fran. A Emilio. Y a tantos otros que no conocemos porque han logrado enterrar todo aquello en un lugar tan profundo de sus cabezas que sobreviven día a día surfeando sobre el olvido.

—Todos son víctimas, de una manera u otra.

—Los cerebros pequeños, Santi. Tenías razón, siempre tuviste razón. Voy a contárselo a Iluminada, vamos a preparar un programa especial.

—Pero tú estás...

—Estoy de permiso maternal, no de baja. Y, ¿sabes qué? Cógete tú ahora el tiempo que te corresponde. Que yo voy a volver a trabajar.

95

Al día siguiente, abrazando fuerte a su muñeca de pelo azul, del color del mar en una playa de Menorca, con grandes ojos del mismo tono y un vestido blanco por las rodillas, Paz Rojo entra en el Instituto de Medicina Legal de Madrid acompañada por el forense Santi Munárriz, todavía de baja médica.

La recepcionista, una simpática pelirroja a punto de la jubilación, sale corriendo, casi saltando la barra tras la que se pasa ocho horas sentada al día.

—¡Santi! ¡Santi! ¡Santi! —Salta sobre él con tanta fuerza que casi caen los dos al suelo. Santi no ha querido llevarse su bastón, convencido de que ya puede caminar con normalidad. Pero la pierna derecha, aunque ya obedece las órdenes de su cabeza, todavía necesita recuperarse físicamente. Los músculos llevan tiempo sin trabajar y están debilitados—. Santi, madre mía, que creíamos que te morías.

—Itziar, cariño, con cuidado —le pide, con dulzura—, que estos excesos de emoción pueden acabar con los dos en el suelo.

—Ay, pero es que... —se aparta un poco, para mirarlo bien, sujetando su cara entre sus manos como si todavía no creyera que está ahí— pensábamos que te morías. Y no nos dejaban entrar en la UCI. ¿Estás bien? ¿Vuelves ya?

—Dentro de nada, Itziar, dentro de nada. —No se va a poner a explicarle ahora que la baja médica la empalmará con un permiso de paternidad.

—¿Y a qué vienes? ¿Te puedo ayudar en algo?

—Mira, Itziar, esta es Paz, quizá te acuerdes de ella.

—Me quiere sonar su cara —la mira, forzando el gesto de concentración—, pero perdona, chica, no soy muy fotogénica.

Paz y Santi se miran con una sonrisa de complicidad. No la corrigen.

—Itziar, es Paz, la hermana del niño asesinado del que enviaron una oreja a su madre.

—¡Ay, no, por Dios, mi niña! —La abraza, con fuerza—. Lo siento mucho. Lo siento mucho. Perdona por no haberte reconocido. ¡Ay, pobrecita! Tan joven que eres y tan dura que ha sido la vida contigo.

—Itziar, Itziar, no cuentes mucho que estoy por aquí —le pide Santi—. Venimos a una gestión, digamos, privada.

—No, claro, no. ¿Necesitas un pase para ella?

—No, no quiero que quede constancia de que ha venido. Dame una pegatina de visitante para que nadie nos pregunte por los pasillos. Pero no la registres en el sistema, por favor.

La recepcionista les devuelve un guiño de complicidad.

—Este sitio es alucinante. —Paz observa, maravillada, las instalaciones relucientes del Instituto de Medicina Legal de Madrid—. Pero a quien se le ocurrió la forma circular no debía de tener demasiados problemas para orientarse.

—Quiso hacer un homenaje a un glóbulo y le salió un donut deforme.

—¿Mi hermano sigue aquí después de tanto tiempo?

—Los trámites legales son lentos. Esperamos quince días a que aparezca la familia o a que, con las muestras que pasamos a la policía, se pueda identificar el cuerpo. Si no es así, se lo comunicamos a un juez, que determinará si el caso se envía a la Interpol, por si el fallecido pudiera ser extranjero, o dictamina un entierro social. En este caso, sería el Ayuntamiento de Madrid el que se haría cargo de Emilio según lo que ordene el magistrado, inhumarlo o incinerarlo.

—¿Puede estar ya enterrado? —se asusta Paz.

—No, no creo. Como te decía, son procesos largos. Nunca he visto una decisión judicial que tarde menos de tres o cuatro meses. Hemos tenido aquí a muertos anónimos más de un año.

—¿Hay muchos? De desconocidos, digo. De gente que se muera sin que nadie sepa quién es.

—Varias decenas al año.

Paz abre mucho los ojos, sorprendida.

—¿Tantos? —Nunca se lo hubiera podido imaginar.

—Eso solo aquí. En toda la Comunidad de Madrid, casi cien. Cada año.

—Pero... ¿cómo te puedes morir sin que nadie sepa quién eres? ¿O sin que nadie reclame tu cuerpo?

—Es lo que le habría pasado a Emilio si nadie lo hubiera reclamado.

—Yo puedo correr con los gastos. Yo voy a enterrar a mi hermano. Quiero que, aunque ya no esté para darse cuenta, tenga a su hermana al final.

—Pero... ¿tú tienes dinero? Un funeral es muy caro, Paz. Quizá no eres consciente de los gastos...

—Sí, tengo —le interrumpe—. Tengo. No te preocupes por eso.

Lo que Paz no le cuenta es que ese dinero es de Andrea, que un par de semanas atrás, y desde la cárcel, le había hecho un poder para acceder a sus cuentas bancarias y vender todos los objetos de la vieja vivienda familiar. Coge el dinero que necesites, niña, todo el que necesites, le había dicho, y si hace falta vender la casa, la vendes.

La sala de neveras es tal y como Paz se la esperaba. Pulcra y fría. Austera.

—Tu hermano está aquí. —Santi agarra la manilla de una de las puertas—. Pero tienes que estar preparada. Aunque se mantiene refrigerado, el cuerpo se encuentra en malas condiciones. Además, le arrancaron los dientes de la parte delantera. Llegó en muy mal estado. Y esto no es una funeraria donde los maquillamos y los dejamos presentables para que la familia y los amigos puedan verlos por última vez. Aquí verás la cara más dura de la muerte. No hay ningún cadáver bonito. Al menos, ninguno que yo haya visto en mis casi dos décadas de carrera.

—Me puedo imaginar. No te preocupes. —Pero aprieta con más fuerza la muñeca con el pelo azul, del color del mar en una playa de Menorca.

La puerta de la nevera se abre con facilidad cuando Santi mueve la manilla y la placa de metal sobre la que está el cuerpo se desliza con suavidad mientras Santi va tirando de ella. No hay sábana que cubra el cadáver, no hay tiempo de preparación, así que el shock es inmediato. El cuerpo de Emilio Sanabria, el hermano de sangre de Paz Rojo, aparece ante ella frío y cadavérico. Abierto y vuelto a cerrar.

—¿Lo recuerdas? —Santi se da cuenta enseguida de la barbaridad que acaba de preguntar. Pero es la costumbre. Mostrar el cadáver a la familia para que lo identifique.

—No. No sé nada de él. —En vez de apartarse, hacer una mueca de asco o taparse la cara con las manos, Paz mueve lentamente el brazo derecho y coloca la palma de la mano sobre la cara demacrada de su hermano—. Debí compartir algún tiempo con él en La Caridad, estoy segura de que me protegía. Pero nos quitaron una vida juntos. Nos robaron el futuro. Saber quiénes eran nuestros padres. Haber podido sortear las dificultades cuidándonos el uno al otro. Pero nos destrozaron.

Se agacha y le da un beso en la mejilla. Huele mal. No le importa. Y la textura de la piel ya no es piel, sino algo rugoso, sin elasticidad, que se hunde bajo la ligera presión de sus labios.

—Por eso es importante denunciarlo, Paz —le dice Santi, emocionado por el gesto de la chica—. Por eso tienes que hacer pública vuestra historia para que nunca más vuelva a ocurrir, y para tratar de encarcelar a los culpables, si es que aún siguen vivos. Hay que desenmascarar a todos los que hicieron posible La Caridad. No entiendo cómo fueron capaces de mantener ese sitio fuera del sistema y cómo se han librado de ello hasta ahora.

—Vamos a iniciar el proceso para reclamar el cuerpo. —Paz no puede pensar más allá del paso a paso—. Y, a partir de ahí, vemos. Dime qué tengo que hacer a partir de este momento.

—Déjalo en mis manos. Hago el papeleo y te lo doy cuando esté listo para firmar.

—Eres un cielo, ¿te lo han dicho alguna vez? —Paz lo coge del brazo y se apoya en su hombro.

96

Iluminada y Berta entran a un lugar que conocen bien. Un sitio que ha sido prácticamente su casa durante años. El edificio en el que han dormido en los pasillos, hecho largas guardias o conseguido las mejores exclusivas. Todo el mundo las conoce allí, pero se sorprenden al verlas pasar porque ya no son simples reporteras de sucesos, una se ha convertido en estrella de la televisión y la otra, en una de las directivas más poderosas del país. Las miran cuando cruzan los pasillos, pero ninguno se atreve a decir nada.

Además, Berta va con su hija en brazos.

¿Qué hace un bebé en la comisaría central de Madrid?

—Comisario, gracias por recibirnos. —Iluminada tiende la mano, sonriendo. Berta se sienta, llevar a Emma en brazos la agota, pero cargar a la pequeña era más práctico que entrar el cochecito en aquel lugar lleno de escaleras y recovecos.

—Pero bueno, si tenemos aquí a la nueva generación de periodistas de sucesos. Déjame ver a esa monada. —Se acerca a Emma, dando la vuelta a la mesa de su despacho—. Si es preciosa, como su madre, qué cosa tan bonita. ¿Se porta bien?

—A ver —responde Berta—, comparada con los tipos que tienes aquí en los calabozos, es una joya.

—Joder, Berta, ya estás educando a tu hija como una fiera. Así me gusta.

—Tenemos que contarte algo.

—Muy gordo tiene que ser para que hayáis venido hasta aquí en vez de llamarme por teléfono. ¿Qué os trae hasta el despacho de este humilde servidor de la ley?

—Sí, es muy grande. Muy grande, pero nos tienes que prometer que no lo harás público hasta que nosotras demos la exclusiva.

—Vaya, ya me extrañaba a mí este súbito ataque de generosidad.

—No seas grosero, comisario —se burla Iluminada—. Solo es una pregunta técnica. Queremos tener acceso a algunas pruebas que obran en vuestro poder.

—Pues para ser técnica tiene mucho de filtración a la prensa. —Ahora es el comisario el que se cachondea.

—Un nombre, otro..., ¿qué más da? No nos pongamos ahora pejigueros.

—A ver, señoritas. —Se apoya en la mesa, con los codos, mirándolas a los ojos—. ¿De qué va esto? ¿Me lo queréis decir ya?

—Tenemos información importante que relaciona varias muertes de las últimas semanas con el asesino de Jorge Juan.

—¿Cómo? —Esa sí que no se la esperaba.

—Y no son hipótesis. Son pruebas. De las que un juez se enamora en un juicio. Pero, para dártelas —Berta no va a ceder un milímetro—, antes necesitamos saber qué tenéis vosotros.

—Mmm, mirad, señoritas, creo que me habéis entendido mal, o se os ha olvidado cómo van las cosas por aquí. Esto no es un local con barra libre.

—Mira, comisario —Iluminada sonríe, porque sabe que tiene las de ganar—, esto es tan grande que va a ocupar las portadas y las tertulias de la prensa durante semanas. Van a seguir saliendo casos durante meses. Y tú te vas a coronar ante las autoridades. ¿No decías que querías ser comisario principal? ¿O quizá ese puesto de seguridad en la Moncloa? Berta y yo tenemos la llave de tus sueños. Así que saber lo que tienes no es demasiado pedir, ¿verdad?

El comisario suspira, harto. Se rinde.

—Había olvidado lo cabronas que sois.

—El registro de la casa de Fran Borregón no dio ninguna clave o pista que permitiera avanzar en la investigación por otra vía que no fuera la que había parecido desde el primer momento, un incel frustrado que se envalentonó junto a otros como él y que terminó falleciendo por las heridas autoinfligidas —les explicó el comisario—. En el de Emilio Sanabria, el hermano biológico de Paz, encontramos en los ordenadores acceso a los mismos chats de hombres frustrados que Fran Borregón. Interactuaban con seudónimo, aunque todavía están esperando los datos de las compañías telefónicas para ver si coincidieron en algún lugar.

—¿Y el de Pablo Esteban? —pregunta Berta.

—¿También queréis información de Pablo Esteban? —El comisario sigue fascinado por esas mujeres.

—¿No te habíamos dicho que esto es enorme? ¿Qué habéis encontrado en la casa de Pablo Esteban?

—Lo tenía todo preparado. Tenía planos del local, mapas, dibujos. Lo había visitado varias veces. Ya no hay grabaciones de las cámaras de seguridad porque se borran cada veinticuatro horas. Las camareras creen haberlo atendido varias veces antes. Todo formaba parte de un plan.

—Esa cafetería es el sitio en el que empezó todo. —Berta mira a Iluminada, que asiente, encajando las piezas—. La Caridad, el lugar en el que se torcieron las cosas.

—¿Comenzó el qué? ¿Se torció el qué? —El comisario no entiende nada. Pero las dos periodistas siguen hablando entre ellas, como si estuvieran solas.

—Con el tiroteo ha cerrado el círculo.

—Pablo Esteban se acordaba de ese local porque le encerraron allí de pequeño. Quería vengarse del daño que le hicieron. De lo que sufrió —contesta Iluminada—. ¿Me puedes enseñar lo que os llevasteis del registro de su vivienda?

—¿Me vais a contar qué cojones está pasando? —responde él—. ¿Qué es eso de la venganza y de cerrar el círculo? ¿Qué es eso de La Caridad?

—Por favor —Iluminada alarga la mano—, ¿podemos ver las pruebas? Entonces te lo contaremos todo. Te lo prometo.

El comisario les pide que esperen. No quiere entrar con ellas a la sala de Homicidios. Minutos después regresa con un par de cajas.

—Estos son todos los documentos que nos parecieron relevantes. Pero hay más. La vivienda está precintada. Ah, y los ordenadores están en el laboratorio.

Iluminada y Berta se ponen guantes para no dejar sus huellas en ninguno de los objetos que la brigada de Homicidios se llevó de la casa de Pablo Esteban. Como Berta tiene a la niña en brazos, es Ilu la que va sacando los papeles y poniéndolos sobre la mesa.

Fotografías del local. Esquemas a lápiz con la colocación de las mesas y el horario de apertura. Fotografías de un niño de cara triste en una granja, ya de más mayor, degollando a un cerdo.

—Mira. —Iluminada le tiende un papel—. Es una fotocopia con fotografías antiguas de La Caridad. Se ve la fachada, tan diferente a la de ahora, con los grandes ventanales de cristal. Mira, la fachada es entera de ladrillo, excepto unas pequeñas ventanas con rejas en la parte superior de la planta baja, como contó Paz. Sí, todo ocurrió aquí, el círculo se cierra.

—¿Hay más fotografías?

—Sí, espera. —Iluminada rebusca. Saca unas cuantas, que ya no son fotocopias, sino imágenes originales—. Fíjate en esta, una señora con un bebé frente al portal. La cría tendrá más de un año, quizá dos. Puede que sea el momento en el que la recogen y se la llevan a casa.

—La acababa de escoger, como en una tienda. ¿De dónde las habrá sacado? ¿Cómo habrá conseguido esas imágenes?

—Quizá logró localizar a algunas de las familias que se llevaron a niños de allí. Quién sabe. Debió de entrar en sus casas a robar. —Saca una libreta de la caja. La abre con cuidado—. Mira esto, son anotaciones de lo que iba descubriendo, con los nombres de los niños y los padres que los adoptaron. Fíjate, es como si al encontrar el primero, hubiera podido seguir tirando del hilo. Aquí lo tienes. Entraba en casa de esas familias cuando la mujer estaba sola, y conseguía sacarle no solo todos los recuerdos que tenía, sino también el nombre de la persona que le había recomendado La Caridad. Y, así, desenredó la telaraña.

—Ha estado años para lograr todo esto. Tenemos que leerlo bien. Pero con lo que hay aquí seguro que tenemos pruebas suficientes para armar un buen escándalo y mandar a mucha gente a la cárcel. A ver, déjamela. —Berta pasa las hojas con una de las manos, leyendo por encima las anotaciones que durante años hizo Pablo Esteban—. Mira, Ilu, aquí está la identidad de la Benefactora. —Señala un nombre subrayado varias veces, con rabia. En algunos puntos el bolígrafo ha roto la hoja de papel—. Quizá buena parte de este material sea de ella. Puede que Pablo lo consiguiera en su casa.

—Mira esta otra fotografía. —Iluminada sigue registrando la caja—. Es del interior. No lo habíamos visto hasta ahora.

—Está borrosa, los niños que se ven al fondo, dentro de las cunas, casi no se distinguen. La habitación es tal cual la describió Paz, con las cunas alrededor, pegadas a las paredes, como mostradores de exhibición de mercancía. Qué vergüenza. Pobrecitos.

—Y aquí... hay otra, de un hombre y una mujer en un patio interior. —Iluminada saca la fotografía de la caja, la mira despistada hasta que las manos le empiezan temblar. Berta nota como deja de respirar.

—Ilu, ¿qué pasa?

Tira la fotografía sobre la mesa, frente a su amiga, que tarda un poco en darse cuenta de lo que Iluminada ha visto.

—No, hombre, no —niega, casi en tono de broma, tratando de convencerse a sí misma—. Será alguien que se le parece. No seas paranoica, Iluminada. Que la recién parida y la que tiene las neuronas a otra cosa soy yo. La gente cambia con los años.

—Es él, Berta, es él. ¿Qué hace en ese sitio?

—¿Sabéis quién es? —les pregunta el comisario, que no entiende nada. ¿Cómo conocen esas dos periodistas a un hombre en una fotografía vieja encontrada en la casa de un asesino?

—Sí —responden las dos al unísono—. Mira.

Las miradas que se cruzan son de terror.

97

—¿Te apetece tomar algo antes de marcharnos? —Paz y Santi van caminando hacia la salida. El forense trata de que la chica olvide las sensaciones de tocar un cuerpo fallecido desde hace varias semanas. Sabe que su cabeza no dejará de pensar en todas las marcas de tortura que aún podían distinguirse a través de la piel—. Venga, te invito a algo rápido. Berta e Iluminada seguirán en comisaría. A mí no me importaría un bocatín de media mañana, aunque te advierto que la cafetería de aquí no tiene precisamente los productos más sabrosos del mercado.

—Bueno —sonríe Paz—, no creo que sea peor que la de la facultad.

—Venga, pues vamos. Está justo al lado de la entrada. Ahí.

—Tomamos algo rápido, venga. —Santi se cruza con un compañero que le pregunta algo. Paz trata de ser discreta y se adelanta para no escuchar la conversación. Empuja la puerta de acceso a la cafetería, pero se detiene en mitad del gesto. Empalidece. La sangre parece haber abandonado su cuerpo, como si estuviera a punto de desmayarse. Y así la encuentra Santi, con la mano derecha sobre la puerta de cristal, abierta apenas unos centímetros, y el cuerpo tieso y duro como una roca.

—Paz, ¿estás bien? Paz. —Santi se asusta.

Ella se da la vuelta, lívida, cerrando la puerta y apoyándose en la pared. Los ojos miran al vacío. El corazón se le sale por la boca.

—Paz —insiste Santi—, ¿qué te pasa?

—Ese hombre. —Está asustada—. Es ese hombre.

—Ese hombre, ¿qué? —le pregunta Santi, desconcertado.

—Ese hombre que está en la barra, junto a la puerta.

Santi da un par de pasos y se asoma.

—¡No, no mires! —Paz lo agarra de la manga, para que vuelva a ocultarse tras el refugio opaco de la pared—. Que no me vea.

—Pero, Paz, ¿qué pasa?

—¿Lo conoces?

—Claro que lo conozco. Es...

—Ese hombre era el médico de La Caridad —le interrumpe—. ¡Vámonos de aquí! —Sale corriendo hacia el exterior del edificio, angustiada. Santi la sigue.

—Escucha, Paz, estás en shock. —Se pone a su altura—. Acabas de ver el cadáver de tu hermano. Tu otro hermano, el pequeño, fue asesinado no hace ni un mes por una mujer a la que tú consideraste tu madre durante mucho tiempo. —La agarra de los hombros hasta que consigue que se quede quieta, frente a él. Están ya en la calle—. No te puedes acordar de alguien a quien conociste tan pequeña y que ahora estás viendo dentro de un bar a tres metros de distancia.

—¿A que tiene una marca con forma de uve en el dorso de la mano, entre el dedo gordo y el índice, como si fuera la continuación de los dos dedos? —Paz la recuerda de los pinchazos, esa flecha invertida en esa mano que sujetaba con fuerza su brazo infantil—. ¿A que la marca se junta en la muñeca? ¿A que hay un lunar enorme justo al final? ¿A que tiene una voz grave, como si siempre estuviera afónico? —Esa voz que se les colaba en los huesos hasta hacerles temblar de frío, esa voz con la que el doctor insistía a doña Leo que los dejara llorar, que los dejara sufrir, que los dejara solos. Esa voz que repetía que necesitaba niños mansos como corderitos. ¿Cómo olvidarla? La cara no la reconoce. Pero esa marca en la mano... Y es médico.

Ahora es Santi el que empalidece.

Tarda en reaccionar. Paz corre peligro allí.

—Vamos, corre, vamos. —La arrastra hacia la parada de taxis—. No puede verte aquí. No puede saber que lo has reconocido.

Como en trance, mientras salen de allí, Paz va cantando una canción, en voz muy baja, casi como si fuera un rezo. De vez en cuando presiona algún resorte en la muñeca que habita en su cabeza y que hace que suene la misma melodía. Santi es incapaz de sacarla de ese bucle.

> Al pasar la barca me dijo el barquero:
> las niñas bonitas no pagan dinero.
> Yo no soy bonita ni lo quiero ser,
> porque a las bonitas les cortan el pie.

Cuando Santi se lo cuenta a Berta, todo cuadra. Y cuando Chiqui accede al registro de sus llamadas telefónicas, tienen la prueba. Varias llamadas a Paz. Todas cortas. ¿Has sido tú?

98

A Santi siempre le había parecido un tipo normal. Demasiado, quizá. Normal para sus compañeros de trabajo, normal para sus amigos, normal para sus vecinos. Un tipo tedioso, también. Un alma soporífera en la que no hay nada destacable, mucho menos oculto, incluso para él, acostumbrado a ver monstruos bajo la apariencia corriente de gente vulgar. Nunca pensó que si escarbaba, podría haber algo más. Nunca se dijo a sí mismo: «Espérate, hay algo que no cuadra en esta persona». ¿Cómo se le ha podido pasar por alto?

Pero ahí estaba.

La realidad que menospreciamos siempre oculta monstruos.

99

Lo engañan para que crea que va a declarar por un asunto trivial, algo que el juez ha pedido sobre un procedimiento ordinario, pero que necesita su firma.

—Así nos tomamos un café —le dice el comisario—, que hace tiempo que no nos vemos y quiero contarte un par de cosas del procedimiento.

No quieren hacer de su detención algo público, porque no tienen pruebas sólidas. Les toca ser más listos. Si ha conseguido pasar desapercibido bajo el radar todos estos años, será difícil derrotarlo. Y, además, les dice el comisario, no podemos detenerlo en el trabajo, sería una humillación para él, aunque Berta e Iluminada gritan que qué mierda de respeto merece alguien así, que lo que tienen que hacer con él es colgarlo en la plaza pública. Santi está callado. Todavía no sabe si le duele más lo que han descubierto o haberlo tenido delante de las narices todo este tiempo y no haberlo sabido ver.

—Querido, ¿cómo estás? ¡Cuánto tiempo! —El comisario lo recibe con un abrazo, en la recepción de la central de Canillas.

—Es verdad, hace tiempo que no nos vemos. —Mira alrededor, extrañado de que alguien como un comisario todopoderoso baje a recibirlo.

—Estas vidas que llevamos. Nos vamos a morir y solo habremos tenido tiempo para trabajar. Pensamos siempre eso cada vez que salimos de un tanatorio, pero se nos olvida a los cinco minutos. ¿No crees? —El comisario está llenando el tiempo con una charla trivial. Trata de no parecer nervioso. Está entrenado para ello. Pero cuando te toca alguien cercano, fingir es más difícil.

—¿Por qué querías verme?

—Ven, vamos a mi despacho, es un asunto algo delicado, allí te cuento. No quiero que nos oiga nadie por aquí. Ya sabes que los pasillos tienen orejas. —Termina la frase bajando la voz, para que parezca más real, como si de verdad le estuviera contando un secreto.

—Así que no existe ningún documento que tengo que firmar. —Parece tranquilo, extrañado pero tranquilo, sin sospechar nada.

—No, siento haberte engañado, pero es por tu bien. Enseguida te lo cuento. Vamos.

Miguel Prieto, director del Instituto de Medicina Legal y Forense de Madrid, jefe de Santi Munárriz, amigo de Berta e Iluminada, sabe que algo no va bien, pero no se imagina hasta qué punto. Cree que será la última trastada de Santi. Quizá haya hecho algo que ha tocado mucho los cojones ahí arriba. Sí, va a ser eso, claro que sí. Santi siempre saltándose la ley. Y algún día tendría que pagarlo, ya se lo había dicho él varias veces.

Maldice a sus muertos.

Un rato antes de que Miguel Prieto llegue a Canillas, los técnicos habían terminado de instalar cámaras de vídeo disimuladas en el despacho del comisario, transformándolo en una sala de interrogatorios. Necesitan grabar todo lo que ocurra. Además, en la habitación de enfrente, lo estarán viendo y escuchando en tiempo real un par de mandos policiales junto con Santi, Berta e Iluminada. Es la condición que han puesto para darle a la policía todas las pruebas que tienen. Incluido el vídeo. Estar presentes mientras ocurre todo.

Cuando ven entrar a Miguel en el despacho del comisario, ajeno a lo que va a ocurrir momentos después, ya no les parece el hombre aburrido y soporífero de siempre. Ya no es el jefe quejica y estúpido, la persona de vida insípida. Descubren algo más. La trama que han desentrañado les ofrece una manera diferente de mirarlo. O quizá estén sugestionados. ¿Y si Paz se equivoca? ¿Y si ellas se equivocan al mirar la fotografía?

—Pasa, pasa, ahora le pido a mi secretaria que nos traiga un café —escuchan, atentos, al comisario, con un nudo en el estómago—. Lo quieres con un poco de leche, ¿verdad? ¿O era en taza grande?

De lo que no se da cuenta Miguel Prieto es de que, en cuanto el comisario cierra la puerta tras ellos, dos agentes armados salen del despacho contiguo con órdenes de no dejar salir de allí al director del Instituto de Medicina Legal.

—Bueno. ¿Me cuentas qué está pasando? —Miguel no quiere parecer maleducado, pero si es algo que tiene que ver con Santi, que se lo digan ya, le abrirá un expediente y se acabó—. Tengo un día muy complicado.

—Sí, sí, no te preocupes. Gracias por venir. Terminaremos pronto. Será rápido.

Miguel suspira, aliviado. Terminaremos pronto significa que no va con él. No quiere que ninguna tontería de Santi le salpique.

—Bueno, pues ya sabes que yo estoy siempre deseando ayudar a la policía. Así que cuéntame, y dime qué puedo hacer por vosotros.

—Tenemos un problema con alguien del instituto.

—Me lo imaginaba —suelta un bufido—. Mira que me lo imaginaba. Ese Munárriz. ¿A que es él? Siempre igual. Te juro que llevo años advirtiéndoselo a los de arriba. Hace lo que le da la gana, se salta la ley, convence a otros para que le ayuden en sus locuras. Te lo voy a contar todo. Guardo mierda de él para que lo empapeles varios años. Estoy harto ya.

Justo en ese momento, interrumpiendo la perorata de Miguel Prieto, el móvil del comisario suena. Lo hace con una melodía extraña para un teléfono. Una de esas canciones que no pegan nada como tono de llamada. Y menos para un hombre de sesenta y dos años con mucha guerra a su espalda y una considerable barriga al frente.

> Al pasar la barca me dijo el barquero:
> las niñas bonitas no pagan dinero

—Perdona, me he olvidado de ponerlo en silencio —sonríe el comisario, con toda la intención, rechazando la llamada.

Miguel Prieto empieza a temblar. No, no se trata de Santi Munárriz. Se trata de él.

Y de su pasado.

En la sala de enfrente Berta grita. Cabrón, cabrón, te hemos pillado. Y se abraza a Santi, llorando.

100

Miguel

Al principio no la reconocí. Vamos, ni siquiera estaba mirando la tele, la tenía puesta de fondo mientras hacía otras cosas. Ya ni recuerdo qué. Algo, cualquier chorrada burocrática de este trabajo. Escuchaba su voz, pero no fue su voz lo que reconocí. Era extraña, como si no saliera de ese cuerpo que tanto había cambiado y que yo había olvidado. Pero algo me llamó la atención. Un leve rastro de maldad, quizá. Algo en su mirada.

Entré en pánico.

¿Y si se acordaba de mí?

Por eso la llamé.¿Has sido tú? Quería asustarla. Por si acaso. Imaginé que no había olvidado mi voz.

Todo lo relativo a La Caridad se había destruido. Quizá quedaba alguna fotografía perdida por ahí, algún papel, algo que se nos hubiera olvidado destruir a sor Leónidas y a mí. Pero La Caridad dejó de existir incluso para la memoria de muchos de los que estuvimos allí. No podíamos dejar ni rastro. Dejé pasar algunos días, intenté olvidarla, pero no podía quitármela de la cabeza, y a cada momento que ponía el televisor la veía. ¿Que podía hacer? Tengo acceso a los archivos policiales. Miré, pero allí no había nada. Claro. ¿Cómo iba a estar fichada? Y entonces me di cuenta. El agujero. Si esa niña estuvo con nosotros, tenía que haber un agujero en su vida, un tiempo en el que no existió fuera de esas paredes.

¿Cómo buscarlo en alguien tan pequeño? Podía no haber ido a la escuela hasta los seis años. Eso no era prueba de nada. Podría haber vivido fuera de España. Podría... ¡El pediatra! Tenía que haber datos médicos de ella en alguna parte. Los niños pequeños van al médico.

Pero de ella no había nada.

El primer registro sanitario público de esa niña fue de un 20 de abril de 2008 cuando, con seis años su madre la lleva a urgencias del Hospital Niño Jesús de Madrid porque movía la cabeza de manera extraña cada vez que la dejaba en la camita. Según el parte médico, la mujer llevaba recorridos en los últimos días varios centros hospitalarios con la misma cantinela. Mueve la cabeza de manera repetida y extraña al dejarla en la cama. Los médicos habían hecho multitud de pruebas sin encontrar nada. Creyeron que la que estaba mal era la madre, pero yo había visto eso.

Y sabía qué era.

Los niños de La Caridad habían aprendido a acunarse solos.

Paz Rojo, esa chica que lloraba en televisión para que devolvieran a su hermano secuestrado, era la niña que se abrazaba constantemente a una muñeca fea y vieja que cantaba una canción. «Al pasar la barca me dijo el barquero...».

Volví a entrar en pánico. ¿Y si había descubierto lo que pasó y me iban a denunciar? ¿Y si todo era un montaje para llamar mi atención y que me delatara? Tenía que saberlo. No dormía por las noches. No podía seguir viviendo así.

Volví a llamarle.

—¿Qué ha pasado? —le pregunté. Ella se quedó callada—. ¿Qué ha pasado? —insistí. Me colgó el teléfono.

Algo sabía. Seguro que algo sabía.

Pero pasaban los días y no sucedía nada. Empecé a relajarme. Me arrepentí incluso de haberme puesto en contacto con ella. Quizá había entrado en pánico demasiado pronto y todo había sido una casualidad. Seré gilipollas. Aunque, por si acaso, busqué señales. Me mantuve alerta.

Entonces apareció Emilio. Su cadáver, en realidad. Los medios de comunicación no paraban de mostrar la fotografía de un chico cuyo cuerpo habían encontrado con signos de tortura y los dientes arrancados y puestos en un curcucho.

Emilio, el hermano de Paz. Me acordaba perfectamente.

No podía ser casualidad.

Uno estaba muerto. Asesinado. Otra, viva, pero con el hermano pequeño también asesinado. ¿Qué estaba pasando? Me receté a mí mismo varios chutes de relajantes que hubieran tumbado a un caballo, pero que, a mí, en el estado de ansiedad en el que me encontraba, solo me mantuvieron en pie sin temblar como una hoja en un temporal. No sabía qué hacer. Estaba perdido. Traté de tranquilizarme pensando que era posible que alguien se estuviera vengando de la madre de los chicos. Al fin y al cabo, Jaime no podía haber pasado por La Caridad. Paz fue una de las últimas niñas que dimos en adopción antes de vernos obligados a cerrar.

Era una venganza. Sí, una venganza.

Pasaron los días y no sucedió nada más.

Entonces aparecieron ellos. Al principio solo conocí a uno. Fran siempre había sido un líder, siempre había dado problemas en La Caridad, era el cabecilla de las pocas rebeliones que se producían. Había cambiado, pero para mal, porque al fin y al cabo las caras infantiles siempre guardan algo de ternura, y lo que vi en la televisión era a un joven tosco y peligroso, de esos de los que desconfías en cuando los ves. Ni siquiera sé por qué tenía ese programa puesto en la tele del despacho, ni por qué levanté la cabeza para mirarlo, cuando solamente es ruido de fondo, pero algo me atraía como un imán. Ahí estaba Fran, una de mis mayores derrotas, el niño al que nunca pude domar, el cabrón que me desafió hasta hacerme perder los papeles. Puede que solo estuviera ahí perdido, entre el público, un cuerpo más entre decenas de personas aburridas a las que les decían cuándo tenían que aplaudir. Pero enseguida vi que no.

No podía ser una casualidad.

Ya no.

Fran hizo una leve señal, diciéndoles a otros que había llegado el momento, sacó un martillo de debajo de su camiseta y empezó a golpearse la cara con rabia, como si hacerse ese daño a sí mismo fuera una manera de redimirse de algo. El castigo por un pasado, el pasado que yo conocía y del que había participado, que le había llevado hasta allí. La señal se cortó rápidamente. Pero el vídeo se reprodujo de manera viral en las redes sociales. Allí estaba, abrieras la aplicación que abrieras.

¿Y si lo que yo les había hecho los había convertido en monstruos?

Tenía una vida tranquila, ordenada, con un buen trabajo. No podía permitir que el pasado desmoronara mi presente.

No. No podía permitirlo.

Traté de localizar a Fran, pero nadie decía nada. No había manera de saber dónde se lo habían llevado. No estaba en la cárcel, ni en las listas de ningún hospital, tampoco ninguno de sus compañeros. Repasé sus caras una y otra vez. Ninguno me sonaba de La Caridad. Podría jurar que ninguno más había pasado por allí. Pero de lo que no estaba seguro era de que Fran no le hubiera contado nada a la policía. ¿Les habría hablado de La Caridad? Cada hora que pasaba era un suplicio. No quería perder lo que tenía. Así que tuve que jugar otra vez la carta de Paz. Si había algo en marcha, ella tendría que saberlo. Todo o nada. Volví a llamarla. Pero no hablé. Solo traté de activar en ella un resorte que la hiciera volver al momento en el que yo la controlaba. El momento en el que yo tenía todo el poder sobre ella.

Al pasar la barca me dijo el barquero:
las niñas bonitas no pagan dinero.
Yo no soy bonita, ni lo quiero ser,
porque a las bonitas les cortan el pie

La escuchaba respirar al otro lado del teléfono. Cada vez con más intensidad. Ya era mía.

—No te querrá nadie hasta que no estés callada y quieta, en tu rincón —le dije—. No te querrá nadie hasta que hagas lo que yo te diga. Nunca hables de mí. Te volveré a llamar.

Estaba seguro de que ya no me traicionaría, ni me haría daño. Que no me buscaría. Y que, si la necesitaba, estaría de mi parte. La seguí varias veces, cerca de su casa. Nunca se dio cuenta. Me llegué a convencer de que, si se cruzaba conmigo, no me reconocería. Tan solo tenía seis años cuando dejó La Caridad.

Qué equivocado estaba.

El dolor nunca se olvida.

Y quién lo ha infligido, tampoco.

Fue un alivio saber que Fran Borregón había muerto. Sin el líder, sin Emilio y con Paz de mi parte ya no tenía por qué preocuparme. Todo seguiría igual. Pero... pero vino Santi, otra vez Santi, y lo estropeó todo con su absurda teoría de los cerebros pequeños y del pasado de esos niños en algún lugar en el que sufrieron mucho. Me ahogaba, no podía hablar. Mis intestinos empezaron a estrujar con intensidad todo su contenido. Apenas logré sacar fuerzas para tratar de quitárselo de la cabeza.

Durante un tiempo no volvió a mencionármelo. Llegué a creer que se había olvidado. O que habría encontrado otra de sus teorías locas. ¡Qué ingenuo! Solo estaba afinando su teoría. Cuando Santi se emperra en algo, no para hasta tener la solución. No pude quitarle la idea de la cabeza. Estaba empeñado en que esos chicos con los cerebros pequeños habían estado juntos en alguna especie de institución u orfanato donde los habían maltratado. Estaba obcecado en buscar el sitio. Y en contárselo a la policía.

Hay una cosa que tenéis que saber de Santi. No se rinde. Nunca.

Acabaría encontrando la manera de llegar a La Caridad.

Tenía que impedirlo.

Volví a llamar a Paz.

Volví a ponerle la canción.

Tienes que matar a alguien, le dije. Te lo haré fácil. Te contaré cómo.

***

No es Santi, sino Berta la que entra en tromba en ese despacho, gritando, te voy a matar, hijo de puta, te voy a matar, hijo de puta, y antes de que el comisario pueda pararla, se lanza a la espalda de Miguel y empieza a pegarle golpes con todas las partes de su cuerpo capaces de lanzar puñetazos, patadas, cabezazos e incluso mordiscos.

Les cuesta bastante separarla.

Te voy a matar, es lo último que dice antes de que la saquen a rastras de esa habitación.

101

Paz

Hay una manera fácil de causar mucho dolor sin dejar marcas en el cuerpo, sin ni siquiera utilizar la fuerza física. Y es tan sencillo como usar frío. Las manos sumergidas en agua helada durante varios minutos duelen hasta que llega un momento en el que la tortura es insoportable. Yo lo había leído en alguna parte, hace tiempo. El día en el que él me llamó para que matara a Santi bajé al supermercado a por bolsas de hielo, llené el fregadero de la cocina con una mezcla de agua y cubitos y hundí las manos dentro. Hasta las muñecas.

Diez. Veinte. Treinta.

Aguanté todo lo que pude.

Cuarenta. Cincuenta. Sesenta.

El sufrimiento era tan insoportable que me vomité encima.

Ochenta. Noventa. No llegué a los cien. Perdí el conocimiento. Fue suficiente, sin embargo.

Y en las manos no quedó ni una sola marca.

Nada que los demás pudieran apreciar.

> Al pasar la barca me dijo el barquero:
> la niñas bonitas no pagan dinero.
> Yo no soy bonita, ni lo quiero ser,
> porque a las bonitas les cortan el pie.

Me quité esa canción de la cabeza.

Y lo desobedecí.

Porque no quería hacer lo que me había pedido.

102

Miguel

Paz no me obedeció. Quizá pedirle un asesinato era demasiado para ella. Localicé a otros chicos que habían estado con nosotros, algunos de los más dóciles, adultos jóvenes ya a los que estaba seguro que podía manejar. Tardé días en convencerlos, pero cuando alguien había hecho lo que fuera por tu cariño, nunca termina de olvidarse del todo. Ni siquiera tuve que darles una razón. Hay que matarlo y ya está. Gritad bien fuerte maricón, para que parezca un crimen de odio. Y no dejéis nada que pueda llevar hasta vosotros.

Los muy imbéciles no lo mataron.

Pero lo dejaron en coma.

Estaba convencido de que iba a morir en pocos días.

O a no despertar nunca.

***

—¿Que cómo se mete uno en un lugar como La Caridad? —Miguel se encoge de hombros—. La Benefactora era una de las mejores amigas de mi madre. Yo había terminado medicina y empezaba en una consulta de pediatría, también de otro amigo, pero de mi padre. La Benefactora me dijo que llevaba años ayudando a un montón de bebés abandonados por familias problemáticas a los que nadie quería. Pero que ahora necesitaban pulir a esos pequeños, para que el ADN delincuente que llevaban dentro desapareciera o se refinara. Yo había estado en Boston con un médico que conseguía que los bebés se durmieran sin llorar y sin necesidad de sus padres. Así que pensó que yo iba a ser capaz de convertir a esos pequeños en niños buenos y obedientes que encajaran en familias de bien como las nuestras para tener un futuro maravilloso.

Todos salían ganando. Los niños, que no se convertirían en delincuentes como sus madres y que saldrían del círculo genético vicioso que había condenado a su familia durante generaciones. Las familias infértiles, que tendrían niños sin problemas por su pasado. Y yo, porque podría investigar con su dinero sobre el comportamiento infantil lo que me diera la gana.

Era 1983.

Allí conocí a doña Leo, que tardó un tiempo en contarme que en realidad era monja y se llamaba sor Leónidas. Y tardó aún más en confesar de dónde venían los pequeños. Al principio todo fue fantástico. Está mal decirlo, pero estuvimos a punto de morir de éxito. Los métodos que aplicaba conseguían niños dóciles, amables, educados. Niños obedientes que se iban a comportar, tanto en privado como en público, con exquisita cortesía.

Al principio no nos dimos cuenta, pero cada vez era más difícil que llegaran niños a La Caridad, no solo por el cierre de los reformatorios franquistas para mujeres, en 1985, sino porque las leyes españolas estaban cambiando a toda velocidad y ya no era tan fácil ocultar el nombre de la madre en el registro civil.

También era cada vez más difícil dar con familias adoptantes de confianza. El 12 julio 1984 nació la primera niña probeta española, Anna, la séptima en el mundo. De repente, parejas que no podían tener hijos ya no nos necesitaban. Otras viajaban fuera del país para hacer que mujeres fértiles gestaran en sus úteros los hijos que ellas no podían tener.

—Se nos están yendo a los vientres de alquiler, Miguel —repetía sor Leo, escandalizada—. Esas mujeres y esos hombres quieren hijos biológicos al precio que sea, y se están yendo a los vientres de alquiler. Ya no vienen aquí.

Fuimos capeando el temporal hasta que en 1999 cambió la ley y obligó al encargado del registro civil que inscribía al bebé a utilizar todos los medios a su alcance para proceder a la inscripción de la filiación materna, incluida la policía y los juzgados. Ya no se podía ocultar quién había dado a luz al bebé, incluso a pesar de que la madre biológica fuera a darlo en adopción. Y en el caso de que nosotros consiguiéramos niños, que lo hacíamos, ¿cómo podían los padres adoptantes justificar tener un hijo que no estuviera registrado desde la fecha de parto? Solo los más poderosos y con más contactos en el sistema eran capaces de falsificar un acta de nacimiento y de registro.

La Caridad languideció un tiempo más. La Benefactora usó todos sus contactos porque creía en el proyecto, pero mantenerla abierta era demasiado arriesgado.

Paz Rojo fue de las últimas niñas en salir de allí.

Un día de otoño de 2008 sacamos a los pocos pequeños que quedaban. Los repartimos de forma anónima por orfanatos de toda España, para que nada ni nadie pudiera relacionarlos con nosotros. Los dejamos en la puerta al amanecer, como habíamos hecho siempre. A mí, la Benefactora me colocó en la Administración madrileña. De forense. Un asco. Tuve que conformarme. Así no llamaría la atención.

Unos años después vi en las noticias al niño que había caído por un edificio frente a la Puerta de Alcalá. Reconocí a la madre. Era un niño de La Caridad. Y reconocí a la amiga que la sostenía en brazos en el funeral. Otra mujer con una niña de La Caridad.

Me dio un vuelco el corazón.

Todo había quedado enterrado en el olvido.

O eso pensaba.

Durante años no volví a saber nada más. Pero no bajé la guardia. Aunque no ha servido de nada.

El juez dicta prisión provisional sin fianza para Miguel. El registro en su casa no encuentra nada que pueda relacionarlo con el robo y la venta de bebés, ni siquiera con los métodos de tortura emocional que les infligían. Pero con su confesión y las pruebas en casa de Pablo Esteban, las que había ido recopilando durante años, no iba a ser difícil que lo condenaran.

El juicio tardaría meses en celebrarse.

Miguel se negó a confirmar quiénes eran la Benefactora mayor y sor Leónidas. O si estaban vivas. Nadie entendía por qué las estaba protegiendo.

103

Incinerar a un hermano al que no has conocido también duele. Duele no haber escuchado nunca su voz. Ni sentido la ternura de sus abrazos. Duele no haber compartido una Coca-Cola con él. O reírse de alguna de sus manías. Duele no saber. Y ser consciente de que no vas a saber nunca, que ese hueco en tu corazón lleno de interrogantes estará siempre allí.

Tu hermano, al que nunca conociste, solo será un fantasma en tu memoria porque te robaron la oportunidad de un futuro juntos. Paz tendrá que imaginarse cómo hablaba, cómo era, qué le gustaba comer o sus películas favoritas para llenar el agujero de un recuerdo que nunca existió. Solo la consolaba el hecho de que hubieran vivido un tiempo juntos en La Caridad y que él la hubiera recordado a ella todos estos años. Que quizá la buscó. Y que la quiso hasta el día de su muerte.

Paz sale del crematorio abrazada a la urna de Emilio, escoltada por Berta, Iluminada y Santi. Nines no ha querido ir. No me encuentro bien, hija, le había dicho. Pero solo era una excusa.

De vuelta a casa, caben todos en el espacioso coche de Iluminada, el modelo acorde a su puesto que le cede el canal de televisión como parte de su salario. Un monovolumen. Híbrido, porque hay que dar una buena imagen, nada de gasolina moviendo vehículos de varias toneladas. El Lexus LM de la CEO de Canal 11 está pensado para viajar con chófer y aislarse en la parte trasera subiendo una mampara que permita mantener conversaciones o reuniones altamente confidenciales con el máximo lujo y confidencialidad. Un despacho sobre ruedas. Pero ella se niega a tener conductor, así que van Santi y Berta detrás, sintiéndose como en la zona *business* de un avión, con Iluminada a los mandos en la parte delantera y Paz de copiloto.

Viajan en silencio, inmersos en una extraña paz relajante tras todo lo que ha pasado las últimas semanas. Por fin pueden cerrar los ojos con tranquilidad, dejarse llevar por la calma. Todo se ha colocado en su sitio.

O eso creen.

Iluminada aprieta el acelerador. No debería, pero le gusta la sensación de velocidad en una carretera tan estrecha. Paz baja el cristal de la ventanilla y saca la mano, meciéndola con el viento.

Santi observa la sensación de calma en aquel vehículo, esa espiración larga como quien saca todo el aire que ha estado conteniendo en los pulmones durante un momento de ansiedad. Duda si dar el paso siguiente. Lleva un par de días convencido de que hay algo más que no saben. Espera que su cerebro le engañe, que nada de lo que está pensando sea cierto. Mira por la ventana el paisaje tratando de despistarse a sí mismo, de relajarse, de ir a otro lugar. Piensa en su hija, en lo que haría él por esa niña tan pequeña. Piensa en Berta. Y en Paz. Sobre todo, piensa en Paz. Pobre pequeña Paz.

Paz, que sube la ventanilla y recuesta el cuerpo sobre el asiento.

Paz, que tanto ha sufrido.

Pero le puede el instinto. El de su cabeza yendo a toda velocidad siempre. El de no dejar nada sin resolver.

—Paz, ¿te puedo preguntar una cosa? —Ya está. Ya lo ha dicho. Ya no puede echarse atrás.

—Sí, claro —contesta ella, relajada en el asiento del copiloto.

—¿Mataste tú a Jaime?

La pregunta los deja a todos helados.

El silencio ya es distinto. Ha cambiado. Ahora es el de varias personas conteniendo el aliento. Paz, sin embargo, no. Sin darse cuenta, de repente sabe lo que tiene que hacer. Y se siente preparada para ello.

—Sí.

Confesar.

El frenazo hace derrapar el coche, que se sale de la carretera y vuelca.

Dan dos vueltas de campana.

—La infancia no se queda en el pasado. La infancia es el niño que todos los días camina contigo cogiéndote de la mano. ¿Te acuerdas de que me lo dijiste una vez, Santi? El niño que hace que te mueras de miedo con él, o que te angusties, el niño que llora por las noches en la cama. Ese niño va contigo a todos lados.

Los cuatro están en el suelo cerca de la carretera, desordenados, como si el cielo se hubiera abierto y los hubiese dejado caer de manera aleatoria. El coche les ha salvado la vida, apenas ha sufrido desperfectos. Casi milagrosamente ha quedado en la posición correcta. Ellos tienen la marca del cinturón en el pecho, algún pequeño golpe y el cerebro aturdido por lo que acaba de suceder.

Paz les pide poder contarles su historia antes de entregarse.

—Dejadme hablar, por favor. —Está sentada, con los brazos alrededor de las rodillas, meciéndose, como cuando era un bebé—. Si me interrumpís, no voy a poder llegar hasta el final.

104

Un año antes

Habían ido de vacaciones a uno de esos lugares que engulle turistas y escupe quemaduras de segundo grado. Tras varias horas achicharrándose al sol junto a la piscina sin haber deshecho siquiera la maleta, las pieles de los huéspedes extranjeros hervían por dentro. Ellos, a la sombra y con protección solar, se divertían apostando quiénes pasarían la noche aullando de dolor, arrastrándose hasta la farmacia frente al hotel a por apósitos y antiinflamatorios cuando ya no pudieran más. A quiénes no volverían a ver en la piscina más que con camiseta y cara de dolor. O quiénes se quedarían en la habitación bajo el chorro del aire acondicionado sobre su piel maltrecha, maldiciendo al sol español.

El pelirrojo del bañador verde. La rubia pechugona. El culturista de barba recortada.

Desayunaban hasta tener ganas de vomitar. Competían por quién comía la mezcla más extraña; huevos con mermelada, tortitas con tomate frito, salchichas con nata. Os vais a poner malos, repetía su madre. Os vais a poner malos y os perderéis el resto de las vacaciones. Solo hay un baño, os recuerdo. Y no quiero a nadie cagando ni vomitando en la bañera, vosotros veréis. Entonces ellos reían, a carcajadas, atrayendo la atención de algunas mesas colindantes, aunque sus risas se diluían entre el ajetreo del ansia de los clientes del bufé libre del hotel, cargando platos rebosantes que no se iban a terminar solo por la sensación de poder que les otorgaba sentirse ricos hasta el nivel del desperdicio despreocupado. Aunque fuera con un par de salchichas y restos de una tortilla francesa.

Por la noche, los tres bajaban a la playa a pasear, remojándose los pies en la fría agua oceánica y comprando helados en el paseo marítimo, descalzos y llenos de arena. Lamían entusiasmados los sabores que habían elegido, guardándose para el final el trozo de chocolate duro del final del cono, como un último bocado de deseo, un premio que llega cuando crees que ya lo has agotado todo. La última recompensa.

Quizá allí se torció todo y esa fue la última luna de miel entre los tres. Las últimas risas. Los últimos abrazos en el colchón compartido de una cama de matrimonio de un hotel de cuatro estrellas.

Aunque, se dio cuenta más tarde, para ella toda su vida hasta entonces había sido un parche, un espejismo. Y la realidad la esperaba como un monstruo con la boca abierta relamiéndose antes de engullirla.

Había probado a escribir poesía, como le dijo la orientadora del colegio. Verás cómo la poesía ordena tu dolor y nutre tu alma, le había asegurado. Pero daba igual. Estaba ella sola contra el mundo. Aterrorizada. Tenía tanto miedo que se comía los bolígrafos. No solo los mordía, sino que masticaba bien los trozos de plástico hasta que su garganta se los iba tragando. Un bolígrafo tras otro desaparecían en la boca de su ansiedad.

Eres una recogida.

Se lo dijo enfadado. Tan enfadado e irracional como puede comportarse un niño de cinco años encaprichado de algo que no le dejan hacer. Un cerebro secuestrado por su parte más irracional. Que no hay helado de cena, que lo ha dicho mamá, que no, no me hagas llamarla, mando yo hasta que no vuelva.

Eres una recogida, escupió.

Pero seguro que ni sabía lo que significaba la palabra. Así que la primera vez no le hizo caso. Se convenció a sí misma de que había oído mal.

Pero la noche en la que se lo volvió a decir, lleno de rabia, rompiendo el silencio pausado que precede al sueño, ella se dio cuenta de que no había marcha atrás.

Eres una recogida.

El odio irracional, salvaje y primitivo no tuvo marcha atrás.

Eres una recogida.

Había empezado con esa frase de apenas tres palabras. Fue el detonador.

De alguna manera, Jaime vio el daño que le hacía y disfrutaba con ello. Descubrió una forma de volver débil a su hermana, de manejarla. Se dio cuenta del poder que incluso un niño tan pequeño puede tener sobre otro ser humano. El daño que provoca un caos emocional que destroza al prójimo.

Eres una recogida.

Siempre a solas. Siempre de noche. Siempre en los momentos en los que la cabeza está libre para dar vueltas y vueltas y vueltas. ¿Cómo un niño tan pequeño sabía cómo infligir tanto dolor? ¿Se sentía poderoso haciéndolo?

Eres una recogida, escupía, con asco.

Y Paz empezó a recordar. Primero fueron solo sensaciones. La necesidad animal de que alguien la quisiera.

Darles vueltas a las cosas no se elige, es parte del trauma.

Y el de ella empezaba a despertar.

Después de tanto tiempo.

105

Paz
Un par de meses antes

Yo solo quería que dejara de doler. Y que mamá volviera a quererme como antes.

Y que ese niño no tuviera el poder de hacerme tanto daño, noche tras noche.

Me llevaba a un lugar que no recordaba, pero al que no quería volver.

Porque cada noche, cuando mamá se encerraba en el salón a ver la tele y nos quedábamos solos, cada uno en nuestra habitación, gritaba lo mismo: «Eres una recogida». Sabía que yo le oía, mi puerta estaba frente a la suya, al otro lado del fondo del pasillo. Eres una recogida. Empecé a tener pesadillas terribles. Intenté acallar la voz en mi cabeza. Eres una recogida. Pero me la vomitaba mi hermano. En mi casa. En el lugar que debería ser seguro para mí. El lugar que debía ser un refugio. Me sentí sin hogar, sin familia, sin un sitio al que llegar, cerrar una puerta y dejar las mierdas atrás. Sin un cuarto en el que encerrarse a llorar porque ya nada era mío. Porque yo era una recogida y no tenía derecho a estar allí, era menos que ellos, solo una obra de caridad de la que quizá Nines ya se habría arrepentido. Solo el perro que rescatas de la perrera porque es simpático y gracioso, porque te hace compañía, pero del que te cansas en cuanto pasa la novedad y deja de ser cachorro. Yo no era nadie. No tenía a nadie. No os imagináis la de horas que me he pasado caminando por la calle, dando pasos sin destino bajo el sol, bajo el frío o la lluvia, por no estar en esa casa.

Porque no tenía casa.

No tenía un hogar.

Eres una recogida. Mamá no te quiere. Me lo ha dicho. Recogida. Recogida. Recogida.

Esa noche fue especialmente cruel. Me volvió loca, y regresé a un lugar muy oscuro, un lugar en el que habría hecho cualquier cosa por una pizca de amor. Había algo dentro de mí que me abría las puertas de un infierno que desconocía y contra el que mi cabeza luchaba con todas sus fuerzas para no regresar. Ahora lo sé, era La Caridad, era el pasado antes de llegar a mi casa, antes de llegar a los brazos de mi madre.

Que ya no eran ni mi casa ni mi madre.

Y no podía permitirlo.

No pensaba con lucidez porque ese niño había desenterrado de mi memoria un estado mental terrorífico del que no me acordaba: la angustia de tener la sensación de que nadie me quería y que hubiera hecho cualquier cosa, cualquiera, por una muestra de cariño. No recordaba haberme sentido así nunca.

Era un pánico animal que se apoderaba de todo tu cuerpo.

Y yo no podía sufrir tanto.

Otra vez, no.

Jaime no tardó en dormirse. Escuchaba su respiración, feliz y calmada, mientras yo seguía dando vueltas en la cama, deshecha, pensando en si tirarme por la misma ventana desde la que se había precipitado Asier trece años atrás. Justo trece años atrás. Era el mismo día. No podía ser casualidad. Acabar con todo. Dejar de sufrir. Yo quería seguir viva, pero sufriendo de esa manera, no. Morir mirando hacia la Puerta de Alcalá antes de estrellarme contra el suelo. ¿Por qué no? Pensarlo me dio el único momento de paz en semanas. Me levanté. La falta de sueño y el infierno que se abría desde mi pasado desdibujaban los márgenes de todo lo que ocurría a mi alrededor. De todo lo que hacía. Debía ser bien entrada la madrugada. Muy, muy tarde. Era ya 17 de abril. Pero trece años después. Entré en la habitación de Jaime y subí la persiana sin preocuparme por hacer ruido, decidida a dejar de sufrir. La vista me dio paz. Vi en la esquina el triciclo en el que se había subido Asier, un precioso modelo clásico de asiento azul que Jaime no utilizaba, pero que mi madre se empeñaba en mantener allí porque quedaba bonito. El único objeto de Asier que no se tiró. Mamá debió esconderlo, ocultándoselo incluso a Nines. Decorativo y elegante, utilizaba ella cuando alguien le pedía que se deshiciera de él. Lo cogí, me subí al asiento y así pude pasar una pierna tras otra sobre el muro hasta sentarme en el alféizar y dejarlas colgando hacia el vacío que se abría hacia la calle. Las balanceé un rato, hipnotizada por el movimiento de mis pies descalzos en el aire caliente de la noche, como si fueran capaces de volar.

¿Sabéis qué me salvó?

—Recogida, recogida. ¿Qué haces aquí? —me dijo.

Jaime se había despertado y susurraba lleno de odio.

—Recogida, vamos, cobarde, recogida. Tírate. Estaremos mejor sin ti.

Se levantó y vino hacia mí, con la cara llena de desprecio y los brazos extendidos, tiesos, firmes, decidido a tirarme él mismo si no lo hacía yo.

—Vamos, recogida, tírate. Ni para eso tienes valor —ahora ya gritaba, cada vez más fuerte. Si lograba despertar a mamá...

Fue el instinto. Notaba el infierno cada vez más cerca, cada vez más caliente. Dicen que los suicidas se estrellan con las manos por delante, como si en el último momento se arrepintieran de haber querido terminar con su vida. Mi cuerpo saltó, pero no hacia el vacío, sino sobre Jaime, y trató de hacerle callar. Primero fue la mano sobre la boca. Calla, por favor, calla, vas a despertar a mamá. Pero se retorcía como una lagartija, y logró zafarse.

—¡Mamá! ¡Me quiere matar! ¡Mamááá! ¡Socorro!

Agarré la almohada y a lo largo lo cubrí con ella. Me coloqué encima para que todo el peso de mi cuerpo consiguiera bloquearlo. Cállate, cállate, cállate. Si lograba despertar a mamá...

... Mamá ya no me querría nunca más. Dejaría de ser mi mamá.

Ya no tendría mamá.

Pensé que se había dormido.

Pero no. Estaba muerto.

Me senté en el suelo, a su lado, me cogí las piernas con los brazos y empecé a acunarme como si estuviera en un balancín, en bucle. No podía pensar en nada. Había matado a ese niño. No era mi hermano, se había convertido en un monstruo. Pero era un niño. Solo era un niño.

Entré en pánico.

Ya no tendría mamá.

Algo en el fondo de mi cabeza me decía: sobrevive. Sobrevive. Sobrevive. La palabra martilleaba sobre mi cráneo como una migraña irreductible. Instinto de supervivencia, llamadlo, si queréis. Solo pensé en salvarme. Bueno, ni siquiera lo pensé. Fue como si mis brazos y mis piernas y mi torso fueran por su cuenta, supieran qué hacer. Necesitaba tiempo. Comprar tiempo hasta solucionar lo que acababa de ocurrir.

Lo primero era esconder a Jaime, aparentar que no había pasado nada, que todavía quedaba esperanza. Que solo era una desaparición temporal. A través de viejos pasillos mi edificio se comunica con otro que da a la calle Columela. Sus trasteros habían sido lugar de botellón de varias generaciones de vecinos, y de la llave maestra se habían hecho incontables copias. Yo poseía una. No había ido a beber, sino a follar. No eran lugares cómodos y estaban llenos de basura que la gente guarda por un extraña compulsión voraz, pero eran mejor que cualquier parque al aire libre. Con dieciséis años no tienes ni coche ni dinero para un hotel. Y tus padres están siempre en casa. Así que un trastero era la mejor opción para echar un polvo.

Si supieran los propietarios...

Lo cargué a pulso y lo llevé hasta allí.

De repente, al verlo acostado sobre la montonera de trastos, como si estuviera dormido, sentí un cierto alivio. Me había asomado al infierno, pero tenía una prórroga. Sin Jaime, se acabaron los insultos y las pesadillas, se acabó el sentir que no tenía un hogar, que no tenía una madre, que no tenía una cama en paz a la que regresar cada noche. Quizá así mamá se daría cuenta de lo que me necesitaba.

Y entonces sonó el teléfono. La alarma del móvil. Cumple de mamá.

Eran las seis y media de la mañana.

Tenía que darme prisa. Comprar tiempo.

Jaime no podía haber desaparecido en medio de la noche. Nadie iba a creérselo. ¿Qué niño de seis años se iría de casa en plena madrugada? Y se me ocurrió la burrada de dejar algo que llevara a la policía a la hipótesis de un secuestro. Para comprar tiempo y pensar qué hacer con todo lo que había pasado. Confesar. Callar. Fingir. Ocultarlo. O matarme.

Le corté la oreja con unas viejas tijeras que encontré en el trastero, lo envolví en una bolsa de basura enorme que saqué de un rollo en una estantería y salí de allí, como si todo fuera una pesadilla. Al volver a casa, mientras subía de puntillas las escaleras, volvió a vibrar la alarma del móvil. Cumple de mamá.

Recordé que había oído a Jaime mandar varios mensajes al WhatsApp de una emisora de radio, pidiendo que llamaran a su madre la mañana de su cumpleaños para darle una sorpresa, y contando que iba a dejar un regalo en el primer cajón de la cómoda del pasillo.

Y el resto... El resto ya lo sabéis.

Paz los mira con tristeza. Se abraza a las rodillas y se acuna, meciendo el cuerpo hacia adelante y hacia atrás.

—Yo solo quería que me quisieran. Necesitaba que me quisieran. Al final, quemé la casa y solo he conseguido ser la reina de las cenizas.

106

Paz solloza el aire áspero de la mañana.

Es el último aire en libertad que va a respirar en muchos años. Quiere disfrutarlo, pero se le clava en los pulmones como si lo que inhalara fueran pequeños trozos de cristal diminutos y afilados como la culpa.

Duele.

Claro que duele.

El sonido de la última puerta metálica cerrándose tras ella no es lo peor.

Tampoco el futuro entre esas paredes, de las que saldrá ya casi sin tiempo para ser madre. Aunque ¿qué hijo querría tener una madre como ella?

Ni el pavor a lo desconocido. No cree que lo que vaya a encontrarse allí sea peor que lo que sufrió de pequeña en La Caridad. Ahora sabe que los monstruos no existen, solo son personas de carne y hueso, o a veces el propio miedo de uno mismo, o incluso la manera que tenemos de castigarnos. Lo peor, y lo que duele hasta tener ganas de morirse, son los ojos que la miran al atravesar el primer patio de la cárcel.

Mientras Paz camina hacia el módulo de ingreso escoltada por dos funcionarias de la prisión, otra mujer cruza el espacio en sentido contrario, hacia la libertad. Sus caminos se van a encontrar justo en el centro.

Andrea la mira como nunca nadie la ha mirado antes.

Y ese dolor será el monstruo que la perseguirá para el resto de su vida.

Alguien que la quería sin peajes y que ya no la quiere.

Tanto tiempo haciendo lo que fuera por conseguir el amor y ha decepcionado, ahora lo sabe, ahora se da cuenta, ahora es consciente, a la única persona que se lo daba de verdad.

Es lo que más duele.

Claro que hace daño.

Porque sabe que nunca más la querrán así, como la quería Andrea, como ella ha perseguido toda la vida.

107

Lo que decimos importa.

Aunque, a veces, importa más lo que no decimos. Lo que no miramos. Lo que evitamos.

Berta lleva a Emma en brazos, como un escudo contra su propia cobardía. Contra su propio dolor.

No quiere mirarlo a los ojos. Lo tiene sentado enfrente, pero no se atreve a levantar la vista.

Han llegado los dos antes. Típico de Santi. Retrasarse.

Él le alarga la mano.

—Hola —saluda, mientras se sienta frente a ella en la cafetería—, soy Óscar.

—Hola —le contesta, acariciando a su hija, como si todo lo demás a su alrededor no existiera.

—Es preciosa.

—Lo es.

—¿Es hija de Santi?

—Eso —por fin levanta la cabeza— tendrá que contártelo él.

—¿Sabes por qué nos ha citado aquí?

Berta niega con la cabeza, bajando la mirada de nuevo.

—No quiero pelear por él —continúa el médico—. Pero Santi es... es...

—Imposible resistirse, ¿verdad? —Vuelve a mirarlo, ahora sí, con seguridad—. ¿Qué me vas a contar a mí?

Óscar también sonríe, pero es una sonrisa triste, la de quien sabe que puede perderlo todo en un instante.

—Hola. —Santi se sienta entre los dos, en la cabecera de la mesa de madera, frente a la ventana—. Gracias por venir. —Le da un beso en la cabeza a la pequeña Emma—. Tenemos que hablar de muchas cosas, ¿verdad?